ESSENTIALS
OF
LEGAL PRACTICE
IN CORPORATE
LITIGATION

公司诉讼法律实务精解

宋艳华 编著

中国政法大学出版社

2025·北京

声　明　1. 版权所有，侵权必究。
　　　　2. 如有缺页、倒装问题，由出版社负责退换。

图书在版编目（CIP）数据

公司诉讼法律实务精解 / 宋艳华编著. -- 北京：中国政法大学出版社，2025.4. -- ISBN 978-7-5764-2074-6

Ⅰ.D925.105

中国国家版本馆 CIP 数据核字第 2025PG6386 号

书　名	公司诉讼法律实务精解 GONGSISUSONGFALÜ SHIWUJINGJIE
出版者	中国政法大学出版社
地　址	北京市海淀区西土城路 25 号
邮　箱	bianjishi07public@163.com
网　址	http://www.cuplpress.com（网络实名：中国政法大学出版社）
电　话	010-58908466(第七编辑部) 010-58908334(邮购部)
承　印	固安华明印业有限公司
开　本	720mm×960mm　1/16
印　张	22.25
字　数	365 千字
版　次	2025 年 4 月第 1 版
印　次	2025 年 4 月第 1 次印刷
定　价	88.00 元

序　言

公司作为当今社会最主要的企业组织形式，在积累社会财富、创造就业岗位、促进经济发展和社会进步方面起着至关重要的作用。公司运营涉及公司自身、股东、实际控制人、高管、员工、债权人等各方面利益的平衡，各主体相互间的纠纷屡见不鲜，与公司有关的诉讼即是指围绕公司这一特定民事主体所产生的各类民事纠纷，如出资、控制权的争夺、利润分配、公司解散、股权的转让纠纷等。纠纷的当事人渴望了解相关法律制度并以之解决他们的问题。公司法律制度是规范公司设立、运行、终止的基本依据，相关主体必须遵循公司法律制度。我国不是判例法国家，公司法教材多以理论为主。面对实务问题，往往并无直接可供参考的解决方案。当前，尽管公司法已经得到了立法机关、理论学者、司法机关前所未有的重视，诉讼实务中仍有诸多疑难复杂问题，相关法律依据依然缺乏，大量实务问题面临难以解决的困境。笔者在阅读美国合同法时发现，通过判例所确立的裁判规则和争议处理方案，可以极大地方便类似争议的解决。且很多学术界存有争议的问题，法官们在审判实践中其实早已给出了答案。如果能够系统地归纳总结判例所反映的审判规则，不失为一条便捷的途径。

实用主义是本书基本的研究思路，也是本书的主要写作动机。笔者根据多年法律从业经历，对公司有关诉讼实务问题进行探讨。与以理论为主的传统公司法不同，本书具有以下特点。

一是以案由为编写体例。2021年1月1日生效的《民事案件案由规定》中共规定了25个与公司有关的案由。该25个案由涵盖了从公司设立、日常运营管理到公司解散、清算的各个阶段可能产生的纠纷类型，探究这些纠纷，寻求合理可行的解决机制正是本书要解决的问题。笔者在本书中以案由为专题，系统梳理相关法律、法规、司法解释等相关规定，并通过典型案例解析相关法规的适用和司法裁判规则、裁判标准。

二是实体法与程序法相结合。任何一个诉讼案件的解决，都是实体法与程序法共同作用的结果。具体到公司诉讼中，如公司作为独立的法人主体享有法人财产权、自主经营权等实体权利，股东知情权纠纷中通过设置前置程序保障公司自主经营权的实现，平衡股东和公司间利益。在本书的编写过程中，对于裁判规则和要点的解析、探讨不再拘泥于实体法与程序法的区分。

三是注重实践总结。笔者具有多年法官和律师的从业经历。本书基于笔者长期办案经验，从法官和律师两种思维模式提炼办案要点，归纳总结公司诉讼案件的策略与技巧，通过透彻分析典型案例，对办案的思路、证据的准备、法律的适用、疑难问题的处理等进行全面解析，为读者了解和掌握公司案件办理的思路和方法提供实操性的指导。[1]

四是关注重点和实务焦点问题。公司法体系庞大，本书只是围绕与公司有关的案由的法律问题进行分析。且实务中的争议类型也并非完全一致，本书力求通过分析典型案例，引申相关知识点，提炼总结实务中的裁判规则。

书写本书的初衷是期望能从实操的层面对与公司有关诉讼实务中存在的问题予以解答。笔者以案由为专题，通过通俗易懂的文字说明，配以具体案例，提炼总结实务要点，对每一专题的实务难点问题和裁判规则做了归纳、总结。希望本书能够对法律从业者以及企业经营者有所裨益。虽然对公司法有浓厚的兴趣，但由于笔者才疏学浅，疏漏之处在所难免，书中难免有些观点需要进一步探讨。欢迎各位读者对书中的缺点和错误提出批评和纠正意见。

是为序。

---

[1] 本书案例发生在不同时段，为确保法律适用的准确性，书中所适用的对应法律及司法解释为案件审理时有效的对应法律及司法解释，为行文方便，正文中不一一标注时间。

目 录

序　言		001
专题一	股东资格确认纠纷	001
专题二	股东名册记载纠纷	024
专题三	请求变更公司登记纠纷	030
专题四	股东出资纠纷	038
专题五	新增资本认购纠纷	074
专题六	股东知情权纠纷	082
专题七	请求公司收购股份纠纷	093
专题八	股权转让纠纷	100
专题九	公司决议效力纠纷	129
专题十	公司决议撤销纠纷	140
专题十一	公司设立纠纷	152
专题十二	公司证照返还纠纷	156
专题十三	发起人责任纠纷	160
专题十四	公司盈余分配纠纷	171
专题十五	损害股东利益责任纠纷	184
专题十六	损害公司利益责任纠纷	197
专题十七	损害公司债权人利益责任纠纷	218
专题十八	公司关联交易损害责任纠纷	251
专题十九	公司合并纠纷	265

专题二十	公司分立纠纷	272
专题二十一	公司减资纠纷	276
专题二十二	公司增资纠纷	287
专题二十三	公司解散纠纷	310
专题二十四	清算责任纠纷	329
专题二十五	上市公司收购纠纷	342

专题一
股东资格确认纠纷

股东是向公司出资或认购股份，从而享有资产收益等股东权利的人。公司股东依法享有资产收益、参与重大决策和选择管理者等权利。股东资格是公司自治与股东行权的基础，股东资格的认定也是审理其他公司类案件的前提。

股东资格确认纠纷是指股东与股东之间或者股东与公司之间就股东资格是否存在、具体的股权持有数额、比例等发生争议而引起的纠纷。主要包括两种类型：一是股东与公司之间的纠纷；二是股东与股东之间因出资（通常是隐名股东与名义股东之间的纠纷）、股权转让而产生的纠纷。

股东资格的认定包括形式要件和实质要件，形式要件为公司章程、股东名册以及工商登记的记载；实质要件为签署公司出资协议书、出资、取得出资证明书、实际享有股东权利等。当形式要件和实质要件的记载一致时，通常不会产生本案由纠纷，但当二者不一致时，往往就会产生纷争。该类案件大部分是非股东要求确认为股东，另一类是股东要求确认不是公司股东，即冒名股东身份的确认问题。

近年来，随着商事活动的活跃与创新，公司治理结构日趋复杂多样，股东资格确认纠纷案件数量呈上升趋势。司法实践中对该类案件通常对内、对外采用不同的审查标准。即对内采取实质审查标准，以出资为核心进行审查；对外采取形式审查标准，以登记为核心进行审查。

诉讼主体： 此类案件的被告往往是公司，与案件争议股权有利害关系的人作为第三人参加诉讼。

管辖： 公司住所地人民法院。

相关规定

《中华人民共和国民事诉讼法》（2021 修正）[1]

第二十七条 因公司设立、确认股东资格、分配利润、解散等纠纷提起的诉讼，由公司住所地人民法院管辖。

一、起诉要求确认具有股东资格

股东身份的取得可以通过直接出资方式，即在公司设立或增资中通过向公司出资或者认缴出资取得股权及股东资格，属于股权的原始取得；也可以继受取得股份（包括出资购买、接受捐赠、继承等方式）。公司设立时取得，是指公司设立时，向公司认购出资或股份，从而取得初始股东资格。公司设立后取得，是指公司成立后发行新股，而取得股东资格。比如公司增资时，认购新增注册资本的认购人，其基础是投资人和公司之间的增资或认购协议。股东对公司的直接出资应该明确、具体，并将出资按要求交付给公司，公司在收到股东的出资后，应及时给股东出具出资凭证、股东凭证等。通过继受方式取得股权的，应提供受让的依据、协议等证据材料，并及时办理股权变更登记手续。

实务中，是否出资、出资证明、公司章程、股东名册、工商登记是判断股东是否具备股东资格的重要依据。第一，对于是否必须实缴出资才能取得股东资格的问题。我国 2013 年《公司法》修订时将公司出资由实缴制变更为了认缴制，对于采取认缴制的公司，出资人是否实际出资到位，不影响其股东资格的取得。2023 年修订的《公司法》第四十七条、第九十八条分别对有限责任公司、股份有限公司的出资缴纳时间做了修订。原则上有限责任公司全体股东认缴的出资额由股东按照公司章程的规定自公司成立之日起五年内缴足，股份有限公司的发起人应当在公司成立前按照其认购的股份全额缴纳股款。但是，上述条文并未否认认缴制，出资是否到位并不影响股东资格的取得。第二，对于出资证明的效力。出资证明是公司出具给股东的法律文书，但是出资证明是由股东单方持有的，只在公司与股东之间发生效力，一般不具有对外效力。故，仅以出资证明来证明具有股东资格效力不足。第三，公司章程具有很强的公信力，公司章程的制定、修改需要经过股东会决议。公

---

[1] 本书中所引用的中国法律法规，为行文方便（除"相关规定"部分外），正文论述中省略"中华人民共和国"字样。

司章程是判断股东资格的重要标准,但实务中股权出让后不及时修改公司章程的情况并不鲜见,公司章程对于证明股东资格也并非绝对有效。第四,股东名册。有观点认为应推定记载于股东名册上的主体具有股东资格。但是,实务中,很多公司并未按法律要求的方式置备股东名册,有些公司股东发生了多次变更,但股东名册却不进行及时更新,完全以股东名册作为认定股东资格的证据,亦面临现实困境。第五,关于工商登记的证明效力。市场监督管理部门是独立于公司的监管部门,其是根据公司报送的资料进行登记公示。如果公司股东情况变更后不主动申请变更,登记机关无从变更登记信息。《公司法》(2023修订)第三十四条明确规定,"公司登记事项发生变更的,应当依法办理变更登记。公司登记事项未经登记或者未经变更登记,不得对抗善意相对人"。即公司登记机关的登记并非股权变更的生效要件,只是产生对抗第三人的效力。综上,上述任何单独一项都难以单独证明股东资格。实务中,当产生股东资格争议时,司法部门亦是综合出资、公司章程、股东名册、工商登记等各方面因素进行分析。

(一)股权的原始取得,即以直接出资方式取得股权的认定

>> **典型案例**

吴X、美XX工具有限公司等股东资格确认纠纷

基本案情:1984年7月21日,泰X服装工艺厂建立,企业性质为民政系统集体所有制;1994年10月20日更名为服装厂;1998年8月23日,服装厂改制为股份合作制企业,注册资本为85.07万元,职工个人以现金出资17万元,提取量化分配给职工的共享股17万元(从工资福利基金结余中提取5.88万元,从企业净资产中提取11.12万元);2000年8月4日更名为信X厂;2004年10月19日设立登记为信X公司,企业性质为有限公司,注册资本50万元,股东顾XX(出资45万元)、顾X(出资5万元);2004年11月20日,顾XX将股权转让给陈X,顾X将股权转让给沐X喜;2005年10月18日更名为姜堰区美XX工具有限公司,2005年11月29日更名为美XX公司,注册资本变更为666万元(陈X出资419万元,沐X喜出资247万元)。

1998年8月的服装厂企业章程载明:企业注册资本为85.07万元;企业股东出资额及出资方式:社会法人股姜堰区XX局作为股东,出资额51.07万

元,以实物形式出资,占注册资本的60%;职工集体股(共享股)出资额17万元,以实物形式出资,占注册资本的20%(该股份是改制前工资结余和净资产提取构成,其所有权属职工集体所有,用于量化分配给股东个人,只享有分红权、决策权,不享有所有权,不得转让、继承。股东退出企业时由集体收回)。职工个人股股东共有40个,出资总额为17万元,均以货币形式出资,占注册资本的20%,其中上限和下限分别为3.0万元和0.1万元(各股东具体出资详见《股东出资认购股金登记表》);股东不得抽回投资,但有下列情况之一,可进行内部转让或由企业收购:(1)股东死亡的,可由企业收购;(2)股东退出企业(含下岗)自愿出让股份者,须进行股份转让预登记,由符合受让条件的人接受转让,若从预登记之日起,一年内无受让人的由企业收购,企业收购的职工个人股和收回的职工集体股(共享股)不行使表决权,其分红用于集体福利。所附《服装厂股东出资认购股金登记表》中载明的吴X出资额为18 000元。1998年8月18日,会计师事务所出具验资报告,载明:验证姜堰区XX局于1998年7月29日对改制股份合作制企业投入拥有经评估的净资产(集体股)价值人民币510 700元,占注册资本总额的60%,同时以净资产投入共享股17万元,占注册资本总额的20%;验证服装厂截至1998年7月3日全体股东计40位,对改制股份合作制企业投入170股,每股为人民币1000元,总计缴纳股金170 000元,占注册资本总额的20%。全体股东按照章程、协议的规定均已如数缴足。经我所验证贵单位注册资金为850 700元。

2004年10月8日信X厂股东会决议载明:2004年10月15日,在本企业会议室召开股东会,应出席会议股东41名,实际出席会议的股东41名,会议按照一人一票制行使表决权。会议由董事长顾XX主持,主要就对企业的审计报告进行确认、股东转让股权的事宜进行了讨论和表决,与会股东听取了顾XX对有关事项的说明后,经充分讨论,一致形成如下决议:(1)会计师事务所有限公司于2004年10月14日对企业的资产进行核查,截至2004年8月31日,本厂净资产为19 786.21元……企业各股东认可此财务审计报告;(2)决定将股东姜堰区XX局所持有的68.07万元股权(含职工共享股17万元)……吴X所持的1.8万元股权……,以上合计85.07万元股权全部转让给顾XX;股权转让后,顾XX持股85.07万元,占企业注册资本的100%,在企业享有的净资产为19 786.21元;(3)同意将企业类型由股份合作制变更为有限责任公司,由顾XX、顾X共同出资组建,新的公司注册资本为50万元，由顾XX出资45万元（其中货币出资430 213.79元，原企业净资产出资19 786.21元），顾X，以货币出资5万元；（4）同意将企业名称由信X厂变更为信X公司，原企业债权债务由改制后的信X公司承继。所附全体股东签名、盖章处签有"吴X"字样。企业登记资料中2004年10月15日信X厂股东股权转让协议书载明：根据企业股东会决议，同意将股东姜堰区XX局所持有的68.07万元股权（含职工共享股17万元）……吴X所持的1.8万元股权……，以上合计85.07万元股权全部转让给顾XX；转让价款为85.07万元。顾XX以货币形式认购由姜堰区XX局及钱X兰等人转让的股权，转、受让方必须在3日内将转让金支付到位。转让方签字、盖章处签有"吴X"字样，受让方签字处签有"顾XX"字样。企业登记资料中2004年10月18日股权转让交割书载明：根据信X厂股东会决议，将企业股东姜堰区XX局所持有的68.07万元股权（含职工共享股17万元）……吴X所持的1.8万元股权……，以上合计85.07万元股权全部转让给顾XX，转、受让方已正式签订转让协议，现股权受让方顾XX已将转让金85.07万元正式交付给姜堰区XX局及钱X兰等40名自然人。股权转让方签名处签有"吴X"字样，股权受让方签名处签有"顾XX"字样。

吴X自1999年年底开始不再是服装厂职工。

吴X起诉请求：确认吴X系美XX公司股东，占美XX公司2.1%股权。

美XX公司答辩称：（1）美XX公司系有限责任公司，并非集体所有制的股份合作制企业，吴X请求确认其在公司的股东身份，应适用公司法及相关司法解释。吴X并无证据证明其在美XX公司出资或者认缴出资，或者举证证明其受让或以其他形式继受了股权。（2）美XX公司从服装厂、信X厂改制、变更而来，吴X在改制中未实际出资，信X厂也从未向其签发过出资证明书，吴X不享有在信X厂的股权，（其所陈述的经过批准从企业福利资金以及净资产中给予的职工共享股权未提交任何证据予以证明）。（3）集体所有制下的企业职工股权与公司制下的股东股权不是一回事，前者强调的是职工必须以特定身份在企业享有股权，职工身份一旦丧失，其股东资格自然丧失。即使吴X在服装厂享有股东身份，在其离职时也丧失了股东身份。

裁判结果：驳回吴X的诉讼请求。

裁判思路：美XX公司系由股份合作制的信X厂改制后设立的有限责任

公司。吴X未能提交证据证明其向公司出资或认缴出资，亦未能提交证据证明其已经受让或者以其他形式继受股权，故对吴X要求确认其系美XX公司股东的诉讼请求，依法不予支持。国家体改委《关于发展城市股份合作制企业的指导意见》第五条规定，股份合作制企业不吸收本企业以外的个人入股，职工离开企业时其股份不能带走，必须在企业内部转让，其他职工有优先受让权。本案中，服装厂作为股份合作制企业，其企业章程规定：股东不得抽回投资，可进行内部转让或由企业收购。吴X自认1999年年底就不是股份合作制的服装厂职工，结合上述意见、企业章程来看，吴X自丧失职工身份起就已丧失股份合作制企业的股东资格，其股东资格更不会延续至改制后设立的有限责任公司。综上，吴X主张确认其为美XX公司股东身份并确认相应股权比例，既无事实依据，也于法不符。

相关规定

《最高人民法院关于适用〈中华人民共和国公司法〉若干问题的规定(三)》（2020修正）

第二十二条　当事人之间对股权归属发生争议，一方请求人民法院确认其享有股权的，应当证明以下事实之一：（一）已经依法向公司出资或者认缴出资，且不违反法律法规强制性规定；（二）已经受让或者以其他形式继受公司股权，且不违反法律法规强制性规定。

第二十三条　当事人依法履行出资义务或者依法继受取得股权后，公司未根据公司法第三十一条、第三十二条的规定签发出资证明书、记载于股东名册并办理公司登记机关登记，当事人请求公司履行上述义务的，人民法院应予支持。

实务要点：（1）根据公司法的规定，确认公司股东资格身份应当符合两个要件，即实质要件和形式要件。实质要件即以出资为取得股东资格的必要条件，形式要件即以符合法律规定的外观形式作为取得股东资格的要件，这种外在形式表现为在工商登记的公司文件中列名为股东、被载入股东名册、取得公司签发的出资证明书等。（2）关于出资的认定。根据公司法的规定，股东可以用货币出资，也可以用实物、知识产权、土地使用权、股权、债权等可以用货币估价并可以依法转让的非货币财产作价出资。即股东的出资方式可以分为货币出资和非货币出资两类，非货币资产需能够以货币予以估价，且出资股东对此享有所有权。股东以货币出资的，应当将货币出资足额存入有限责任公司在银行开设的账户；以非货币财产出资的，应当依法办理其财产权的转移手续。出资行为是否有效、出资意思表示的认定对于案件的裁判至关重要。完成财产交付并不意味着出资行为必然有效。资金来源、非货币资产的价值评估、登记转移手续是否履行完毕等因素均会影响对出资行为效力的认定。且，因我国公司采用认缴制，实际出资不再是认定股东身份的必要条件，即便未出资也不意味着一定就不是公司股东。股东出资的意思表示一般需要以书面协议记载下来，如签署出资协议、增资协议、公司章程等。但未签署书面协议并不必然导致出资无效。司法实践中欠缺书面协议的情形比比皆是，即便存在书面协议，也存在着条款约定不明确、条款相互冲突、协议效力存在瑕疵等情形，这就给识别股东出资的意思表示造成了障碍。法院审理案件中出现该种情形时，需要通过其他书面材料或者当事人的陈述进行审查。但在直接协议欠缺或存在瑕疵的情况下，当事人需要尽可能地提供相关联的资料以证明自己的主张。(3) 举证责任。根据"谁主张，谁举证"的证据规则，起诉要求确认具有股东资格的当事人对自己的主张承担举证责任。如果无法举证，将面临败诉风险。对此，笔者建议，投资人在投资时，应将投资协议、出资的付款记录、收据等材料妥善保存，实缴出资的，要及时督促公司开具出资证明，一旦发生纠纷，才能保障自身利益不受损失。

(二) 以继受方式取得公司股权的认定

▶▶ 典型案例

千X投资公司、梦X星河公司股东资格确认纠纷

基本案情：2010年7月14日，梦X星河公司设立。截至2018年5月7日，梦X集团公司持有梦X星河公司20 276.5万股，占公司股份比例为28.97%。2018年5月7日，梦X集团公司（甲方）与千X投资公司（乙方）签订《股权转让协议》，约定梦X集团公司将其持有梦X星河公司4.29%的3000万股股份转让给千X投资公司，转让价格9000万元。同日，千X投资公司通过转账支票向梦X集团公司付款9000万元，转账支票上均注明"投资款"，梦X集团公司出具收据，事由为"股权转让款"。

2018年4月28日，梦X集团公司向梦X星河公司的其他股东天XX公

司、风X公司、梦X投资公司发出《股权转让通知》，内容均为："梦X集团公司是梦X星河公司股东之一，持有20 276.5万股的股份。我司已与沙X集团达成股份转让意向，拟以每股人民币3元的价格转让我司持有的3000万股梦X星河公司股份，支付方式为银行转账支付。请贵方知悉并同意。如果贵方有意向受让并拟行使优先受让权等梦X星河公司《章程》第24条规定权利的，贵方应于收到本通知之日起5个工作日之内（最晚不迟于2018年5月6日）书面通知我司。贵方逾期反馈的，视为贵方同意本次转让并放弃《章程》第24条项下的全部权利。"

梦X星河公司于2018年5月24日复函给梦X集团公司称："贵司于2015年5月27日与梦X星河公司签订了《理财借款协议》，向梦X星河公司借款2300万元人民币（实为贵司向梦X星河公司应出资款项），借款期限至2015年12月31日止。至今未偿还，股东借款累计不低于2030万元人民币。依据梦X星河公司2017年第3次临时股东会会议决议内容，贵公司承诺在完成相关股份转让工作后偿还上述股东借款，并于2018年1月4日完成了股份转让（将贵公司持有的梦X星河公司3.369%的股份转让给孙某），贵公司且已收到转让款项，但至今仍未履行承诺予以归还。上述股东借款违反相关法律规定，且已严重影响梦X星河公司正常运营及其他股东的利益。另外，按照主管公司登记机关办理股份转让的相关要求，需要提供公司股东会议决议才能办理。故请与公司其他股东协商一致后，提供符合主管公司登记机关要求的全部文件，我公司即可协助办理股权转让工作。"天XX公司于2018年5月24日复函给梦X集团公司回复称："贵公司《股份转让及办理相关变更或备案的通知》收悉，经研究答复如下：贵公司作为梦X星河公司股东，于2015年5月27日与梦X星河公司签订了《理财借款协议》，贵公司向梦X星河公司借款2300万元人民币（实为贵公司向梦X星河公司应出资款项），借款期限至2015年12月31日止。截至目前，共计未偿还股东借款累计不低于2030万元人民币。依据梦X星河公司2017年第3次临时股东会会议决议内容，贵公司承诺在完成相关股份转让工作后偿还上述股东借款，并于2018年1月4日完成了股份转让（将贵公司持有的梦X星河公司3.369%的股份转让给孙某），贵公司且已收到转让款项，但至今仍未履行承诺予以归还。上述股东借款违反相关法律规定，且已严重影响梦X星河公司正常运营及其他股东的利益，故我公司认为，贵公司在未清偿上述股东借款前，不应进行股份转让。请贵公司尽快归还上述股东借款，逾期贵公司应按目前公司净资产减少其在梦X星河公司的相应股份数额。在贵公司偿还上述股东借款本息后，我公司再行研究是否行使优先受让权（此意见并不代表本公司已放弃优先受让权），或按照梦X星河公司章程第三章第一节第24条之规定（各股东一致同意，任何涉及以公司股份为标的之股东与第三方之间的交易中，若不行使优先受让权的其他股东有权将其持有的公司股份优先共同出售给第三方）行使同售权，并召开梦X星河公司股东会进行表决。"

千X投资公司还举示了梦X集团公司于2019年1月分别向天XX公司、凤X公司、梦X星河公司寄出的落款日期为2018年4月28日的《股份转让通知》，内容为："梦X集团公司是梦X星河公司股东之一，持有20 276.5万股的股份。我司已与沙X集团达成股份转让意向，拟以每股人民币3元的价格转让我司持有的3000万股梦X星河公司股份，沙X集团委派千X投资公司受让上述股份，支付方式为银行转账支付。特此告知。"但梦X星河公司称各股东均未收到该通知。

梦X星河公司设立时的公司章程第24条规定内容为"股东持有的股份可以依法转让"。2015年12月修订版公司章程第24条规定，"股东持有的股份可以依法转让。股东向股东之外第三方转让股份的，应事先取得其他股东一致同意。各股东一致同意，任何涉及以公司股份为标的之股东（一位股东或几位股东）与第三方之间的交易中，其他股东对交易标的股份在同等条件下享有优先受让权。各股东一致同意，任何涉及以公司股份为标的之股东（一位股东或几位股东）与第三方之间的交易中，若不行使前款优先受让权的其他股东（一方或几方）有权但无义务将其持有的公司股份优先共同出售给第三方"。

千X投资公司向一审法院起诉请求：（1）确认千X投资公司的梦X星河公司股东身份，并确认千X投资公司持有梦X星河公司出资金额为3000万股、9000万元，占梦X星河公司4.36%的股份；（2）判令梦X星河公司限期办理千X投资公司出资金额3000万股、9000万元，占梦X星河公司4.36%股份的股东名册和工商变更登记；（3）诉讼费由梦X星河公司承担。

裁判结果： 驳回千X投资公司的诉讼请求。

裁判思路： 梦X星河公司的股东在对外转让股份时，应当遵守公司章程的相关规定。千X投资公司与梦X集团公司所签《股权转让协议》中约定的合同生效条件之一，亦为目标公司股东会同意目标股份转让的决议或者其他股东放弃优先受让权，能够说明合同双方在签订《股权转让协议》时知晓案涉股份转让并非合同双方达成合意即可发生法律效力，还需征得相关方同意等方可完成股份转让行为。千X投资公司虽称梦X集团公司已将案涉股份转让事宜通知了梦X星河公司及各股东，但梦X星河公司及天XX公司、风X公司均未表示同意转让，亦未明确表示放弃优先受让权等相关权利，故案涉《股份转让协议》目前对梦X星河公司并未发生法律效力。

相关规定

《中华人民共和国公司法》（2023修订）

第五条 设立公司应当依法制定公司章程。公司章程对公司、股东、董事、监事、高级管理人员具有约束力。

第六十六条 股东会的议事方式和表决程序，除本法有规定的外，由公司章程规定。

股东会作出决议，应当经代表过半数表决权的股东通过。

股东会作出修改公司章程、增加或者减少注册资本的决议，以及公司合并、分立、解散或者变更公司形式的决议，应当经代表三分之二以上表决权的股东通过。

实务要点：此类案件，法院主要是围绕股权转让协议效力、股权变更手续是否完成等方面进行审查。（1）股权受让的基础协议效力。通过股权转让或赠与方式取得股权的，该转让必须是双方之间的真实意思表示，且转让行为需满足法律对优先认购权、禁售期等规定，不存在效力瑕疵；通过继承取得股权的，如果存在遗嘱的，首先要查明遗嘱的效力。（2）公司章程是关于公司组织和行为的自治规则，是公司的行为准则，对公司具有约束力。公司章程又具有契约的性质，体现了股东的共同意志，对公司股东也具有约束力。公司及股东应当遵守和执行公司章程，股权转让协议应遵守公司章程的规定，公司章程中对于"优先购买权""同售权"作了规定的，股东在拟定股权转让协议、办理股权变更手续时要严格遵守。（3）股权变更手续是否完成。当前，对于"已经受让股权"的标准并没有明确的法律规定，实践中，往往通过协议的方式进行约定，没有约定的，变更登记手续的办理往往被认定为重要的判断标准。律师在起草股权转让或赠与协议时，要注意设置明确的条款。

对于以继承方式取得股权的，发生争议时，由法院审查并判断股权转移的发生时间。

(三) 股权代持协议及隐名股东显名的问题

股权代持协议，顾名思义是指代为持有股份、享有股权的委托协议书。实践中，存在大量注册登记股东与实际股东不一致的情形。《最高人民法院关于适用〈中华人民共和国公司法〉若干问题的规定（三）》（以下简称《公司法司法解释三》）第二十四条规定："有限责任公司的实际出资人与名义出资人订立合同，约定由实际出资人出资并享有投资权益，以名义出资人为名义股东，实际出资人与名义股东对该合同效力发生争议的，如无法律规定的无效情形，人民法院应当认定该合同有效。前款规定的实际出资人与名义股东因投资权益的归属发生争议，实际出资人以其实际履行了出资义务为由向名义股东主张权利的，人民法院应予支持。名义股东以公司股东名册记载、公司登记机关登记为由否认实际出资人权利的，人民法院不予支持。实际出资人未经公司其他股东半数以上同意，请求公司变更股东、签发出资证明书、记载于股东名册、记载于公司章程并办理公司登记机关登记的，人民法院不予支持。"

通过上述条文可见，我国公司法对于股权代持协议效力的态度是积极的，只要不存在法律规定的无效情形，均为有效。但基于公司的人合性，股权代持协议有效不意味着被代持方必然可以显名，实际出资人要求显名，须经公司其他股东半数以上同意。

1. 认定股权代持关系应以是否签订股权代持协议为依据

▶ 典型案例

张 X 霞与丰 X 源公司、韩 X 凤股东资格确认纠纷

基本案情： 丰 X 源公司成立于 2008 年 9 月 5 日，注册资本 51 万元，张 X 霞现为丰 X 源公司法定代表人，工商登记载明的股东为：韩 X 凤，持股比例 50.9804%，认缴出资额 26 万元，认缴出资日期 2008 年 9 月 5 日；张 X 霞，持股比例 49.0196%，认缴出资额 25 万元，认缴出资日期 2008 年 9 月 5 日。

2008 年 8 月 30 日的丰 X 源公司公司章程第五条股东姓名、出资方式、出资额、出资时间载明的股东为：韩 X 凤，货币出资，出资额 26 万元，出资比

例50.98%，出资时间2008年9月3日。张X霞，货币出资，出资额25万元，出资比例49.02%，出资时间2008年9月3日。

2008年9月3日，山东XX会计师事务所出具的《验资报告》载明，截至2008年9月3日，拟设立公司丰X源公司股东韩X凤，实缴注册资本26万元，占注册资本总额比例50.98%。股东张X霞，实缴注册资本25万元，占注册资本总额比例49.02%。附件二验资事项说明的第三条审验结果载明：截至2008年9月3日，贵公司（筹）已收到韩X凤、张X霞缴纳的注册资本合计51万元。韩X凤以货币资金缴纳人民币26万元，于2008年9月3日缴存XX账号人民币26万元。张X霞以货币资金缴纳人民币25万元，于2008年9月3日缴存XX账号人民币25万元。

张X霞与韩X凤均认可二人未签订代持协议，且张X霞认可其未曾与韩X凤就股权代持问题协商过。

另，韩X凤曾于2019年3月11日向一审法院提起股东知情权纠纷，要求丰X源公司和张X霞完整提供公司自成立至今的财务账簿（会计账目）、财务会计报告供韩X凤和韩X凤委托的注册会计师查阅。一审法院于2019年5月15日作出民事判决书，认为"韩X凤是丰X源公司股东，其股东身份经丰X源公司的章程及公司股东出资信息确认，合法有效，韩X凤依法享有股东知情权"，该判决已经生效。

张X霞起诉主张：（1）确认登记在韩X凤名下的丰X源公司50.98%的股权为张X霞所有；（2）丰X源公司将登记在韩X凤名下的丰X源公司股权变更登记至张X霞名下；（3）韩X凤对上述股权变更登记承担协助配合办理的义务；（4）本案诉讼费等全部费用由韩X凤承担。其理由为：第一，其与韩X凤无合资成立公司的合意。其一，张X霞与韩X凤从未签署过任何合意成立公司的协议。张X霞与韩X凤从未口头或书面就丰X源公司的出资比例等事宜达成过协议。丰X源公司成立之时的章程、会议纪要中韩X凤的签字均是张X霞安排他人代签的。韩X凤明知上述事实，也从未提出过异议。由此可知，韩X凤不是实际出资人，从不参与丰X源公司事务，除非张X霞要求，因此，韩X凤不具备股东资格成立的实质要件。其二，张X霞仅仅是借用韩X凤名义成立公司。张X霞最初拟设立的是一人有限公司，后因一人有限公司设立严格、经营中财务要求严格等客观原因没有设立一人公司，而是增加股东人数设立为有限公司。第二，张X霞与韩X凤之间为股权代持关系，张 X 霞仅仅是借用韩 X 凤名义设立公司，张 X 霞无与韩 X 凤成立公司的合意。韩 X 凤并未实际出资，也并不参与公司的经营决策。张 X 霞才是公司的实际出资人，并且在实际控制、经营管理公司。

丰 X 源公司辩称：张 X 霞所述均为事实情况，丰 X 源公司认同。

韩 X 凤辩称：韩 X 凤与张 X 霞之间并没有股权代持协议，之前的股东知情权纠纷案件一审、二审均确认了韩 X 凤在丰 X 源公司的股权。现在是丰 X 源公司与张 X 霞影响韩 X 凤的股东权利。

裁判结果：驳回张 X 霞的诉讼请求。

裁判思路：股权代持是指实际出资人与他人约定，以该他人名义代实际出资人履行股东权利义务的一种股权或股份处置方式。认定股权代持关系应以是否签订股权代持协议为依据，如未签订股权代持协议，实际出资人在没有其他能够证实其与名义股东之间具有股权代持合意的证据下，不能仅凭转账凭证或有关出资情况的说明等间接证据认定股权代持关系。

相关规定

《最高人民法院关于适用〈中华人民共和国公司法〉若干问题的规定（三）》

第二十四条 有限责任公司的实际出资人与名义出资人订立合同，约定由实际出资人出资并享有投资权益，以名义出资人为名义股东，实际出资人与名义股东对该合同效力发生争议的，如无法律规定的无效情形，人民法院应当认定该合同有效。

前款规定的实际出资人与名义股东因投资权益的归属发生争议，实际出资人以其实际履行了出资义务为由向名义股东主张权利的，人民法院应予支持。名义股东以公司股东名册记载、公司登记机关登记为由否认实际出资人权利的，人民法院不予支持。

实际出资人未经公司其他股东半数以上同意，请求公司变更股东、签发出资证明书、记载于股东名册、记载于公司章程并办理公司登记机关登记的，人民法院不予支持。

实务要点：审判实践中，法院一般会从代持协议的效力及履行情况、隐名股东行使权利、履行义务的情况和其他股东的认可等方面综合认定。(1)审查代持协议的效力及履行情况。完整的代持协议一方面要表达清楚隐名股东有意愿成为公司股东，另一方面要表达清楚其委托显名股东代持的意愿，且需要对出资额、代持股权数、代持期间权利义务的行使等尽量详细地予以约定。股权代持协议不能存在法律规定的无效情形。某些代持协议可能存在规避国家行业准入政策、限制准入行业规定、国家禁止公职人员投资入股政策等问题，其效力会受到相应影响。（2）代持协议的形式多样，可以书面形式，也可以口头形式，但一旦发生纠纷，主张存在代持关系的一方应承担举证责任，否则无法证明代持关系的存在，即便双方有资金往来，也很可能会被认定为借贷关系或不当得利。故，建议各商事主体在建立股权代持关系时签署规范的代持协议。（3）隐名股东的主要义务是出资，其向公司支付的款项应被认定为出资款，如其款项被认定为借款或其他性质款项，则主要的出资义务未履行，因隐名股东的认定侧重于实际出资标准，一旦认定为未出资会进而影响到隐名股东是否成立的认定。但隐名股东并非不能适用认缴制。在认缴制下，法院会从协议的签署时间、股东权利的行使等方面予以重点审查，如隐名股东参加股东会、获得分红等情况。（4）公司及公司其他股东的认可度。公司可以通过记载于章程、股东会决议、开具出资证明的方式对隐名股东予以认可，也可以通过通知其行使股东权利、分配红利等行为予以认可。公司其他股东可以通过日常经营中共同经营管理公司的方式予以确认，也可以表现为在诉讼中对隐名股东的主张予以确认。审判中，法院会根据具体个案情况予以综合审查认定。（5）股东名册、工商记载、公司章程记载是股东向公司主张身份的重要依据，但并非对抗隐名股东的依据。

2. 隐名股东显名问题

隐名股东是指为了一定的目的或出于某种原因，在有限责任公司中实际出资认购公司股权却没有被记载于公司章程、股东名册以及工商登记材料中的自然人或法人，即以他人名义来实施出资或认购行为的人。

实务中，有的隐名股东实际参与公司的经营管理，也有些隐名股东并不出面参与公司事宜。隐名股东与挂名股东之间一般都有协议。当隐名股东与挂名股东之间产生利益纠纷时，应采用实质重于形式的审查标准，将实际投资者认定为股东，但隐名股东即便被认定为股东，能否显名仍要审查是否符合公司章程和公司法关于股权转让的程序要求。

对隐名股东资格的确认应遵循契约自由和意思自治的原则，只要双方的代持股协议是双方真实意思表示，不违背法律法规的强制性规定，且对公司不造成损失，应当认定隐名股东的资格。

▶典型案例

丁XX与伟XX公司等股东资格确认纠纷

基本案情： 伟XX公司成立于2004年4月28日，注册资本1600万元，丁XX于2016年1月20日被登记为伟XX公司股东，现登记在其名下的股份共25.5万股。

伟XX公司2020年半年度报告载明："第五节股份变动和融资。报告期期末普通股前十名股东情况：股东丁XX期初持股数为25.5万股，持股变动0，期末持股数25.5万股，期末持股比例1.59%，期末持有限售股份数量25.5万股，期末持有无限售股份数量0。张X刚直接和间接持有股份公司80.03%股份，股东张某持有股份公司7.63%股份，两人系夫妻关系，两者合计持股比例为87.66%，张X刚与张某夫妇为公司的共同实际控制人。"

2017年12月22日，甲方（委托方、实际出资人）张X刚与乙方（受托方、代持股人）丁XX签订《股权代持协议》，并约定："就甲方委托乙方代为持股事宜达成协议如下。第一条，委托内容。1.1伟XX公司（以下简称目标公司）系于2016年3月17日在北京工商行政管理局注册成立的股份有限公司，法定代表人为张X刚，注册资本为1600万元。1.2甲方自愿委托乙方作为自己对目标公司1.5万股（以下简称代持股份）的代持人，乙方愿意接受甲方的委托代持该股份，以乙方名义在目标公司所持1.5万股股份实际股权归甲方享有。第二条，委托权限。2.1甲方委托乙方代为行使的权利包括：乙方以自己的名义将受托代持股份在目标公司股东登记名册或股东名录上具名、在工商机关予以登记、以股东身份参与相应活动、代甲方收取股息或红利、代甲方出席股东会并按甲方要求行使表决权，以及行使公司法与目标公司章程授予股东的其他权利。第三条，甲方的权利与义务。3.1在委托代持股期限内，甲方有权在条件具备时，将全部或部分股东权益转移到甲方指定的第三人名下，届时涉及相关法律文件需乙方签字、办理手续，乙方须无条件同意，并无条件承受。3.2甲方作为代持股份的实际所有人，有权依据本协议对乙方不适当的受托行为进行监督与纠正。……第五条，委托持股期间。甲方委托乙方代持股份的期间自本协议生效之日起，至乙方根据甲方指示将代持股份转让给甲方或甲方指定的第三人时终止。第六条，委托持股费用。乙方无偿为甲方委托代持股份。第七条，违约责任及责任免除。7.1甲方行使本协议第三条约定的股东权利时，乙方如拒绝履行其配合和协助义务，乙方应就每次违约按照代持股份价值的5%向甲方支付违约金，并同时赔偿由此给甲方造成的其他损失。"甲方落款处有张X刚手写签字，乙方落款处有丁XX手写签字，目标公司确认处加盖有伟XX公司公章。对于该《股权代持协议》，丁XX不认可其证明目的，但确认首页和尾页的签名均为丁XX本人所签。丁XX辩称该协议是丁XX在受到张X刚配偶张某胁迫的情况下签署的，但未向法院递交有关其受胁迫的证据。

2015年年底张X刚实际出资25万元，使廖某取得伟XX公司2.5%激励股权，伟XX公司整体变更为股份有限公司后，因廖某持股比例为2.5%，廖某取得相应股份数为40万股；2016年8月31日，廖某在锁定期第1年内离职，张X刚依据《激励股权协议》以0元的价格回购廖某持有的40万股后，将其中10万股交由丁XX代持，2017年12月4日，丁XX将10万股中的8.5万股转让给张某。

张X刚于2021年1月19日、1月21日指示李某分别通过邮寄、微信的方式向丁XX发送收回1.5万股代持股份的通知。

丁XX辩称涉诉股份由其实际享有并且一直由其实际行使股东权利，并不存在张X刚所述的代持关系。其提交以下证据佐证：

（1）《伟XX公司关于召开2020年第二次临时股东会通知公告》：本次会议为2020年第二次临时股东会，本次会议采用现场投票方式召开，会议召开日期为2020年11月24日，出席对象为股权登记日（2020年11月20日）持有公司股份的股东，会议地点为伟XX公司会议室，会议审议事项有审议《伟XX公司2020年第一次股票定向发行说明书》议案等。丁XX据此主张伟XX公司召开了关于股票定向发行的股东会，并通知丁XX参加会议，说明实际行使股东权利的一直都是丁XX，并不存在张X刚所称的代持情形。张X刚对于该公告的真实性认可，但证明目的不认可，其主张：根据《股权代持协议》第二条约定，丁XX可以在股东登记名册上具名，也可以以股东身份参与公司相应的活动，在代持关系中，名义股东当然可以参与公司股东会，公司发布参会通知并不能说明不存在代持关系。

（2）丁XX委托北京XX律师事务所于2020年11月26日向伟XX公司作出的《律师函》以及向张X刚送达该《律师函》的EMS邮单和物流信息查

询截图，并据此主张因丁XX参加伟XX公司2020年第二次临时股东会后发现该会议并未实际召开，但伟XX公司在股转系统公告中确认会议依法召开并形成决议，因此丁XX依法要求伟XX公司提供2020年11月24日召开该年度第二次临时股东会的所有文件，但伟XX公司至今未向丁XX进行任何书面答复，亦没有提供任何张X刚授权丁XX代为行使股东权利的证明。张X刚对于该组证据的真实性和合法性认可，但关联性以及证明目的不认可，与本案无关，并主张即使丁XX作为名义股东参与，也无法证明代持关系不存在，更何况双方之间还签署了真实有效的代持协议，丁XX作为名义股东，当然可以参会。

（3）丁XX与李某于2020年11月9日的微信聊天记录截图，显示：李某向丁XX发送《关于放弃优先认购权的承诺函》，该函具体内容为："本人作为伟XX公司的现有在册股东，根据相关法规及伟XX公司章程的规定，自愿放弃对公司本次股票发行的优先认购权。"同时，李某称："现在伟XX要定增，关于这个需要跟你说一下，自愿放弃本次定增优先认购权的函。"张X刚主张该聊天记录内容不全面，隐藏了该微信发送时间即2020年11月9日，该时间仍在委托代持时间范围内，也隐藏了后续内容，即2020年1月21日李某通过微信向丁XX发出了收回股东代持的通知，因此对于该聊天记录的关联性和证明目的均不认可，李某受张X刚指示和要求向丁XX发送通知，根据《股权代持协议》第二条约定，张X刚有权要求丁XX去行使相应的股东权利，而要求丁XX自愿放弃定增的优先认购权，恰恰说明丁XX并非涉案1.5万股的真实股东，因为双方之间的代持关系，张X刚有权要求丁XX按照张X刚的指示去行使相应的股东权利。

（4）伟XX公司2020年第二次临时股东会会议表决票、丁XX委托教某方代为出席该次股东会会议的《授权委托书》、丁XX股票账户截图和身份证复印件、律师证复印件以及该次股东会决议公告。张X刚认为该组证据仅能证明丁XX是在册股东，而不能证明双方不存在代持关系。

（5）丁XX微信朋友圈截屏，拟证明2015年6月和8月期间，因为丁XX工作很辛苦，所以张X刚赠与丁XX10万股。张X刚对该证据的关联性和证明目的均不认可。

张X刚向法院起诉请求：（1）确认丁XX代持的张X刚15 000股（对应股份比例为0.09375%）归张X刚所有；（2）伟XX公司、丁XX配合张X刚办理股权变更登记手续，将丁XX代持的15 000股变更登记至张X刚或张X

刚指定的人名下；（3）本案诉讼费用由丁XX承担。

裁判结果： 一、确认丁XX持有的伟XX公司15 000股股份归张X刚所有；二、伟XX公司、丁XX配合张X刚将上述第一项所涉股份变更登记至张X刚或张X刚指定的人名下，于判决生效之日起七日内执行。

裁判思路： 廖某持有的40万股股份系基于其与张X刚、伟XX公司签订的《激励股权授予协议》之约定获取，其以0对价受让形式获取张X刚授予的激励股份，并在离职后在张X刚的指示下将10万股变更至丁XX名下，变更股份的方式亦采用丁XX以0对价受让形式。丁XX在将其持有的10万股中的8.5万股以0对价转让并变更至张X刚之配偶张某后，对于诉争的1.5万股，丁XX与张X刚签订了《股权代持协议》。丁XX认可《股权代持协议》中丁XX签名的真实性，但辩称该协议系在受让胁迫的情形下签署，同时辩称其以0对价受让廖某持有的10万股实质系张X刚对丁XX的赠与。但丁XX并未提交充分证据佐证其主张的受胁迫事实以及股份赠与事实成立，法院对其上述答辩意见难以采信。在丁XX未提交充分证据否定《股权代持协议》效力的情况下，应当认定张X刚与丁XX关于涉诉1.5万股代持关系成立。

对于丁XX称伟XX公司对外发布的公示年报应为真实有效且伟XX公司应遵守《非上市公众公司监督管理办法》《全国中小企业股份转让系统股票挂牌条件适用基本标准指引》《全国中小企业股份转让系统业务规则（试行）》的规定，故丁XX与张X刚之间不存在代持关系的上诉主张，我国公司法并未禁止股东通过隐名的方式认购公司股份，伟XX公司年报中的"不存在其他关联关系"亦无法涵盖"不存在代持关系"，且上述文件规定仅要求公司在披露信息时应如实陈述，股转系统挂牌公司应股权明晰、权属分明，并未对股权代持作出禁止性规定，故丁XX仅依据上述规定主张其与张X刚之间不存在股权代持关系，缺乏相应依据。

关于张X刚要求丁XX将其代持的1.5万股变更登记至张X刚或张X刚指定的人名下，其实质是要求隐名股东显名化。从公司和公司其他股东角度讲，成为公司的股东其实质应属于股权转让。根据我国公司法的规定，我国公司类型为有限责任公司和股份有限公司，有限责任公司的主要特征为股权转让受到限制，具有人合性，即股东之间存在特殊的人身信任关系，股权对外转让应经过其他股东过半数同意。而股份有限公司的主要特征为股份可以依法公开自由转让，具有资合性。本案伟XX公司已从有限责任公司变更为股份有限公司，股份转让无须由其他公司股东过半数同意，可自由转让，从此意义上讲，张X刚要求变更股份登记的要求，符合法律规定。

风险提示：（1）股权代持一定要签署规范的书面代持协议，本案中，张X刚如果没有与丁XX签署书面的协议，其维权将会非常困难。（2）股权代持协议应符合法律、行政法规的强制性规定，否则将影响代持协议的效力。

实务要点：（1）隐名股东虽然实际出资认购公司股份，但在公司章程、股东名册、工商登记中却记载为他人，通常以隐名出资协议或代持股份协议予以约定。对隐名股东资格的确认应遵循契约自由和意思自治的原则，只要双方的代持股协议是双方真实意思表示，不违背法律法规的强制性规定，且对公司不造成损失，其代持协议即具有法律效力，应当认定隐名股东的资格。（2）隐名股东显名在工商登记手续上的形式为股权转让，应该遵循公司法、公司章程等对股权变更的规定。有限责任公司具有很强的人合性，隐名股东显名需要经过其他股东过半数通过。但是，实务中普遍认为其他股东过半数通过的方式并不一定必须是通过股东会决议。例如，其他股东在收到隐名股东显名的通知后以明示或者默示的方式表示认可；或者在隐名股东提起诉讼后，其他股东在诉讼中表示认可；或者其他股东明知隐名股东为实际出资人，公司及其他股东均认可隐名股东一直以股东身份行使权利、参与公司的经营管理的。只要能够证明其他股东过半数同意即可。（3）股份有限公司同样存在股权代持的问题，对于其代持股协议的效力，主要还是审查是否存在违反法律强制性规范，不以规避法律的强制性规定为目的的代持协议，应认可其效力。（4）隐名股东作为实际出资人，需要通过签署规范的代持协议、及时关注公司经营状况等方式保护好自身权益。（5）实际控制人，是指虽不是公司股东，但通过投资关系、协议或者其他安排，能够实际支配公司行为的人，即能够实际控制公司的人，除股东外，还可能存在其他关系人。故，参与公司重大经营决策者并不必然系公司股东，仅是以公司实际控制人参与了公司重大经营决策为由不足以认定具备股东身份。

二、起诉要求确认不具有股东资格

实践中，因个人信息泄露导致被冒名注册为公司股东的情形屡屡发生。冒名者向公司履行出资义务，并实际参与公司的经营管理、享有权利并承担风险。被冒名者虽然被股东名册、公司章程及工商登记等列明为股东，但是实质上，被冒名者既没有出资设立公司、参与经营管理、分享利润和承担风险的意思表示，也没有为自己或者他人与公司其他股东设立公司的合意，且根本不知其名义被冒用。被冒名者没有成为公司股东的意思表示，也没有行使任何股东权益，不应将其视为法律上的股东，因此也不应当赋予其任何股东之权利与义务，被冒名者不应当对实际出资人的出资瑕疵承担补充赔偿责任。冒名者冒用他人之名义登记，不但应当承担相应的股东责任，而且对于此种侵犯他人姓名权等人身权利的行为，应当承担侵权责任。被冒名者往往会提出确认自己并非公司股东的诉讼。被冒名股东的诉求是要求确认其不是公司股东，目的在于推翻登记的公示效力，从而免除补足出资及对公司债务的连带赔偿责任。法院对此类案件往往要求具有更严格的审查标准，会全面审查公司注册时的手续、出资、日常管理情况、提出诉讼的背景。案件处理中，也会慎重考虑对债权人的影响，避免损害公司已知或未知的债权人的合法利益。此类案件中，被冒名者的举证难度较大。

随着我国公司注册资本由实缴制变更为认缴制，大部分公司均采用了认缴方式。便捷的注册条件大大方便了公司的注册、登记，但当公司经营中出现欠债无法偿付时，债权人为维护权益可能会采取要求公司股东补缴出资的措施，特别是随着2023年《公司法》的修订，股东出资义务越来越严格。实践中，某些公司的股东在被要求为公司债务承担连带责任时，会提出自己并非公司股东的主张。此时，该股东通常是以自己被冒名登记为股东为由作为抗辩事由，审判机关需对其股东身份作出认定。

>> 典型案例

周兰X、合XX公司等股东资格确认纠纷

基本案情：2014年1月22日，合XX公司成立，张X勤任法定代表人。2014年3月6日，合XX公司向工商行政管理部门申请登记、备案。依据2014年3月6日经工商备案的公司章程，合XX公司注册资本500万元，实收资本500万元，股东分别为张X勤、王X、张X、李X山，各自分别出资125万元。2015年11月19日，合XX公司再次向工商行政管理部门申请登记、备案。相应公司登记（备案）申请书载明公司法定代表人由张X勤变更为周兰X。该次登记、备案材料有落款日期均为2015年11月19日的两份股权转

让协议、股东会决议及公司章程。股权转让协议约定张X勤、李X山分别将其持有的合XX公司的125万元股权（占该公司注册资本的25%）转让给周兰X，股权转让价款及付款方式由双方另行约定。该两份股权转让协议上出让方、受让方处分别签署有"张X勤""李X山""周兰X"字样，合XX公司加盖公章。股东会决议载明经全体股东研究，一致同意吸收周兰X为公司新股东；同意张X勤、李X山将其持有的合XX公司125万元股权转让给周兰X，并退出股东会；免去张X勤执行董事职务，即法定代表人；选举周兰X为公司执行董事职务，即法定代表人，任期三年。该股东会决议自然人股东签字处签署有"张X勤""李X山""周兰X""张X""王X"字样，合XX公司加盖公章。公司章程载明公司股东为周兰X、王X、张X，出资额分别为250万元、125万元、125万元。该公司章程的法定代表人签名处签署有"周兰X"字样，合XX公司加盖公章。周兰X主张前述工商登记、备案材料中，周兰X的签字均不是本人签署。李X山、张X勤确认合XX公司设立及变更登记手续均系由代办机构代办处理，前述工商登记、备案材料中所有人员的签字均不是本人签署，均系由工商代办人员代签。张X勤确认合XX公司主要系由其负责经营。

另查明，在景X晖与合XX公司借款合同纠纷案中，法院判决追加张X、王X、周兰X为被执行人，张X、王X、周兰X分别在其出资范围内对合XX公司不能清偿的部分承担责任。

周兰X主张其一直在家养老，未接到过任何通知告知其是合XX公司股东，直至作为前述案件的被执行人才知晓该情况。周兰X据此认为其没有受让股权的意思表示，不知道被登记为公司股东，也未参与公司经营管理及分红，故主张其不具有合XX公司股东身份。周兰X向法院提出诉讼请求：确认周兰X不具有合XX公司股东资格。

合XX公司辩称，合XX公司从来不认为周兰X系合XX公司的股东，公司也从来没有收到过周兰X的授权，公司的股东一直都是原始股东四人。周兰X未参与过经营亦未出现在公司，合XX公司不认可其为公司股东。

李X山主张因合XX公司基本未经营也没有收益，故相应股权系无偿转让；同时主张虽然周兰X未出具书面的授权委托书，但基于张X勤系周兰X儿媳，且张X勤告知其受周兰X委托办理股权变更手续，故其系与张X勤协商完成前述股权转让，公司全体股东均知晓。李X山据此认为周兰X知晓股权转让事宜。张 X 勤主张其系利用自己与周兰 X 的身份关系盗用周兰 X 的身份证，并未告知周兰 X 股权转让事宜，周兰 X 对此不知情也未授权，股权转让后其告知了公司其他股东，但其后仍在继续经营管理公司，周兰 X 未参与公司的管理和分红。

裁判结果：驳回周兰 X 的诉讼请求。

裁判思路：当事人在公司工商变更登记等材料上的签字是证明其公司股东身份的最直接证据之一，如签字并非股东本人所签，经登记的公司股东系被他人冒用或盗用身份进行的工商变更登记，应确认其非公司股东。但如该股东在知道被冒用或盗用身份后不作反对表示，或虽未明确表示，但实际以股东身份参与公司经营管理、行使股东权利，或同意他人利用自己的身份经营管理公司的，其关于确认其非公司股东的诉请不应得到支持。"代签"可以在被代签者明知或默许的情形下发生，其并不等同于被"冒用"或"盗用身份"签名。本案中，虽然周兰 X 主张相关签字非本人所签，其未参与公司经营管理，没有受让股权的意思表示，张 X 勤亦主张系其盗用周兰 X 身份证所为，但结合庭审查明的事实，周兰 X 与张 X 勤系婆媳关系，李 X 山基于该身份关系与张 X 勤完成了相应股权的转让并退出公司，而张 X 勤在转让股权退出公司后仍基于该身份关系实际经营管理公司，同时，结合周兰 X 在股权转让登记为公司股东后近五年间未提出异议，直至被申请追加为被执行人后方才提起本案诉讼，其对儿媳张 X 勤盗用其身份证受让股权并经营管理公司完全不知情明显不符合常理。据此，即便相关工商登记档案材料的签字非周兰 X 本人所签，现有证据也不能达到否定其股东资格的程度，故法院对李 X 山相应的陈述意见予以采信，对周兰 X 的主张不予支持。

实务要点：（1）对于股权转让协议，转让方与受让方应尽量采用面对面的方式签署转让协议，避免出现他人代签等影响协议效力的不利后果。（2）如果身份信息确实被他人冒用登记为了股东，应在发现后及时向市场监管部门提出异议，并及时采取诉讼方式维护权益。有限责任公司股东资格的确认应当结合公司章程、股东名册、工商登记、出资情况、是否实际行使股东权利等因素综合判断。特殊情况下，还要考虑是否涉及股东和公司以外的第三人的利益。（3）被冒名登记为股东的，被冒名者既没有设立公司的意思表示，没有出资，也没有行使股东权益，不能被认定为法律上的股东。实践中，在审查是否构成冒名股东时，法院一般会从公司设立的动机、相关文件签字是否规范真实、身份证资料遗失记录、对被登记为股东是否知情等方面综合审查。从设立公司的动机考虑，一方面要审查被冒名者是否存在成为争议公司股东的动机，另一方面也要审查主张被冒名者是否存在逃避合法债务的动机，避免损害债权人的合法权益。从签字方面考虑，会严格审查公司章程、股东会决议、股权转让协议以及公司设立、变更登记过程中所提交资料上的签名的真伪、是否存在授权。公司注册登记需要提供被冒名者的身份证资料，主张个人身份证遗失等导致被冒名的，需要提供身份证遗失的证明材料，如挂失声明、补办手续等。被冒名者需要以对工商登记不知情为前提，如对被登记为股东的事情知情且未提出反对的，则不构成冒名登记股东。法院会综合被冒名者与其他股东、实际经营者的关系综合考量认定。（4）被冒名登记为股东的，被冒名者除了可以提起股东资格确认之诉外，还可以起诉要求冒名者承担侵权责任，赔偿损失、赔礼道歉等。被冒名者亦可以起诉工商登记机关，要求撤销虚假的登记信息。（5）实务中，亦存在大量借名股东，借名股东与冒名股东最大的区别在于被登记人是否知情、是否同意，如果不知情，则为冒名，如果知情且同意，则为借名。虽然二者对内均不是实际出资人不承担任何权利、义务，但是二者对外承担的法律责任完全不同，对于被借名的股东，依据公司法外观主义原则和公示原则，被借名人需与借名人对外承担连带责任。

专题二
股东名册记载纠纷

股东名册是公司必须置备的记载股东姓名及持股情况的法律文件。当公司股权发生变更时,必须及时履行变更股东名册信息的手续,如股权转让后不及时变更股东名册信息,将会导致股东无法主张股东权益,由此可能会产生股东名册记载纠纷。股东名册记载纠纷主要分为两种类型:一是因转让方或受让方怠于履行变更登记义务产生的纠纷;二是因公司怠于履行变更登记义务产生的纠纷。

当事人:对股东名册记载事项存在异议的当事人和目标公司。

管辖法院:公司住所地人民法院。

相关规定

1.《中华人民共和国公司法》(2023修订)

第三十四条 公司登记事项发生变更的,应当依法办理变更登记。公司登记事项未经或者未经变更登记,不得对抗善意相对人。

2.《中华人民共和国民事诉讼法》(2021修正)

第二十七条 因公司设立、确认股东资格、分配利润、解散等纠纷提起的诉讼,由公司住所地人民法院管辖。

3.《最高人民法院关于适用〈中华人民共和国民事诉讼法〉的解释》(2022修正)

第二十二条 因股东名册记载、请求变更公司登记、股东知情权、公司决议、公司合并、公司分立、公司减资、公司增资等纠纷提起的诉讼,依照民事诉讼法第二十七条规定确定管辖。

一、因转让方或受让方怠于履行变更登记义务产生的纠纷

>> 典型案例

万XX与蒋XX股东名册记载纠纷

基本案情：医用XX公司成立于2005年5月27日，注册资本500 000元，原法定代表人为刘XX。其中刘XX认缴出资275 000元，出资比例55%，被告蒋XX认缴出资125 000元，出资比例25%，陈XX认缴出资100 000元，出资比例20%。2006年7月19日，刘XX、陈XX（甲方）与蒋XX（乙方）签订《股份退出协议》。协议约定：甲乙双方同意蒋XX退出在武汉市华X科技开发有限责任公司、医用XX公司、湖北杭X气体有限责任公司三家公司中所持有的全部股份，甲方同意向乙方支付总退股资产额1 650 000元；乙方退出股份后且在本协议所列保障双方权益的前提下，乙方应及时配合甲方办理上述三家公司股权转让手续；甲乙双方在签订本协议后即生效，一旦违约，违约方必须承担违约责任及受害方的相应损失。被告蒋XX承认收到1 064 500元，还差欠585 500元。

原告万XX与刘XX原系夫妻关系，刘XX于2016年7月1日去世，其名下财产中医用XX公司55%的股权、武汉市华X科技开发有限责任公司60%的股权等经湖北省武汉市钢城公证处公证，刘XX的遗留财产权益及股东资格由其配偶万XX一人继承。2016年10月8日，医用XX公司召开股东会并形成股东会变更决议，由万XX继承刘XX55%的股权275 000元。2016年10月25日，医用XX公司办理工商变更登记，法定代表人变更为万XX，股东由刘XX、蒋XX、陈XX变更为万XX、蒋XX、陈XX。

原告万XX向本院提出诉讼请求：（1）被告于五日内办理退出医用XX公司股东的变更登记，并将被告名下25%的股权变更至原告名下；（2）被告承担本案诉讼费。

被告蒋XX辩称：被告现共收到《股份退出协议》中的款项1 064 500元，还差欠585 500元对价款。被告要求原告支付转让对价，支付对价后愿意配合完成股权登记，被告不承担本案诉讼费用。按照协议应先支付对价款再办理更名手续。

第三人医用XX公司述称，原告已将被告25%的股权款全部支付给了被

告，不需要支付585 000元，同意协助办理股东变更登记手续。

第三人陈XX述称，第三人陈XX也应该按持股比例享有股权转让的份额，其受让的股权份额为6.67%。

原告与被告蒋XX明确表示被告蒋XX在武汉市华X科技开发有限责任公司、湖北杭X气体有限责任公司的股权不在本案中审查。

裁判结果：一、被告蒋XX于本判决生效之日起30个工作日内协助原告万XX办理第三人医用XX公司股东的工商变更登记手续，将被告蒋XX名下18.33%的股权变更至原告万XX名下；二、驳回原告万XX的其他诉讼请求。

裁判思路：从《股份退出协议》具体内容来看，该协议属于股权转让协议。根据公司法的规定，有限责任公司的股东之间可以相互转让其全部或者部分股权，刘XX、陈XX、蒋XX均是第三人医用XX公司的股东，该份协议是刘XX、陈XX与蒋XX的真实意思表示，涉案协议合法有效。协议约定"乙方退出股份后且在本协议所列保障双方权益的前提下，乙方应及时配合甲方办理上述三家公司股权转让手续"，该项约定并未明确全部转让款支付完毕后，被告再履行配合变更登记的义务，刘XX、陈XX已履行了大部分付款义务，被告在签订协议后也未参与公司的经营管理，故为充分保障双方的合法权益，被告应履行股权变更登记义务。被告蒋XX并不享有先履行抗辩权。涉案协议并未约定被告蒋XX转让的股权由刘XX、陈XX各自受让的比例，原告、陈XX同意按照各自出资比例享有受让的股权。原告、陈XX的出资额分别为55%、20%，故原告应受让的股权比例为18.33%。

实务要点：虽然进行变更事项登记的义务人是公司，但股权发生变更后，相关股东应提请公司进行股东名册变更，为避免纷争，股权变更双方可以通过协议明确提请公司进行股权变更的义务主体，并约定相应的违约责任，避免因此发生纷争。

二、因公司怠于履行变更登记义务产生的纠纷

》典型案例

何X等与天X公司股东名册记载纠纷

基本案情：天X公司成立于1998年6月，注册资本100万元，何建X出

资10万元,持股比例10%。何建X于2006年X月X日死亡,赵X、何X系何建X的合法继承人。2007年9月20日,天X公司申请股东变更登记,将何建X名下10%股权变更至XXX电视台名下。北京市工商行政管理局XX分局于2007年9月20日作出《准予变更登记(备案)通知书》,核准了天X公司的申请。2018年5月2日,北京市工商行政管理局作出《行政复议决定书》,决定撤销北京市工商行政管理局XX分局于2007年9月20日作出的《准予变更登记(备案)通知书》。天X公司法定代表人王XX对于北京市工商行政管理局作出的《行政复议决定书》不服,提起行政诉讼,生效判决驳回了王XX的起诉。

另查明,天X公司内部未设立股东名册。

原告赵X、何X起诉称:2006年X月X日,何建X死亡。2007年9月17日,天X公司股东召开股东会会议,伪造何建X签字,通过股东会决议,将何建X名下天X公司股权转让给XXX电视台。赵X、何X作为何建X的继承人,有权继承何建X的股权,天X公司应当予以配合,赵X、何X达成一致意见,赵X继承7.5%的股权、何X继承2.5%的股权。故起诉要求:一、天X公司向赵X签发、出具《出资证明书》;二、天X公司向何X签发、出具《出资证明书》;三、天X公司将赵X记载于股东名册;四、天X公司将何X记载于股东名册;五、天X公司为赵X向公司登记机关申请办理股东变更登记;六、天X公司为何X向公司登记机关申请办理股东变更登记。

被告天X公司答辩称:不同意赵X、何X的诉讼请求。2000年,何建X向王XX借款10万元用于认购天X公司10%股权,双方约定,如果到期不能返还,则以天X公司10%股权折抵借款。借款到期后,何建X向王XX出具《证明》,同意将天X公司10%股权无偿转让给王XX,并委托王XX办理工商变更登记。因此,何建X已经不再是天X公司股东。

裁判结果:一、天X公司于本判决生效后十日内向赵X签发出资证明书(股权比例7.5%);二、天X公司于本判决生效后十日内向何X签发出资证明书(股权比例2.5%);三、天X公司于本判决生效后十日内将赵X的个人信息记载于公司股东名册(股权比例7.5%);四、天X公司于本判决生效后十日内将何X的个人信息记载于公司股东名册(股权比例2.5%);五、天X公司于本判决生效后十日内协助赵X办理股权变更登记手续,将何建X名下公司 7.5% 的股权变更至赵 X 名下；六、天 X 公司于本判决生效后十日内协助何 X 办理股权变更登记手续，将何建 X 名下公司 2.5% 的股权变更至何 X 名下。

裁判思路：天 X 公司并未提供证据证明其公司章程中存在对于股东继承人可以继承股东资格的相反约定。公司登记信息中的股东信息对外具有公示公信效力，交易相对人可以依据公司登记信息对公司的股东资格产生合理信赖，但在公司内部以及原股东与股权受让人之间，此种外观表征则不具有适用余地，不能以此作为股东资格的认定标准。在公司内部以及原股东与股权受让人之间，应当依据股权变动的构成要件判断股权是否发生了变动，具体而言，股权的变动需要具备有效的债权行为加上有效的股权处分行为，有效的债权行为是指原股东与股权受让人之间订立了有效的股权转让协议；有效的股权处分行为是指完成了公司法上规定的过户要求，即将受让人记载于股东名册或完成公司登记变更。回归到本案，天 X 公司依据《协议书》即《证明》主张何建 X 已经将股权转让给王 XX，何建 X 丧失股东资格，何建 X 已经死亡，对于《协议书》及《证明》的真实性暂时无法确认，如果两份证据真实性为假，则何建 X 仍然享有股东资格自然没有疑问；如果两份证据真实性为真，则两份证据仅为债权行为，仅产生债权效力而不发生股权变动的效果，何建 X 仍然享有天 X 公司股东资格。对于赵 X、何 X 的主张法院予以支持。

相关规定

1. 《中华人民共和国公司法》（2023 修订）

第五十六条　有限责任公司应当置备股东名册，记载下列事项：（一）股东的姓名或者名称及住所；（二）股东认缴和实缴的出资额、出资方式和出资日期；（三）出资证明书编号；（四）取得和丧失股东资格的日期。记载于股东名册的股东，可以依股东名册主张行使股东权利。

2. 《最高人民法院关于适用〈中华人民共和国公司法〉若干问题的规定（三）》

第二十三条　当事人依法履行出资义务或者依法继受取得股权后，公司未根据公司法第三十一条、第三十二条的规定签发出资证明书、记载于股东名册并办理公司登记机关登记，当事人请求公司履行上述义务的，人民法院应予支持。

实务要点：（1）签发出资证明书、记载股东名册并办理公司登记机关登记的义务人是公司，而不是通过股权转让方式取得股权时的转让方，但股权转让双方亦可在转让协议中约定各自应配合办理股东登记的义务。（2）是否实际出资不是拒绝给予办理股东登记的理由。（3）隐名股东必须显名后才能被记载于股东名册上，故隐名股东必须先履行必要的内部手续，在其股东资格得到确认后，才能提起股东名册记载纠纷之诉。

专题三
请求变更公司登记纠纷

公司登记具有公示、公信效力，公司的名称、住所、法定代表人、注册资本、股东信息均应进行登记备案，当登记记载事项发生变更时，应及时予以变更，如果不及时更新，无法产生公信效力，不能对抗第三人，最终还可能会影响股东权利的行使。工商登记能够规避公司，特别是董监高的风险，公司有义务协助办理工商变更登记手续。

请求变更公司登记纠纷是公司股东或法定代表人等对于公司登记中记载的事项请求予以变更而产生的纠纷。

原告：该类诉讼主要是由股东提起，也有部分案件是由公司的法定代表人提起。

被告：公司。

管辖：公司住所地法院。

一、股东提起的请求变更公司登记纠纷

当公司登记记载的股东信息与实际不一致时，相关股东可以提起变更公司登记纠纷。提起诉讼的股东可以是新取得股权后要求进行登记的新股东（包括要求显名的隐名股东），也可以是股权出让后的老股东。

▶ 典型案例

丁XX与北京比X公司等请求变更公司登记纠纷

基本案情：上海比X公司成立于2017年8月11日，当时股东仅丁XX一人，丁XX任法定代表人。2017年11月17日，北京比X公司与丁XX签订《增资扩股协议》，协议约定北京比X公司增资200万元，成为上海比X公司股东。2018年1月15日，上海比X公司的工商变更登记载明：注册资本从3

万元增加至 7.5 万元，其中北京比 X 公司持股 4.5 万元，持股比例为 60%；丁 XX 持股 3 万元，持股比例为 40%。根据协议约定，北京比 X 公司先行投资了 97 万元。

2019 年 5 月 27 日，北京比 X 公司向丁 XX 发出《解约及股权回购通知函》，认为丁 XX 违反协议的法定义务，根据协议的约定，北京比 X 公司行使解除权，要求丁 XX 履行回购义务。为此，北京比 X 公司作为申请人向北京仲裁委员会提起仲裁，要求自确认通知函发出之日起，《增资扩股协议》解除，并要求丁 XX 回购北京比 X 公司的全部出资款 97 万元及承担律师费和仲裁费。北京仲裁委员会于 2020 年 2 月 28 日作出（2020）京仲裁字第 06XX 号裁决书：一、解除双方于 2017 年 11 月 17 日签订的合同（《增资扩股协议》）；二、被申请人向申请人返还 48.5 万元；三、律师费、仲裁费各半承担等。该裁决书已生效并在执行中，目前尚未执行完毕。

2021 年 3 月 17 日，北京比 X 公司与丁 XX 就上海比 X 公司合同章、财务原始记账凭证等进行了交接。同年 4 月 1 日，北京比 X 公司向丁 XX 发出《上海比 X 股权工商变更通知书》，要求其配合办理变更登记手续，遭丁 XX 拒收。

北京比 X 公司起诉请求：判令丁 XX、上海比 X 公司配合北京比 X 公司将北京比 X 公司持有的上海比 X 公司的 60% 股份全部变更登记至丁 XX 名下。

裁判结果：丁 XX、上海比 X 公司于判决生效之日起十日内至上海市市场监督管理局崇明 A 公司将其持有的上海比 X 公司 60% 的股份全部变更登记至丁 XX 名下。

裁判思路：根据已生效的裁决书，北京比 X 公司和丁 XX 的《增资扩股协议》予以解除，即意味着北京比 X 公司自协议解除之日起，不再是上海比 X 公司的股东，其持有的 60% 的股权应当返还丁 XX。

实务要点：（1）股东以投资（出资额或者股份）为限对公司承担责任，股东将自己的股份或股权出让后，即不再享有股东权利，公司及相关主体应积极配合办理变更登记手续。（2）被冒名登记为股东的，也可以本案由提起诉讼，要求公司涤除相关登记信息。（3）股权变更后，股东请求变更登记的，既包括原股东要求将其名下股权变更登记在现股东名下，也包括现继受股东要求公司将其登记在股东名册并明确其持股比例。

二、法定代表人提起请求变更公司登记纠纷

工商登记的企业法人对外代表公司，应当承担相应的法律责任。当登记的企业法人发生变动时，应及时办理变更登记手续。当公司怠于履行变更义务时，权益受到损害的一方也可通过诉讼手段维护自身权益。因公司法定代表人变更导致申请变更公司登记，往往是因原法定代表人不愿再担任相应职务而提起。

（一）变更法定代表人需要经过公司决议

》典型案例

吴某东与中 X 公司请求变更公司登记纠纷

基本案情：中 X 公司成立于 2016 年 12 月 16 日，王某 1 持股 99%，王某 2 持股 1%。2019 年 4 月 3 日，公司法定代表人由王某 1 变更为吴某东。

2019 年 4 月 3 日，甲方王某 1 与乙方吴某东签署《挂名法定代表人协议》一份，约定：甲方投资成立中 X 公司，是公司实际上的法定代表人，特委托乙方作为挂名法定代表人，且仅是公司工商登记的名义上的法定代表人。第一条，甲方为公司的实际控制人、最终受益人（出资占股：99%）、实际法定代表人，享有并履行《公司法》及公司章程规定的法定代表人的实际权利及义务；乙方为挂名法定代表人，没有实际权利及义务，仅且是工商登记形式上的法定代表人。第二条，甲方作为公司的实际法定代表人，全权负责公司的经营，并确保公司的经营行为符合国家法律、法规及相关政策的规定，依法纳税及履行其他应尽义务。第三条，乙方担任公司法定代表人期间，不是公司股东，不享有公司股东权利，不承担股东义务。除履行公司程序性的职责外，不参与公司的任何实际经营管理，不承担甲方行使职权过程中任何因公司行为或个人行为造成的任何法律责任。第四条，甲方承担公司法定代表人变更之前的一切公司债务及法律责任。第五条，乙方担任公司法定代表人期间，以公司名义对外作出的任何决定，未经甲、乙双方签字同意并加盖公章，此决定无效；因违反本条规定而产生的任何法律责任由违约方全部承担。第六条，甲方应当按照本协议约定每月 10 号通过银行转账方式支付乙方人民币 1 元作为挂名法定代表人的薪酬，乙方有权按协议约定获得

报酬。

吴某东提交了《会议纪要》。时间：2019年7月7日星期天；地点：望京阜安西路漫咖啡；参会人员：王某1、吴某东；会议主题：关于中X公司2019年第二季度经营情况通报及决议。会议内容：公司于2019年4月3日变更法人为吴某东先生，公司股权结构及出资比例没有发生改变。……公司法人吴某东先生提请公司股东，审议并通过：吴某东先生不再担任公司法人及经理一职，公司于2019年7月15日前完成法人变更。以上会议内容及决议，参会人员知悉并确认通过。该会议纪要参会人员签字处有吴某东签字，落款为中X公司，但未加盖中X公司的印章，有王某1的签字及指纹。

吴某东表示，其与王某1系朋友关系，当时王某1已被列入失信被执行人，想用中X公司名义去融资，所以吴某东担任了中X公司法定代表人，但后来中X公司未实际融资，故作出了上述《会议纪要》，至于法定代表人变更给谁，王某1需要和其妹妹王某2再商量，所以《会议纪要》未明示变更后的法定代表人。

吴某东起诉请求：(1) 请求中X公司办理法定代表人变更的工商登记手续，吴某东不再担任中X公司的法定代表人；(2) 诉讼费由中X公司承担。

裁判结果：驳回吴某东的诉讼请求。

裁判思路：《公司法》(2018修正) 第十三条规定："公司法定代表人依照公司章程的规定，由董事长、执行董事或者经理担任，并依法登记。公司法定代表人变更，应当办理变更登记。"公司经营事项发生变更后，在具有公司决议的情况下，公司应当及时向工商行政管理机关办理变更登记。申请变更登记的一方应当举证证明公司已经具备了办理法定代表人变更登记的条件，公司已经制作了法定代表人变更登记所需的合法、有效文件，否则应当就此承担举证不能的法律后果。本案中，吴某东提交的《挂名法定代表人协议》及当庭陈述表明，其系自愿成为中X公司的法定代表人，其请求变更公司登记的依据为《会议纪要》，但《会议纪要》并非中X公司的股东会决议，亦未加盖中X公司的公章，故《会议纪要》系王某1与吴某东双方达成的意向，不具备变更法定代表人的效力。且公司法定代表人是公司运行的必要机构，在未选定新的法定代表人之前，变更原法定代表人破坏了公司的基本组织结构。

相关规定

1.《中华人民共和国公司法》（2023修订）

第十条 公司的法定代表人按照公司章程的规定，由代表公司执行公司事务的董事或者经理担任。

担任法定代表人的董事或者经理辞任的，视为同时辞去法定代表人。

法定代表人辞任的，公司应当在法定代表人辞任之日起三十日内确定新的法定代表人。

2.《中华人民共和国市场主体登记管理条例》

第二十四条 市场主体变更登记事项，应当自作出变更决议、决定或者法定变更事项发生之日起30日内向登记机关申请变更登记。

市场主体变更登记事项属于依法须经批准的，申请人应当在批准文件有效期内向登记机关申请变更登记。

实务要点：上述案例发生在2023年《公司法》修订前，法院裁判引用的是2018年《公司法》，2023年《公司法》对公司法定代表人的身份和辞任作了修订，但此案的裁判规则并不过时。（1）是否变更法定代表人属于公司自治范畴，申请变更法定代表人的主体需提供证据证明公司已经具备了办理法定代表人变更登记的条件，即公司已经制作了法定代表人变更登记所需的合法、有效文件，如股东会决议。否则，应当就此承担举证不能的法律后果。（2）关于挂名法定代表人能否直接起诉要求变更公司登记的问题。法定代表人作为代表公司法人进行经营活动的负责人，应实际参与公司的经营管理。实务中，有观点认为挂名法定代表人因并未参与公司的经营管理，可以在直接起诉要求涤除其担任法定代表人的信息，但是亦有观点认为，挂名股东本身即不被法律认可，不应被鼓励，挂名事由的消除并非涤除法定代表人的法定理由，是否解除其法定代表人职务，仍需公司依法通过决议程序来决定。（3）《公司法》（2023修订）第十条明确规定了法定代表人辞任，既往实务中出现过法定代表人从公司离职后仍被迫担任法定代表人的问题。该条明确规定了法定代表人辞任制度，对于此类问题的解决具有积极意义。

(二) 原法定代表人离职后请求涤除法定代表人登记信息

>> **典型案例**

李XX与三XX公司请求变更公司登记纠纷

基本案情：三XX公司成立于2018年9月28日，法定代表人为李XX，李XX于2018年12月30日经股东大会同意自动辞去公司法人代表、经理、董事职务事宜。后李XX于2019年1月1日与三XX公司签订了法定代表人聘任协议，约定：(1) 甲方（三XX公司）自愿聘用乙方（李XX）为甲方公司的法定代表人。乙方同意接受该聘请事项，乙方所拥有的法定代表人、总经理职务都只具有形式作用，乙方不因此而享有甲方管理权。(2) 双方协商一致同意本协议的聘任期限为不定期限，暂以2019年9月为限，若由于法律法规的相关规定，甲方要求撤销聘任的，乙方应当同意（甲方撤销聘任通知即生效），乙方应予积极协助办理变更登记或注销登记所涉及的全部相关手续。……(5) 乙方报酬由甲方按月支付4000元，如甲方公司未能正常开展生产，即等甲方公司正常生产经营后支付。2018年10月至12月李XX在岗上班。自2019年1月1日与三XX公司签订法定代表人聘任协议后一直未到工作岗位提供劳动。甲方一直未向乙方支付工资，2019年9月双方聘任协议期满后，三XX公司电话通知李XX办理变更手续，李XX未前来办理。

2020年12月15日，李XX向劳动人事争议仲裁委员会申请仲裁，要求解除劳动关系并要求三XX公司支付工资、经济补偿金等。劳动仲裁委员会裁定双方解除劳动关系，由被申请人三XX公司支付申请人李XX 2018年10月至12月工资12 000元，支付解除劳动合同经济补偿金2000元，合计14 000元。

原告李XX起诉要求：(1) 依法判令解除原告的法定代表人及董事、经理职务；(2) 判令被告办理公司法定代表人及董事、经理工商变更、备案登记手续；(3) 本案诉讼费由被告承担。

被告三XX公司辩称，事实与理由不成立，请求驳回原告诉讼请求：(1) 原告至今担任被告方法人，如果原告要辞去法人职务，应该向董事会及股东大会提出申请，待董事会或者股东大会同意后才能决定去留，辞去董事会的决定，也要通过董事会或者股东大会的同意，辞去经理职务也要按照公司法程序，由董事会或者股东大会同意，在董事会或者股东大会没有做出相应决定之前，原告起诉由法院解决，不符合法律规定，没有法律依据；（2）以解除劳动关系为由，解除法人或者经理的职务，没有法律依据，原告主张的请求第二项也无法律依据，按照公司法以及相应规定，只有董事会或者股东大会作出决议以后才能作出相应变更，因此，请求法庭依法驳回原告诉讼请求，原告应该按照相应法律规定，向董事会或者股东大会提出申请，再进行决定。

裁判结果：一、被告三 XX 公司于本判决生效后三十日内至 XXX 市场监督管理部门办理涤除原告李 XX 作为其执行董事、法定代表人的登记事项；二、驳回原告李 XX 的其他诉讼请求。

裁判思路：法人性质上属于拟制人格，其对外开展民事活动主要通过其法定代表人进行，这就要求法定代表人与其所代表的法人之间存在实质关联性。就公司法人来说，其实质关联性就在于法定代表人要参与公司的经营管理。一个实际已不参与公司经营管理的人，不可能也不应成为公司法定代表人，因其根本不具备对外代表法人的基本条件和能力，故不应登记为法定代表人，否则会造成登记事项与实际不符的情况。本案原告于 2018 年 10 月至 12 月确实担任该公司的法定代表人，并在岗上班，后于 2018 年 12 月 30 日主动辞去经理、董事职务事宜，并经股东大会同意，后于 2019 年 1 月 1 日与公司达成协议被聘任为法定代表人，李 XX 所拥有的法定代表人、总经理职务都只具有形式作用，李 XX 不因此而享有公司的管理权。任期暂定为 2019 年 9 月，期限到期后，该公司主动要求李 XX 配合该公司变更法定代表人，但李 XX 未予配合，后李 XX 主动于 2020 年 12 月向仲裁委提出申请要求解除劳动关系，仲裁委于 2021 年 1 月裁定解除李 XX 与该公司的劳动关系，故原告已不具备继续担任执行董事、法定代表人的基本条件，实际上也不能履行相应职责。

另，李 XX 于 2018 年 12 月 30 日已将法定代表人、董事、经理职务自行辞去，并经股东大会同意，2019 年 1 月 1 日李 XX 与公司达成聘任协议，该公司聘任李 XX 为公司的法定代表人，但李 XX 的法定代表人、总经理职务只具有形式作用，不因此享有公司的管理权，从 2019 年 9 月该协议到期后，该公司主动联系李 XX，要求李 XX 配合该公司变更法定代表人，但李 XX 未予以配合，现李 XX 亦通过仲裁裁决，与该公司解除了劳动关系，以上该公司行为与李 XX 的行为视为双方都同意解除李 XX 法定代表人及总经理职务的合意，因此，李XX无须再向该公司提出任何申请，故对被告的辩称本院不予支持、对于原告要求解除公司的法定代表人及总经理职务的请求，本院予以支持。

实务要点：（1）法定代表人是指依法或者依照章程规定代表法人行使职权的负责人。公司法定代表人发生变更后，公司有义务办理变更登记，涤除原法定代表人的登记事项。（2）公司法定代表人必须实际行使相应职权，才能代表公司进行管理、决策，对外才可代表公司，如不实际参与公司的经营管理，则无法行使相应的职权，不符合担任公司法定代表人的条件。实践中，经常有法定代表人离职后原公司迟迟不予办理更换法定代表人的情形，当事人无法通过公司自治途径维护自身权益。公司一旦经营不善需要对外承担法律责任时，法定代表人可能会被限制高消费，甚至承担刑事责任，故为规避风险，建议法定代表人离职后及时督促公司办理登记变更手续，必要时采用法律手段维护自身合法权益。《公司法》（2023年修订）第十条对这一问题的解决给出了明确的法律条文依据，但入股原法定代表人辞任后如果公司未及时确定新的法定代表人或未及时办理变更登记手续，原法定代表人仍需通过提起本案案由的方式解决问题，维护自身权益。

专题四 股东出资纠纷

股东出资是指股东在公司设立或增资时，按法律、公司章程的规定以及协议的约定，向公司交付财产或履行其他给付义务的行为，出资是股东对公司最基本的义务。我国公司法在2013年将公司出资制度由实缴制改为了认缴制，但是股东的出资义务仍然未变，变更的只是交付出资的时间。

股东的出资构成公司的资本，是公司对外经营和承担责任的基础。股东的出资应真实、有效、充分，进而保证公司资本充足，维护交易安全，股东的出资义务既是约定义务，亦是法定义务。我国公司法对于股东出资的数额、期限、方式及其责任等都有明确规定。如果股东违反出资义务，未按规定缴纳出资，或者虚假出资、出资不足、抽逃出资等，可能引发公司与股东、股东与股东、股东与债权人之间的出资纠纷和诉讼，该股东可能会被起诉承担继续履行、损害赔偿等违约责任。

我国公司法还规定了未履行义务股东或发起人的补缴差额责任和其他股东或发起人的连带认缴责任。因违反出资义务而造成公司或其他已履行义务的出资人损失的，还须承担损害赔偿责任。

《公司法司法解释三》规定的违反出资义务行为有瑕疵出资与抽逃出资两种。

原告：公司、股东、债权人、清算组、破产管理人。债权人在股东出资纠纷案件中可将公司和违反出资义务的股东一并起诉，也可在公司未能清偿债务时单独起诉违反出资义务的股东。

被告：违反出资义务的股东、协助抽逃出资的高管、瑕疵股权的受让人。

管辖：股东出资纠纷案件不适用公司诉讼特殊地域管辖的规定，不应由公司住所地人民法院管辖，而应适用2021年《民事诉讼法》第二十二条一般地域管辖的规定，即由被告住所地人民法院管辖。

一、瑕疵出资

实务中，比较常见的瑕疵出资有以下几种形式：虚假出资、出资不足、逾期出资。根据公司法的相关规定，股东可以用货币出资，也可以用实物、知识产权、土地使用权、股权、债权等可以用货币估价并可以依法转让的非货币财产作价出资。出资数额是否充足、出资期限是否符合章程规定是审核货币出资是否存在瑕疵的主要标准。对于非货币财产瑕疵出资的认定，主要从该财产是否实际交付、是否办理过户、是否经过专业机构评估作价、该财产权属是否清晰、是否有处分权、是否设定了权利负担等方面进行审查认定。

（一）虚假出资

虚假出资是指股东认购出资而未实际出资，取得公司股权的情形。股东在公司增资过程中未履行或者未全面履行出资义务，应承担与公司设立时虚假出资相同的责任。

>> **典型案例**

恒X公司与贺某股东出资纠纷

基本案情：1999年11月5日，恒X公司成立，注册资本50万元，崔某与贺某各出资25万元。验资报告载明，截至1999年11月4日，恒X公司已收到其股东出资50万元，并附有华夏银行烟台分行进账单。2001年11月22日，恒X公司注册资本变更为608万元，崔某与贺某各出资279万元。验资报告载明，截至2001年11月19日，恒X公司已收到崔某、贺某新增注册资本出资款558万元。2003年11月18日，银行向工商行政管理局出具证明：2001年11月6日其支行未给贺某及崔某出具银行询证函，当日恒X公司未在其支行办理现金业务，其支行亦无020XXXXXXXXXXX090账号。2004年3月2日，工商行政管理局出具行政处罚决定书，载明，贺某及案外人崔某各增资279万元，两股东对恒X公司的增资在根本没出资的情况下，通过伪造的银行凭证取得了验资报告，于2001年11月22日骗取公司登记，贺某及崔某增资的279万元均未实际缴纳。

2004年7月28日，崔某向建X公司转让股权60.80万元，贺某向建X公司转让股权121.60万元，恒X公司股东变更为建X公司、崔某和贺某，出资额分别为 182.40 万元、243.20 万元和 182.40 万元。2005 年 1 月 12 日，恒 X 公司注册资本变更为 3 180 万元。贺某出资 795 万元，分别为原出资 182.40 万元、受让建 X 公司股权 87 万元及增资 525.80 万元。建 X 公司出资额降低至 95.40 万元。2009 年 11 月 20 日，建 X 公司将该 95.40 万元股权转让给案外人毕某明。此后，恒 X 公司股东又多次发生变更。2016 年 8 月 1 日，股东变更为毕某明（出资额 222.60 万元、占 7% 股份）、崔某（出资额 318 万元，占 10% 股份）、贺某（出资额 795 万元，占 25% 股份）、荆某武（出资额 1240.20 万元、占 39% 股份）等 9 名股东。2017 年初，恒 X 公司向贺某等发出通知要求贺某、崔某及案外人恒 X 加固公司缴纳股东出资款，贺某等均回复称已足额履行了全部出资义务。2017 年 4 月 17 日，恒 X 公司召开股东会，并通过了解除贺某、崔某及恒 X 加固公司股东资格，未实际缴纳的出资部分做减资处理的决议。贺某、崔某及恒 X 加固公司以上述股东会决议违法为由诉至法院，请求撤销上述股东会决议。该案经法院一审、二审，认为恒 X 公司成立时的注册资金 50 万元，股东已出资到位，即使贺某及崔某第二、三次增资未实际到位，亦不能认定贺某及崔某未出资，上述股东会决议依据不足，并判决撤销了本案恒 X 公司于 2017 年 4 月 17 日形成的股东会决议。

恒 X 公司起诉请求：确认被告在原告处不享有 279 万元股权。

裁判结果： 确认贺某不享有其持有恒 X 公司股份中 279 万元股份项下的股东权利。

裁判思路： 公司增加注册资本是公司扩张经营规模、增强责任承担能力的行为，与公司设立时的初始出资并无区别。公司股东在公司增资过程中未履行或者未全面履行出资义务，应承担与公司设立时虚假出资相同的责任。本案中，贺某通过虚假的银行询证函取得验资报告，办理了恒 X 公司工商变更登记，后经恒 X 公司催缴，贺某仍未对案涉 279 万元出资款予以补缴的事实清楚。贺某称其已陆续以现金、实物方式向恒 X 公司出资，但未明确具体的出资数额、时间等，亦未提交相关证据佐证。故对贺某上述主张，法院不予采纳。贺某关于案涉股权经过多次转让，无法确定贺某持有股权中自有部分和转让部分，且涉及案外人崔某、毕某明的合法权益的辩解。因公司股权的转让并不影响原股东应负的出资义务，无论案涉 279 万元股权是否转让，贺某仍对案涉 279 万元股份负出资之责，故贺某之上述辩解，不予采纳。贺某关于其依法具有恒 X 公司的股东资格，恒 X 公司恶意重复诉讼的辩解，本案并未否定贺某的股东资格，仅是对其未缴纳出资部分所占股权进行相应的限制，与法院此前案件审理事实及法律关系并不相同。

公司股东享有权利的前提是承担出资义务，贺某无证据证明其已履行了案涉 279 万元的出资义务，则不应享有该 279 万元股份所对应的股东权利，这亦符合民法权利与义务统一、利益与风险一致之原则。工商登记载明贺某出资 795 万元，占贺某 25% 之股份，现恒 X 公司主张确认贺某不享有其占恒 X 公司股份中 279 万元股东权利的诉讼请求于法有据，予以支持。

相关规定

《中华人民共和国公司法》（2023 修订）

第四十八条 股东可以用货币出资，也可以用实物、知识产权、土地使用权、股权、债权等可以用货币估价并可以依法转让的非货币财产作价出资；但是，法律、行政法规规定不得作为出资的财产除外。

对作为出资的非货币财产应当评估作价，核实财产，不得高估或者低估作价。法律、行政法规对评估作价有规定的，从其规定。

实务要点：（1）虚假出资的主要形式：以无实际现金流通的虚假银行进账单、对账单骗取验资报告；以虚假的实物出资手续骗取验资报告；以实物、知识产权、土地使用权出资，但未办理产权转移手续等。虚假出资可能发生在公司设立时，也可能发生在公司增资时。（2）股东对于已经按时足额缴纳出资负有举证责任，如果举证不能，应承担举证不能的后果。（3）虚假出资与抽逃出资不同，其本质在于根本没有将出资交付到公司，如果已经交付到公司又转走的，则不构成虚假出资。

（二）出资不足

出资不足是指在约定的期限内，股东仅仅履行了部分出资义务或者未能补足出资的情形。

1. 股东缴纳出资后，必须经依法设立的验资机构验资并开具证明

▶ **典型案例**

赵某骁与曹某贵、中 X 希望公司股东出资纠纷

基本案情：2011 年 11 月 3 日，中 X 希望公司成立，曹某贵（货币出资数

额为9.7万元，出资时间为2011年10月18日）、何某（货币出资数额为1万元，出资时间为2011年10月18日）、章某科（货币出资数额为2万元，出资时间为2011年10月18日）、赵某骁（货币出资数额87.3万元，其中7.3万元出资时间为2011年10月21日，另80万元出资时间为2013年9月30日）银行交存入资资金凭证显示：2011年10月24日，章某科入存金额2万元，曹某贵入存金额97 000元，赵某骁入存金额73 000元，何某入存金额10 000元。

赵某骁系赵某与朴某欣之子。赵某骁称第二期出资委托其父母赵某及朴某欣代为缴纳出资，并称其父母从银行卡陆续向中X希望公司汇入资金809 200元，用于其作为股东的出资，并为中X希望公司直接支付房租48 250元，用于公司经营。赵某骁提交多份信用卡对账单、银行账户历史交易明细表、银行现金送款簿，证实履行了出资义务。

曹某贵称赵某系中X希望公司的实际控制人和董事长，一直控制中X希望公司的收入支出，中X希望公司对外收款有两种方式，一是公司账户直接收款，二是利用员工何某1等人的账户收款，何某1等人收到款项后，再转给赵某的其他账户，主要是赵某在中国工商银行尾号为1702的账户；并称赵某的配偶朴某欣刷信用卡向中X希望公司付款，系信用卡套现行为，在几天之内就有同等金额返还朴某欣或者赵某的账户。

曹某贵提交《关于借用员工何某1银行卡的说明与承诺》，内容为："根据中X希望公司业务需要，经过协商，借用员工何某1工行、农行、建行的个人银行账户，用于中X希望公司，为明确用途，分清责任，特做此说明与承诺：（1）以上何某1账户与公司相关的收支由公司安排何某1操作，何某1仅作为操作员，对于收支的来源与用途等由公司自行负责。（2）借用何某1上述账户用于留给客户作为公司财务收款个人账户。（3）账户代表公司收取客户资金后3日内转账给公司董事长赵某，或转入公司对公账户。（4）工行账户主要用于代公司发放员工工资。（5）从公司账户转账的备用金用于公司员工报销。（6）以上账户收取客户资金如果需要退款，由公司全权负责，个人不承担任何直接或间接的退款责任。（7）以上账户发放员工工资，员工与公司之间的任何工资、奖金、佣金等方面的纠纷，由公司全权负责，何某1不承担任何直接或间接责任。（8）由于使用上述银行账户产生的任何法律责任由公司全权负责。"落款盖有"中X希望公司"印章，落款时间为2012年1月5日。

曹某贵提交中X希望公司企业账户明细，从该账户明细看，赵某骁主张的其父母向中X希望公司支付款项与中X希望公司实际入账款项并不相符，实际入账款项均小于信用卡消费款项。

曹某贵起诉请求：（1）判令赵某骁对中X希望公司履行出资义务，支付出资款80万元及利息（利息以80万元为基数，自2013年10月1日起按中国人民银行同期贷款利率计算至实际付清日）；（2）本案诉讼费由赵某骁负担。

裁判结果： 一、赵某骁于判决生效之日起10日内，向中X希望公司支付出资款80万元及资金占用期间利息（以80万元为基数，自2013年10月1日起至2019年8月19日止，按中国人民银行同期同类贷款利率计算，自2019年8月20日起至实际付清之日止，按全国银行间同业拆借中心公布的贷款市场报价利率计算）；二、驳回曹某贵的其他诉讼请求。

裁判思路： 股东应当按期足额缴纳公司章程中规定的各自所认缴的出资额。股东以货币出资的，应当将货币出资足额存入有限责任公司在银行开设的账户。本案中，赵某骁已缴纳的出资金额为73 000元，剩余80万元出资应当在2013年9月30日之前缴纳。赵某骁主张其已经委托其父母代为缴纳了出资款，应当对此承担举证责任。首先，赵某骁在本案中提交的其父母代其出资的证据，除2012年11月27日的一笔现金4万元存入款项之外，均为朴某欣或者赵某在中X希望公司刷POS机的信用卡消费支出，不符合法律规定的直接存入公司账户的情形，亦没有验资机构验资并开具证明；且从中X希望公司实收款项来看，信用卡消费款项与收取款项金额并不相符；其次，从中X希望公司的账户明细情况来看，赵某骁主张的相关款项发生后较短时间内，相关收入款项多数从中X希望公司转账至何某1账户，部分转账至赵某账户，且何某1账户与赵某账户之间存在大量款项往来，赵某骁亦称直接进入赵某账户或者通过何某1账户进入赵某账户的款项为偿还赵某向中X希望公司的借款，该款项流转途径实难让法院产生相关款项系出资款的内心确信；最后，赵某骁之父赵某与中X希望公司之间有诸多款项往来，故对于赵某在2012年11月27日存入的现金4万元，在没有其他证据佐证的情况下，不宜认定为代赵某骁缴纳的出资款。综上，赵某骁提交的证据不足以证明其已经向中X希望公司缴纳出资款80万元，其应当依法向中X希望公司支付出资款80万元并支付资金占用期间的利息损失。

相关规定

《中华人民共和国公司法》(2023修订)

第四十九条 股东应当按期足额缴纳公司章程规定的各自所认缴的出资额。

股东以货币出资的,应当将货币出资足额存入有限责任公司在银行开设的账户;以非货币财产出资的,应当依法办理其财产权的转移手续。

股东未按期足额缴纳出资的,除应当向公司足额缴纳外,还应当对给公司造成的损失承担赔偿责任。

第五十五条 有限责任公司成立后,应当向股东签发出资证明书,记载下列事项:

(一)公司名称;

(二)公司成立日期;

(三)公司注册资本;

(四)股东的姓名或者名称、认缴和实缴的出资额、出资方式和出资日期;

(五)出资证明书的编号和核发日期。

出资证明书由法定代表人签名,并由公司盖章。

实务要点:(1)出资不足的主要形式:只履行部分货币出资义务;作为出资的实物、知识产权、土地使用权、股权、债权的实际价额显著低于公司章程所定价额。(2)股东缴纳出资后,需要经依法设立的验资机构验资并开具证明。

2. 企业信用信息公示系统登记信息并不足以证明股东是否实缴出资,不能仅以此登记信息认定股东是否实缴出资

>> **典型案例**

水韵XX公司与李某松、第三人叶某心股东出资纠纷

基本案情:水韵XX公司成立于2014年6月9日。2014年5月28日水韵XX公司在筹备成立期间,拟定《水韵XX公司章程(筹)》,章程规定公司注册资本为人民币10 000万元。股东为李某畴、李某松、叶某心、晏某四人。李某松出资金额为3000万元,出资比例占30%,出资时间为自公司成立2年之内。2014年11月12日,水韵XX公司形成章程修正案,经由股东会决议,

公司进行增资，增资后李某松的出资金额5020万元、出资占比23.81%，出资时间为2014年11月8日。2014年6月12日，李某松向水韵XX公司账户（账号为XXX）汇入600万元投资款。2014年7月21日，叶某心与李某畴、李某松签订《股权转让协议书》，约定叶某心以4800万元受让李某畴40%的股权，以3600万元受让李某松30%的股权。李某畴、李某松同意在2014年9月30日叶某心付清股权转让款后15个工作日将各自持有的公司全部股权变更至叶某心名下并完成工商变更登记。

2016年10月26日，叶某心、晏某、李某松、李某畴及水韵XX公司签订《委托持股协议书》，约定叶某心、晏某自愿委托李某松、李某畴作为水韵XX公司的股权名义持有人，李某畴自愿接受叶某心、晏某委托，对外以自己名义代甲方持有水韵XX公司40%的股权（实际为叶某心所有），李某松自愿接受叶某心、晏某委托，对外以自己名义代甲方持有水韵XX公司30%的股权（实际为叶某心所有）。代持股起始时间为2014年6月9日。

2018年1月13日、1月14日，水韵XX公司形成股东会决议两份，决议内容为同意将李某松持有水韵XX公司23.81%的股权以5020万元转让给林某清。免去李某畴执行董事及法定代表人职务，选举林某清作为公司法定代表人及执行董事。2018年1月13日，李某松与林某清签订《股权转让协议》，约定李某松将名下水韵XX公司23.81%的股权以5020万元转让给林某清。2018年1月25日，水韵XX公司法定代表人由李某畴变更为林某清。

水韵XX公司起诉请求：判令李某松向水韵XX公司履行出资责任2000万元。

李某松辩称：（1）自公司成立，李某松就是代替叶某心持有水韵XX公司股权，该股权所对应的出资应当由叶某心投入，李某松仅是代持行为。（2）李某松是水韵XX公司的记名股东并未参与水韵XX公司的经营管理，也未在水韵XX公司担任职务并领取工资，李某松对水韵XX公司的经营状况、注册资本金的到位情况并不知情。（3）根据国家企业信用信息公示系统登记的水韵XX公司提供的2014—2016年年度报告均载明：李某松认缴出资5020万元，实缴出资5020万元，实缴出资时间为2014年11月18日，出资方式均为货币；2017—2019年年度报告均载明：林某清认缴出资5020万元，实缴出资5020万元，实缴出资时间为2017年11月29日，出资方式均为货币。（4）李某松在2017年12月将其代叶某心持有水韵XX公司23.81%的股权以5020万元转让给受让方林某清，双方在《股权转让协议》中明确约定：股权转让后，出让方即李某松不再享有已出让股权的股东权利、承担相应的股东义务；受让方即林某清依照本协议享受股东权利的同时必须承担股东义务。水韵XX公司对此加盖公章予以认可。

裁判结果：李某松于本判决生效之日起十日内向水韵XX公司支付认缴出资额2000万元。

裁判思路：关于李某松是否按照公司章程的约定履行出资义务。尽管国家企业信用信息公示系统登记信息显示李某松对水韵XX公司注册资本已经实缴。但李某松对此未提交相关证据，即便其该陈述与登记情况相符，但因企业信用信息公示系统登记信息并不足以证明股东是否实缴出资，不能仅以此登记信息认定股东是否实缴出资。李某松仍负有对其已经实缴出资义务的举证责任，应提供相应的出资凭证。李某松举证了由叶某心向水韵XX公司打款的情况，以此证明该部分款项系叶某心缴纳李某松持股部分的出资。根据《水韵XX公司章程（筹）》及2014年11月12日水韵XX公司章程修正案，叶某心也是水韵XX公司的股东，其注册资本认缴期也已届满，李某松所主张叶某心向水韵XX公司的打款金额尚不能证明已超出叶某心的应缴出资数额，故不能认定该部分款项系叶某心缴纳李某松持股部分的出资。李某松对其已实缴出资的意见未能提供充分、有效的证据予以证明，应当承担举证不能的不利后果。

李某松所称其系代叶某心持有股权及该股权已出让于案外人故不应承担履行出资义务的抗辩主张能否成立。股东出资义务，是指股东应当足额缴纳对公司资本的认缴出资额的义务，是股东的最基本的法律义务，是法律赋予股东享有有限责任制度保护的前提条件，既是股东的一项契约义务，同时更是股东必须履行的一项法定义务，股东不仅不得自行放弃，而且接受履行的公司也不得任意变更履行或免除履行。股东未履行或未全面履行出资义务转让股权的，公司有权要求原股东补足资本。鉴于出资义务是股东的法定义务，其前提条件是具有股东身份，实际权利人与名义股东之间系合同关系，实际权利人并非当然为公司股东。名义上的出资人实际上具有股东资格，其在公司中享有股东权益并承担股东义务与责任，其原则上不得以隐名出资关系对抗公司、其他股东及公司债权人向其主张相关股东义务与责任。本案中，李某松以其与叶某心之间就其持有股权存在代持股关系为由抗辩其负有向水韵XX公司缴纳出资的法定义务，缺乏法律依据。

李某松认为其将股权转让给案外人林某清后已不具有股东身份，不应再承担出资责任的意见，但股东未尽出资义务既有损公司债权人利益，又向不特定的第三人传达了失真的资本信息，这种情形应当避免。股东未尽出资义务即转让股权，转让股东的出资义务不得因股权转让而解除，公司仍有权请求转让股东履行出资义务。

相关规定

《中华人民共和国公司法》（2023修订）

第四十九条 股东应当按期足额缴纳公司章程规定的各自所认缴的出资额。

股东以货币出资的，应当将货币出资足额存入有限责任公司在银行开设的账户；以非货币财产出资的，应当依法办理其财产权的转移手续。

股东未按期足额缴纳出资的，除应当向公司足额缴纳外，还应当对给公司造成的损失承担赔偿责任。

实务要点：（1）企业信用信息公示系统登记信息、公司年报信息等均系由公司自行填报，相关填报内容未经全体股东确认，故公司章程与公司年报发生冲突时，应以公司章程为准。当公司填报的信息与实际不相符时，应以证据可证实的情况为准。（2）有限责任公司具有较强的人合性，即使股东与第三方存在代持协议，承担出资义务的主体只应为公司股东，股东的出资义务不因代持协议而免除。（3）股东未尽出资义务即转让股权，转让股东的出资义务不得因股权转让而解除。（4）股东主张其转入公司的资金为股权出资的，如果公司对该笔资金的性质持有异议，公司应举证证明资金的实际性质、用途。

3. 股东以非货币出资的，应当评估作价并依法办理其财产权的转移

▶▶ 典型案例

周某与雷某恩股东出资纠纷

基本案情：2016年8月24日，雷某恩与案外人刘某平等六人签订《合伙协议》，合同约定借资平X经营部合伙经营，平X经营部向合伙人所借资金，按月息2%支付利息，合作（借款）经营期限从2016年8月24日起正式营业。2017年7月17日，签订上述协议中的五人因经营期满作出《五人经营期

满财务清算明细单》。明确载明：汽车、钢瓶、现金等小计 262 597 元，除去入股 224 000 元、汽车 20 000 元，结余 18 597 元，五人平均分配，每人得 3719.40 元。

2017 年 1 月 20 日，包括签订《合伙协议》六人在内共计十名股东，达成荣联 XX 公司章程，约定公司由雷某恩、刘某平等 10 个股东共同出资成立，注册资本 400 000 元，各股东缴纳出资额为 40 000 元，出资方式为货币出资，出资比例均为 10%，出资时间为 2017 年 6 月 30 日，股东以货币出资的，应当将货币出资足额存入公司在银行开设的账户；以非货币财产出资的，应当评估作价并依法办理其财产权的转移手续。2017 年 2 月 13 日，雷某恩、刘某平等 10 名股东达成章程修正案，约定各自出资比例，其中雷某恩货币出资 52 000 元，占 13%。2017 年 3 月 7 日，荣联 XX 公司向雷某恩出具收据一张，载明：收雷某恩荣联 XX 公司入股股金款 52 000 元，同时加盖荣联 XX 公司法人章及财务专用章。

2017 年 5 月 30 日，周某通过银行汇款的方式向荣联 XX 公司汇款 44 000 元，摘要股本金入账。2018 年 7 月 1 日，荣联 XX 公司股东会决议将公司账上所余现金 10 万元整按股份比例分配退还和减资，10 名股东签名捺印。2018 年 11 月 15 日，周某向荣联 XX 公司及雷某恩出具要求查阅公司会计账簿、复制财务会计报告等函。

刘某平作证称，荣联 XX 公司成立时，原平 X 经营部合作经营的五人（雷某恩、刘某平、刘某兵、李某西、冉某富），以原平 X 经营部钢瓶、汽车等实物与现金共同出资 24 万余元。

周某提交了《合伙协议》一份，载明平 X 经营部的合伙人包括周某在内等十人，证明并非只有雷某恩经营，也不存在平 X 经营部的资产转为雷某恩出资的情况。雷某恩对证据的真实性无异议，但认为和本案无关。

周某起诉请求：（1）要求雷某恩立即向荣联 XX 公司补缴资本金 52 000 元；（2）本案诉讼费由雷某恩负担。

裁判结果：雷某恩于本判决生效后十日内向荣联 XX 公司补缴资本金 52 000 元。

裁判思路：本案能够证明雷某恩履行了出资义务的主要依据是加盖了荣联 XX 公司公章的《五人经营期满财务清算明细单》以及荣联 XX 公司出具的

收据。从此明细单的内容分析，其载明了雷某恩、刘某平、刘某兵、李某西、冉某富以原平X经营部的资产作价224 000元入股，但该资产并未经过有关机构评估，也未经荣联XX公司全体股东认可，且从《合伙协议》来看，原平X经营部的合伙人也并非只有雷某恩等五人。因此，不能认定雷某恩将原平X经营部的资产转化为其在荣联XX公司的出资。雷某恩所称补足了剩余的现金也没有提供证据证明。虽然荣联XX公司出具了收据，因雷某恩系荣联XX公司法定代表人，在收据上加盖财务专用章且签名的刘某平是公司的出纳，也是《五人经营期满财务清算明细单》中的五人之一，与本案有利害关系，收据并不能证明雷某恩履行的出资义务，雷某恩应当向荣联XX公司缴纳入股股金款52 000元。

实务要点：（1）我国法律允许股东以能够估价的实物出资，基于非货币出资在财产变动上的特殊性，股东以非货币财产出资的，应当实际交付公司使用，需办理登记的，还应办理权属变更登记，缺少任何一项均构成瑕疵出资。出资人应将财产从自己名下移转至公司名下，使其成为法人财产，避免公司将来处分财产面临的法律风险。同时，从资产收益的角度而言，将财产实际交付公司，公司才能够直接使用并直接获得收益。需要出资人完成实际交付且办理权属变更手续而享有相应股东权利的，应将财产实际交付之日认定为完成出资义务的时间。若股东既未进行登记又未交付使用，则构成瑕疵出资；若股东已将非货币出资财产实际交付公司使用，但尚未办理权属变更登记手续，实务中法院很可能会责令当事人在一定期限内办理权属变更登记，指定期间内仍未办理的，会被认定为瑕疵出资；但是如果股东未将非货币出资财产实际交付使用，即便已办理权属变更登记的，仍然会被认定为瑕疵出资。（2）非货币财产的评估作价。实务中认为评估作价并非非货币财产出资的必要程序，如果各股东之间达成协议，对非货币资产的作价均无意义，不经专业机构评估作价并不会认定为瑕疵出资，但是如果未对非货币财产进行评估作价，公司、其他股东或公司债权人主张该出资人未履行出资义务，法院应委托具有合法资质的评估机构进行评估作价。若评估得出的价额低于公司章程所定价额，应认定为瑕疵出资。（3）非货币财产的权属是否清晰。股东应对用做出资的非货币财产拥有完全的所有权和处分权，且未设置任何权利负担。股东如果以设定权利负担的土地使用权或其他财产出资，或者以划拨土地使用权出资，股东应在合理期限内办理土地变更手续或者解除财产权利负担,未办理或者未解除的为瑕疵出资。(4)如果非货币财产的实际价额显著低于公司章程所定价额,应当由交付该出资的股东补足其差额,公司设立时的其他股东承担连带责任。

(三)逾期出资

逾期出资是指股东没有按期缴足出资。股东逾期出资不仅侵害公司利益,还可能侵害公司债权人利益。公司资本制度是建立在民事请求权体系基础上的一个行为逻辑严谨、权利义务体系化、法律责任完备化的法律规范结构,包含公司、股东、债权人等多利益主体之间的权益、责任体系,尤其是保护公司债权人的功能不应遭到轻视。[1]股东逾期出资时,公司应及时督促股东缴纳出资。

1. 股东应按期足额履行出资义务,否则应承担逾期出资责任

典型案例

华X公司与陈X松股东出资纠纷

基本案情:华X公司成立于2014年5月15日,注册资本为200万元,设立时股东为:唐某(认缴出资55万元)、李某华(认缴出资30万元)、陈X松(认缴出资25万元)、徐某平(认缴出资60万元)、杨某(认缴出资30万元);出资方式均为货币,认缴出资时间均为2016年5月7日。2015年8月5日,华X公司股东变更为唐某、殷某妹、陈X松,出资比例为殷某妹80万元、唐某95万元、陈X松25万元。同日,法定代表人变更为殷某妹。2018年3月13日,经华X公司股东会决议,唐某将47.5%的出资额转让给殷某妹,陈X松将12.5%的出资额转让给殷某妹。2018年3月16日,华X公司股东变更为殷某妹一人,华X公司企业类型变更为自然人独资公司。2018年12月21日,华X公司股东及法定代表人变更为田某兆。

华X公司起诉请求:(1)判令陈X松立即补缴出资25万元,并承担自2016年5月7日起至实际付清之日止以25万元为基数按照年息6%标准的利息损失;(2)诉讼费由陈X松负担。

陈X松提交以下证据:(1)收据5张:2014年5月5日收据加盖华X公

---

[1] 李建伟:《认缴制下股东出资责任加速到期研究》,载《人民司法》2015年第9期。

司财务专用章，载明收款现金15万元；2014年8月8日收据加盖华X公司公章，载明借款、现金3万元；2014年9月12日收据加盖华X公司财务专用章，载明借款、银行承兑汇票2万元；2014年10月8日收据加盖华X公司财务专用章，载明借款、现金12 500元；2014年11月12日收据加盖华X公司财务专用章，载明借款、现金2万元。(2)唐某账户银行卡存款回单，载明2014年5月6日，存款金额5万元；陈某松向霍某庆转账凭证，载明2014年4月15日，转账金额10万元；银行流水清单，2014年8月28日向华X公司汇款1.5万元，注明华X借款。陈X松明确其向华X公司的出资已经到位，借款实际上是出资款项；关于2014年的公司账册，陈X松称从记账公司拿走后，因为数次搬家，已无法找到。

华X公司称对收据的真实性无法确认，不予认可。

裁判结果：一、陈X松于判决生效之日起十日内向华X公司缴纳出资款235 000元，并支付自2016年5月8日起至2019年8月19日止按照中国人民银行同期同类贷款利率计算的利息，自2019年8月20日起至款项付清之日止按照同期全国银行间同业拆借中心公布的贷款市场报价利率计算的利息；二、驳回华X公司的其他诉讼请求。

裁判思路：出资义务是公司股东的法定义务。股东应当按期足额缴纳公司章程中规定的各自所认缴的出资额；股东以货币出资的，应当将货币出资足额存入有限责任公司在银行开设的账户。本案中，陈X松提交了5张收据证明其出资情况，上述收据虽然加盖华X公司公章或财务专用章，但未见相关的入账记录，不能证明已经实际交付至华X公司银行账户，且其中4张收据注明为借款并非出资。另，2014年5月5日的收据形成在华X公司设立之前，明显与常理不符。关于陈X松提交的唐某账户银行卡存款回单及陈某松向霍某庆转账记录，对此，股东的货币出资应当存入公司的银行账户，由此方能形成有效的出资，陈X松向他人的汇款不符合该要求，故不予认定为出资。关于2014年8月28日陈X松向华X公司汇款1.5万元，虽标注为华X公司借款，现陈X松明确该款为出资款，且已经进入华X公司账户，可作为出资款项。综上，根据华X公司章程，陈X松应于2016年5月7日缴纳出资25万元，现已实际出资1.5万元，尚欠23.5万元。关于华X公司主张按照年利率6%的标准计算利息损失，因陈X松未能按期履行出资义务，理应承担逾期出资责任，故按照相关金融机构发布的利率标准计算华 X 公司利息损失。

相关规定

《中华人民共和国公司法》（2023 修订）

第四十九条　股东应当按期足额缴纳公司章程规定的各自所认缴的出资额。

股东以货币出资的，应当将货币出资足额存入有限责任公司在银行开设的账户；以非货币财产出资的，应当依法办理其财产权的转移手续。

股东未按期足额缴纳出资的，除应当向公司足额缴纳外，还应当对给公司造成的损失承担赔偿责任。

第五十条　有限责任公司设立时，股东未按照公司章程规定实际缴纳出资，或者实际出资的非货币财产的实际价额显著低于所认缴的出资额的，设立时的其他股东与该股东在出资不足的范围内承担连带责任。

第五十一条　有限责任公司成立后，董事会应当对股东的出资情况进行核查，发现股东未按期足额缴纳公司章程规定的出资的，应当由公司向该股东发出书面催缴书，催缴出资。

未及时履行前款规定的义务，给公司造成损失的，负有责任的董事应当承担赔偿责任。

第五十二条　股东未按照公司章程规定的出资日期缴纳出资，公司依照前条第一款规定发出书面催缴书催缴出资的，可以载明缴纳出资的宽限期；宽限期自公司发出催缴书之日起，不得少于六十日。宽限期届满，股东仍未履行出资义务的，公司经董事会决议可以向该股东发出失权通知，通知应当以书面形式发出。自通知发出之日起，该股东丧失其未缴纳出资的股权。

依照前款规定丧失的股权应当依法转让，或者相应减少注册资本并注销该股权；六个月内未转让或者注销的，由公司其他股东按照其出资比例足额缴纳相应出资。

股东对失权有异议的，应当自接到失权通知之日起三十日内，向人民法院提起诉讼。

实务要点：（1）目前，我国公司法允许注册资本分期缴纳，规定了首次出资的最低限额。实践中，经常发生的纠纷是股东首次出资符合法律规定及约定，但未按照规定的时间履行首期出资之后的分期出资义务。（2）公司章程应当载明出资期限，公司章程系公司发起人拟定，本应载明股东出资期限。

如果章程未载明出资期限，股东未实际缴纳出资时，很可能会被认定为逾期出资，因此而被要求承担瑕疵出资的法律责任。(3)《公司法》(2023修订)对于公司注册资金的出资年限作了较大修订，即除另有规定外，全体股东认缴的出资额由股东按照公司章程的规定自公司成立之日起五年内缴足。(4)股东按照公司章程的规定缴纳出资是股东的基本义务，其他股东是否违反章程不是股东不履行出资义务的借口。(5)《公司法》(2023修订)首次规定了股东失权制度。即逾期出资的股东，经书面催缴，宽限期满后仍未履行出资义务的，公司经董事会决议可以向该股东发出失权通知，自通知发出之日起，该股东丧失未缴纳出资的股权。该制度为本次公司法修订时新增，从条款内容看，股东失权仍要经过董事会决议，如公司董事会未对该事项作出有效决议，则逾期出资的股东并非当然失权。

2. 公司资产不足以清偿全部债务或者明显缺乏清偿能力的，未届认缴期限的股东的出资加速到期

>> **典型案例**

许某卡与张某红股东出资纠纷

基本案情：案外人陈某因经营需要，自2016年8月30日至2018年11月30日，向许某卡借款本息共计863.10万元，陈某偿还利息140万元。2018年12月5日，许某卡与陈某及青岛中X公司（作为保证人）签订了《还款协议》，约定上述未偿还本息723.10万元于2018年11月30日全部转为本金，并将还款期限延长至2018年12月31日，并约定了借款利息计算方式及违约条款，青岛中X公司对上述债务提供连带责任保证，保证期限为十年。

《还款协议》签订后，陈某和青岛中X公司并未按约定的期限还款。许某卡遂向法院起诉。2019年5月24日，法院作出(2019)沪0112民初1XXXX号民事判决书：一、陈某于判决生效之日起十日内归还许某卡借款本金5 131 000元及利息55 533.61元并支付以210万元为本金，自2018年12月15日起至2018年12月20日止，按年利率24%计算的逾期利息；以5 131 000元为本金，自2019年1月1日起至实际归还之日止，按年利率24%计算的逾期利息；二、陈某于判决生效之日起十日内支付许某卡律师费15万元；三、青岛中X公司对陈某的上述债务承担连带还款责任。该判决已于2019年6月17日生效。但陈某和青岛中X公司未履行(2019)沪0112民初1XXXX号判决

确认的金钱给付义务。

判决生效后，许某卡向法院申请强制执行。经法院通过网络执行查控系统向金融机构、网络支付机构、车辆管理部门、不动产登记部门、市场监管部门、证券结算机构、保险机构、公积金中心、社保中心等发出查询通知，查询被执行人陈某、青岛中 X 公司名下财产，并对被执行人其他情况进行调查和了解。青岛中 X 公司银行基本存款账户内仅有零星存款，暂无可供执行财产，因此终结案件的执行程序。

陈某、张某红为青岛中 X 公司的股东，其中张某红出资比例为 30%，认缴出资额为 4800 万元，认缴期限至 2028 年 9 月 28 日。截至本案庭审时，张某红确认尚未出资。张某红不能提交青岛中 X 公司可供执行的财产信息情况。

许某卡起诉请求：（1）判决张某红对青岛中 X 公司在（2019）沪 0112 民初 1XXXX 号民事判决书下应向许某卡承担的金钱给付义务，在未出资的 4800 万元人民币范围内，对青岛中 X 公司债务不能清偿部分承担补充赔偿责任；（2）由张某红承担本案全部诉讼费用。

裁判结果：张某红对青岛中 X 公司在（2019）沪 0112 民初 1XXXX 号民事判决书下应向许某卡承担的金钱给付义务，在未出资的 4800 万元人民币范围内，对青岛中 X 公司不能清偿部分债务承担补充赔偿责任。

裁判思路：公司债权人请求未履行或未全面履行出资义务的股东，在未出资本息范围内，对公司债务不能清偿部分承担补充赔偿责任的，人民法院应予支持。本案中，张某红认缴出资 4800 万元，认缴期限至 2028 年 9 月 28 日，认缴期限尚未届满，在注册资本认缴制下，股东依法享有期限利益，债权人以公司不能清偿到期债务为由，请求超过出资期限的股东在未出资范围内对公司不能清偿的债务承担补充赔偿责任的，人民法院不予支持。但公司作为被执行人的案件，人民法院穷尽执行措施，无财产可供执行的，已具备破产原因，但不申请破产的情形除外。本案中，张某红作为青岛中 X 公司的股东，在青岛中 X 公司作为被执行人的案件中，执行法院通过网络查控，未查询到公司可供执行的财产，张某红在本案中，也不能提交青岛中 X 公司可供执行的财产信息情况。穷尽执行措施，公司无财产可供执行，公司已具备破产条件，但未申请破产。张某红作为青岛中 X 公司的股东，虽未届出资期限，但其出资应当加速到期。依法应在未出资范围内对公司不能清偿的债务承担补偿赔偿责任。

相关规定

1.《中华人民共和国公司法》（2023 修订）

第五十四条 公司不能清偿到期债务的，公司或者已到期债权的债权人有权要求已认缴出资但未届出资期限的股东提前缴纳出资。

2.《中华人民共和国企业破产法》

第二条 企业法人不能清偿到期债务，并且资产不足以清偿全部债务或者明显缺乏清偿能力的，依照本法规定清理债务。

企业法人有前款规定情形，或者有明显丧失清偿能力可能的，可以依照本法规定进行重整。

实务要点：（1）出资义务是股东的法定义务，公司采用认缴制的，各个股东不需要即时缴纳注册资本，而是根据其出资承诺，享有一定履行期限，在履行期限届满前，股东并无实际出资义务。该期限利益不得随意被剥夺或限制，除非发生法律规定的出资加速到期情形。权利与义务通常相互对应。[1] 股东在享有出资期限利益的同时，应保证公司债权人的合法利益。（2）一般在进入破产程序或者虽未进入破产程序但具备破产原因的情况下才适用股东出资加速到期。（3）公司作为被执行人的案件经人民法院穷尽执行措施无财产可供执行，具备破产原因但不申请破产、公司解散的，说明该公司虽未申请破产，但已无偿还债务的能力，债权人可以主张未届认缴期限的股东出资加速到期。（4）要求未届期的股东承担出资义务，会导致其丧失法律赋予的期待利益，故主张权益的一方应对存在出资加速到期的法定事由承担举证责任。（5）《全国法院民商事审判工作会议纪要》（以下简称《九民纪要》）第六条对于股东出资加速到期做了详尽的阐述，是司法实务中处理类似案例的基本观点。（6）《公司法》（2023 修订）赋予了公司在不能清偿债务时要求已经认缴出资但未届出资期限的股东提前缴纳出资的权利。即当公司不能清偿债务时，债权人和公司均可要求股东的出资加速到期。

---

[1] 梁慧星：《民法总论》，法律出版社 2021 年版，第 10 页。

3. 股东在出资期限未届满前转让股权的，受让人未按期足额缴纳出资时，转让人对转让股权的出资承担补充责任

相关规定
《中华人民共和国公司法》（2023 修订）

第八十八条 股东转让已认缴出资但未届出资期限的股权的，由受让人承担缴纳该出资的义务；受让人未按期足额缴纳出资的，转让人对受让人未按期缴纳的出资承担补充责任。

未按照公司章程规定的出资日期缴纳出资或者作为出资的非货币财产的实际价额显著低于所认缴的出资额的股东转让股权的，转让人与受让人在出资不足的范围内承担连带责任；受让人不知道且不应当知道存在上述情形的，由转让人承担责任。

实务要点：（1）在注册资本认缴制下，股东依法享有期限利益。公司请求转让人履行出资义务，与公司债权人请求转让人在未出资范围内对公司不能清偿的债务承担补充赔偿责任有所区别，2023 年《公司法》修订前，除在公司破产与清算程序中，公司法以及相关司法解释并未赋予公司突破股东出资期限利益的权利。《公司法司法解释三》第十八条第一款中的"未履行或者未全面履行出资义务"，并不包括出资期限未届满前转让股权的情形，股东在出资期限未届满前转让股权的，公司无权请求转让人履行出资义务。未全面履行出资义务，是指股东未按约定的数额、期限完整地履行出资义务。我国法律法规并不禁止股东在认缴期限届满前转让股权，如果股东将其认缴出资期限并未届满的股权予以转让，并不违反出资义务。（2）实务中，因为公司采取的是注册资本制，公司对出资期限往往规定得很长，当公司欠债时，出现了原股东将股权转让的情形，当债权人以公司资不抵债为由要求股东履行加速到期的出资义务时，往往因受让股东无力出资而导致该项制度无法起到保证债权人利益的作用。故本次公司法修订时，针对这个问题规定了瑕疵股权转让的补充责任，督促股东诚实履行出资义务，另外在转让股权时，也要对受让人的出资能力进行考核。

(四) 瑕疵出资股权转让后，股权受让人对瑕疵出资承担的责任

1. 股权受让人知道受让股权存在出资瑕疵问题的，应与原股东承担连带责任

▷▷ 典型案例

于某1、于某2、于X婷与王X公司股东出资纠纷

基本案情：2006年2月13日，王X公司注册资本为1000万元，股东于某1以货币出资400万元（一次性缴清），占注册资本的40%；于某2以货币出资600万元（一次性缴清），占注册资本的60%。

2013年6月29日，王X公司章程作出如下修改：于某1出资700万元（一次性缴清），以货币出资，占注册资本的70%；于某2出资300万元（一次性缴清），以货币出资，占注册资本的30%。

2016年1月10日的王X公司章程记载：王X公司注册资本为5100万元，股东于某1认缴出资3570万元，在2016年1月10日前缴足，其中以货币出资3500万元；于某2认缴出资1530万元，在2016年1月10日前缴足，其中以货币出资1530万元。

2016年4月25日的王X公司章程记载：王X公司注册资本为5100万元，股东于X婷认缴出资3570万元，在2016年4月25日前缴足，其中以货币出资3570万元；于某2认缴出资1530万元，在2016年1月10日前缴足，其中以货币出资1530万元。

王X公司2016年度验资报告记载：王X公司原注册资本人民币1000万元，实收资本为人民币1000万元，经审验，截至2016年7月28日，王X公司已收到股东于X婷缴纳的新增实收资本100万元；王X公司变更后的注册资本为人民币5100万元，实收资本为1100万元。

2016年12月5日，章某、彭某彬、于某1、于X婷、于某2在王X公司股东会决议上签字，决议内容为同意：股东于X婷将占公司注册资本70%的股权，共3570万元转让给章某，于某2将占公司注册资本15%的股权，共765万元转让给章某，于某2将占公司注册资本10%的股权，共510万元转让给于某1，于某2将占公司注册资本5%的股权，共255万元转让给彭某彬，其他原股东均同意股权转让并放弃优先购买权。

2016年12月6日，甲方章某、乙方彭某彬、丙方于某1、丁方于X婷、戊方于某2共同签署了《关于重组王X公司的协议书》。该协议约定：（1）重组之前股东债权、债务约定，①关于丁方及戊方未缴资本4000万元，由甲方及乙方在股权变更完成后五年内向公司缴付，相应公司章程的修改在公司股权变动重组之前完成，丙方、丁方和戊方不再承担未缴资本4000万元的资本义务，②各方确认截至本协议签订日丁方及戊方与公司之间的债权及债务已全部结清，③各方确认以截至本协议签订日的公司财务报表为准，确认公司相关的债权债务，重组后发现在报表之外的债权债务由丙方负责处理；（2）股权变更，①五方一致同意，丁方向甲方转让70%的股权，戊方向甲方转让15%的股权，戊方向乙方转让5%的股权，戊方向丙方转让10%的股权，②公司重组后的股权比例为甲方占85%、乙方占5%、丙方占10%……

2017年4月28日，章某、彭某彬、于某1、陈某、张某平在王X公司股东会决议上签字，决议内容为同意：股东于某1将占公司注册资本10%的股权，共510万元转让给陈某，彭某彬将占公司注册资本5%的股权，共255万元转让给章某，章某将占公司注册资本15%的股权，共765万元转让给陈某，章某将占公司注册资本70%的股权，共3570万元转让给张某平，其他原股东均同意股权转让并放弃优先购买权。

2018年1月24日的王X公司章程记载：王X公司注册资本为5100万元，股东王XX认缴出资3570万元，其中以货币出资3570万元；千X公司认缴出资1530万元，其中以货币出资1530万元；王XX持有公司70%的股权、千X公司持有公司30%的股权；各股东应当于公司变更登记之日后15年内分期缴足各自出资金额。

2020年4月13日的王X公司章程记载：王X公司注册资本为5100万元，股东王XX认缴出资3570万元，其中以货币出资3570万元，出资期限2032年4月27日；千X公司认缴出资1530万元，其中以货币出资1530万元，出资时间2032年4月27日。

王X公司、于某1、于某2、于X婷均确认王X公司实收注册资本1100万元，其中于X婷出资100万元，4000万元没有出资。

王X公司起诉请求：（1）于某1向王X公司缴纳出资款2870万元；（2）于某2向王X公司缴纳出资款1230万元；（3）于X婷对于某1前述缴纳出资款的义务承担连带责任；（4）于某1、于某2、于X婷承担本案诉讼费用。

裁判结果：一、于某1在判决生效之日起十日内向王X公司缴纳出资款2770万元；二、于某2在判决生效之日起十日内向王X公司缴纳出资款1230万元；三、于X婷对判决第一项所确定的义务承担连带责任；四、驳回王X公司的其他诉讼请求。

裁判思路：于某1、于某2作为王X公司股东，承诺在2016年1月10日前缴纳公司增资资本共4100万元。截至2016年1月10日，于某1、于某2未履行增资部分的出资义务。此后，于某1将其股权转让给于X婷。于X婷实缴出资100万元。关于增资余款4000万元，于某1、于某2、于X婷和后续受让股东均未实际出资。依法全面向公司履行出资义务不仅是股东之间的约定义务，更是公司股东对公司的法定义务。认缴出资的履行不仅涉及股权转让双方的权利义务，亦关乎公司资本充实原则的落实，股东出资义务的转移不以转让人与受让人之间的意思自治为全部条件。未全面履行出资义务即转让股权的股东，其出资义务不因股权转让而消灭和免除。本案中于某1、于某2作为王X公司股东，应当在认缴出资范围内对王X公司承担责任。而且于某1、于某2、于X婷转让股权时相应的出资期限已届满，其不享有相应的期限利益。王X公司诉请于某1、于某2履行出资义务，于X婷对于某1的出资义务承担连带责任，符合法律规定，应予支持。扣减于X婷已出资的100万元，于某1应向王X公司缴纳出资款2770万元，于某2应向王X公司缴纳出资款1230万元。至于此后的前后手股东之间的权利义务关系，不属于本案范围。

相关规定

1. 《中华人民共和国公司法》（2023修订）

第四条 有限责任公司的股东以其认缴的出资额为限对公司承担责任；股份有限公司的股东以其认购的股份为限对公司承担责任。

公司股东对公司依法享有资产收益、参与重大决策和选择管理者等权利。

2. 《最高人民法院关于适用〈中华人民共和国公司法〉若干问题的规定（三）》

第十八条 有限责任公司的股东未履行或者未全面履行出资义务即转让股权，受让人对此知道或者应当知道，公司请求该股东履行出资义务、受让人对此承担连带责任的，人民法院应予支持；公司债权人依照本规定第十三条第二款向该股东提起诉讼，同时请求前述受让人对此承担连带责任的，人民法院应予支持。

受让人根据前款规定承担责任后，向该未履行或者未全面履行出资义务的股东追偿的，人民法院应予支持。但是，当事人另有约定的除外。

实务要点：（1）未全面履行出资义务即转让股权的股东，其出资义务不因股权转让而消灭和免除，受让人在全面履行出资义务前再次转让股权的，新受让人对该股权未全面履行出资义务知道或应当知道的，也应承担连带责任，前手受让人的责任不因此而免除或消灭。（2）受让股东是否承担连带责任在于其对该受让股权出资存在瑕疵是否知道或应当知道。（3）受让股东与出让股东之间关于出资承担的约定，属于合同纠纷，不能对抗公司、债权人。

2. 仅以0元价格受让股权的事实，不足以推定受让人应当知道原股东未履行出资义务

典型案例

吴某捷与施某华、陈某淼、王某霏、任某花等股东出资纠纷

基本案情： 达XX公司于2014年11月成立，发起人股东为陈某娜、施某华，认缴出资3000万元，出资时间为2034年12月31日前。2015年1月27日，陈某娜与杨某军签订《股权转让协议》，约定：陈某娜将其持有的达XX公司60%的股权作价1800万元转让给杨某军。2015年2月，达XX公司制定章程修正案载明，现股东：陈某娜、施某华、杨某军，出资数额分别为600万元、600万元、1800万元。出资时间为2015年1月27日，出资方式均为非专利技术出资。

2016年10月31日，杨某军与施某华签订《股权转让协议》，约定：杨某军在达XX公司50%的股权以0元的价格转让给施某华。同日，陈某娜与任某花签订《股权转让协议》，约定：陈某娜在达XX公司50%的股权以0元转让给任某花。

2017年4月5日，达XX公司形成股东会决议1份，全体股东一致通过如下决议：公司股东施某华已于2015年1月27日以非专利技术（作价2400万元）出资到位，公司股东任某花已于2015年1月27日以非专利技术（作价600万元）出资到位。

2017年7月17日，施某华与陈某淼签订《股权转让协议》1份，约定：施某华将其持有的达XX公司80%的股权以0元价格转让给陈某淼。同日，任某花与陈某淼签订《股权转让协议》1份，约定：任某花将其持有的达XX公司11%的股权以0元价格转让给陈某淼；任某花与王某霏签订《股权转让协议》1份，约定：任某花将其持有的达XX公司9%的股权以0元价格转让给王某霏。

2018年8月11日，吴某捷在司法拍卖平台竞得对达XX公司的应收款360万元。

吴某捷取得债权后向法院提起诉讼。法院于2019年6月19日作出民事调解书：达XX公司分期向吴某捷支付100万元以了结此案，该款于2019年8月30日之前支付50万元，于2019年12月30日前支付剩余50万元。若达XX公司有一期未按约履行，吴某捷则有权按债权总金额360万元就剩余部分向人民法院申请强制执行……

后达XX公司并未按约履行，吴某捷于2019年9月16日申请强制执行，执行到位0元。因被执行人无其他可供执行的财产，于2019年11月29日裁定终结该次执行程序。

吴某捷起诉请求：（1）施某华补充赔偿达XX公司尚欠其360万元；（2）陈某淼、王某霏、任某花对上述诉讼请求确定的债务承担连带赔偿责任；（3）施某华承担本案诉讼费用。

裁判结果：一、施某华于判决发生法律效力之日起十日内补充赔偿吴某捷360万元；二、驳回吴某捷的其他诉讼请求。

裁判思路：依据调取的以及双方举证的工商资料，达XX公司的出资方式为认缴制，依据达XX公司的公司章程的记载，陈某娜、施某华、杨某军均于2015年1月27日将出资额认缴完毕，认缴的出资额总和为3000万元，出资方式为非专利技术出资。依据公司法相关的规定，使用非专利技术出资应当评估作价且办理相应的财产权转移手续，因无法从工商资料中查找到有关非专利技术出资的评估作价及财产权转移手续，故认定达XX公司的股东陈某娜、施某华、杨某军未实际履行出资义务，未履行出资义务的施某华应在未出资本息范围内对公司债务不能清偿的部分承担补充赔偿责任。

吴某捷主张陈某淼、王某霏、任某花对达XX公司结欠其债务承担连带赔偿责任，应当举证证明上述三人受让股权时，知道或者应当知道前手股东未履行出资义务即转让股权的事实。但吴某捷并未提交明确的证据材料证明陈某淼、王某霏、任某花在受让达XX公司股权时，知道该公司的前手股东杨某军等人存在未履行出资义务的情形。吴某捷仅以陈某淼等股东以0元价格受让股权的事实，即推定陈某淼等应当知道原股东未履行出资义务，不能达到确实、充分的证明标准。结合本案达XX公司的股东系以非专利技术出资，而该出资已经公司股东会决议认可，并进行了工商登记记载，陈某淼等后续股东亦均陈述看到过杨某军出示的带有保密字样的非专利技术英文资料。因此，以普通股权受让人的认知程度，有理由相信达XX公司的原股东已经以非专利技术出资到位，陈某淼等人均已尽到了一般人合理的注意义务。如没有确切证据证明受让股权的股东明知前手股东未履行或者未全面履行出资义务即转让股权，即责令股权受让人对债务承担连带责任，将不合理地加重受让股东的责任，而导致权利义务的失衡。

相关规定

《中华人民共和国公司法》（2023修订）

第八十八条 股东转让已认缴出资但未届出资期限的股权的，由受让人承担缴纳该出资的义务；受让人未按期足额缴纳出资的，转让人对受让人未按期缴纳的出资承担补充责任。

未按照公司章程规定的出资日期缴纳出资或者作为出资的非货币财产的实际价额显著低于所认缴的出资额的股东转让股权的，转让人与受让人在出资不足的范围内承担连带责任；受让人不知道且不应当知道存在上述情形的，由转让人承担责任。

实务要点：（1）未按照公司章程规定的出资日期缴纳出资或者作为出资的非货币财产的实际价额显著低于所认缴的出资额的股权属于瑕疵出资股权，瑕疵出资的股权对外转让后，原股权持有人仍应承担瑕疵出资的法律责任，受让人对瑕疵出资的事实知道或者应当知道的，受让人应承担连带责任。债权人应当对受让人知道或者应当知道的事实承担举证责任。但，受让人亦应举证证明自己对受让股权的出资情况尽了审慎的审查义务，否则，很可能因此而承担连带责任。（2）瑕疵股权的转让价格不是判断受让人对瑕疵是否知道或者应当知道的判断标准，股权转让价格是根据公司价值、发展前景、市场行情等因素由双方协商确定，并不存在准确客观的市场价格，不能单纯地以价格高低来判断受让人是否知情。

（五）瑕疵出资股东有权向其他瑕疵出资股东追缴出资

>> 典型案例

百 X 网络公司与向某真股东出资纠纷

基本案情：百 X 网络公司于 1997 年 1 月 17 日成立，注册资本 800 万元。百 X 技贸公司于 1993 年 4 月 5 日成立。2016 年 3 月 31 日，百 X 技贸公司章程将公司股东基本情况及出资额修订为：李某平出资 576.852 万元、参股比例为 38.4568%，谢某炎出资 362.592 万元、参股比例为 24.1728%，黄某如出资 214.26 万元、参股比例为 14.2840%，向某真出资 181.296 万元、参股比例为 12.0864%，汤某成出资 75 万元、参股比例为 5%，周某出资 75 万元、参股比例为 5%，魏某平出资 15 万元、参股比例为 1%，合计出资额为 1500 万元，出资方式均为货币，出资时间均为 2016 年 3 月 2 日；公司注册资本从 900 万元修改为 1500 万元。

2020 年 6 月 22 日，百 X 网络公司（乙方）与案外人李某平（甲方）签订一份《百 X 技贸公司股权转让协议》，主要内容为：（1）甲方将其持有百 X 技贸公司 576.852 万元的股权（38.4568% 股份）出让给乙方，双方同意本次股权净交易价格为 400 万元；（2）乙方在签订本协议 5 个工作日内，向甲方支付 210 万元股权转让款，剩下的 190 万元在办理完市场监督管理局备案登记后 5 个工作日内支付完毕；（3）甲方自办理完市场监督管理局备案登记之日起，不再享有在百 X 技贸公司股东的权利和义务，其权利和义务均由乙方承继；（4）本次股权转让前百 X 技贸公司的债权债务均由本次股权转让后的百 X 技贸公司享有和承担，同时甲方与百 X 技贸公司的债权债务由乙方承担，均与甲方无关。该协议上加盖了百 X 网络公司的公章。协议签订后，百 X 网络公司分别于 2020 年 6 月 22 日、2020 年 6 月 28 日向李某平转账支付股权转让款 210 万元、190 万元，共计支付 400 万元。2020 年 6 月 24 日，百 X 技贸公司办理了工商变更登记，股东由李某平变更为百 X 网络公司。

《专项审计报告》的审计结论为：百 X 技贸公司实收资本为 900 万元，2016 年 3 月 31 日股东会决议增加至 1500 万元为虚假增加。2021 年 6 月 23 日，百 X 技贸公司向公司股东发出《关于召开百 X 技贸公司临时股东会议的通知》，载明：会议召开时间为 2021 年 7 月 11 日下午 3 点，会议地点为黄某如总经理办公室,会议召集人和主持人为谢某炎,会议议题为对百X技贸公司《关于将2016年3月增资扩股的600万元股本收归公司所有的决定》进行表决。2021年6月24日,百X技贸公司向公司股东发出《关于召开百X技贸公司临时股东会议的补充通知》,对定于2021年7月11日的临时股东会增加一项表决议题,即百X技贸公司2016年3月31日股东会决议公司增资扩股至1500万元,公司以公积金认缴的600万元增资股本(这部分股本现已按持股比例登记在各位股东名下)的实缴时间明确为2035年7月10日。2021年7月11日下午3时,百X技贸公司召开了临时股东大会,会议应到股东7名,实到股东4名,股东百X网络公司、谢某炎、黄某如、汤某成出席参加了会议,股东魏某平(占公司股份1%)因住院不能出席,提前用书面形式签字表达了意见,股东向某真(占公司股份12.0864%)提前在股东会议决议上签字表达了意见,并委托股东黄某如出席,股东周某(占公司股份5%)有事不能出席股东会议,提前在股东会议上签字表达了意见。股东谢某炎、汤某成、黄某如、向某真、周某、魏某平表决同意对百X技贸公司《关于将2016年3月增资扩股的600万元股本收归公司所有的决定》及同意对百X技贸公司2016年3月公司股东会决议公司以公积金认缴的600万元增资股本的实缴时间明确为2035年7月10日。股东百X网络公司未发表意见。

百X网络公司起诉请求:(1)判令向某真三天内向百X技贸公司履行出资义务,将72.5184万元出资支付到百X技贸公司银行账户;(2)向某真承担本案诉讼费用。

裁判结果:一、向某真在本判决生效之日起十日内向百X技贸公司补缴出资72.5184万元;二、驳回百X网络公司的其他诉讼请求。

裁判思路:根据《公司法司法解释三》第十三条第一款规定,"股东未履行或者未全面履行出资义务,公司或者其他股东请求其向公司依法全面履行出资义务的,人民法院应予支持",因此包括瑕疵出资在内的任何股东请求其他股东履行出资义务是其法定权利,该权利不应受到任何条件的限制。况且百X网络公司作为受让原股东李某平股权的股东,百X技贸公司的股东是否完全履行出资义务,与百X网络公司具有直接利害关系,影响百X网络公司对受让股权价值的判定,从而进一步影响受让股权的对价。

另,公积金转增注册资本,实质上是将公积金向股东分派了股息、红利,然后股东再以该分得的股息、红利增加公司注册资本，最终获益的是股东，根据权利与义务对等原则，增资的义务亦在于股东，而不是公司。在公司不存在足额的公积金的情形下，基于公司资本维持原则和商事行为外观主义，股东仍负有补缴出资的义务，该补缴义务是股东对公司承担的违约责任。虽百X技贸公司于2021年7月11日召开临时股东会议，延长出资期限，因延长出资期限涉及修改公司章程，须经代表三分之二以上表决权的股东通过，而2021年7月11日的临时股东会议决议并未形成多数决，该决议并未成立，不发生延长出资期限的法律效力。百X网络公司有权向其他瑕疵出资股东主张出资追缴。

相关规定

《中华人民共和国公司法》（2023修订）

第五十条 有限责任公司设立时，股东未按照公司章程规定实际缴纳出资，或者实际出资的非货币财产的实际价额显著低于所认缴的出资额的，设立时的其他股东与该股东在出资不足的范围内承担连带责任。

实务要点：（1）出资是股东的法定义务，也是资本维持原则的要求，相应地，股东追缴出资权利是法定权利，该权利不应被限制，不应以股东出资存在瑕疵而被限制。（2）瑕疵出资股东承担责任也不因其他股东是否存在瑕疵出资而受影响。股东履行出资义务的权利主体是公司，任何一方股东不得以其他股东未完全履行出资义务为由拒绝履行其自身的出资义务。

二、抽逃出资纠纷

抽逃出资是指股东在公司成立后违法将出资收回。

（一）未经法定程序将出资抽回并损害公司权益的构成抽逃出资

>> **典型案例**

陈某贤与阳X牧业公司股东出资纠纷

基本案情：2008年11月，陈某贤、邓某成、罗某元、冯某平共同发起成立阳X牧业公司，法定代表人陈某贤，公司注册资本为500万元，该四人分别认缴：陈某贤160万元、邓某成140万元、罗某元100万元、冯某平100万元。2008年12月11日，阳X牧业公司进行验资，《验资报告》显示：公司实收资本为 500 万元，股东全部以货币出资。2008 年 12 月 16 日，阳 X 牧业公司验资账户一次性转出 500 万元至文某刚名下。庭审中，陈某贤认可当时系委托代办公司办理注册及验资程序，验资成功后，将资金转回垫资方。2010 年 3 月，阳 X 牧业公司变更股东信息为冯某平，出资比例为 100%。2013 年 12 月 17 日，阳 X 牧业公司被吊销营业执照。

2010 年 3 月 9 日，陈某贤与邓某成协议将所持阳 X 牧业公司股权转让给罗某元和冯某平，后因股权转让款产生纠纷，陈某贤起诉罗某元、冯某平至一审法院。2014 年 11 月 26 日，法院作出（2014）锦江民初字第 3XXX 号民事判决书。该判决书认定陈某贤与罗某元、冯某平均确认公司登记代办人以四人名义向公司入账不是本人出资行为，也知晓对方并未按章程实际缴纳货币出资，双方股权转让对价是真实意思表示，股权转让合同合法有效，罗某元、冯某平应向陈某贤支付股权转让款 56.2 万元。在上述案件审理过程中，陈某贤与罗某元、冯某平均向法庭作出相关陈述，即阳 X 牧业公司初始股东四人均未按章程约定出资，而是以对养猪场的实际投入等形式进行出资，陈某贤出资 80 万元，冯某平、罗某元各出资 40 万元。

阳 X 牧业公司起诉请求：（1）判决陈某贤向阳 X 牧业公司返还抽逃的出资款 160 万元；（2）判决陈某贤支付从抽逃之日 2008 年 12 月 16 日起以 160 万元为基数按照中国人民银行同期贷款利率支付利息至返还出资款止的利息。

裁判结果：一、陈某贤于判决生效之日起十五日内向阳 X 牧业公司返还出资款 160 万元；二、陈某贤于判决生效之日起十五日内向阳 X 牧业公司支付资金利息损失（以 160 万元为基数，从 2008 年 12 月 17 日起至 2019 年 8 月 19 日止，按中国人民银行同期贷款基准利率计算；从 2019 年 8 月 20 日起至款项付清之日止，按照按全国银行间同业拆借中心公布的贷款市场报价利率计算）；三、驳回阳 X 牧业公司的其他诉讼请求。

裁判思路：根据查明事实及生效文书认定，陈某贤、邓某成、罗某元、冯某平四股东在阳 X 牧业公司成立时，虚假验资，在验资程序完成后即由垫资方抽回出资，其行为已构成股东抽逃出资。根据《公司法司法解释三》第十三条第一款规定："股东未履行或者未全面履行出资义务，公司或者其他股东请求其向公司依法全面履行出资义务的，人民法院应予支持。"第十四条第一款规定："股东抽逃出资，公司或者其他股东请求其向公司返还出资本息、协助抽逃出资的其他股东、董事、高级管理人员或者实际控制人对此承担连带责任的,人民法院应予支持。"阳X牧业公司要求陈某贤返还出资款160万元及利息,予以支持。陈某贤辩称,未实际出资是当时全体股东一致意思。对此,陈某贤、邓某成、罗某元、冯某平作为阳X牧业公司初始股东,采用虚假验资的方式,均已构成抽逃出资。公司资本维持是为保证公司经营及对债权人的保护,出资是股东对公司负有的法定义务,并不因股东之间的一致意思而免除。阳X牧业公司尚未注销,在公司存续期间,出资义务均不能免除。至于陈某贤是否有以其他形式进行出资80万元,其没有举证证明出资80万元的事实。另外,出资应履行法定程序,并由公司进行确认,陈某贤和其他股东之间口头互相认可出资,不具备法律效力。若陈某贤补足出资后,其与罗某元、冯某平之间的股权转让对价是否适当,或股东之间是否还存在其他纠纷,双方可另案主张。陈某贤辩称本案已过诉讼时效,不予支持。

相关规定

1.《中华人民共和国公司法》(2023修订)

第五十三条 公司成立后,股东不得抽逃出资。

违反前款规定的,股东应当返还抽逃的出资;给公司造成损失的,负有责任的董事、监事、高级管理人员应当与该股东承担连带赔偿责任。

2.《最高人民法院关于适用〈中华人民共和国公司法〉若干问题的规定(三)》

第十二条 公司成立后,公司、股东或者公司债权人以相关股东的行为符合下列情形之一且损害公司权益为由,请求认定该股东抽逃出资的,人民法院应予支持:

(一)制作虚假财务会计报表虚增利润进行分配;

(二)通过虚构债权债务关系将其出资转出;

(三)利用关联交易将出资转出;

(四)其他未经法定程序将出资抽回的行为。

第十九条第一款 公司股东未履行或者未全面履行出资义务或者抽逃出资,公司或者其他股东请求其向公司全面履行出资义务或者返还出资,被告股东以诉讼时效为由进行抗辩的,人民法院不予支持。

实务要点:(1)股东违反出资义务的行为种类繁多、形式多样,抽逃出资的形式包括:股东设立公司时,验资后将出资转出,公司并未实际使用出资；公司收购股东的股份，但未按规定处置该股份；公司未弥补亏损、提取法定公积金即先行分配利润；公司制作虚假会计报表进行利润分配；虚构贸易合同；公司利用关联交易转移出资等。(2) 实务中，验资资金被转出时，往往以货款、借款等项目予以记载，对于记载为货款的，应有相应的交易合同、送货单、验收单、购置货物的下落等证据予以佐证；对于记载为借款的，《公司法》(2023修订) 第十五条规定："公司向其他企业投资或者为他人提供担保，按照公司章程的规定，由董事会或者股东会决议；公司章程对投资或者担保的总额及单项投资或者担保的数额有限额规定的，不得超过规定的限额。公司为公司股东或者实际控制人提供担保的，应当经股东会决议。前款规定的股东或者受前款规定的实际控制人支配的股东，不得参加前款规定事项的表决。该项表决由出席会议的其他股东所持表决权的过半数通过。"公司对外提供借款应有相应的决议，并要有完善的借款协议，对借款的用途、利息标准、返还时间等进行详细约定。如果仅以财务记载了转出资金的款项性质抗辩主张不属于抽逃出资，无法得到法律支持。(3) 股东出资不适用诉讼时效，被告股东以诉讼时效为由进行抗辩的，法院不予支持。

(二) 股东抽逃出资的，公司或者其他股东可要求其向公司依法全面履行出资义务

> 典型案例

中X公司与富某国股东出资纠纷

基本案情：中X公司于2001年9月27日登记成立。2002年6月，经股权变更，中X公司股权结构变为林X豪持股75.25%（出资额为76万元）、陈X然持股24.75%（出资额为25万元）。

2003年4月，富某国拟出资899万元入股中X公司。林X豪、陈X然与富某国作出股东会决议：公司注册资本由101万元增加为1000万元，林X豪将其出资额75万转让给陈X然、出资额1万元转让给富某国，增资后富某国占90%股权（900万元出资额）、陈X然占10%股权（100万元出资额）。

2003年5月9日，《验资报告》载明："截至2003年5月9日，贵公司已收到其股东缴纳的新增注册资本人民币899万元整。增加投入的货币资金已于2003年5月9日缴存广州市黄石农村信用合作社东平分社贵公司存款账户，

账号：34XXX50。其中，富某国缴纳人民币899万元。"

2003年5月，中X公司相应修改了公司章程，变更了股东工商登记，并将法定代表人变更为富某国，富某国担任执行董事和经理，陈X然担任监事。

2003年10月，陈X然将所持10%股权全部转让给于某，中X公司的股东变更为富某国（持股90%）、于某（持股10%）。

2007年1月29日，中X公司被工商部门吊销营业执照。

2018年，债权人东方公司申请中X公司破产清算，法院于2018年10月26日裁定受理，并指定广州联合XX公司作为管理人。

中X公司起诉请求：（1）富某国支付欠缴的出资本金人民币899万元；（2）本案诉讼费由富某国承担。

经查询，中X公司34XXX50账户于2003年5月9日开户，2003年6月20日销户，仅有2003年5月12日一天发生五笔交易：（1）广东XX药业公司向该账户转入500万元，备注为"投资款"；（2）该账户向腾X公司转出250万元，向运X公司转出149万元，备注为"投资款"；（3）腾X公司向该账户转入250万元，备注为"投资款"；（4）运X公司向该账户转入149万元，备注为"投资款"；（5）该账户向泰X耀公司转账500万元，备注为"投资款"。当天该账户余额为0元。

裁判结果：富某国于判决发生法律效力之日起五日内向中X公司支付出资款899万元。

裁判思路：富某国于2003年5月12日向中X公司出资899万元。该899万元经验资后于2003年5月12日从验资账户转出至其他公司的账户。上述出资款从进入中X公司账户到被全部转出，中间间隔时间极短，之后未再被转回。对于上述资金转出行为，富某国未提供证据证明该款项的流出是基于公司经营业务需要。因富某国不能举证证明涉案899万元款项从中X公司转出已按照公司章程或者法律规定履行了法定程序，也不能举证证明上述大额资金在短时间内被全部转移的合理性，故上述资金转出行为实质上是没有对价转移公司财产的行为，造成了公司资本缺失，损害了债权人利益，构成抽逃出资。因富某国存在未履行出资义务的情形，中X公司请求富某国交足出资有事实和法律依据。

相关规定

1.《中华人民共和国公司法》(2023 修订)

第五十三条 公司成立后,股东不得抽逃出资。

违反前款规定的,股东应当返还抽逃的出资;给公司造成损失的,负有责任的董事、监事、高级管理人员应当与该股东承担连带赔偿责任。

2.《最高人民法院关于适用〈中华人民共和国公司法〉若干问题的规定(三)》

第十三条第一款 股东未履行或者未全面履行出资义务,公司或者其他股东请求其向公司依法全面履行出资义务的,人民法院应予支持。

实务要点：(1) 抽逃出资是一种变相违反出资义务、损害公司权益的行为。股东未履行或者未全面履行出资义务,侵害了公司的财产权,公司可以作为原告起诉要求瑕疵出资的股东承担出资责任。其他符合条件的股东也可以以自己名义起诉要求该股东向公司履行出资义务。(2) 公司作为独立法人拥有独立的财产、设有独立的组织机构、独立承担财产责任,为了维持公司的正常运营,公司需要同时拥有财产权和管理权,公司为了维护其财产权或管理权,与股东、董事和高管人员、债务人发生纠纷,应处于原告的诉讼地位,公司法并未规定公司起诉、参与诉讼须经股东表决通过。

(三) 协助抽逃出资的其他股东、董事、高级管理人员或者实际控制人的连带责任

> **典型案例**

天地 XX 公司与徐某文、冯某、第三人袁某模股东出资纠纷

基本案情：天地 XX 公司成立于 2017 年 9 月 26 日,注册资本为人民币 200 万元,袁某模认缴出资 66 万元,徐某文认缴出资 134 万元,认缴期限均为 2018 年 9 月 19 日。法定代表人为袁某模。

徐某文的银行账户历史交易明细显示：2017 年 11 月 9 日汇入 1 340 000 元,对方账户为邹某梅,备注为"借款";天地 XX 公司银行活期存款明细账显示：(1) 2017 年 11 月 9 日袁某模转入 660 000 元,备注为"投资款";(2) 2017 年 11 月 9 日徐某文转入 1 340 000 元,备注为"投资款";(3) 2017 年 11 月 9 日向冯某转出 200 000 元,备注为"往来款";(4) 2017 年 11 月 9 日向冯某转出

200 000 元，备注为"往来款"；(5) 2017 年 11 月 9 日向冯某转出 400 000 元，备注为"往来款"；(6) 2017 年 11 月 9 日向冯某转出 400 000 元，备注为"往来款"；(7) 2017 年 11 月 9 日向冯某转出 400 000 元，备注为"往来款"；(8) 2017 年 11 月 9 日向冯某转出 400 000 元，备注为"往来款"。冯某银行账户历史交易明细显示：(1) 2017 年 11 月 9 日天地 XX 公司汇入 200 000 元，备注为"往来款"；(2) 2017 年 11 月 9 日天地 XX 公司汇入 200 000 元，备注为"往来款"；(3) 2017 年 11 月 9 日天地 XX 公司汇入 400 000 元，备注为"往来款"；(4) 2017 年 11 月 9 日天地 XX 公司汇入 400 000 元，备注为"往来款"；(5) 2017 年 11 月 9 日天地 XX 公司汇入 400 000 元，备注为"往来款"；(6) 2017 年 11 月 9 日天地 XX 公司汇入 400 000 元，备注为"往来款"；(7) 2017 年 11 月 9 日向邹某梅汇出 2 000 000 元，备注为"还款"。

冯某与徐某文系夫妻关系。冯某的职务在个人名片、天地 XX 公司通讯录、公司欠条等均显示为天地 XX 公司总经理。且有天地 XX 公司员工赵某等出具《情况说明》证实冯某系天地 XX 公司总经理和财务负责人，报账也由冯某审核。

天地 XX 公司起诉称：(1) 判令徐某文向天地 XX 公司支付抽逃的出资款 134 万元及利息（以 134 万元为基数，自 2017 年 11 月 9 日起按照中国人民银行同期同类贷款利率计算至 2019 年 8 月 19 日的利息为 102 007 元，自 2019 年 8 月 20 日起按照全国银行间同业拆借中心公布的贷款市场报价利率计算至支付完毕之日止，暂计算至 2020 年 6 月 10 日为 41 701 元，以上利息暂计 143 708 元）；(2) 判令冯某对上述债务承担连带责任。

裁判结果：一、徐某文自判决生效之日起十日内返还天地 XX 公司抽逃出资款 1 340 000 元及利息（利息以 1 340 000 元为基数，从 2017 年 11 月 9 日起，按照中国人民银行公布的同期同类贷款利率计算至 2019 年 8 月 19 日止，并从 2019 年 8 月 20 日起按照全国银行间同业拆借中心公布的贷款市场报价利率，计算至抽逃出资款本息返还完毕之日止）；二、冯某对徐某文应承担的判决第一项返还责任承担连带责任。

裁判思路：天地 XX 公司在 2017 年 9 月 20 日订立的公司章程中公司注册资本为 2 000 000 元，徐某文认缴出资 1 340 000 元。徐某文、冯某的招商银行账户、天地 XX 公司的建设银行账户交易记录显示，以邹某梅"借款"的方式向徐某文账户转入1 340 000元，随后徐某文以投资款名义将1 340 000元转入天地XX公司账户，同日，天地XX公司账户分6笔将2 000 000元转出给冯某，随后冯某账户以"还款"形式将2 000 000元转出给邹某梅。上述资金转账行为发生在同一天，形成资金从案外人邹某梅到徐某文，再从徐某文到天地XX公司，再到冯某，再回到案外人邹某梅的闭环。从徐某文到天地XX公司的转款看，其明确备注为投资款，应当视为其向天地XX的出资。该出资未经法定程序即转出，当然属于抽逃出资行为。注册资本不仅是公司进行生产经营的物质基础，而且也是公司履行义务的基本保证，抽逃出资行为使公司资本虚置，非法地减少了公司实有资产，削弱了公司的经营能力和偿债能力，影响到交易相对人的交易安全，势必损害到公司的权益，应当依法承担相应法律责任。股东抽逃出资，公司或者其他股东请求其向公司返还出资本息、协助抽逃出资的其他股东、董事、高级管理人员或者实际控制人对此承担连带责任的，人民法院应予支持。冯某主张只是天地XX公司工作人员，公司的经营管理都是和袁某模共同完成，但本案名片、费用报销单、公司通讯录等证据可以证实冯某在该公司担任管理职务，对上述抽逃出资行为应当知情。且徐某文以投资款名义转入天地XX公司的1 340 000元于当日转入冯某的个人银行账户，再由冯某银行账户转给邹某梅，足以认定上述行为系通过冯某共同完成。本案冯某存在与徐某文共同的抽逃出资行为，应对徐某文抽逃出资行为在返还抽逃出资的本息范围内承担连带责任。

相关规定

《最高人民法院关于适用〈中华人民共和国公司法〉若干问题的规定（三）》

第十四条 股东抽逃出资，公司或者其他股东请求其向公司返还出资本息、协助抽逃出资的其他股东、董事、高级管理人员或者实际控制人对此承担连带责任的，人民法院应予支持。

公司债权人请求抽逃出资的股东在抽逃出资本息范围内对公司债务不能清偿的部分承担补充赔偿责任、协助抽逃出资的其他股东、董事、高级管理人员或者实际控制人对此承担连带责任的，人民法院应予支持；抽逃出资的股东已经承担上述责任，其他债权人提出相同请求的，人民法院不予支持。

实务要点：（1）其他股东、董事、高级管理人员或者实际控制人承担连带责任的前提是股东构成了抽逃出资。（2）协助抽逃出资的认定标准并不统一，实务中，有的法院以积极实施了协助的行为为认定标准，也有法院认为在股东明显存在抽逃出资行为的情形下，仍配合其工作的行为构成协助抽逃出资，而该种配合可能是董事、监事、高级管理人员的正常工作。（3）《公司法》（2023修订）第五十三条明确规定"负有责任的董事、监事、高级管理人员应当与该股东承担连带赔偿责任"，这里的负有责任并未限定是协助抽逃出资，新公司法在修订时其实是加重了董监高在此问题上的责任。

专题五
新增资本认购纠纷

新增资本认购纠纷是指有限责任公司新增资本认购、股份有限公司发行新股认购所产生的纠纷，主要是股东或者公司之外的其他人起诉要求确认享有公司股权纠纷和因行使优先认股权产生的纠纷。该种纠纷可能发生在新出资人与公司之间，也可能发生在原股东与公司之间，但本案由纠纷只适用于新增资本出资、认购过程中产生的纠纷。

当事人：公司股东、公司新股东及已获得股东会许可的新增资本认购人为原被告的一方，公司作为原被告的一方。

管辖：由公司住所地人民法院管辖。《民事诉讼法》（2021修正）第二十七条规定，"因公司设立、确认股东资格、分配利润、解散等纠纷提起的诉讼，由公司住所地人民法院管辖"。但是，实务中对于本案由是否应适用上述管辖规定亦存有争议。

诉讼时效：不适用诉讼时效的规定。《最高人民法院关于审理民事案件适用诉讼时效制度若干问题的规定》第一条规定："当事人可以对债权请求权提出诉讼时效抗辩，但对下列债权请求权提出诉讼时效抗辩的，人民法院不予支持：（一）支付存款本金及利息请求权；（二）兑付国债、金融债券以及向不特定对象发行的企业债券本息请求权；（三）基于投资关系产生的缴付出资请求权；（四）其他依法不适用诉讼时效规定的债权请求权。"

一、已经认缴新增资本的新出资人要求确认享有公司股权或要求退还出资款的纠纷

增资协议签署后，如果公司未给新出资人确认股东身份，投资人可能会起诉要求确认股东身份，也可能会起诉要求退还投资款。实务中，投资人要求确认股东身份的案件往往通过提起股东资格确认纠纷解决，以本案由提起

诉讼的，多数都要求解除投资协议、退还投资款。

接收资本一方对于款项性质与投资方存有争议，且不认可投资方取得股东身份的，投资方可要求解除合同。

▶ **典型案例**

田某贞与东某公司、晋某生新增资本认购纠纷

基本案情：2018年12月12日，甲方东某公司与乙方田某贞签订《增资扩股协议》：乙方以现金形式向甲方增资500万元，其中335万元计入甲方注册资本、其余165万元计入甲方资本公积金。本次增资扩股完成后，乙方持有甲方335万股，按照双方协商，根据甲方注册资本折股确定乙方持有甲方股权比例为2.66%。甲方收到乙方投资款后，本协议正式生效。

2020年3月25日，东某公司及晋某生出具《关于田某贞已经履行出资的证明》载明：我公司于2019年3月与田某贞签署了《增资扩股协议》后，田某贞已按照公司总经理晋某生的指示分三笔共计500万元入资款通过汇款方式汇到相应账户。由总经理晋某生办理相关增资事宜：出具验资报告、确认股东身份、完成工商变更登记。晋某生对此承担连带责任。东某公司及晋某生保证如果在完成上述增资、验资、股东工商登记前，东某公司发生融资、并购、上市、分红等经营业务，田某贞享有入资500万元的股权权益（500万元÷12687.32×100%＝3.94%）。如果因为未能及时办理上述手续造成损失，由东某公司和晋某生连带赔偿。东某公司在该证明上加盖公章，晋某生作为总经理签字。

田某贞起诉请求：(1) 判令解除田某贞与东某公司签订的《增资扩股协议》；(2) 判令东某公司返还500万元及资金占用费（以500万元为基数，自2019年5月28日至付清之日止，按1年期贷款市场报价利率计算）；(3) 判令东某公司承担保全费5000元、保函费8000元；(4) 判令晋某生对上述债务承担连带责任；(5) 诉讼费用由东某公司、晋某生负担。

裁判结果：一、确认田某贞与东某公司签订的《增资扩股协议》于2021年2月4日解除；二、东某公司于判决生效后十日内向田某贞返还入资款500万元并支付利息（以500万元为基数，自2019年5月28日起至2019年8月19日止，按同期同类贷款基准利率计算；自2019年8月20日起至付清之日

止，按 2019 年 8 月 20 日发布的 1 年期贷款市场报价利率计算）；三、晋某生对上述第二项债务承担连带给付责任；四、驳回田某贞的其他诉讼请求。

裁判思路：2018 年 12 月 12 日签署的《增资扩股协议》合法有效。田某贞已实际支付出资款，东某公司出具收据和证明予以确认，故《增资扩股协议》已经生效。根据该协议，田某贞向东某公司增资入股，成为东某公司的股东。2020 年 3 月 25 日，东某公司及晋某生出具证明，明确表示收到田某贞的全部入资款，而且承诺由晋某生办理相关增资事宜：出具验资报告、确认股东身份、完成工商变更登记。因此，不管在《增资扩股协议》签订后，双方是否协商一致由田某贞通过东某融创间接持有东某公司的股份，但 2020 年 3 月 25 日的证明表明，东某公司及其总经理晋某生均同意为田某贞办理股东身份确认及工商变更登记手续。在出具上述证明时，承诺的义务主体为东某公司及晋某生而非东某融创，且证明中完全没有提及通过东某融创间接持股的事宜，所谓股东身份确认及工商变更登记手续应指将田某贞登记为东某公司的股东而非东某融创的合伙人。上述证明出具后至今，东某公司、晋某生未履行约定义务，且在诉讼中坚持认为田某贞系通过东某融创间接持有东某公司股权，导致田某贞直接持股东某公司的合同目的无法实现，田某贞要求解除《增资扩股协议》，符合法律规定，予以支持。关于合同解除时间，在无其他证据证明的情况下，合同自起诉状副本送达之日即 2021 年 2 月 4 日解除，东某公司作为合同相对方应当退还田某贞的入资款 500 万元并支付资金占用期间的利息。2020 年 3 月 25 日的证明中约定，如果因为未能及时办理上述手续造成损失，由东某公司和晋某生连带赔偿。因此，晋某生应与东某公司承担连带责任。

相关规定

1.《中华人民共和国民法典》

第五百六十三条 有下列情形之一的，当事人可以解除合同：

（一）因不可抗力致使不能实现合同目的；

（二）在履行期限届满前，当事人一方明确表示或者以自己的行为表明不履行主要债务；

（三）当事人一方迟延履行主要债务，经催告后在合理期限内仍未履行；

（四）当事人一方迟延履行债务或者有其他违约行为致使不能实现合同目的；

（五）法律规定的其他情形。

以持续履行的债务为内容的不定期合同，当事人可以随时解除合同，但是应当在合理期限之前通知对方。

2.《中华人民共和国公司法》(2023 修订)

第三十四条 公司登记事项发生变更的，应当依法办理变更登记。

公司登记事项未经登记或者未经变更登记，不得对抗善意相对人。

第四十六条 有限责任公司章程应当载明下列事项：

（一）公司名称和住所；

（二）公司经营范围；

（三）公司注册资本；

（四）股东的姓名或者名称；

（五）股东的出资额、出资方式和出资日期；

（六）公司的机构及其产生办法、职权、议事规则；

（七）公司法定代表人的产生、变更办法；

（八）股东会认为需要规定的其他事项。

股东应当在公司章程上签名或者盖章。

第五十五条 有限责任公司成立后，应当向股东签发出资证明书，记载明下列事项：

（一）公司名称；

（二）公司成立日期；

（三）公司注册资本；

（四）股东的姓名或者名称、认缴和实缴的出资额、出资方式和出资日期；

（五）出资证明书的编号和核发日期。

出资证明书由法定代表人签名，并由公司盖章。

第五十六条 有限责任公司应当置备股东名册，记载下列事项：

（一）股东的姓名或者名称及住所；

（二）股东认缴和实缴的出资额、出资方式和出资日期；

（三）出资证明书编号；

（四）取得和丧失股东资格的日期。

记载于股东名册的股东，可以依股东名册主张行使股东权利。

实务要点： （1）增资扩股协议应当符合公司法的规定，同样也应适用

《民法典》的规定，认购新增股本的投资者是为了取得股东身份，进而基于股权分取公司经营的利益，公司收到投资款后应及时确认，给股东签发出资证明、办理股东身份登记、备案手续，如果公司收到投资者支付的投资款后拒绝办理相应手续，构成根本违约，将导致投资者投资的根本目的无法实现，符合民法典规定的解除合同的法定事由。（2）投资人出资后未被登记为股东，是否取得了股东身份、能否请求公司返还出资款，应从投资人在投资时的意思表示、出资款是否已经投入公司、公司章程、股东名册以及是否以股东身份参与了公司经营等角度来综合分析。①章程是判断股东身份和股权的重要标志。股东签署章程是其作为公司股东的真实意思表示，公司章程对内是确定股东及其权利义务的主要依据，具有对抗股东之间其他约定的效力；对外具有公示和公信力，是相对人判断公司股东的重要依据。②我国公司法要求有限责任公司必须配备股东名册，将股东如实登记于股东名册。③工商登记。股东资格的取得和变更股东登记是两个不同概念，变更股东登记是合同履行的问题，其功能是使股权的变动产生公示的效力，而不是涉案合同生效的构成要件，属于合同附随义务。根据《公司法》（2023修订）第三十四条，工商行政管理部门对公司股东的登记本身并无创设股东的效力，属于证权性登记，只具有对善意第三人宣示股东资格的证权功能，未办理工商变更登记不属于解除《投资协议》退还投资款的约定或法定事由。④是否取得公司出具的出资证明。出资为股东实际缴付资本的行为，出资证明书为公司签发给股东的证明凭证。⑤股东是否实际享受股东权利和履行股东义务，是判断是否为公司股东的实质要素。当股东没有记载于公司章程或者股东名册，工商登记中亦无股东登记资料时，但该人实际享受了公司股东的权利以及履行了公司股东的义务，如参加股东会、参与股东决策、签署股东文件、分享公司红利；公司和公司其他股东亦知悉和承认其股东身份，则根据实际情况，亦可认定该人具有公司股东的身份。（3）新增资本认购协议中认购的股权比例、利润分配、亏损承担等问题要进行详细的约定，如果仅仅是通过投资获得财产性收益，但不取得股东资格或权利，则属于借贷关系，即便协议名称记载为股权认购协议，也是名为投资、实为借贷的行为，应按照实质法律关系进行处理。（4）新增资本认购协议签署后，双方如产生争议，投资人亦可能起诉要求确认享有公司股权。但投资人起诉要求确认享有公司股权的纠纷更适合股东资格确认纠纷案由。

二、增资协议约定业绩承诺并非当然无效

▶ 典型案例

凯X公司与云X信息、章某锋、第三人辉X公司新增资本认购纠纷

基本案情： 2017年，凯X公司、云X信息、章某锋、辉X公司与案外人广X金融、达X投资、郑某春签订一份投资协议，约定广X金融（乙方）和云X信息（丙方）以增资扩股方式向辉X公司（甲方）进行投资，乙方出资175万元认购甲方新增的126.05万元注册资本，丙方出资80万元认购甲方新增57.6228万元注册资本，完成增资扩股后甲方注册资本由176.47万元变更为360.1428万元；章某锋（丁方）以13.25万元价格转让9.5438万元注册资本给达X投资（己方），丁方以0元价格转让2.1609万元注册资本给凯X公司（戊方）；丙方、丁方向乙方、戊方、己方承诺公司2017年、2018年、2019年经审计的税后净利润累计不低于200万元，若未能完成该业绩承诺，乙方、戊方、己方有权要求丙方、丁方进行差额补偿（补偿差额=承诺完成累计净利润－实际完成累计净利润，总补偿额度不超过200万元），丙方、丁方须无条件配合，在乙方、戊方、己方按各方补偿差额发出书面补偿通知3个月内完成现金补偿，或按本次增资扩股价格进行股权补偿；丙方、丁方各自支付的补偿金额=总补偿额度×（一方股权比例÷丙、丁两方总股权比例），乙方、戊方、己方各自接受补偿金额=总补偿额度×（一方股权比例÷乙、戊、己三方总股权比例）；在此次协议签署后，丙方、丁方无须继续承担或履行本次投资之前与乙方、戊方、己方任何一方或几方签署的有关甲方投资协议或增资协议中的承诺与补偿之类的约定条款。此外，各方此前还签订了一份《辉X公司投资意向书》，约定的主要内容与前述协议基本一致。

上述协议签订后，广X金融和云X信息依约支付了投资款，辉X公司也办理了工商变更登记，注册资本变更为360.1428万元，其中广X金融占股35%、云X信息占股16%、章某锋占股33.5%、凯X公司占股5.5%、达X投资占股10%。辉X公司在2017年度、2018年度、2019年度的净利润分别为-3 491 419.33元、-309 037.86元、-496 524.78元。2020年4月23日，凯X公司遂根据上述协议向云X信息、章某锋发出《关于要求履行差额补偿承诺的通知函》，要求云X信息、章某锋履行业绩补偿义务。同年4月27日，

云 X 信息、章某锋向凯 X 公司复函，均称愿放弃股权，按 2017 年增资扩股价格进行股权补偿。

辉 X 公司于 2004 年 10 月 28 日成立。经过多次股权及注册资本变更，截至 2020 年 6 月 12 日的国家企业信用信息公示系统显示，现有股东为章某锋、广 X 金融、达 X 投资、凯 X 公司、云 X 信息，核准登记的注册资本为 360.1428 万元。

凯 X 公司起诉请求：（1）云 X 信息向凯 X 公司支付差额补偿 70 407 元；（2）章某锋向凯 X 公司支付差额补偿 147 415 元；（3）本案诉讼费用由云 X 信息、章某锋承担。

裁判结果：一、云 X 信息于判决生效之日起十日内向凯 X 公司支付业绩承诺差额补偿款 70 407 元；二、章某锋在判决生效之日起十日内向凯 X 公司支付业绩承诺差额补偿款 147 415 元。

裁判思路：首先，上述协议是凯 X 公司与云 X 信息、章某锋等各方当事人的真实意思表示；其次，业绩承诺并非目标公司即辉 X 公司，而是同为目标公司股东的云 X 信息、章某锋，不存在违反资本不变原则和损害公司及其债权人利益的问题；最后，云 X 信息、章某锋对凯 X 公司的补偿并不涉及目标公司股东抽逃出资或违反关于利润分配的强制性规定，故案涉投资协议约定的业绩承诺有效。在协议中对未达到承诺的业绩虽然有约定现金补偿或股权补偿，但并没有约定补偿的选择权在云 X 信息、章某锋，反而约定云 X 信息、章某锋须无条件配合，因而凯 X 公司主张云 X 信息、章某锋按约定支付现金补偿，予以支持。因 2017 年度至 2019 年度的净利润均为负数，按"补偿差额=承诺完成累计净利润-实际完成累计净利润"计算补偿差额显然超过 200 万元，故按"总补偿额度不超过 200 万元"计算。其中，云 X 信息应补偿 200 万元×[16÷（16+33.5）]×[5.5÷（5.5+35+10）]≈7.0407 万元、章某锋应补偿 200 万元×[33.5÷（16+33.5）]×[5.5÷（5.5+35+10）]≈14.7415 万元。

相关规定

《中华人民共和国民法典》

第四百六十五条 依法成立的合同，受法律保护。

依法成立的合同，仅对当事人具有法律约束力，但是法律另有规定的除外。

实务要点：本案业绩承诺实为对赌协议，对赌协议是指投资方与融资方在达成股权性融资协议时，为解决交易双方对目标公司未来发展的不确定性、信息不对称性以及代理成本而设计的，包含了股权回购、金钱补偿等对未来不确定的目标公司的估值进行调整的协议。关于对赌协议的效力及适用将在专题二十二中予以详细阐述。

三、因行使优先认股权产生的纠纷

《公司法》（2023修订）第二百二十七条规定，"有限责任公司增加注册资本时，股东在同等条件下有权优先按照实缴的出资比例认缴出资。但是，全体股东约定不按照出资比例优先认缴出资的除外。股份有限公司为增加注册资本发行新股时，股东不享有优先认购权，公司章程另有规定或者股东会决议决定股东享有优先认购权的除外"。

如果股东的优先认购权受到损害，股东有权提起诉讼。关于有限责任公司股东的优先认购权，本书在专题二十二公司增资纠纷中予以了详细解读，虽然两个案由不同，但是实体审判中涉及的法律依据、案件要点均无不同。

专题六
股东知情权纠纷

现代公司法治理体系下，公司的所有权与经营权分离，未参与公司经营管理的股东需要查阅相关资料才能了解公司的实际经营状况，法律赋予了其了解公司信息的权利。股东知情权包括股东了解公司的经营状况、财务状况以及其他与股东利益存在密切关系的公司情况的权利。主要表现为股东查阅公司财务会计报告、会计账簿等相关档案材料的权利。

知情权是股东所固有的权利，不依附于其他股东权利而单独存在，也是行使其他权利的前提，股东行使知情权受阻时，有权获得司法救济，提起股东知情权诉讼。

但公司作为独立的法律主体，拥有自治权，为了维护公司的合法利益，防止股东滥用知情权损害公司利益，我国公司法对股东知情权的行使也作了一定限制。

原告：股东。

被告：公司。

管辖：公司住所地法院管辖。

一、可提起股东知情权诉讼的股东身份的认定

具备股东身份是享有知情权的前提，通常情况下丧失股东身份即不再享有知情权，但丧失股东身份的股东，如有初步证据证明在持股期间其合法权益受到损害的，也可以行使知情权。股东身份的认定一般以工商登记为准，工商登记记载的股东当然可提起股东知情权诉讼，但如果虽未登记为股东，有证据可以证实其具有股东身份的，也可以提起该项诉讼。

典型案例

保XX公司与杜XX股东知情权纠纷

基本案情：保XX公司成立于2005年12月8日，注册资本为1258万元，公司设有董事会及监事一名。杜XX为保XX公司发起人股东，现为登记股东，出资比例为20.19%。保XX公司章程第三十三条规定，公司应当依照法律、行政法规和国务院财政主管部门的规定建立本公司的财务、会计制度，并应在每一会计年度终了时制作财务会计报告，依法经审查验证后于次年一月十五日前送交各股东。

杜XX于2020年11月4日向保XX公司发出律师函，要求查阅保XX公司自成立至2020年11月1日的财务会计报告、会计账簿等经营资料，并阐述了查阅理由和目的。保XX公司于2020年11月16日回函对杜XX的上述要求未表示同意，并要求杜XX于限期内办理股东身份注销手续。

保XX公司2007年度年检报告书中的对外投资情况载明，保XX公司投资了山西保XX公司，认缴出资额300万元，持股比例为100%；资产负债表载明长期投资金额为300万元。山西保XX公司工商登记信息显示，该公司成立于2006年5月30日，注册资本为300万元，保XX公司曾持股比例为66.67%（出资额200万元），且保XX公司已于2020年8月3日将该股权转让给山西XX商贸有限公司。杜XX称其要求查阅保XX公司会计凭证的主要理由即为，工商登记信息显示保XX公司对山西保XX公司的认缴出资额为200万元，但保XX公司的年检报告书中载明的认缴出资额为300万元，其欲查明其中的差额100万元的去向。

保XX公司向法庭提交其2020年12月10日的股东会决议，载明：经其另一股东华X公司表决，因杜XX未履行出资义务，解除杜XX的股东资格。华X公司基于此股东会决议，已于一审法院另行起诉要求确认该决议有效。保XX公司据此主张杜XX是否具有其股东资格，应以另案审理结果为依据，故申请本案中止审理。

杜XX起诉请求：(1)判令保XX公司提供自2005年12月8日成立之日至2020年11月1日止的公司章程及章程修正案、股东会会议决议、董事会会议决议、监事会决定、财务会计报告供杜XX查阅、复制；(2)判令保XX公司提供自2005年12月8日成立之日至2020年11月1日止的会计账簿（包括总账、明细账、日记账和其他辅助性账簿）和会计凭证（包括记账凭证、原始凭证和作为原始凭证入账备查的有关资料）供杜XX查阅。

保XX公司辩称：杜XX至今未履行股东出资义务，不享有股东权利。杜XX查阅账簿理由不正当，保XX公司有权拒绝查阅。保XX公司已经就杜XX股东资格提出解除的诉讼，本案应当中止审理。

裁判结果：一、判决生效之日起十日内，保XX公司将其自2005年12月8日至2020年11月1日的公司章程及章程修正案、董事会会议决议、监事决定、财务会计报告备于保XX公司住所地，供杜XX查阅并复制，查阅、复制期间自查阅、复制之日起不得超过7个工作日；二、判决生效之日起十日内，保XX公司将其自2005年12月8日至2020年11月1日的会计账簿（含总账、明细账、日记账及其他辅助性账簿）备于保XX公司住所地，供杜XX查阅，查阅期间自查阅之日起不得超过7个工作日；三、驳回杜XX的其他诉讼请求。

裁判思路：杜XX作为保XX公司的股东，享有股东知情权，有权依法要求查阅、复制公司相应的文件资料。保XX公司虽对杜XX的股东身份不予认可，但在杜XX现为保XX公司登记股东的情况下，保XX公司并未提交充分证据证明杜XX已不具备其股东资格，即使保XX公司2020年12月10日的股东会决议有效，也不能否定杜XX于2020年12月10日之前具备保XX公司的股东资格。鉴于杜XX要求查阅、复制保XX公司的文件资料的期间截至2020年11月1日，早于上述决议的作出时间，因此本案无须中止审理。杜XX要求查阅、复制保XX公司的股东会会议决议，并要求查阅保XX公司的会计凭证，已超出公司法规定的权利范围，如杜XX要求了解资金去向通过会计账簿亦可查明，杜XX并未提交充分证据证明其具有查阅会计凭证的必要性，因此对其相应诉讼请求不予支持。

相关规定

《最高人民法院关于适用〈中华人民共和国公司法〉若干问题的规定（四）》（2020修正）

第七条 股东依据公司法第三十三条、第九十七条或者公司章程的规定，起诉请求查阅或者复制公司特定文件材料的，人民法院应当依法予以受理。

公司有证据证明前款规定的原告在起诉时不具有公司股东资格的，人民法院应当驳回起诉，但原告有初步证据证明在持股期间其合法权益受到损害，请求依法查阅或者复制其持股期间的公司特定文件材料的除外。

实务要点：（1）立案时，原告应对其具有股东身份提供证据予以证明，如股东名册、公司章程、股东会决议、出资证明、股权转让合同等，如果是通过受让、继承、接受遗赠或赠予取得的，应提供相关证明材料。但是否履行股东出资义务，不是判断是否具备股东资格的必要条件，公司如仅以股东未履行出资义务为由拒绝股东行使知情权，无法得到法律支持。（2）股东知情权的行使不受持股比例、持股数量的限制。只要具备股东身份，不论持股时间长短、持股数量多少，也不论出资是否存有瑕疵，均可行使股东知情权。但隐名股东未被登记在册，不能成为股东知情权诉讼的原告。（3）已经失去股东资格的原股东如果有初步证据可以证明在其持股期间合法权益受到侵害，如因公司隐瞒收入导致其出让的股价过低，亦可以提起股东知情权诉讼。（4）股东知情权规范的是公司内部治理问题，对于股东身份的认定更侧重于实质审查，通过股权转让、受赠、继承等方式取得股东资格的，股东变更登记并非股权转让成立的生效条件，是否已经进行工商登记不影响股东行使知情权。（5）由于公司经营业务和财务具有专业性，股东受知识结构等条件的限制，可能无法准确理解公司会计账簿的内容，股东可以委托专业人士行使查阅权。为解决由他人代为行使查阅权可能带来的公司商业秘密泄露的问题，法律对股东委托他人进行了限制。股东依据人民法院生效判决查阅公司文件材料的，可在该股东在场的情况下，由会计师、律师等负有保密义务的中介机构执业人员辅助进行，以确保公司合法权益不受损害。（6）本案例中，法院驳回了原告要求查阅股东会会议决议的诉求，公司法明确规定的是股东有权查阅、复制公司股东会会议记录，股东会会议记录对决议的事项、决议形成和表决的过程予以详细记载，法院仅以查阅公司股东会会议决议超过公司法范围为由予以驳回，笔者对此持保留态度。但也借此提醒权利人在提起诉讼时，对诉求的表述要准确、规范，避免因此而败诉的风险。

二、知情权的对象

股东通过行使知情权可以了解公司经营管理的状况，但同时也会了解到公司的商业秘密。公司法赋予股东知情权的目的在于让公司股东能够通过查阅、复制公司相关资料的方式，充分了解公司的经营、决策、财务等基本信息，从而能够有效地对公司的事务进行监督，切实保障自己的合法权益，但股东知情权和公司利益的保护需要平衡，不应当随意超越法律规定扩张解释股东知情权的范畴。股东可以查阅公司的文件资料，但并非可以不受任何限制地随时查阅。根据我国公司法的规定，股东可以查阅的公司材料分为两类，一类是股东可以不受任何限制查阅的文档资料，如公司章程、股东名册、股东会会议记录、财务会计报告、审计报告等；另一类是股东需要说明正当理由才可以查阅的文档资料，如公司会计账簿、会计凭证。

典型案例

焦 X 公司、王 X 股东知情权纠纷

基本案情：焦 X 公司于 2018 年 11 月 8 日成立，注册资本为 100 万元（认缴），股东为吴 X 一人。2019 年 10 月 7 日，王 X 与吴 X 签订了《焦 X 公司合作协议》。焦 X 公司改由吴 X、王 X 二人投资，注册资本 100 万元，吴 X 占比 70%，王 X 占比 30%。2021 年 1 月 28 日，双方办理公司股东变更登记。公司经营期间，双方为经营管理、公司账务时常产生纠纷。王 X 于 2021 年 2 月 11 日通过电子邮件方式向公司提出行使知情权，焦 X 公司通过电子邮件向其提供了资产负债表、利润表等。

王 X 起诉请求：（1）判令焦 X 公司提供自 2019 年 10 月 7 日起至查阅之日的公司章程、股东会会议记录、董事会会议决议、监事会会议决议和财务会计报告供王 X 查阅、复制；提供公司会计账簿供王 X 查阅；（2）本案诉讼费由焦 X 公司承担。

焦 X 公司辩称：（1）王 X 自 2021 年 1 月 28 日起成为焦 X 公司股东，其仅有权从 2021 年 1 月 28 日起行使相应的股东权利；（2）王 X 无权查阅焦 X 公司的会计凭证；（3）王 X 存在恶意侵害焦 X 公司利益及其他股东利益的情形，其要求查阅会计账簿有不正当目的。

裁判结果：一、焦 X 公司于判决生效之日起十日内在其公司办公场所，提供自 2019 年 10 月 7 日起至查阅之日的公司章程、股东会会议记录、董事会会议决议、监事会会议决议和财务会计报告，供王 X 及其委托的专业人员查阅、复制；二、提供自 2019 年 10 月 7 日起至查阅之日的会计账簿（含总账、明细账、日记账和其他辅助性账簿）和会计凭证（含记账凭证、相关原始凭

证及作为原始凭证附件入账备查的相关资料）供王 X 及其委托的专业人员查阅。上述材料由王 X 在焦 X 公司正常营业时间内查阅，查阅时间不得超过 3 个工作日（自焦 X 公司通知王 X 的次日起计算），委托的专业人员以二人为限。

裁判思路：王 X 系焦 X 公司的股东，依法享有知情权。根据我国公司法及相关司法解释规定，股东可以要求查阅、复制公司财务会计报告；可以要求查阅公司会计账簿。根据我国会计法的规定，编制记账凭证的依据，应当作为原始凭证的附件入账备查。焦 X 公司依法应承担给予王 X 在法律规定的范围内行使股东知情权的民事责任。焦 X 公司提出的抗辩意见尚不足以排斥王 X 行使该权利。

相关规定
《中华人民共和国公司法》（2023 修订）
第五十七条 股东有权查阅、复制公司章程、股东名册、股东会会议记录、董事会会议决议、监事会会议决议和财务会计报告。

股东可以要求查阅公司会计账簿、会计凭证。股东要求查阅公司会计账簿、会计凭证的，应当向公司提出书面请求，说明目的。公司有合理根据认为股东查阅会计账簿、会计凭证有不正当目的，可能损害公司合法利益的，可以拒绝提供查阅，并应当自股东提出书面请求之日起十五日内书面答复股东并说明理由。公司拒绝提供查阅的，股东可以向人民法院提起诉讼。

股东查阅前款规定的材料，可以委托会计师事务所、律师事务所等中介机构进行。

股东及其委托的会计师事务所、律师事务所等中介机构查阅、复制有关材料，应当遵守有关保护国家秘密、商业秘密、个人隐私、个人信息等法律、行政法规的规定。

股东要求查阅、复制公司全资子公司相关材料的，适用前四款的规定。

实务要点：（1）公司章程、股东名册、股东会会议记录、董事会会议决议、监事会会议决议和财务会计报告是股东可以不受任何限制查阅、复制的资料。此前公司法规定的是股东可以查阅上述资料，2023 年《公司法》修订时明确规定了上述资料可以不受任何限制地复制。（2）会计账簿、会计凭证可以反映公司的全部业务经营情况，属于公司的商业秘密，公司法对会计账簿、会计凭证的查阅权进行了适当的限制，即股东要求查阅公司会计账簿必须具备合理的理由。如果股东要求查阅公司会计账簿、会计凭证,一是应当向公司提出书面申请并说明查阅的目的,二是当公司有合理理由认为股东查阅会计账簿、会计凭证有不正当目的,可能损害公司利益时,公司可以拒绝提供查阅。(3)我国《公司法》在2023年修订前并没有将会计凭证明确列入股东可查阅的范围。股东是否可以对会计凭证行使知情权,司法实务和理论界对此均存有争议。根据《会计法》的规定,编制记账凭证的依据,应当作为原始凭证的附件入账备查。实务界很多人据此认为依据前述规定,会计账簿包括原始凭证和记账凭证,股东可以要求对原始凭证和记账凭证行使知情权。2023年《公司法》修订时,明确将会计凭证作为股东行使知情权的范围。(4)根据我国公司法,股东可以直接查阅董事会决议、监事会决议,但是并没有规定股东对董事会会议记录、监事会会议记录的查阅权。(5)对于公司法未明确规定股东可以行使知情权的董事会会议记录、监事会会议记录,公司可以写入公司章程,进一步通过章程保障股东权利。但是公司章程不能限制或剥夺股东的知情权。(6)继受取得股权的股东行使知情权的对象可以及于其成为股东前的内容,因公司的运营是个持续的过程,如果拒绝股东查阅其成为股东之前公司的文件,将可能影响到股东对于公司情况的全面了解,进而减损的股东知情权的制度价值,公司法及相关司法解释也未禁止股东查阅、复制其成为股东前的公司相关文件。(7)我国公司法并未规定股东可以将知情权授予他人行使,但是为保障股东可以有效行使知情权,允许股东行使知情权,可以委托律师、会计师等负有保密义务的中介机构人员进行。(8)《公司法》(2023修订)将股东行使知情权的范围扩大到了全资子公司,即股东对于其持股公司全资子公司的上述材料可以行使知情权。

三、不正当目的的认定

>> 典型案例

乐 X 与翰 X 公司股东知情权纠纷

基本案情:翰 X 公司设立于2014年6月13日。乐 X 系翰 X 公司持股10%的股东。翰 X 公司经营范围:文化艺术交流策划,设计、制作、代理、发布各类广告,舞台设计、布置,企业形象策划,市场营销策划,企业管理咨询,商务咨询,图文设计制作,会务服务,展览展示服务,礼仪服务,摄影服务（除冲扩）、服装鞋帽、家具、日用百货、工艺品、塑料制品、包装材料的销售，电子商务（不得从事增值电信、金融业务），建筑装饰装修建设工程设计与施工一体化，保洁服务，市场信息咨询与调查（不得从事社会调查、社会调研、民意调查、民意测验），餐饮企业管理，为老年人提供社区托养、居家照护等社区养老服务，营养健康咨询服务，物业管理。

翰 X 公司落款时间为 2018 年 3 月 15 日的公司章程规定：第十五条　公司不设董事会，设执行董事一名……第十九条　公司不设监事会，设监事一名……第二十八条　公司应当依照法律、行政法规和国务院财政主管部门的规定建立本公司的财务、会计制度，并应在每个会计年度终了时制作财务会计报告，委托国家承认的会计师事务所审计并出具书面报告。

2021 年 1 月 5 日，乐 X 向翰 X 公司发出律师函，载明：乐 X 系翰 X 公司股东，持有公司 10% 的股权。但公司既未通知乐 X 参加股东会会议，又未向乐 X 提供公司章程及章程修正案、股东会会议记录、执行董事决定、监事决定、财务会计报告等，也从未向乐 X 分配过红利。鉴于上述事实，公司的行为已经严重损害了乐 X 的合法权益，函告如下：（1）翰 X 公司应于收到本函之日起十五日内将下述材料提交乐 X 查阅、复制（查阅、复制时可委托会计师辅助进行）：①公司章程及章程修正；②股东会会议记录、执行董事决定、监事决定；③财务会计报告。（2）公司应于收到本函之日起十五日内将下述材料提交乐 X 查阅（查阅时可委托会计师辅助进行）：①会计账簿（包括但不限于总账、明细账、日记账和其他辅助性账簿等）；②会计凭证（包括但不限于银行流水、记账凭证、相关原始凭证及作为原始凭证附件入账备查的有关资料等）。2021 年 1 月 6 日，翰 X 公司收到上述律师函。

XX 公司设立于 2019 年 11 月，股东及法定代表人为李某，经营范围：文化艺术交流策划，礼仪服务，企业形象策划，品牌策划，知识产权代理，人才咨询，企业管理咨询，商务信息咨询，电子商务（不得从事增值电信、金融业务），市场营销策划，设计、制作、代理、发布各类广告，销售：工艺品、办公用品、文化用品，展览展示服务，会务服务，创意服务，摄影摄像服务，灯光设计，网页设计。该公司向工商部门提交的公司登记（备案）申请书中存留的联系电话为 1356458XXXX。一审审理中，乐 X 确认：李某与乐 X 为母女关系；手机号 1356458XXXX 系乐 X 申请的，但是李某在使用，乐 X 没有使用。

上海市XX会微信公众号于2021年3月22日发布《凝心聚力共谋发展——走访会员单位XX公司》一文，该文载明："……2021年3月21日，在我会会员乐X、虞某的单位——XX公司乔迁工作室之际，商会组织部分会员走进位于XX路XX弄的该单位祝贺乔迁之喜……据XX公司董事长乐X、总经理虞某介绍：该公司成立于2019年，专注于优质内容IP的打造，目前已累计完成1000+案例，具有优异的政府、央企及商业客户的服务资历……"该文章还刊登了乐X、虞某的照片。乐X自认，其确实曾为翰X公司负责上海市总工会、世博集团有关业务，曾代表翰X公司与XX公司接触磋商。

乐X起诉请求：翰X公司向乐X提供翰X公司自成立以来至判决之日止的公司章程、股东会会议记录、董事会会议决议、监事会会议决议和财务会计报告进行查阅和复制，并提供会计账簿、会计凭证进行查阅。

翰X公司辩称：不同意乐X的诉求。乐X和XX公司之间存在着直接的关联性，而XX公司与翰X公司存在实质性的竞争关系，乐X行使股东知情权存在不正当目的。

裁判结果：一、翰X公司应于判决生效之日起十日内提供自2014年6月13日至2021年7月21日止的公司章程、股东会会议记录、执行董事决定、监事决定和财务会计报告供乐X查阅、复制；查阅、复制的地点在上海市普陀区XX路XX号XX幢XX室XX；二、对乐X其余诉讼请求不予支持。

裁判思路：知情权是股东享有的固有的权利。乐X作为翰X公司股东，有权了解翰X公司自成立以来的经营情况，依法享有法律赋予的股东知情权。故乐X要求查阅、复制公司章程、股东会会议记录、执行董事决定、监事决定和财务会计报告，法院予以支持。关于乐X要求查阅翰X公司会计账簿、会计凭证的诉请能否得到支持的问题。翰X公司提供的证据显示，乐X的母亲李某作为股东设立了XX公司，但在工商部门却预留了乐X的手机号码；上海市XX会微信公众号的文章显示乐X自称系XX公司董事长，还附有乐X的照片；上海市XX会微信公众号的文章中乐X介绍XX公司业务包括上海市总工会、地产集团、世博集团等业务，乐X在一审审理中亦自认其确实曾为翰X公司负责上海市总工会、世博集团有关的业务，曾代表翰X公司与XX公司接触磋商；乐X自认，XX公司的业务与翰X公司的业务范围存在部分重合。综上，法院认为，翰X公司有合理理由认为XX公司与翰X公司存在实质性竞争关系，且翰 X 公司有合理理由认为乐 X 有实际经营 XX 公司或向 XX 公司通报翰 X 公司经营情况的可能性，可能损害翰 X 公司合法利益。乐 X 称其与 XX 公司无关，却未提供证据以消除翰 X 公司的上述合理怀疑，故其应承担举证不能的不利后果。翰 X 公司有合理理由认为乐 X 查阅会计账簿有不正当目的，有权拒绝乐 X 查阅公司会计账簿和会计凭证。

相关规定

《最高人民法院关于适用〈中华人民共和国公司法〉若干问题的规定（四）》（2020 修正）

第八条 有限责任公司有证据证明股东存在下列情形之一的，人民法院应当认定股东有公司法第三十三条第二款规定的"不正当目的"：

（一）股东自营或者为他人经营与公司主营业务有实质性竞争关系业务的，但公司章程另有规定或者全体股东另有约定的除外；

（二）股东为了向他人通报有关信息查阅公司会计账簿，可能损害公司合法利益的；

（三）股东在向公司提出查阅请求之日前的三年内，曾通过查阅公司会计账簿，向他人通报有关信息损害公司合法利益的；

（四）股东有不正当目的的其他情形。

实务要点：（1）竞争关系需要从经营范围、经营区域、业务内容、目标客户等多方面综合考量认定，仅凭营业执照所载的经营范围不能直接认定存在实质性竞争关系。（2）股东对于公司并没有法定的竞业禁止义务，《最高人民法院关于适用〈中华人民共和国公司法〉若干问题的规定（四）》（以下简称《公司法司法解释四》）并没有全部排除有竞业关系股东的知情权，而是允许公司通过章程或协议的方式来排除适用。（3）股东为了向他人通报有关信息查阅公司会计账簿，可能损害公司合法利益，指的是具有损害公司合法利益的可能性，并未要求必然损害公司利益，公司只要证明股东行使知情权可能导致公司利益受损即完成了举证责任。（4）"是否以损害公司利益为目的"不是认定股东是否具有"不正当目的"的必要条件，即股东主观上是否有损害公司利益的目的不是必要条件，即便股东主观上没有损害公司利益的目的，只要客观上可能产生损害公司利益，公司就有权利拒绝提供查阅。

四、行使股东知情权的前置程序

《公司法》（2023 修订）第五十七条第二款规定，"股东可以要求查阅公司会计账簿、会计凭证。股东要求查阅公司会计账簿、会计凭证的，应当向公司提出书面请求，说明目的。公司有合理根据认为股东查阅会计账簿、会计凭证有不正当目的，可能损害公司合法利益的，可以拒绝提供查阅，并应当自股东提出书面请求之日起十五日内书面答复股东并说明理由。公司拒绝提供查阅的，股东可以请求人民法院要求公司提供查阅"。

实务要点：（1）公司法设置前置程序的目的是保障公司自治、规范股东查阅公司会计账簿、会计凭证的行为，为公司档案留存相应书面材料。股东首先需要向公司书面提出行使知情权的请求，并在请求中说明要查阅的内容、查阅的目的。公司明确拒绝或在十五日内未予答复的，股东可以提起知情权诉讼。股东仅提出申请未说明目的的，视为未履行前置程序。股东不履行前置程序，则视为未穷尽内部救济，不能直接向法院提起诉讼。提起诉讼的，法院可能会驳回起诉。（2）笔者认为前置条件只是为了避免股东滥用诉权，司法实务中对该前置程序的理解不应过于僵化。即便股东在起诉前没有严格履行该前置程序，但如果仅是可以弥补的瑕疵，如提出请求后不足十五日即提出了诉讼，或者提起诉讼后股东又以申请书、律师函的方式提出了查阅要求，在弥补相关不足后，亦可认定已经履行了前置程序。（3）需要强调的是，依据《公司法》（2023修订）第五十七条，只有股东在要求查阅公司会计账簿、会计凭证时，才需要履行前置程序，查阅公司股东会决议、财务会计报告等无须履行此项前置程序。

五、股东知情权的诉讼时效

股东知情权的行使，应当适用诉讼时效的规定。

诉讼时效从当事人知道或者应当知道权利被侵害之日起计算。对于股东的查阅权，应当从公司拒绝股东的查阅请求之日起计算诉讼时效。公司行为发生之后，如果股东未提出查阅请求，则诉讼时效期间尚未开始计算，公司不得以股东长期未提出请求为由拒绝股东的查阅请求。

专题七
请求公司收购股份纠纷

请求公司收购股份纠纷是异议股东行使股份收购请求权时产生的纠纷。异议股东股份收购请求权是指当股东大会基于多数表决,就有关公司重大事项作出决议时,持异议的少数股东要求对其所持股份价值进行评估并由公司以公平价格予以收购的权利。公司法设计该制度主要是为了保护中小股东的利益,在资本多数决机制下,赋予异议股东回购请求权为公司股东尤其是小股东提供了对公司经营的合理期待落空时的救济途径,是有效化解公司僵局的重要手段,使异议股东可以获得公平、合理的股权补偿后离开。对于保护小股东权益具有重要意义。

原告:股东。

被告:公司。

管辖:公司住所地人民法院。

一、公司收购本公司股份的条件

基于公司资本维持原则,我国公司法对公司收购本公司股权采取"原则禁止,例外允许"的态度。资本维持原则,是指公司在其存续过程中应维持与其资本总额相当的财产,保障公司偿债能力,其立法目的是保护公司债权人的利益。其中,限制公司收购股份是公司资本维持的一项具体制度。我国公司法对于可以收购公司股份的情形、程序进行了明确的列举,只有符合法律明确规定的条件,才可由公司收购本公司的股份。

>> **典型案例**

杨 XX、天 X 公司收购股份纠纷

基本案情:2005 年 12 月,天 X 公司成立。2006 年 6 月初,杨 XX 入职天

X 公司销售部。2008 年 12 月，天 X 公司通过股东会决议吸收杨 XX 为新股东。2016 年 9 月的公司章程第七条：公司由 17 名股东出资设立，杨 XX 以货币出资 13.03 万元，持股比例为 0.26%，出资时间是 2009 年 2 月。

2016 年 9 月，马 X、李 XX、申 XX 通过股权转让方式取得了天 X 公司的股权，并增加认缴出资额分别为 1490.52 万元、439.20 万元、588.28 万元，其股权比例分别为 55.18%、13.95%、18.94%，缴付期限至 2026 年 10 月 31 日。

2016 年 7 月 3 日，天 X 公司经法人股东呈 X 公司的代表李 X 祥、自然人股东肖 X1、肖 X2、刘 X 强、吴 X 清、郭 X 宽研究决定并签署决议，将可分配利润 15 652 523.36 元对全体股东进行分配，包括杨 XX 77 037.93 元。杨 XX 并未实际收到该款。杨 XX 在一审法院另案起诉天 X 公司公司盈余分配纠纷，要求天 X 公司支付某分红 77 037.93 元。

杨 XX 向法院起诉请求：（1）依法判决天 X 公司以公平价格 13.03 万元购买杨 XX 所持股份，并及时办理工商登记手续；（2）第三人马 X、李 XX、申 XX 作为天 X 公司未足额缴纳出资的股东，在尚未缴纳出资的范围内依法承担连带责任；（3）案件受理费由天 X 公司承担。

裁判结果：驳回杨 XX 的诉讼请求。

裁判思路：《公司法》（2018 修正）第七十四条规定了对股东会该项决议投反对票的股东可以请求公司按照合理的价格收购其股权。自股东会会议决议通过之日起六十日内，股东与公司不能达成股权收购协议的，股东可以自股东会会议决议通过之日起九十日内向人民法院提起诉讼。杨 XX 未能举证证明，天 X 公司作出了上述内容的股东会决议，也未能举证证明杨 XX 对公司具有上述内容的决议投反对票。2016 年 7 月 3 日股东会决议，杨 XX 虽未参加，但认可该决议的内容，并据此起诉天 X 公司盈余分配纠纷，要求天 X 公司支付分红 77 037.93 元，故杨 XX 的诉讼请求，不符合请求公司收购股权的条件，对杨 XX 的诉讼请求，不予支持。杨 XX 作为小股东，如认为其股东权益受到侵犯，可另行通过其他合法途径解决。

相关规定

《中华人民共和国公司法》（2023 修订）

第一百六十一条 有下列情形之一的，对股东会该项决议投反对票的股东可以请求公司按照合理的价格收购其股份，公开发行股份的公司除外：

（一）公司连续五年不向股东分配利润，而公司该五年连续盈利，并且符合本法规定的分配利润条件；

（二）公司转让主要财产；

（三）公司章程规定的营业期限届满或者章程规定的其他解散事由出现，股东会通过决议修改章程使公司存续。

自股东会决议作出之日起六十日内，股东与公司不能达成股份收购协议的，股东可以自股东会决议作出之日起九十日内向人民法院提起诉讼。

公司因本条第一款规定的情形收购的本公司股份，应当在六个月内依法转让或者注销。

第一百六十二条 公司不得收购本公司股份。但是，有下列情形之一的除外：

（一）减少公司注册资本；

（二）与持有本公司股份的其他公司合并；

（三）将股份用于员工持股计划或者股权激励；

（四）股东因对股东会作出的公司合并、分立决议持异议，要求公司收购其股份；

（五）将股份用于转换公司发行的可转换为股票的公司债券；

（六）上市公司为维护公司价值及股东权益所必需。

公司因前款第一项、第二项规定的情形收购本公司股份的，应当经股东会决议；公司因前款第三项、第五项、第六项规定的情形收购本公司股份的，可以按照公司章程或者股东会的授权，经三分之二以上董事出席的董事会会议决议。

公司依照本条第一款规定收购本公司股份后，属于第一项情形的，应当自收购之日起十日内注销；属于第二项、第四项情形的，应当在六个月内转让或者注销；属于第三项、第五项、第六项情形的，公司合计持有的本公司股份数不得超过本公司已发行股份总数的百分之十，并应当在三年内转让或者注销。

上市公司收购本公司股份的，应当依照《中华人民共和国证券法》的规定履行信息披露义务。上市公司因本条第一款第三项、第五项、第六项规定的情形收购本公司股份的，应当通过公开的集中交易方式进行。

公司不得接受本公司的股份作为质权的标的。

实务要点：（1）上述法律条文明确列举了公司可以收购本公司股份的情形，除此之外，公司不能收购本公司股份。如果股东要求公司收购其持有的本公司股份，应举证证明符合法律规定可以收购本公司股份的情形。通常有两种情形：一是公司股东会商议决定收购某个股东全部或者部分股权；二是强制退股，即股东依据法律规定请求公司收购自己所持有的全部股权。强制退股请求权，不以公司股东会决议为前提，也不以公司的意愿为前提，是法律直接赋予异议股东的法定权利。强制退股通常是因股东与公司之间产生的分歧或对抗，诉讼纠纷往往因此而产生。（2）公司转让主要财产，会使公司的存在与发展发生重大转折，股东的权利也会发生根本性的改变。当股东会作出公司转让主要财产决议时，持有异议的股东可以请求公司按照合理的价格收购其股权，以退出公司，避免异议股东的权益受到侵害。实务中的难点在于审查临时股东会决议确定的资产转让是否构成转让主要财产。通常理解，"主要财产"应当指公司"起决定作用的"或者"影响公司存续基础的"财产。从量上而言，以转让财产的价值占公司资产总额的比例为标准。在质上，以该财产转让对公司生产经营是否产生重大影响，如公司是否会因财产转让而无法维持营业或者不得不大幅度地减小营业规模等。（3）关于股权收购的前置性程序，实务中对此存有争议。公司法对股份有限公司的股权回购并未作程序性的特别规定。《公司法》（2023修订）第一百六十一条第二款规定了自行协商的程序。有观点认为《公司法》（2023修订）第一百六十一条第二款规定的是强制性程序，认为有限责任公司的股东与公司协商是股东提起相关诉讼的必经程序。但笔者认为股东是否与公司就达成股权收购协议进行协商并非法定强制性前置程序。股东与公司就股权收购进行协商，目的在于确定收购的合理价格，系双方的契约自由而非异议股东的法定义务。如果强制要求股东须与公司协商后方可至法院诉讼，无疑会构成对当事人合同自由的干涉，以及对异议股东行使法定权利的阻碍，不符合立法的初衷，不利于权益的保护。（4）关于有限责任公司股东提起请求公司收购股份诉讼的时间，同上述第3条，笔者认为并非必须满60天才能向法院提起诉讼，只要股东可以证明无法与公司达成收购协议，即便距股东会决议通过之日尚未满60天，仍然可提起诉讼。（5）除法律规定的几种情形外，公司不得收购本公司股份。公司不能通过章程扩大可收购本公司股份的事由，也不能通过章程对股东股份回购请求权予以限制、剥夺。股东以公司进入破产清算程序为由主张回购其持有的股份，不符合公司可以收购本公司股份的规定。（6）提起请求公司收购股份纠纷的股东不受持股数量和持股时间的限制。

二、合理收购价格的确定

公司确定回购股权后，回购价格的确定成为能否顺利回购的重要因素。实践中，很多纠纷因双方对回购价格无法达成一致而产生。

》典型案例

郑XX、XX拍卖公司请求公司收购股份纠纷

基本案情：XX拍卖公司成立于2000年4月5日，注册资本为507万元，初始登记经营期限至2020年4月5日届满。郑XX为XX拍卖公司出资33.20万元，持股6.55%。2011年11月21日，XX拍卖公司召开股东会，郑XX在会上受让12位自然人股东的股权。至此，XX拍卖公司的股东人数变更为5位，分别为供销XX集团公司、日用杂品公司、郑XX、石某1、石某2，其中郑XX持股比例增加至18.46%，出资总额为93.6万元。2018年11月3日，郑XX将XX拍卖公司起诉至法院，要求行使股东知情权，法院判令XX拍卖公司向郑XX提供2012年至2018年的年度财务会计报告，供其查阅、复制。该判决文书生效后，在法院执行阶段，XX拍卖公司提供了一份《资产负债表》，该负债表记载XX拍卖公司截至2018年12月31日的未分配利润为5 053 355.32元。2019年1月29日，XX拍卖公司向郑XX发出《关于召开XX拍卖公司临时股东会的通知》，通知载明：会议召开时间为2019年2月18日11时，会议议题包括："1. 关于更换XX拍卖公司法人和董事的议案；2. 关于石某1履行出资义务的议案；3. 关于股份转让的议案；4. 关于2012年至2018年税后利润分红的议案。"但是，XX拍卖公司实际于2019年2月14日召开了股东会，致使郑XX未能参加会议。该股东会经股东供销XX集团公司、日用杂品公司、石某1、石某2进行表决后形成决议：免去股东郑XX、石某2的公司董事职务；公司营业期限由20年变更为长期；修改公司章程；公司依据本决议办理变更登记手续。郑XX得知上述股东会决议内容后，不同意XX拍卖公司延长经营期限，对XX拍卖公司不分配利润的决定也表示不满，遂分别于2019年4月2日、2019年4月6日向XX拍卖公司发出申请，

要求XX拍卖公司收购其持有的股权。XX拍卖公司表示同意按照郑XX的实际出资额93.6万元进行平价收购。郑XX不同意XX拍卖公司的收购方案，提起诉讼。案件审理中，郑XX向一审法院提出委托司法鉴定申请，请求对XX拍卖公司自2012年至2020年12月31日期间的资产及经营状况进行审计，并对郑XX持有的18.46%股权的市值进行评估。法院依法委托新疆XX有限责任会计师事务所进行审计评估。新疆XX有限责任会计师事务所经过专业审计鉴定，作出新XX鉴审字（2021）第0XX号《司法鉴定意见书》，鉴定结论为："由于本次鉴定涉及XX拍卖公司的部分商业秘密，部分资料不能提供，剔除上述因素后，依据目前我们掌握的资料截至2020年12月31日XX拍卖公司净资产账面金额将不低于14 787 591.12元，郑XX所占股权价值将不低于2 729 789.32元（股权比例18.46%）。"该司法鉴定意见书送达当事人后，XX拍卖公司提出异议认为鉴定最终审定的其公司净资产虽然是14 787 591.12元，但应当减去14 620 000余元的不能收回的不良债权，故剩余净资产仅为160 000余元。新疆XX有限责任会计师事务所对XX拍卖公司的复议申请进行了答复，坚持新XX鉴审字（2021）第0XX号《司法鉴定意见书》的鉴定结论。

裁判结果： 一、XX拍卖有限责任公司于判决生效后十日内，以2 729 789.32元收购郑XX持有的18.46%股份；二、驳回郑XX的其他诉讼请求。

裁判思路： 根据郑XX提交的邮政EMS快递单、QQ邮箱截图及录音证据等证据，能够确认郑XX反对该股东会决议，并自股东会决议通过之日起六十日内，请求XX拍卖公司收购其持有的股权。XX拍卖公司就此虽然与郑XX进行了协商，但双方未能达成股权收购协议，且XX拍卖公司在本案原审期间于2019年10月29日以书面形式表示同意收购郑XX持有的全部股份。至此，XX拍卖公司收购郑XX股份的条件成就。郑XX自股东会决议通过之日起九十日内已经向法院提起了请求以合理价格收购股份的诉讼，该请求符合法律规定，一审法院予以支持。通过一审法院委托新疆XX有限责任会计师事务所审计鉴定，对郑XX持有XX拍卖公司的18.46%股份进行评估后市值为不低于2 729 789.32元（截至2020年12月31日）。XX拍卖公司在审计评估期间未能完整提交公司的财务账目和资产状况，评估机构根据现有的资料依照司法鉴定程序及相关法律法规作出的鉴定结论，具有客观性、合法性、合理有效，可以作为本案的裁决依据。据此，一审法院对 XX 拍卖公司提出的抗辩理由不予采信。XX 拍卖公司应当以 2 729 789.32 元收购郑 XX 持有的全部股份。关于郑 XX 要求分配应得股权红利 1 000 000 元的诉讼请求无事实和法律依据。

实务要点：（1）依据法律规定，只要符合《公司法》（2023 修订）第一百六十一条规定的任意一个条件，对股东会决议投反对票的股东即有权要求公司按照合理的价格收购其股权。（2）"合理的价格"应理解为市场公允价格，我国公司法对此并未作说明。实务中，对于"合理价格"的确定应本着公开、公平、公正的原则。在双方未有关于股权收购合理价格的约定，亦未能经协商达成一致意见的情形下，可以通过委托第三方资产评估来确定，但是法律并无强制规定该收购价格必须通过委托第三方评估进行认定。第三方评估给出的价格仅可以作为确定市场公允价格的参考依据之一，如根据案件具体情况，已有足以认定市场公允价格的参考依据时，则无须再通过委托第三方进行评估来确定股权收购价格。（3）异议股东回购请求权为形成权，自异议股东作出请求回购其股权的意思表示到达公司时即发生效力，就此产生争议而经法院确认的，其权利发生效力的时间仍遵循意思表示到达相对方的时点，即异议股东回购请求到达公司时即发生法律效力。该时点可以作为要求公司支付利息的起算日期。在评估股份价格时，也应将该时点作为确定公司资产价值的时间。（4）实务中对于"合理价格"的确定方法存有争议，有观点认为因股权交易双方信息不对称，股权的市场价格波动大、不可靠，依据市场价格不足以保护小股东的利益。有学者提出依据资产净值、收益价值、市场价值的平均值来确定收购价格，也有学者提出以净资产来确定收购价格。但均尚未形成统一定论，该问题的解决有待进一步探讨。

专题八
股权转让纠纷

股权是股东基于股东资格,对公司享有的具有人身和财产双重性质的一种综合性权利。股权转让,是指股东根据公司法和公司章程的规定,将自身基于股东资格对该公司享有的权利转让给愿意接受这种权利的人。股权转让是一种物权变动,股权转让后,原股东基于股东地位而对公司享有的权利、义务均全部转移给受让人,受让人取得股权成为新的股东。

股权转让纠纷是股权在转让过程中所发生的纠纷,包括股东之间转让股权发生的纠纷,也包括股东向非股东转让股权发生的纠纷。股权转让纠纷包括有限责任公司的股权转让纠纷和股份有限公司的股权转让纠纷。有限责任公司兼具人合和资合特性,股权转让分为对内转让和对外转让两种情况,对内转让是指股权在股东内部进行转让,对外转让是指股东将其股权向股东以外的人进行转让,我国公司法对有限责任公司股东对外转让股权作出相应的强制性规定。股份有限公司系资合公司,其股权以自由转让为基本特征。实务中,股权转让纠纷,多发生在有限责任公司股权转让时。

本案由下具体纠纷类型主要包括:股权转让双方之间因股权转让合同效力、履行产生的纠纷;涉及公司内部其他股东优先购买权的纠纷;转让瑕疵出资股权引起的纠纷;隐名、显名股东转让股权引起的纠纷;股权的继承、股权的分割纠纷;股权的善意取得等等。

管辖:股权转让协议属于合同的一种。因股权转让纠纷提起的诉讼,原则上以《民事诉讼法》中管辖的相关规定为基础,但要综合考虑公司所在地等因素来确定管辖法院。

一、股权转让双方之间因股权转让协议的效力、履行产生的纠纷

股权转让协议系转让方与受让方之间为转让股权而达成的协议,受让方

依据协议支付股价而取得股权。实务中，因股权转让协议是否有效及履行产生的争议颇多。

(一) 股权转让协议效力类纠纷

股权转让协议本质上属于合同，不仅受公司法和公司章程的约束，亦应遵守《民法典》的相关规定。依据《民法典》，依法签署的合同，受法律保护。股权转让协议如是双方在自愿、平等的情况下达成，且内容不违反法律、法规禁止性规定，则该股权转让协议具有法律效力。

1. 在公司相关股东没有主张优先购买权的情况下，法院不宜主动以此作为审查股权转让协议效力的依据

>> 典型案例

黄某与李某寅股权转让纠纷

基本案情：2016 年 5 月 24 日，凯 X 公司成立，注册资金为 1000 万元，股东分别为李某寅（占股 39%）、胡某（占股 30%）、邱某林（占股 30%）、铂 X 公司（占股 1%，胡某为实控人），各股东认缴出资为 390 万元、300 万元、300 万元和 10 万元，出资时间为 2036 年 5 月 10 日前，邱某林系陈某刚的名义股东。2021 年 5 月 27 日，李某寅与黄某签订了《个人股东股权转让协议》一份，约定：李某寅将持有的凯 X 公司 39% 股份以 100 万元转让给黄某；第一次付款在股权变更至黄某名下 1 个月内支付 20 万元，第二次在股权变更至黄某名下 2 个月内，由凯 X 公司向政府申领补贴，第二笔补贴发放日后 3 个工作日内支付 60 万元，若公司未能申领到补贴，则黄某在股权变更至黄某名下 6 个月内付清前述款项的 50% 计 30 万元，第三次付款在股权变更至黄某名下 12 个月内，凯 X 公司积极向政府申领补贴，第三笔补贴发放日后 3 个工作日内支付 20 万元，若公司未能申领到补贴，不支付上述款项。补贴不限于以上 2 次申报，在本人才项目补贴有效期内拿到补贴的，应按前述规定补齐应付李某寅款项；李某寅已履行出资 1 011 305.07 元的义务，黄某已经明知该情况，并同意对李某寅未出资部分进行出资，保证按合同规定的方式支付价款；办理股权转让手续所产生的费用由黄某承担；从本协议生效之日起，黄某实际行使作为公司股东的权利，并履行相应义务，按其所持股权比例依法分享利润和分担风险及亏损；发生下列情况之一时，可变更或解除协议，

但需签订协议书：（1）由于不可抗力或一方当事人虽无过失但无法防止的外因，致使协议无法履行；（2）本协议是先转让股权后支付转让金，所以一旦出让方股权转移手续开始办理，本协议即不可解除，否则视为违约。本协议经双方签字盖章之日起生效等内容。陈某刚作为担保人在上述协议上签名。2021年6月16日，李某寅将上述转让事项告知了胡某。合同签订后，李某寅要求黄某及时办理股权变更登记手续，黄某予以推诿。

李某寅起诉请求：（1）判令黄某立即履行办理将李某寅持有的凯X公司39%的股权变更登记到黄某处的股权变更登记手续；（2）本案的诉讼费用由黄某承担。

黄某反诉请求：（1）撤销双方签订的个人股东股权转让协议；（2）本案诉讼费用由李某寅承担。

裁判结果：一、黄某于判决生效之日起一个月内办理将李某寅持有的凯X公司39%股权变更登记至黄某名下；二、驳回黄某的反诉请求。

裁判思路：（1）关于涉案股权转让协议的签订是否侵犯公司其他股东的优先购买权。黄某认为李某寅是在股权转让协议签订之后，才告知公司股东胡某，通知时间晚于协议签订时间，该通知不具有法律效力。对此，法院认为，法律之所以规定股东的股权优先购买权，其主要目的在于尊重并维持有限责任公司的人合性。股东股权优先购买权作为有限责任公司股东所享有的一项权利，应当由公司股东自行主张，在公司相关股东没有主张优先购买权的情况下，法院不宜主动以此作为审查股权转让协议效力的依据。本案中，至今未有公司股东主张涉案股权优先购买权受到侵害，故双方之间签订的股权转让协议的效力，并不存在法律上的障碍。（2）李某寅在转让涉案股权前是否存在抽逃出资的等行为而构成欺诈。黄某并没有提供证据证明被上诉人存在抽逃出资的行为；其次，根据双方的协议约定，自该协议生效之日起，李某寅完全退出公司的经营，黄某也没有证据证明李某寅仍控制或参与公司的经营，故黄某认为应当由李某寅提供公司完整的财务报告等证明其并未抽逃出资的理由不能成立；最后，双方协议明确李某寅已履行了1 011 305.07元的出资，且也载明黄某明知该情况，表明黄某在签订股权转让协议时已对李某寅的实际出资情况作了必要的了解，即使李某寅存在着出资瑕疵，黄某对此也是应当知道，故其不能据此撤销涉案股权转让协议，而可以通过请求李某寅承担违约责任等予以司法救济。

相关规定

1. 《中华人民共和国民法典》

第四百六十五条 依法成立的合同，受法律保护。

依法成立的合同，仅对当事人具有法律约束力，但是法律另有规定的除外。

第五百零九条 当事人应当按照约定全面履行自己的义务。

当事人应当遵循诚信原则，根据合同的性质、目的和交易习惯履行通知、协助、保密等义务。

当事人在履行合同过程中，应当避免浪费资源、污染环境和破坏生态。

2. 《中华人民共和国公司法》(2023 修订)

第八十四条 有限责任公司的股东之间可以相互转让其全部或者部分股权。

股东向股东以外的人转让股权的，应当将股权转让的数量、价格、支付方式和期限等事项书面通知其他股东，其他股东在同等条件下有优先购买权。股东自接到书面通知之日起三十日内未答复的，视为放弃优先购买权。两个以上股东行使优先购买权的，协商确定各自的购买比例；协商不成的，按照转让时各自的出资比例行使优先购买权。

公司章程对股权转让另有规定的，从其规定。

实务要点：(1) 有限责任公司股东向非股东转让股权受两个条件限制：一是法定限制条件：需其他股东放弃优先购买权。二是约定限制条件：即公司章程或是股东之间的协议。违反上述两条件，即会影响股权转让合同的效力。(2) 如果股权转让行为违反了法定限制条件，该转让行为并非当然无效。这是一种效力待定的行为，如果其他股东追认，则转为有效。但是其他股东的追认可以是积极地做出意思表示，也可以是消极地不提出异议、不主张优先认购权。换言之，股东优先购买权是否行使在于股东，如果股东根本不想行使该优先购买权，则不存在侵害股东优先购买权的前提，那么股东对外转让股权的行为是有效的。(3) 如果股权转让协议违反了章程约定的限制条件将会导致转让行为无效。股东之间的约定主要体现在公司章程中，公司章程是股东共同协商制定，在公司成立后对全体股东具有法律约束力。这种约束力对持反对意见及后续加入的股东应当同样有效。《公司法》(2023 修订) 第八十四条第三款赋予公司通过章程对于股权转让设定限制条件，当股权转让协议违反章程约定的限制条件时导致股权转让无效或被解除。但是，股东拥有股权转让的自由权。股权具有天然的可转让性，这一可转让性正是其价值所在，且流通性越强，其价值体现就越高。如果章程设置的限制条件本质是禁止股权转让，则该限制条件本身即是无效的。另，股东之间的协议仅对签署各方有约束力，对外也不具有公示效力，如果仅违反了股东之间的协议，一般不应被认定为无效。(4)《公司法》(2023 修订)取消了关于股权转让需要经其他股东过半数同意的限定条件，增强了股权的流动性。

2. 双方通谋实施虚伪意思表示签署的股权转让协议为无效合同

>> **典型案例**

娄某梅与张某颖、张某伟、第三人供 X 公司、付 X 佳股权转让纠纷

基本案情：张某伟与娄某梅于 1999 年 9 月 8 日登记结婚，张某颖与张某伟系姐弟关系。2019 年 12 月 30 日，娄某梅与张某伟通过法院判决离婚。

2001 年 12 月 17 日，张某伟从徐某忠处受让供 X 公司对应出资额为 250 000 元的股权，成为供 X 公司的股东及法定代表人。2002 年 9 月 13 日，供 X 公司召开股东会，确定将公司的注册资本增加至 8 500 000 元，张某伟对应的出资额为 6 650 000 元，对应的出资比例为 78.2%。

2015 年 12 月 11 日，张某颖与张某伟签订《股权转让协议书》，约定张某伟将其持有的供 X 公司 6 650 000 元的股权以 6 650 000 元的对价转让给张某颖。同日，供 X 公司召开股东会，同意张某颖成为供 X 公司的股东，持股比例为 78.2%，同时公司的法定代表人由张某伟变更成张某颖。2016 年 1 月 13 日，上述工商变更登记已经完成。张某颖现登记为持股比例为 78.2% 的股东以及供 X 公司的法定代表人。

张某颖称其向张某伟支付的股权转让对价款包括以供 X 公司的名义为张某伟和娄某梅的信用卡进行还款（金额为 2 146 472.11 元）、向张某伟账户进行汇款以及向张某伟支付现金（300 000 元）。

张某颖通过其账户（于 2018 年 3 月 22 日设立）向张某伟账户转账共计 4 203 528 元。上述款项均系徐某娇汇入上述账户对应款项后，再行向张某伟账户转入上述款项。除上述股权转让款外，该账户的交易明细存在多笔案外人张某禄（张某伟、张某颖的父亲）汇入该账户款项后，汇入款项又转汇至

张某伟名下的情形，或者是他人现金存入后又转汇至张某伟名下的情况。

供X公司称在张某伟作为公司股东期间，供X公司一直为张某伟和娄某梅的信用卡进行还款。

娄某梅起诉请求：（1）确认张某伟与张某颖签订的《股权转让协议书》无效；（2）判令张某颖将登记在其名下的供X公司78.2%的股权恢复登记至张某伟名下，张某伟、供X公司配合办理上述变更登记；（3）张某颖、张某伟承担诉讼费用。

裁判结果：一、确认张某颖与张某伟于2015年12月11日签订的《股权转让协议书》无效；二、张某颖于判决书生效之日起十日内将登记在其名下的供X公司股权（对应出资额为6 650 000元，股权比例为78.2%）恢复登记至张某伟名下，张某伟、供X公司配合办理上述变更登记。

裁判思路：娄某梅主张张某伟将名下的供X公司股权转让给张某颖，转让价格明显低于该股权价值，且张某颖未实际支付对价，张某伟与张某颖之间恶意串通，损害娄某梅利益，故要求确认张某伟与张某颖签订的《股权转让协议书》无效，将股权恢复登记至张某伟名下。张某颖、张某伟主张双方系溢价转让股权，张某颖已实际支付对价，且娄某梅对股权转让事项明知，未损害娄某梅利益。首先，张某颖与张某伟系姐弟，具有特殊的身份关系。其次，从合同签订及履行情况来看，张某颖与张某伟于2015年12月11日签订《股权转让协议书》，于2016年1月13日办理股权变更登记，但张某颖所主张的大部分股权转让对价款系于本案起诉之后才支付。张某颖称有部分款项系通过供X公司为张某伟和娄某梅的信用卡还款的方式履行，但在案涉股权转让之前，供X公司即一直为张某伟和娄某梅的信用卡进行还款，现亦无充足证据证明该部分股权转让对价款系张某颖支付。依据现有证据，不足以证明张某颖已实际向张某伟支付6 650 000元的股权转让对价款。最后，依据现有证据亦不足以证明娄某梅对张某颖与张某伟之间的股权转让事项知情且同意。综上，案涉股权转让行为存在恶意串通损害娄某梅利益的情形，应属无效。合同被判定无效后，因该合同取得的财产，应当予以返还。

相关规定

《中华人民共和国民法典》

第一百四十六条第一款 行为人与相对人以虚假的意思表示实施的民事

法律行为无效。

第一百五十四条 行为人与相对人恶意串通，损害他人合法权益的民事法律行为无效。

第一百五十七条 民事法律行为无效、被撤销或者确定不发生效力后，行为人因该行为取得的财产，应当予以返还；不能返还或者没有必要返还的，应当折价补偿。有过错的一方应当赔偿对方由此所受到的损失；各方都有过错的，应当各自承担相应的责任。法律另有规定的，依照其规定。

实务要点：合同是民事主体之间设立、变更、终止民事法律关系的协议。合同生效须以有当事人真实意思表示为前提。通谋虚伪表示，是指意思与表示不一致，表意人与相对人谋划为虚伪表示而真正目的是发生另外法律效果，虚伪表示只是手段，而并非真正的目的，虚伪表示是无效的。如生活中比较常见的房屋买卖中的阴阳合同，为了避税以低价的合同进行备案，双方再私下签署正常市场价格的合同，备案的合同因不是双方真实意思表示，系虚伪的表示，应被认定为无效。

3. 工商过户登记仅为股权转让的公示方式，并非股权转让协议的生效要件，未经工商登记并不能认定股权转让协议无效

> **典型案例**

黄某贤与陈某斌股权转让纠纷

基本案情：黄某贤、陈某斌及案外人钱某荣三人合资创办抚州市天X丝印公司。2011年1月1日，黄某贤（丙方）、陈某斌（甲方）和案外人（乙方）签订股金转让协议，约定："甲、乙、丙三方在2007年创办公司时，总投资43万余元，现作价21万元，即每股金7万元，乙方、丙方各将7万元股金自2011年1月1日起转让给甲方。……甲方应付乙、丙方的股金收购款14万元，乙、丙方同意按甲方意见2011年6月底前付清，最迟款项不得超过2011年12月30日。收购股金款未付期间：1. 甲方按实欠款每月付给乙、丙方1分的利息，2. 本合同签订时甲方先写给乙、丙方7万元欠条。付款时乙、丙方写给甲方收条。股权自2011年元月1日起归属甲方。股权转让（法人变更）手续自2011年1月1日起甲方随时可办理，乙、丙方及时配合提供相关证件。"同日，陈某斌向黄某贤出具一份欠条，载明"陈某斌向黄某贤收购天X丝印股权，作价人民币7万元。特立此据欠黄某贤人民币7万元。定于

2011年12月30日还清。立据人：陈某斌，2011年1月1日"。黄某贤将其身份证复印件交给陈某斌，但未到工商部门办理变更手续。因陈某斌未支付股权转让金产生本案纠纷。

黄某贤起诉请求：陈某斌在判决生效后三日内偿还黄某贤股权转让金7万元及利息（从2012年1月1日起按每月1分利率至款项还清时止）。

裁判结果：陈某斌在判决生效后三日内偿还黄某贤股权转让金70 000元及利息（从2012年1月1日起按每月1分利率至款项还清时止）。

裁判思路：有限责任公司的股东之间可以相互转让其全部或者部分股权。本案中，原、被告及案外人所签订的股权转让协议，系双方当事人真实意思表示，且内容并未违反法律规定。该协议合法有效，双方当事人均应依约严格履行。陈某斌主张黄某贤未办理股权转让手续，但未进行工商变更手续，并不影响合同的效力，工商过户登记仅为所有股权转让的公示方式，并非股权转让协议的生效要件，未经工商登记并不能认定股权转让协议无效，协议双方仍应依约履行各自义务，黄某贤已向陈某斌提供其身份证复印件，陈某斌并无证据证明黄某贤不配合其办理变更登记手续。依据转让协议，陈某斌需按实欠款付给黄某贤每月1%的利息。该约定系双方当事人真实意思表示，且该利率未超过同期银行贷款利率的四倍。

实务要点：（1）受让人通过有效的股权转让合同取得股权后，有权要求公司进行股东变更登记，但工商过户登记仅是股权转让的公示方式，并非股权转让协议及股权变动的生效要件。股权变更与股权变更登记是两个不同的法定程序，未经工商登记并不能认定股权转让协议无效，也不能将未经工商登记作为解除股权转让协议的依据。（2）公司股东的工商登记属于宣示性的登记，而不是设权性登记，股东的工商登记仅仅是一种宣示而已。股东权利的获得与行使并不以工商登记程序的完成为条件。同理，工商变更登记也不是判断股东退股的依据。工商部门的登记具有对外公示作用，而不违反法律规定的公司内部协议对公司具有最高约束力。（3）公司系办理变更备案、章程修正案报批变更登记事项的主体。当股权已在协议双方之间发生所有权变动后，股权变更登记如不完备，股权受让人有可能利益受到损害，公司应当履行变更登记的义务。笔者建议，协议双方在股权转让协议中约定办理工商变更登记的义务主体及各自所应提供的手续资料，并约定相应违约责任，以促进积极履行义务,保障协议的顺利履行。

4. 隐名股东有权转让股权

> **典型案例**

熊某君与李某、第三人锦X公司股权转让合同纠纷

基本案情:2019年11月13日,锦X公司股东变更为符某仪与李某。其中,李某为公司执行董事兼公司经理,符某仪为公司监事。

2018年10月至2019年4月期间,熊某君向锦X公司账户共计转账123万元。2019年1月20日,熊某君与李某签订了股权代持协议,协议对双方有关代持期间的权利义务进行了约定。

2020年1月8日,熊某君与李某签订了一份《关于熊某君女士股份转让的协议》。协议载明:"根据熊某君女士提出股份转让的要求,原入股在锦X公司李某名下的股金共计人民币壹佰贰拾叁万元转让给李某,经双方协议如下:①受让股金从2019年5月1日起按年利率15%(按月份数)计算利息由李某支付给熊某君。②其原股本金以及利率(息)结算方式为公司售出成鱼后分批次还款,最迟在2021年4月1日前全部结清。③协议签订之日起熊某君女士不再承担公司股东的权利与义务。④此协议一式两份,双方各执一份,签字按印生效。⑤公司的盈亏与熊某君无任何关系。"

就熊某君与李某股权转让事宜,李某已向公司其他股东告知。

熊某君起诉请求:(1)判令李某支付受让股金123万元,支付利息36.90万元(利息暂计算至2021年5月1日,具体以实际判决之日为准);(2)诉讼费用由李某、符某仪承担。

裁判结果:李某于判决生效之日起十日内返还熊某君受让股金123万元,并从2019年5月1日开始,按年利率15%计算利息至上述股金返还之日。

裁判思路:熊某君向锦X公司入股123万元,股份由公司法定代表人李某代持,锦X公司向熊某君出具了股金收款收据,公司其他股东对此知情,可见锦X公司及公司股东均认可熊某君隐名股东的身份,熊某君隐名股东的资格不因工商未登记而被否定。有限责任公司的股东之间可以相互转让其全部或者部分股权,熊某君与李某签订《关于熊某君女士股份转让的协议》系股东之间转让股权的行为。关于该股权转让事宜,李某已告知公司另一位股

东符某仪。李某作为锦X公司法定代表人应知晓公司目前的经营状况,同意受让熊某君股权系其真实意思表示,协议未违反法律规定合法有效,李某、符某仪提出转让协议无效,公司亏损应先结算的理由不能成立,不予支持。

相关规定

《中华人民共和国公司法》(2023修订)

第八十四条第一款 有限责任公司的股东之间可以相互转让其全部或者部分股权。

实务要点:(1)股权转让协议的一方是股东,法律并未规定必须是显名股东。股东是指依照公司法和公司章程的规定构成公司出资关系的公司法上民事主体,是否构成出资关系是判断股东身份的核心因素。但并非所有出资了的股东都被显名记载。隐名股东,是指为了规避法律或出于其他原因,借用他人名义设立公司或者以他人名义出资,且在公司的章程、股东名册和工商登记中,均记载为他人的实际出资人。隐名股东作为实际出资人,当然可以将自己持有的股权予以转让。(2)隐名股东签署转让股权的协议后,公司股权状况已基于各股东之间的协商一致而实际发生了变更,至于该股权变更是否办理工商登记手续,并不影响股权转让法律关系效力的认定。

5.无权处分并不影响合同效力,不导致股权转让合同无效

>> **典型案例**

文某华与黄某双、第三人拓X公司股权转让纠纷

基本案情:建X公司于2007年2月5日成立,2014年12月8日,黄某双、李某枝为公司登记股东,经2014年12月16日公司股东会决议,黄某双、李某枝向文某华、陈某转让股权。2014年12月16日,文某华(乙方,受让方)与黄某双(甲方,出让方)签订《股权转让协议》,约定:"一、甲方(出让方)黄某双将其在建X公司的全部(或部分)股权900万元人民币,按900万元人民币,转让给乙方(受让方)文某华;二、乙方(受让方)文某华须于2014年12月16日前,将人民币900万元支付给甲方(出让方)黄某双;并按公司章程约定的认缴出资时间足额缴纳到公司;三、本协议自双方签字、盖章之日起生效;四、本协议一式三份,甲、乙双方各持一份,并报昆明市工商行政管理局一份。"同日,双方到工商局办理股东变更登记手续。现公司登记股东为文某华、陈某。另查明,2014年11月20日,黄某双

（甲方）与第三人拓 X 公司（乙方）签订《权利质押反担保合同》，约定甲方将其持有的建 X 公司 90%（出质股权数额为 900 万元）的股权，出质给拓 X 公司，质押反担保债权本金数额为人民币 450 万元。同日，该股权出质在企业登记机关进行了登记。

文某华起诉请求：请求依法确认原、被告双方于 2014 年 12 月 16 日签订的《股权转让协议》无效。

裁判结果： 驳回原告文某华的诉讼请求。

裁判思路： 原、被告自愿签订《股权转让协议》，内容不违反法律、行政法规的强制性规定，自双方签字时成立、生效。现文某华认为在签订《股权转让协议》之前，黄某双已经将涉案股权质押给了第三人，黄某双无权处分相应的股权，《股权转让协议》无效。文某华股权的取得是否会受到质权的限制和影响，应该区别开来处理，股权转让协议依照公司法和合同法的规定依法成立、生效，但是该合同能否实际履行、合同权利人能否真正获得受让股权，则是另外的法律适用问题，即合同权利人能否真正获得受让股权并不影响合同效力。本案中股权质押的存在，只影响受让股权能否实际获得，并不影响股权转让协议本身的效力。

相关规定

1.《中华人民共和国民法典》

第二百一十五条 当事人之间订立有关设立、变更、转让和消灭不动产物权的合同，除法律另有规定或者当事人另有约定外，自合同成立时生效；未办理物权登记的，不影响合同效力。

第四百四十三条 以基金份额、股权出质的，质权自办理出质登记时设立。

基金份额、股权出质后，不得转让，但是出质人与质权人协商同意的除外。出质人转让基金份额、股权所得的价款，应当向质权人提前清偿债务或者提存。

第五百九十七条 因出卖人未取得处分权致使标的物所有权不能转移的，买受人可以解除合同并请求出卖人承担违约责任。

法律、行政法规禁止或者限制转让的标的物，依照其规定。

2.《中华人民共和国公司法》（2023 修订）

第三十四条 公司登记事项发生变更的，应当依法办理变更登记。

公司登记事项未经登记或者未经变更登记，不得对抗善意相对人。

第八十七条 依照本法转让股权后，公司应当及时注销原股东的出资证明书，向新股东签发出资证明书，并相应修改公司章程和股东名册中有关股东及其出资额的记载。对公司章程的该项修改不需再由股东会表决。

实务要点：（1）物权变动应与物权变动的原因相区分，合同生效时间不同于合同项下股权变动时间。物权行为独立于债权行为，股权变动行为独立于股权转让合同，不能以股权变动未发生为由否认股权转让合同的效力。生效的股权转让合同仅产生卖方将其所持股权让渡给买方的合同义务，而非导致股权当然的变动。纵使股权转让合同生效，如卖方拒绝或怠于协助买方将合同项下的股权过户给买方，股权仍属于卖方，只不过买方有权依法追究卖方的违约责任。股权转让协议只是股权变动的原因，但股权转让协议的效力不能以是否能进行股权变动来判断。（2）一股多卖行为中，所签署的多份股权转让合同，只要形式上符合合同的生效要件，则均为有效合同，但卖方客观上只能履行其中一份合同，对其他买方而言必然陷入事实上或法律上履行不能的境地，必须承担相应的法律责任。但不能由于有些买方不能取得股东资格而确认股权转让合同无效。（3）股权的登记并非取得股权的生效要件，就公司外部关系而言，公司登记机关的股权变更登记行为具有对抗第三人的效力，未经登记的股权只是不能对抗善意第三人。（4）《民法典》关于股权出质后不得转让的规定，不属于对合同效力性强制性规定，不能以违反该条规定为由主张合同无效。股权转让协议中的标的股权被质押的，不影响转让合同的效力，即便因为质权人不同意等原因客观上不能办理股权过户手续，也仅是履行不能的问题。（5）无权处分并不影响合同效力，股权转让协议中的转让方即便存在无权处分的行为，也不导致合同无效。受让方因此遭受损失的，可以解除合同、承担违约责任等方式维护自身权益。

（二）股权转让协议履行产生的纠纷

1. 受让人是否支付或是否完全支付股权转让款，不导致股权转让合同的必然解除

>> **典型案例**

中X投资公司与代某富、博X公司股权转让纠纷

基本案情：2015年7月20日，中X投资公司（甲方）将其持有的博X公司60%的股权转让给被告代某富（乙方），双方签订《股权转让协议书》，明确约定：转让标的为博X公司60%的股份，股权转让价款为人民币600万元（原实缴资本为300万元）；在办理完工商、税务等相关部门的变更登记手续后，乙方将股权转让价款支付给甲方……博X公司所有财产及财产凭证、合同、文书、财务资料、印签等，在股权转让协议签订后3日内全部移交给乙方……该协议在双方于2015年7月28日办理股权变更登记时已提交工商登记机关存档备案。中X投资公司及被告代某富均认可双方于股权变更登记后即完成了相关资产及公司印鉴等的移交。中X投资公司自认自发生股权转让后、受让款一直没有支付的情形下，其对博X公司的经营状况是了解的；并明确说明其此次诉讼是因为没有收到转让款而要求恢复股东身份。

中X投资公司起诉请求：（1）依法判令解除原告与被告代某富签订的《股权转让协议书》。（2）依法判令被告代某富立即返还原告博X公司持有的60%的股权。（3）依法判令二被告协助原告办理将上述60%股权恢复至原告名下的变更登记手续。（4）本案诉讼费由被告代某富承担。

裁判结果：驳回原告中X投资公司的诉讼请求。

裁判思路：首先，双方股权转让协议书签订于2015年7月20日，并已完成资产移交，且于同月28日办理了工商变更登记，对外已产生公示及对抗的效力，受让人代某富也已经成为股东实际参与公司经营，股权交付之后的风险已发生转移，股权转让合同已实际履行，且距今已有五年多的时间，从股权转让合同的特殊性考虑，基于维护交易安全，稳定社会关系和秩序、保护公司债权人利益的原则，不宜解除合同。其次，代某富是否支付或是否完全支付股权转让款，仅存在违约问题，不影响其股东身份，也不导致股权转让合同的必然解除；若双方系因股权转让款的支付情况产生争议，中X投资公司可主张支付价款并承担违约责任（包括赔偿损失）。最后，中X投资公司在庭审中也自认发生股权转让后、受让款一直没有支付的情形下，其对博X公司的经营状况是了解的，但至2020年10月27日才提起诉讼，即使中X投资

公司有证据证明提起诉讼前一直在向代某富追讨转让款，也仅能达到中断追诉代某富未履行付款义务诉讼时效的效果，中X投资公司在距今五年多的时间内都未主张过解除合同，不能基于自身利益而援用情势变更原则主张解除已实际存在的合同关系。

实务要点：（1）股权具有一定特殊性，其价值可能具有较大变动性，在不同时期价值不尽相同，如轻易解除已转让并登记公示的股权，难以衡量不同时期价值。股权转让后，如果受让方已经营多年，势必会进行相应投入，股权的当前价值难以认定。实务中，对于该股权的价值如何认定，当事人在转让行为完成后多年再要求解除合同的，法院会持谨慎介入的态度，即便受让方存在支付转让款方面的违约行为，法院仍不会轻易认定解除案涉协议。（2）如前所述，工商登记并非设权行为，只具有证权作用，股权转让后即便未经变更登记认可，也应确认股东身份。股权转让协议书合法、有效，各方均应按约履行。股权转让协议书签订后，受让方按约缴纳了股权转让款，并实际参与了公司的经营，股权转让协议书约定内容已实际履行，受让方已完成己方义务并无过错，应认定其股东身份。受让方如已经实际取得股东身份，也不能以未办理工商登记为由要求解除合同。

2. 股权转让价格的确定

▶ **典型案例**

蕴X企业与电XX协会、第三人泰X公司、中X云公司股权转让纠纷

基本案情： 电XX协会经原国家广播电影电视总局电影管理局批准运作中国电影一卡通项目。

2018年7月31日，中国电X公司向电XX协会发出《关于邀请电XX协会加入中影云平台的函》，载明：邀请电XX协会"中国电影一卡通"加入中影云平台，与中国电X公司的"中影通卡"合并为"中国电影一卡通"；经中X云公司股东内部商议，由其股东之一泰X公司向电XX协会原价转让中X云公司5%股份。2018年8月6日，电XX协会向中国电X公司回函表示同意。

2018年8月17日，中X云公司召开股东会会议，全体股东一致同意泰X公司将其持有的出资125万元转让给龙X公司，将其持有的出资25万元转让给电XX协会。同日，泰X公司与电XX协会签订《转让协议》，约定泰X公

司将其持有的中 X 云公司股权（对应出资 25 万元）转让给电 XX 协会。

2018 年 8 月 20 日，泰 X 公司董事会发布关联交易公告，就泰 X 公司拟将持有的 5%和 25%中 X 云公司股权分别转让给电 XX 协会和龙 X 公司一事进行公告，其中载明：一、二为表决和审议情况：表决结果为 3 票同意，0 票反对，0 票弃权。此次关联交易不存在须经有关部门核准的情况。三为交易的定价政策、定价依据及公允性：电 XX 协会为中 X 云公司引入的重大战略性股东，为快速提升中 X 云公司的整体估值及公司的股权投资价值，公司与电 XX 协会之间的股权转让依据成本价转让有利于公司及股东长期利益的最大化，因此不存在损害公司及股东利益的情形。同日，电 XX 协会向泰 X 公司转账支付 25 万元。

2018 年 9 月 12 日，泰 X 公司董事会发出出售资产公告，对向电 XX 协会转让中 X 云公司 5%股权一事进行公告：公司最近一期经审计总资产金额 13 487.72 万元，净资产金额 11 051.81 万元，此次交易出售资金金额为 25 万元，占公司最近一期经审计总资产的 0.19%，占净资产金额的 0.23%，不构成重大资产重组，且该交易可由总经理决定。

2019 年 1 月 1 日，电 XX 协会与中 X 云公司签订《合作协议》，约定：电 XX 协会同意增加授权中 X 云公司代为处理销售"一卡通"事宜。

2019 年 1 月 22 日，中 X 云公司注册资本由 500 万元变更为 1600 万元，新增股东中影电 X 公司、中国电 X 公司。

蕴 X 企业系泰 X 公司股东，持有泰 X 公司 5.97%股份。2019 年 7 月 30 日，蕴 X 企业向泰 X 公司监事会发出《关于请求公司监事会提起撤销中 X 云公司 5%股权转让合同之诉讼的函》，认为公司以 25 万元对价转让价值 166.865 万元的中 X 云公司 5%股权，使公司利益严重流失，请求公司监事会提起诉讼。

蕴 X 企业提交一份 2018 年 11 月 20 日问询函，主张为全国中小企业股份转让系统有限公司对泰 X 公司发出问询函，要求泰 X 公司将所持有的 5%中 X 云公司股权作价 25 万元转让给电 XX 协会，和将所持有 25%中 X 云公司股权作价 325 万元转让给龙 X 公司的相关事项进行说明。其中，从泰 X 公司 2017 年年度报告来看，2017 年归属于母公司所有者的净利润为-3037.85 万元，来自中 X 云公司的投资收益为 1001.19 万元。蕴 X 企业主张因泰 X 公司 2017 年年报公布的来自中 X 云公司的投资收益为 1001.19 万元，以此计算 5%股权对应的投资收益为 166.865 万元，泰 X 公司以 25 万元的价格出售 5% 股权，构成显失公平。蕴 X 企业主张泰 X 公司与电 XX 协会有恶意串通的嫌疑。

蕴 X 企业起诉请求：（1）撤销电 XX 协会与泰 X 公司 2018 年 8 月 17 日关于中 X 云公司 5% 股权转让协议；（2）判令电 XX 协会、中 X 云公司协助办理中 X 云公司 5% 股权的转回变更登记手续；（3）由电 XX 协会承担本案案件受理费。

裁判结果：驳回蕴 X 企业的全部诉讼请求。

裁判思路：蕴 X 企业以案涉股权转让款显失公平为由要求撤销《转让协议》。首先，股权转让价格的确定通常会考虑多方面的因素，不仅仅是依据股权收益来简单计算。蕴 X 企业以泰 X 公司 2017 年来自中 X 云公司的投资收益来计算股权转让的价格并无依据。其次，股权转让作为商事主体之间的商事交易行为，客观上的价格因素不能作为判断是否公平的唯一要素。如果双方是在掌握标的价值信息基础上经过充分协商确定的价格，即便客观上价格偏高或偏低也不能轻易地适用显失公平原则将合同撤销。案涉股权转让经过泰 X 公司与电 XX 协会的充分协商，并无证据证明转让价格显失公平。最后，蕴 X 企业主张泰 X 公司与电 XX 协会有恶意串通的嫌疑，未提供证据，不予采信。

相关规定

《中华人民共和国民法典》

第一百四十七条、第一百四十八条、第一百四十九条、第一百五十条、第一百五十一条（对于合同可撤下的情形进行了明确规定，此处不一一列出）

实务要点：（1）股权转让价格是股权转让协议的一项重要内容。如果未约定股权转让价格，则股权转让合同欠缺必备条款，无法履行，此类股权转让合同不成立。股权的价值与有形财产不同，其价值受多种因素影响，转让价格的确定属于市场行为，司法不应过度干预，如果合同欠缺转让价格，法院不应依据股东出资额、审计报告、公司净资产额以等规定确定股权转让价格。（2）股权转让价格的确定不仅取决于股权收益和资产状况，还包括当事人对公司的无形资产、行业前景以及公司发展等实物资产以外的投资价值进行的主观评判。股权交易价格一般由买卖双方综合考虑企业资产的历史、现状、未来以及其他需要考虑的因素协商确定。出让方作为公司的股东，自然了解公司的实际状况，受让方在购买股权之前，亦应对公司的资产、财务、负债进行充分的调查，理性确定交易价格。股权转让合同签署后，仅以公司实际收益与预期不符要求认定价格显失公平的，无法得到法律支持。

二、转让瑕疵出资股权引起的纠纷

>> **典型案例**

吴某林与罗某瑶股权转让纠纷

基本案情：吴某林与案外人朱某华、朱X华于2015年9月2日发起设立锡X公司，注册资本500万元（朱某华认缴资本200万元、占股40%，吴某林认缴资本150万元、占股30%，朱X华认缴资本150万元、占股30%）。2017年11月15日，吴某林、罗某瑶及案外人朱某华、朱X华、樊某商议锡X公司股权转让事宜并签署了《股东会决议》，锡X公司在此协议上加盖了公章，协议约定：（1）同意朱某华、朱X华退出锡X公司，同意樊某、罗某瑶向锡X公司投资成为新股东；（2）公司设立时认缴注册资本500万元，同意朱某华（占出资总额的40%）将所持有公司的40%股权（200万元人民币）转让给樊某，同意朱X华（占出资总额的30%）将所持有公司的20%股权（100万元人民币）转让给樊某，同意朱X华（占出资总额的30%）将所持有公司的10%股权（50万元人民币）转让给罗某瑶，同意吴某林（占出资总额的30%）将所持有公司的10%股权（50万元人民币）转让给罗某瑶；（3）转让出资后各股东出资及比例为：樊某出资300万元、占公司股权的60%，吴某林出资100万元、占公司股权的20%，罗某瑶出资100万元、占公司股权的20%；（4）同意朱某华继续担任公司执行董事（法定代表人）兼总经理，朱X华继续为公司监事；（5）同意对公司章程作出相应修订；六、会议同意委托吴某林办理相关登记事宜。同一天，吴某林、罗某瑶签订《股权转让协议》，约定：（1）吴某林将其所有的锡X公司10%的股权作价50万元人民币转让给罗某瑶并将附属于股权的其他权利随股权的转让而转让；（2）罗某瑶同意于协议签订当日向吴某林付清全部股权的转让价款；（3）吴某林保证其对转让的股权合法拥有，并拥有完全、合法的处分权且没有设置任何质押或其他担保权，不受任何第三人的追索；（4）协议签订后，任何一方不完全履行本协议约定条款即构成违约,违约方应当负责赔偿其违约行为给守约方造成的一切直接经济损失,守约方有权要求违约方继续履行本协议。当天锡X公司按照公司股东协议修改了公司章程并申请办理变更登记。管理局受理了上述申请并办理了变更登记手续,于2017年11月27日颁发了新的营业执照。但罗某瑶未按协议向吴某林支付转让款。

吴某林起诉请求:(1) 判令罗某瑶立即支付股权转让款共计人民币50万元,并从2017年11月16日始至付清款日止按银行同期利率支付利息;(2) 本案诉讼费由罗某瑶承担。

裁判结果:被告罗某瑶于本判决生效后十日内向原告吴某林支付股权转让款500 000元并以实欠转让款本金向吴某林支付利息至转让款本金清偿之日止(2017年11月16日至2019年8月19日按年利率4.35%计算,2019年8月20日开始则按照年利率3.85%计算)。

裁判思路:吴某林作为锡X公司的原始股东,其对外转让公司部分股份虽未书面通知其他股东,但通过2017年11月15日各方签订的《股东会决议》可知,其他股东均对此知情并同意此次转让,吴某林、罗某瑶之间签订的《股权转让协议》未违反法律法规的强制性规定,亦未违反锡X公司的章程之规定,其股权转让行为合法有效,受到法律保护。股权转让关系与瑕疵出资股东补缴出资义务分属不同法律关系;即使吴某林存在出资不实的情况,罗某瑶以股权转让合同之外的法律关系为由而拒付股权转让款也没有法律依据,对于其可能因受让瑕疵出资股权而承担的相应责任亦可通过其他法律途径解决,是否瑕疵出资并不影响股权转让的效力。综上,吴某林、罗某瑶之间的《股权转让协议》合法有效,各方均应遵照执行。现吴某林已经按照约定协助罗某瑶办理了股权转让手续并办理了股权变更登记,罗某瑶据此取得了锡X公司股东身份。罗某瑶也应按照协议约定向原告支付相应的转让款。

相关规定

《中华人民共和国公司法》(2023修订)

第四条 有限责任公司的股东以其认缴的出资额为限对公司承担责任;股份有限公司的股东以其认购的股份为限对公司承担责任。

公司股东对公司依法享有资产收益、参与重大决策和选择管理者等权利。

实务要点:(1) 我国公司法确立了认缴资本制,股东是否足额履行出资义务不是股东资格取得的前提条件，股权的取得具有相对独立性。股东出资不实或者抽逃资金等瑕疵出资情形不影响股权的设立和享有。我国法律亦未禁止瑕疵出资股东转让股权，股东瑕疵出资不影响股权转让协议的效力。（2）股东的出资义务是指股东应当足额缴纳对公司资本的认缴出资额的义务，是股东最基本的义务。股东未尽出资义务即转让股权，转让股东的出资义务不得因股权转让而解除，公司仍有权请求转让股东履行出资义务。（3）对于可能因受让瑕疵出资股权而承担的相应责任亦可通过其他法律途径解决，如可以起诉要求补缴出资。但股权转让与瑕疵出资股东补缴出资义务本来就分属不同的法律关系，提出主张的主体身份也不同。除非明确约定，否则受让人无权以转让方存在瑕疵出资为由要求解除协议或拒付股权转让款。（4）我国公司法规定，如果股东出让的是"认缴期限未届满而不履行出资"的股权，出让股东不存在违约行为，但此种情况下对股权进行转让的，股东的出资义务并不会随着股权的转让一并转移，如新股东到期未足额缴纳出资款，则原股东仍需承担对公司的出资义务。

三、股权的善意取得

>> **典型案例**

唐某与唐某凤、熊某明股权转让纠纷

基本案情：唐某与熊某明系农村信用社职工，熊某明与唐某凤系夫妻关系。2013年，农村信用社改制需要公开募资股金，每个普通职工有3万购买股金资格，但不能以自己名义入股，故熊某明以其妻子唐某凤的名义购买了3万元股金，并颁发给唐某凤股权证书。2015年，农村信用社改名农商行股权，因部分不良贷款，要买股金溢价，每股多交8000元。2015年3月5日，经唐某与熊某明协商，唐某购买熊某明妻子唐某凤名下的股权，金额30 000元，股金证号为：XX，并签订《股权转让协议》，熊某明代为妻子唐某凤签字。双方签订转让协议后，唐某将3万元股金交给了熊某明，并向农商行缴纳了24 000元溢价金，熊某明亦将股金证和股金分红本原件交给了唐某。虽然双方签订了转让协议，因为当时不允许变更股金证名字，故一直未办理转让手续。2015年6月11日，唐某凤与熊某明因感情不和在道县民政局协议离婚。2020年农商行总行所有股金都要办理股东股权集中登记托管确权，虽然股金

证和股金分红本原件在唐某手中，但还需要唐某凤的身份证原件正反面和手持身份证露出手臂照片。由于唐某联系不上唐某凤且与唐某凤不熟，知道农商行职员骆某辉与唐某凤较熟，故请求骆某辉帮忙联系唐某凤办理确权手续。骆某辉将情况告知唐某凤后，唐某凤将身份证照片发给骆某辉，微信还讲需要唐某凤本人回来签个协议，唐某凤表示答应。2020年12月，唐某凤提出异议，并把分红本子挂失，挂失后，2021年最后一次分红款6404.16元被唐某凤领取。除2015年第一次分红是熊某明领取和2021年最后一次分红不是唐某领取的，其他分红均是唐某领取。

唐某起诉请求：（1）判决唐某与唐某凤、熊某明签订的《股权转让协议》有效，并责令唐某凤、熊某明协助办理股权过户更名手续；（2）判令唐某凤向唐某返还2021年股金分红及溢价返还款共计：6404.06元；（3）本案诉讼费由唐某凤、熊某明承担。

唐某凤反诉请求：（1）确认唐某、熊某明签订的《股权转让协议》无效；（2）判令唐某、熊某明连带返还唐某凤股金分红24 086元；（3）本案诉讼费由唐某凤、熊某明承担。

裁判结果：一、唐某与熊某明签订的《股权转让协议》有效，唐某凤、熊某明协助唐某办理股权过户更名手续；二、唐某凤于本判决生效之日起十日内一次性返还唐某股金分红款6404.06元；三、驳回唐某凤的反诉请求。

裁判思路：唐某凤名下道县农村信用合作联社股金证号XX的3万元股金系熊某明单位发放，由熊某明出资购买且因其他原因登记在唐某凤名下，系唐某凤与熊某明夫妻关系存续期间购买，属夫妻共同财产。原告与被告熊某明签订的《股权转让协议》，系熊某明代唐某凤签字处理夫妻间的财产，熊某明表示已与唐某凤协商而唐某凤表示没有协商，无从查证。但对相对人唐某来说，有理由相信行为人有代理权并支付了合理价款，且熊某明把股金证和股金分红本及密码等交付了原告，领到了几年的分红款，该股权实际所有人已属于唐某，属善意所得。该协议系双方真实意思表示，并不违反法律规定，应受法律保护。唐某凤反诉唐某与熊某明签订的《股权转让协议》是其不知情的情况下，熊某明非法转让，该协议无效，但熊某明对夫妻共同财产的处理不能对抗善意第三人。

相关规定

1.《最高人民法院关于适用〈中华人民共和国公司法〉若干问题的规定（三）》

第二十五条 名义股东将登记于其名下的股权转让、质押或者以其他方式处分，实际出资人以其对于股权享有实际权利为由，请求认定处分股权行为无效的，人民法院可以参照民法典第三百一十一条的规定处理。

名义股东处分股权造成实际出资人损失，实际出资人请求名义股东承担赔偿责任的，人民法院应予支持。

2.《中华人民共和国民法典》

第三百一十一条 无处分权人将不动产或者动产转让给受让人的，所有权人有权追回；除法律另有规定外，符合下列情形的，受让人取得该不动产或者动产的所有权：

（一）受让人受让该不动产或者动产时是善意；

（二）以合理的价格转让；

（三）转让的不动产或者动产依照法律规定应当登记的已经登记，不需要登记的已经交付给受让人。

受让人依据前款规定取得不动产或者动产的所有权的，原所有权人有权向无处分权人请求损害赔偿。

当事人善意取得其他物权的，参照适用前两款规定。

实务要点：（1）善意取得，是指无权处分他人财产的财产占有人，将其占有的财产转让给第三人，受让人在取得该财产时系出于善意，即依法取得该财产的所有权，原财产所有人不得要求受让人返还财产的物权取得制度。（2）判断受让人善意的时间点为"受让人受让该不动产或者动产时"，必须以受让财产的时间确定，即取得人必须在取得行为时是善意的。至于受让人取得财产以后是否为善意，则不影响善意取得的构成。但是如果受让人在这一时点以前出于恶意，通常也认定其在交付时及以后均为恶意。（3）受让人不存在重大过失，股权转让协议的受让方应尽到审慎的审核义务，未尽谨慎审查义务，不构成法律意义上的善意取得。（4）完成公示是善意取得的要件之一，即"转让的不动产或者动产依照法律规定应当登记的已经登记，不需要登记的已经交付给受让人"。只有在完成物权登记手续之后，买受人才能够真正取得完整的物权。股权受让人必须将受让的股权变更到自己名下才能受到善意取得制度的保护。

四、股权转让中的对赌协议

对赌协议又称估值调整协议，是指投资方与融资方在达成股权性融资协议时，为解决交易双方对目标公司未来发展的不确定性、信息不对称以及代理成本而设计的包含股权回购、金钱补偿等对未来目标公司的估值进行调整的协议。

▶▶典型案例

创X投资中心与吴某流、周某秀、第三人凯X宁公司股权转让纠纷

基本案情：2014年6月23日，创X投资中心【创X投资中心作为甲方1和甲方2案外人和光XX中心共同为甲方】和凯X宁公司（乙方）及吴某流（丙方1）、周某秀（丙方2）、刘某玉（丙方3）、朱某桥（丙方4）、道同X中心（有限合伙）（丙方5）、发X公司（丙方6）共同签订《增资协议》：凯X宁公司又称公司，吴某流系公司实际控制人，截至甲方增资日，丙方2、3、4、5和6系乙方经合法工商登记的股东，合称原股东。本次投资指甲方根据本协议约定的内容，以增资形式与刘某玉、王某敏一同向凯X宁公司进行股权投资。其中，创X投资中心投资人民币600万元，获得凯X宁公司本轮投资后0.88%的股权。凯X宁公司接受甲方增资前注册资本为人民币1453.3万元。存在下述三种情况之一时，甲方有权要求吴某流、周某秀回购甲方所持有的凯X宁公司股权：……（3）截至2016年12月31日，公司未向中国证券监督管理委员会递交在深圳证券交易所创业板或中小企业板上市申请材料。当出现上述规定的情形之一时，甲方可向吴某流、周某秀或其中任何一方发出要求回购甲方所持凯X宁公司股权的书面通知，吴某流、周某秀在接到书面通知之日起1个月内应按照甲方实际投资额按内部年收益率8%的价格回购甲方持有的凯X宁公司的全部股权并支付股权回购款项及利息。凯X宁公司和吴某流、周某秀违反或未能履行本协议项下的任何义务，且经催告后10日内仍未更正或履行或达成解决方案的，甲方有权采取以下任何救济措施：……（2）要求违约方支付违约金，违约金按未履行部分款项每日万分之三点五计算。

协议签订后，创X投资中心于2014年1月26日向凯X宁公司支付增资款人民币5 873 400元。2014年3月19日，凯X宁公司向创X投资中心返还人民币14 100元。2014年12月19日，创X投资中心向凯X宁公司支付增资款人民币140 700元。创X投资中心共向凯X宁公司支付增资款人民币600万元。

2016年2月，吴某流（甲方1）、周某秀（甲方2）、创X投资中心（乙方1）、案外人和光XX中心（乙方2）共同签订《增资协议之补充协议》，约定：因公司未实现2015年的业绩目标，触发了甲方回购乙方股权的条款。经友好协商，甲方按15.6%的综合收益向乙方给予等值的股份补偿，乙方则不行使针对公司2015年业绩未达标所产生的回购权利。创X投资中心投资本金为人民币600万元，按15.6%的综合收益率计算的补偿金额为人民币936 000元，则甲方给予创X投资中心的股份补偿率为0.138%，补偿后创X投资中心持有公司1.018%的股权。

2018年1月，吴某流（甲方1）、周某秀（甲方2）、创X投资中心（乙方1）、案外人和光XX中心（乙方2）共同签订《增资协议之补充协议二》：创X投资中心已向公司汇款人民币600万元。因公司未实现2016年12月31日前递交上市申请材料的目标，触发了甲方回购乙方股权的条款。经友好协商，甲方按每年8%的综合收益率向乙方给予等值的股份补偿，乙方则不行使针对公司未达标所产生的回购权力。各方对股权回购条款的修订如下：乙方发现下述两种情况之一时，乙方有权要求甲方回购乙方所持的公司股权：（1）截至2017年12月31日，公司年税后净利润（扣除非经常性损益后）未达到人民币7000万元；（2）截至2018年12月31日，公司未向中国证券监督管理委员会递交在深圳证券交易所创业板或中小企业板上市申请材料。因公司未实现2017年的业绩目标，触发了甲方回购乙方股权的条款。经友好协商，甲方按每年8%的综合收益率向乙方给予等值的股份补偿，乙方则不行使针对公司未达标所产生的回购权力。创X投资中心投资本金为人民币600万元，补偿后创X投资中心持有公司1.159%的股权。

2019年11月7日，吴某流（甲方1）、周某秀（甲方2）、创X投资中心（乙方）、凯X宁公司（丙方）共同签订《股权回购协议》：鉴于各方于2014年6月至2018年1月期间，签订了《增资协议》及相关补充协议，乙方向公司投资人民币600万元，持有公司1.02%的股权，但因公司未满足上市承诺，触发了股权回购条款。2019年5月7日，乙方向甲方发送《凯X宁公司股权通知书》,并要求其于2019年6月7日前回购相关股权并支付回购款项,截至本协议签订之日,甲方未进行股权回购也未支付任何款项。现友好协商,达成如下协议:第一,吴某流、周某秀同意回购乙方持有的公司1.02%的股权,股权回购价款为投资本金人民币600万元及投资收益,具体支付时间及金额为:(1)吴某流、周某秀于2019年12月21日前向乙方支付投资本金人民币180万元;(2)吴某流、周某秀于2020年2月29日前向乙方支付投资本金人民币420万元及投资收益(以人民币600万元为基数,自2014年1月26日起至股权回购款全部付清之日止,按照每年8%的内部收益率计算,计算公式为:$P = M \times (1+8\%)^T$,其中P为回购价格,M为实际投资额,T为实际支付投资款之日起至实际给付之日止的自然天数除以365,即股权回购价格=实际投资额乘(1+8%)的T次方)。第二,吴某流、周某秀同意向乙方支付违约金人民币30万元。第三,乙方收到本协议书第一、二项约定的全部款项后,其持有的凯X宁公司全部股权归周某秀或吴某流、周某秀指定的第三方所有。第四,如果吴某流、周某秀未按本协议书第一、二项所述时间全额偿付任一应付款项,则乙方有权就未还的全部款项提起诉讼。乙方为实现债权所支付的诉讼费用、律师费用、通知费用、催告费用等费用,均由吴某流、周某秀承担。

上述协议签订后,凯X宁公司的工商档案材料中关于创X投资中心所持有的公司股份发生过两次变更:2014年12月18日,创X投资中心在凯X宁公司认缴的出资数额为人民币14.06万元;2016年11月30日,创X投资中心在凯X宁公司认缴的出资数额为人民币16.42万元。

2019年10月14日,创X投资中心支付律师费人民币4万元。

创X投资中心起诉请求:(1)判令吴某流、周某秀回购创X投资中心持有的全部凯X宁公司1.02%的股权;(2)判令吴某流、周某秀共同向创X投资中心支付股权回购款,为投资本金人民币600万元加投资收益(以人民币600万元为基数,暂计算至2019年12月31日的股权回购款为人民币964.30万元,并计算至股权回购款全部付清之日止);(3)判令吴某流、周某秀支付违约金人民币30万元;(4)判令吴某流、周某秀按照股权回购价格的6%向创X投资中心支付律师费(计算至2019年12月31日暂为人民币57.8万元);(5)判令吴某流、周某秀承担本案诉讼费用。

裁判结果： 一、吴某流、周某秀于判决生效之日起十日内向创 X 投资中心支付股权回购款及截至 2019 年 12 月 31 日的投资收益共计人民币 9 419 035 元（自 2020 年 1 月 1 日起至给付之日止的投资收益，以投资本金人民币 600 万元为基数，按《股权回购协议》约定的回购价格计算公式计算）；二、吴某流、周某秀于判决生效之日起十日内向创 X 投资中心给付违约金及律师费计人民币 34 万元；三、吴某流、周某秀在履行上述第一、二项给付义务后，将创 X 投资中心持有的凯 X 宁公司的全部股权变更由周某秀持有；四、驳回创 X 投资中心的其他诉讼请求。

裁判思路： 本案中《增资协议》《增资协议之补充协议》《增资协议之补充协议二》《股权回购协议》系创 X 投资中心与吴某流、周某秀及凯 X 宁公司的真实意思表示，内容不违反法律、法规的强制性规定，故合法有效。当事人行使权利、履行义务应当遵循诚实信用原则。吴某流、周某秀自 2014 年至 2019 年期间不断和创 X 投资中心签订案涉各项协议，吴某流、周某秀理应遵循诚实信用原则履行合同义务。从性质上看，本案属于对赌协议引发的投资纠纷。对赌协议，又称估值调整协议。从该类案件的成因来看，其性质属于股权投资过程中，投资方与融资方签订协议进行溢价增资，并约定预期目标如净利润、销售收入、市场占有率、完成新产品测试或实现公司上市等，如果预期目标无法实现，则融资方须兑现对投资方的承诺，如回购股权、更换管理层、现金补偿等，以使投资方能够退出被投资企业。该种协议系以当事人意思自治为前提，是商事交易利益平衡的产物。具体到本案，作为投资方的创 X 投资中心与作为融资方的目标公司凯 X 宁公司及实际控制人吴某流、股东周某秀签订《增资协议》《增资协议之补充协议》《增资协议之补充协议二》《股权回购协议》，约定了融资方应达到的目标及股权回购方式。创 X 投资中心已按约定履行了投资义务。现吴某流、周某秀在《股权回购协议》中认可股权回购条件已成就，并承诺向创 X 投资中心返还投资本金人民币 600 万元及投资收益，应依约履行。吴某流、周某秀未能履行《股权回购协议》的约定，引发诉讼，应返还创 X 投资中心投资本金人民币 600 万元及投资收益，并应承担人民币 30 万元违约金及实现债权的费用。

关于股份回购的金额如何确定问题。根据《股权回购协议》的约定，股权回购价格按下述公式计算：$P = M \times (1+8\%)^{\wedge}T$。本案中，T 因创 X 投资中心分两次付款且曾返还人民币 14 100 元款项而分别计算。截至 2019 年 12 月 31

日，P1＝5 873 400元×（1＋8%）51÷365＝5 936 900元；P2＝（5 873 400－14 100）元×（1＋8%）2113÷365＝9 148 233元；P3＝140 700元×（1＋8%）1838÷365＝207 302元。故股权回购价格P＝P1＋P2＋P3－5 873 400元＝9 419 035元。

关于实现债权的费用，创X投资中心已支付律师费人民币4万元，故吴某流、周某秀应承担的律师费为人民币4万元。

关于创X投资中心要求吴某流、周某秀回购其持有的凯X宁公司股权的诉讼请求，因《股权回购协议》约定在吴某流、周某秀履行付款义务后，创X投资中心持有的凯X宁公司全部股权归周某秀或吴某流、周某秀指定的第三方所有。现吴某流系外籍，其身份不允许持有凯X宁公司的股权，且周某秀亦未指定持有股权的第三方，故法院认定在吴某流、周某秀向创X投资中心返还投资款及投资收益并承担违约责任后，创X投资中心持有的凯X宁公司股权由周某秀持有。

相关规定

《全国法院民商事审判工作会议纪要》

第五条 【与目标公司"对赌"】投资方与目标公司订立的"对赌协议"在不存在法定无效事由的情况下，目标公司仅以存在股权回购或者金钱补偿约定为由，主张"对赌协议"无效的，人民法院不予支持，但投资方主张实际履行的，人民法院应当审查是否符合公司法关于"股东不得抽逃出资"及股份回购的强制性规定，判决是否支持其诉讼请求。

投资方请求目标公司回购股权的，人民法院应当依据《公司法》第35条关于"股东不得抽逃出资"或者第142条关于股份回购的强制性规定进行审查。经审查，目标公司未完成减资程序的，人民法院应当驳回其诉讼请求。

投资方请求目标公司承担金钱补偿义务的，人民法院应当依据《公司法》第35条关于"股东不得抽逃出资"和第166条关于利润分配的强制性规定进行审查。经审查，目标公司没有利润或者虽有利润但不足以补偿投资方的，人民法院应当驳回或者部分支持其诉讼请求。今后目标公司有利润时，投资方还可以依据该事实另行提起诉讼。

实务要点：（1）估值调整机制包括"估值"和"调整"两个机制。"估值机制"是指投资方与被投资公司及其原股东约定，依据双方商定的市盈率（P/E）和被投资公司及其股东对被投资公司一定期限内业绩的承诺，对被投资公司股权的当期价值做出初步计算，并以此作为计算该笔投资应占股权的依据，通过增发或股权转让进行出资。"调整机制"是指在约定期限届满时，根据被投资公司实际的经营业绩，计算该笔投资实际应占有股份或被投资企业实际应占用的该笔资金数额，并对超出或不足的股权份额或资金占用进行"多退少补"的调整，还包括当投资人认为实际业绩偏离承诺导致投资目的不能实现的情况下，约定通过原股东、实际控制人等回购投资人股权等方式使投资人"退出"的投资协议安排。投资方与管理者对被投资企业的经营情况存在严重的信息不对称和"委托—代理"关系下的道德风险，双方既无法通过一次性订立绝对理性的出资合同完成定价和出资，也无法在出资后保证管理者勤勉尽责。估值调整机制恰恰解决了这两个相伴而生的难题。（2）对赌协议是私募投资市场普遍采用的一种灵活定价并依约调整的投资机制，在公司增资协议、股权转让协议中都可设置对赌条款。一旦发生纠纷，基于对赌协议中的股权回购条款所产生的诉讼实质也是股权转让纠纷。（3）对赌协议既要符合民法典的规定，也要符合公司法的相关规定。对于投资方与目标公司股东、实际控制人签署的对赌协议的效力，司法实践中并不存在争议。容易产生分歧的是投资方与目标公司的对赌，九民纪要对这一问题进行了明确阐述，统一了裁判标准。概言之，对于与目标公司签署的对赌协议的效力主要从以下几个因素进行考量：是否会损害公司利益、是否会损害公司债权人利益、是否构成抽逃出资违背资本维持原则、目标公司收回股份是否履行完成减资程序等。

五、股权转让中的优先购买权

相关规定

《中华人民共和国公司法》（2023修订）

第八十四条 有限责任公司的股东之间可以相互转让其全部或者部分股权。

股东向股东以外的人转让股权的，应当将股权转让的数量、价格、支付方式和期限等事项书面通知其他股东，其他股东在同等条件下有优先购买权。股东自接到书面通知之日起三十日内未答复的，视为放弃优先购买权。两个以上股东行使优先购买权的，协商确定各自的购买比例；协商不成的，按照转让时各自的出资比例行使优先购买权。

公司章程对股权转让另有规定的，从其规定。

实务要点：（1）书面通知义务。有限责任公司股东对外转让股权的，应以书面形式通知其他股东。公司法及其司法解释并未对通知的内容进行明确规定，但为了保证被通知股东能够理性考虑是否行使优先购买权，出让股东应将拟转让股权的数量、类型、价格、支付方式、时间等重要信息体现在书面通知中。关于发送通知的义务主体，有观点认为应该由公司履行通知义务。但是笔者认为，有限责任公司的股东具有较强的人合性，出让股东完全有能力联系到其他股东，并不存在通知不到的难题，由出让股东履行该通知义务更为恰当。

（2）公司可以通过章程规定股东对股权对外转让不享有优先购买权，《公司法》（2023修订）第八十四条第三款规定："公司章程对股权转让另有规定的，从其规定。"该条款赋予公司通过章程对优先购买权作出规定的权利。

（3）股权继承时，能否主张行使优先购买权。我国《公司法》（2023修订）第九十条规定，自然人股东死亡后，其合法继承人可以继承股东资格；但是，公司章程另有规定的除外。依据该条款，在公司章程没有规定的情况下，自然人股东死亡后，其继承人自然取得股东资格，优先购买权在继承发生时排除适用。但是，《公司法》（2023修订）第九十条亦赋予了公司可通过章程另行作出规定，如果公司章程对此有不同于公司法的规定，应按照公司章程的规定执行。

（4）有限责任公司股东之间转让股权的，其他股东不享有优先购买权。

（5）优先购买权中的"同等条件"。同等条件即是享有优先购买权的股东与公司外的其他人在购买价格、数量、付款方式、付款时间上均一致。笔者认为，能否购买全部待出售股权亦是考量是否符合同等条件的一个重要因素。

（6）除非公司章程另有约定，否则瑕疵出资不影响行使优先购买权。我国《公司法》第八十四条并未对行使优先购买权的股东身份设置限制条件。

六、股份有限公司股权转让焦点问题

一般而言，股份有限公司不能通过章程对股权转让进行限制或禁止。但是，并非所有的股份有限公司都是上市公司，有些发起设立的股份有限公司亦具有较强的人合性，此类股份有限公司如果通过章程对股权的转让设置一定的条件，不应认定为无效。

我国公司法对于股份有限公司发起人、董事、监事、高级管理人员等主体所持股份的转让设置了限制条件，上述主体在转让股权时应遵守公司法的规定，否则将会导致转让协议无效。虽在禁止转让期间签署转让合同，但约定交付日期为解禁后的，则转让协议应为有效。

专题九
公司决议效力纠纷

公司作为拟制的法人，其意思表示需要通过特定的机关以决议的形式作出，该种决议往往采取少数服从多数的表决方式。

公司决议系公司的意思表示，只有内容、作出程序均符合法律、公司章程的规定才发生法律效力，否则其效力会存在瑕疵。我国公司法规定的可以提起效力瑕疵的决议，包括股东（大）会决议，也包括董事会决议。

公司决议从效力上而言，可能存在以下四种情况：决议不成立、决议可撤销、决议无效、决议有效。我国现行《民事案件案由规定》中针对公司决议规定了两种案由：（1）公司决议效力确认纠纷；（2）公司决议撤销纠纷。

公司决议效力确认纠纷案由适用的情形不仅包括确认公司决议无效，还包括要求确认公司决议不成立。《公司法》（2023修订）第二十五条、第二十六条规定的决议无效和撤销之诉针对的均是已经成立的决议，第二十七条规定针对的是决议不成立的情形。

原告：公司股东、董事、监事等。

被告：公司；其他利害关系人可以列为第三人。

管辖：公司住所地人民法院。

一、公司决议无效纠纷、公司决议不成立纠纷、公司决议撤销纠纷的对比

（一）公司决议不成立与公司决议可撤销

公司决议不成立和可撤销均是因程序违法所导致，但二者的严重程度不相同。

公司决议欠缺成立要件的，该决议不成立。决议不成立是因为决议程序存在严重瑕疵，该瑕疵不具有可弥补性。可撤销决议在程序上也具有瑕疵，但是其严重程度要弱于决议不成立的情形，且可以弥补。

另，我国公司法对于行使确认公司决议不成立之诉的期间并未作规定。但笔者认为，决议不成立应与决议无效之诉一致，均不应受诉讼时效或除斥期间的限制。

(二) 公司决议可撤销与公司决议无效

决议无效是基于法律规定认定无效，与当事人的意志无关，且无效决议自始无效、绝对无效，提起决议无效纠纷之诉没有时间限制。

决议可撤销是因为存在可弥补的程序瑕疵，法律将是否否定该决议效力的权利赋予给了受害方，由受害方自行决定是否行使撤销权，法院并不主动干预。可撤销决议在被撤销前具备法律效力，且撤销权必须在法定的期间内行使。

二、公司股东、董事、监事为公司决议效力之诉的适格原告

≫ 典型案例

蓝X福、王X龙等与云X厂公司决议效力确认纠纷

基本案情： 云X厂于2001年1月9日经改制成立，系股份合作制企业，蓝X福、王X龙、陆X均系云X厂股东。

云X厂章程第十一条股东权利规定：……（二）参加股东会并按出资比例行使表决权；（三）有选举和被选举董事、监事权；……（五）有依法律和本章程规定转让股权和优先购买其他股东转让的股权以及企业新增资本的权利。第十三条规定：股金是一项长期性投资，一经投入不得退股或随意转让、继承。股东在缴纳股金一年后可办理转让。股金转让须征得董事会同意。第十四条规定：职工如遇调离、辞职、辞退、解除劳动合同、开除、退休和死亡，职工股经董事会批准，股权可以转让和继承，其他股东有优先受让的权利。第十五条规定：董事会、监事会成员及企业高级管理人员的股份任职期间不得转让，离任时可以转让给继任者。第十七条股东会职权规定：本企业的股东会由全体股东组成，为企业的最高权力机构。其职权是：……（二）选举和罢免企业董事会、监事会成员并决定其报酬事项；……（六）对股东向股东以外的人转让出资作出决议。第十八条股东会的议事规则规定：（一）股东会作出本章程第十七条中第五项内容的决议及修改本章程时，须经过2/3

以上表决权的股东通过；……（三）股东会由股东按出资比例行使表决权。第十九条董事会规定：董事会是股东大会的执行机构，向股东大会负责。董事会由五名董事组成，董事由股东会选举产生；第二十一条规定：（一）董事会会议由董事长召集和主持，董事长因故不能履行时，由董事长指定其他董事召集和主持。一名以上的董事可提议召开董事会，董事会有至少两名的董事出席方为有效；（二）董事会实行一股一标（票）的表决制度，董事会的决议须经1/2股权以上董事同意方可作出；（三）董事会会议每年至少召开2次，董事的任期为三年，每届任期不超过三年，任期届满可连选连任。第二十五条规定：本企业董事长为法定代表人，董事长任期三年，任期届满，可连选连任。

2000年12月15日，云X厂召开首次股东会会议，选举周X海、王X龙、蓝X福、梁X荣、孙X顺、许X银、陆X共七名股东为董事会成员，组成企业董事会。同日，云X厂召开首次董事会会议，选举周X海为董事长兼法定代表人。之后云X厂未再重新选举董事会成员。

2016年1月20日，云X厂董事长、法定代表人周X海去世。

2016年3月9日，云X厂召开董事会会议，许X银、梁X荣、陆X、蓝X福参加会议，董事孙X顺已退休多年，董事王X龙已辞职多年，未能参加会议，会议一致通过以下决议：选定由梁X荣任云X厂董事长兼法定代表人。

2017年6月30日，云X厂召开职工股东会会议，共有61名在职股东参加。云X厂提交的在职股东名单显示，该61名在职股东所占股权比例为23.71%，经其中59名股东（所占股权比例为22.93%）同意，会议通过以下决议：选举产生梁X荣等五名股东为董事会成员，组成董事会。同日，由上述股东会会议选举产生的云X厂新一届董事会召开董事会会议并一致通过以下决议：选举梁X荣为云X厂董事长、法定代表人。

蓝X福已于2003年2月退休，孙X顺已于2006年7月退休，王X龙已于2007年3月离职。

云X厂提交股东明细表5份，该明细表显示，截至2017年6月，云X厂股权情况如下：（1）在职股东61人，所占股权比例为23.71%；（2）已死亡的股东7人，所占股权比例为21.42%；（3）已退休仍持股股东40人，所占股权比例为18.33%；（4）已退股股东50人，所占股权比例为15.21%；（5）已离职仍持股股东45人，所占股权比例为21.33%。以上合计203人，所占股权比例为100%。

蓝X福、王X龙、陆X起诉请求：（1）确认云X厂于2017年6月30日作出的职工股东会决议不成立；（2）确认云X厂于2017年6月30日作出的董事会决议不成立。

裁判结果：一、云X厂于2017年6月30日作出的职工股东会决议不成立；二、云X厂于2017年6月30日作出的董事会决议不成立。

裁决思路：云X厂系股份合作制企业，兼具公司制企业和合伙制企业组织的部分特征。因此，有关股份合作制企业纠纷的处理，应首先尊重企业内部的规定、决定或者约定等。云X厂章程规定："职工如遇调离、辞职、辞退、解除劳动合同、开除、退休和死亡，职工股经董事会批准，股权可以转让和继承，其他股东有优先受让的权利。"蓝X福、王X龙虽然退休或离职，但云X厂章程并未规定股权份额处理的具体流程。云X厂尚未对两人的股权份额按程序进行处理，两人并不当然失去股东资格。云X厂于2017年6月30日作出的职工股东会决议及董事会决议均不成立。其一，云X厂章程虽未对通过普通决议的表决权比例作出规定，但根据资本多数决原则，选举董事的股东会决议至少应当由过半数的表决权通过，而案涉股东会决议仅有持股权比例为22.93%的股东同意，远未过半数，故该决议不成立。其二，即使云X厂统计的退股股东所占股权比例属实，扣除该部分表决权后（15.21%），案涉股东会决议仍未达到过半数的表决权比例，故该决议仍未成立。其三，云X厂在未依据章程对退休、离职及死亡股东的股权予以处理的情况下，直接排除该部分股权的表决权，明显不当。其四，股东会决议既未成立，由该股东会决议选举产生的董事会所作出的董事会决议当然不成立。

相关规定

《最高人民法院关于适用〈中华人民共和国公司法〉若干问题的规定（四）》（2020修正）

第一条 公司股东、董事、监事等请求确认股东会或者股东大会、董事会决议无效或者不成立的，人民法院应当依法予以受理。

实务要点：（1）决议无效之诉和不成立之诉都是对决议合法性的根本否认。从理论上而言，与公司决议效力有利害关系的主体均可作为原告提起诉讼，但司法实践中为防止滥诉，《公司法司法解释四》第一条仅列举了公司股东、董事、监事三类主体的原告资格。但如果公司决议影响到了公司员工、债权人等主体的利益，这些主体也可以作为原告提起公司决议效力纠纷之诉。

(2)《公司法司法解释四》第一条中的"等"指的是与股东会、股东大会或者是董事会决议内容有直接利害关系的其他人，通常是指公司高管、员工、债权人。如股东会决议或董事会决议通过决议的方式进行分配将会对债券持有人产生影响，如债券持有人权利受到决议的影响，其可以本案由提起诉讼。

(3) 股东如果提起诉讼，应举证证明其在决议做出时系股东或隐名股东，如公司的股东名册、出资证明、公司章程等可认定原告股东身份的资料。

(4) 公司法人、高级管理人员、公司职工等均可能与公司决议存在利益相关，其权益可能受到公司决议的影响，应赋予其对公司决议效力提起诉讼的权利。

(5) 公司债权人虽然权益也可能受到公司决议的影响，但债权人并非公司内部人员，公司决议是公司治理过程中内部意思表示，如果赋予债权人对公司决议效力提起诉讼的权利，将会导致公司债权人过多干预公司内部治理，故笔者认为债权人不应作为公司决议效力之诉的原告。

三、因决议内容违法提起的确认公司决议效力之诉

>> **典型案例**

王 X 等与罗 X 公司公司决议效力纠纷

基本案情：2017 年 4 月 6 日，罗 X 公司作出《股东会决议》，内容为：2017 年 4 月 6 日在公司会议室召开了罗 X 公司第一届第一次股东会议，会议应到 5 人，实到 5 人，会议在召集和表决程序上符合公司法及公司章程的有关规定，会议形成决议如下：(1) 同意增加新股东国 X 合创公司、中农 XX 公司；(2) 同意原股东车 XX、王 X 兴、王 X、薛 XX 退出股东会；(3) 同意股东车 XX 将其持有的出资 26 999.73 万元转让给中农 XX 公司；股东车 XX 将其持有的出资 29 999.7 万元转让给国 X 合创公司；股东车 XX 将其持有的出资 38 999.61 万元转让给刘 X；股东王 X 兴将其持有的出资 999.99 万元转让给中农 XX 公司；股东王 X 将其持有的出资 999.99 万元转让给中农 XX 公司；股东薛 XX 将其持有的出资 999.99 万元转让给中农 XX 公司；(4) 同意免去车 XX 的执行董事职务；(5) 同意修改公司章程。该股东会决议全体股东亲笔签字处载有王 X 签字。诉讼中，刘 X 称《股东会决议》中王 X 的签

字是其代签，王X并不知情。诉讼中，罗X公司称中农XX公司没有向王X支付过股权转让价款。股权转让协议是刘X负责找王X签署，具体是否是王X本人签字，无法核实。罗X公司称没有支付对价的原因是公司是认缴制，没有实际经营，股权价值不好判断。对此，刘X表示工商档案信息里的股权转让协议是其代王X所签，王X并不知情。另查，2017年4月6日《股东会决议》作出前，王X为罗X公司股东。

王X起诉请求：（1）确认2017年4月6日形成的罗X公司第一届第一次《股东会决议》部分无效，即确认《股东会决议》第二项"同意原股东王X退出股东会"的决议无效及第三项中"股东王X将其持有的出资999.99万元转让给中农XX公司"的决议无效；（2）诉讼费用由罗X公司承担。

被告罗X公司辩称：2017年4月6日召开的第一届第一次股东会会议符合公司法及公司章程的有关规定，形成的《股东会决议》是股东的真实意思表示，合法有效。该会议决议是原全体股东对本次会议决议事项已经达成一致的前提下，以书面形式一致同意作出的，是全体股东的真实意思表示，《股东会决议》合法有效。

裁判结果：被告罗X公司于2017年4月6日形成的第一届第一次《股东会决议》中第二项"同意原股东王X退出股东会"及第三项"同意股东王X将其持有的出资999.99万元转让给中农XX公司"的决议内容无效。

裁判思路：公司股东会决议应为股东针对待决议事项所为真实意思表示的载体，如股东的意思表示存在瑕疵，则公司股东会决议的效力也将因此受到影响。首先，涉诉罗X公司第一届第一次股东会会议形成的《股东会决议》处王X的签名，王X主张并非由其本人所签，且刘X认可系由其代签，并称未向王X告知过决议内容。罗X公司虽称刘X、车XX明确表示已告知王X有关本次《股东会决议》的决议事项，并取得其同意，但并未提交证据予以证明，故对罗X公司的该项辩称，法院不予采纳。因此，上述股东会决议中所涉王X事项并非其真实意思表示。其次，王X是否系罗X公司的名义股东，与涉诉股东会决议效力的判断分属不同性质的法律问题，亦与王X独立作出真实意思表示的权利不存在法律上冲突，故无法构成罗X公司对本案诉争内容的有效抗辩。据此，王X的诉讼请求，有事实及法律依据，法院予以支持。

相关规定
《中华人民共和国公司法》（2023 修订）
第二十五条 公司股东会、董事会的决议内容违反法律、行政法规的无效。

实务要点：（1）《民法典》第一百四十三条规定，"具备下列条件的民事法律行为有效：行为人具有相应的民事行为能力；意思表示真实；不违反法律、行政法规的强制性规定，不违背公序良俗"。公司作出决议系公司的一项民事法律行为，对决议事项进行表意的股东的意思表示必须真实，否则其效力将受到影响。实务中，股东以公司作出股东会决议未让其表决、被伪造签字等为由起诉要求确认决议无效的案例比较常见。如果公司决议上的签字并非本人所签署，也未经过本人的授权或追认，则不能认定为本人的真实意思表示。但需要强调的是，存在伪造签名的公司决议并非当然无效。公司决议实行多数决，如果被伪造签字的表决权对多数决的实现不产生实质性影响，则该公司决议的法律效力不受影响。被伪造签字的股东可以采取其他法律措施维护自身权益。（2）应当特别注意的是，公司决议确认无效的前提是该决议已经成立，如果根本未依照法定程序作出决议，则决议本身根本不成立，不存在是否有效的基础条件。但是从逻辑和法律体系解释角度而言，不成立的决议当然不具有法律约束力。（3）只有决议内容违反法律、行政法规的才可确认无效，不宜作扩大的解释。（4）如果决议内容具有可分性，可区分不同决议不同部分的效力，部分决议事项无效并不必然导致决议中其他事项无效。

四、因决议不成立提起效力确认之诉

▶ **典型案例**

全联 XX 公司等与贾 X 公司公司决议效力确认纠纷

2016 年 11 月 30 日，贾 X 与举 X 网设立全联 XX 公司，注册资本 500 万元，贾 X 任执行董事兼法定代表人。2017 年 1 月 24 日，全联 XX 公司的注册资本变更为 5000 万元。2017 年 8 月 10 日，邬 XX 被登记为全联 XX 公司股东，认缴出资 2050 万元，同时，举 X 网公司认缴出资 950 万元，贾 X 认缴出资 2000 万元。2018 年 10 月 29 日，刘 X 被登记为全联 XX 公司的执行董事兼法定代表人。

全联XX公司的工商登记信息中包含涉诉决议一份，内容为：2018年6月12日在公司会议室召开了全联XX公司第四届第二次股东会会议，会议应到3人，实到2人，会议在召集和表决程序上符合《公司法》及公司章程的有关规定，会议形成决议如下：（1）同意免去贾X的执行董事职务；（2）同意选举刘X为执行董事。该决议落款处加盖举X网公司公章，有"邬XX"的署名。

2018年5月23日，全联XX公司之委托代理人向贾X邮寄《授权委托书》及《2018年第一次临时股东会表决票》，北京市方正公证处对上述邮寄过程作出（2018）京方正内经证字第XXXX号公证书。公证书显示：《2018年第一次临时股东会表决票》的主要内容为对"关于更换公司执行董事和法定代表人的议案"作出同意、反对或弃权的勾选。

全联XX公司的公司章程显示：股东会有权选举和更换非由职工代表担任的执行董事、监事；股东会会议由股东按照出资比例行使表决权；代表十分之一以上表决权的股东、执行董事、监事提议召开临时会议的，应当召开临时会议；股东会会议由执行董事召集和主持，执行董事不能履行或者不履行召集股东会会议职责的，由监事召集和主持；监事不召集和主持的，代表十分之一以上表决权的股东可以自行召集和主持。

2017年12月6日，贾X因犯单位行贿罪被判处有期徒刑一年，实际服刑期间为2017年8月4日至2018年7月17日。

全联XX公司、举X网公司、邬XX均称在邬XX的召集下，全联XX公司依法于2018年6月12日召开临时股东会会议，作出了免去贾X执行董事职务，选举刘X为执行董事的股东会决议。就此，全联XX公司出具如下证据：（1）全联XX公司留存的股东会决议，内容为：2018年6月12日9：00-10：00，在北京市朝阳区XXX室召开临时股东会议，参加股东为邬XX、举X网，会议由邬XX召集和主持，决议内容为"将公司法定代表人（执行董事）由贾X变更为刘X"，该决议落款处有"邬XX"的署名、举X网公司的公章及王X峰的署名。（2）举X网公司曾将全联XX公司诉至法院，要求依据2018年6月12日的股东会决议办理工商变更登记，双方经法院主持调解达成调解协议：全联XX公司于2018年9月30日前将公司法定代表人由贾X变更为刘X。（3）刘X与贾X的微信聊天记录显示，刘X于2018年5月23日向贾 X 发送了《关于召开 2018 年第一次临时股东会的通知》及相关附件的电子版。(4)《代持及确认协议》显示，举 X 网与郈 XX 于 2019 年 7 月 29 日签署该协议，列明"双方 2017 年 8 月签订《股权转让协议》，约定举 X 网将其持有的全联 XX 公司 41% 的股权转让给郈 XX，相应股权实际为郈 XX 代举 X 网公司持有；……2018 年 6 月 12 日，全联 XX 公司作出决议，更换公司执行董事，该次郈 XX 签字系举 X 网公司安排人员参加和签署，双方对签署股东会文件签字、股东会决议的效力及为落实该次股东会决议而办理的公司变更登记行为，均予以认可，不持异议"。(5) 郈 XX 的授权委托书显示，郈 XX 委托岳 X 林参与 2018 年 6 月 12 日的股东会，同意更换公司执行董事和法定代表人的议案，该委托书落款日期为 2018 年 6 月 12 日。举 X 网公司、郈 XX 认可上述证据。贾 X 对上述证据发表如下质证意见：不认可决议的真实性；认可调解书的真实性，但不认可证明目的；不认可微信聊天记录的真实性，当时其正在服刑，根本无法收到微信；协议签署于股东会之后，恰可证明股东会决议系举 X 网公司安排他人代签；不认可授权委托书的真实性。

岳 X 林出庭作证述称："我 2017 年至 2018 年在全联 XX 公司任产品总监；2018 年 6 月 11 日晚上下班后，郈 XX 电话通知我第二天 9 点 XXX 室将召开股东会而其无法出席，需由我代为参与并主持会议、同意议案；郈 XX 用文件袋装好股东会议案、表决单、委托书等文件，放在其办公桌上，我第二天一早去他办公室拿了袋子；之后我代郈 XX 主持、参与了股东会；开会前曾特意等候贾 X 半个多小时，贾 X 未出现，实际到场的有我及王 X 峰；开会时我就宣读了议案，然后发了表决单，我和王 X 峰都在表决单上打了勾，我俩还让前台过来按照议案和表决情况打印出了股东会决议，我和王 X 峰都在上面签了字；我还作了会议记录；印象中作出的是变更法定代表人为刘 X 的决议，是否对执行董事的变更作出决议记不清了；因郈 XX 曾嘱托让我签署他的名字，故我代签了郈 XX 的名字；过了几个月，因为工商要求采用固定格式，我们又去工商下载了新的格式，我与王 X 峰又在新格式上签了字，当时郈 XX 仍然不在，我受其委托代其签了名字。"贾 X 不认可上述证言，全联 XX 公司、举 X 网公司、郈 XX 均认可上述证言。

全联 XX 公司、举 X 网公司及郈 XX 均称因贾 X 涉嫌犯罪，在羁押及服刑期间无法处理公司事务，导致全联 XX 公司的相关业务陷于困境，故需变更执行董事及法定代表人，当时虽知晓贾 X 已不在户籍地居住、难以收到微信，但未能获悉贾X的羁押及服刑地点，故仅通过邮寄户籍地和发送微信进行了通知。

贾X起诉请求：确认全联XX公司于2018年6月12日所作出的变更贾X执行董事及法定代表人身份的股东会决议不成立。

裁决结果：确认2018年6月12日的《全联XX公司股东会决议》不成立。

裁判思路：虽然全联XX公司提交了举X网公司与邬XX签订的《代持及确认协议》，但该协议本身无法证明会议召开情况，且协议中所记涉诉决议系举X网公司安排他人代邬XX签署一节恰与岳X林证言中所称邬XX自主召集并委托其主持、参与股东会会议，以及全联XX公司所称邬XX已于会议当天签署委托书的情形相互矛盾。加之岳X林曾系全联XX公司员工，其证言的证明力较低，其证言中提到的已作会议记录并有相应表决材料等情节均缺乏客观佐证，法院对全联XX公司所称曾于2018年6月12日召开会议的主张尚无法予以采信。根据公司法的规定，有限责任公司股东会由全体股东组成，召开股东会会议，应当于会议召开十五日前通知全体股东。全联XX公司在明知贾X无法以其户籍地或手机微信收悉股东会会议通知的情况下，以无效的送达手段发送通知，并未善尽通知义务，未能完成股东会会议的通知与召集，即便全联XX公司确曾于2018年6月12日召开会议，该会议亦系股东贾X毫不知情的、其他股东的会晤，而非依法召开的股东会会议。

相关规定

《中华人民共和国公司法》（2023修订）

第二十七条 有下列情形之一的，公司股东会、董事会的决议不成立：

（一）未召开股东会、董事会会议作出决议；

（二）股东会、董事会会议未对决议事项进行表决；

（三）出席会议的人数或者所持表决权数未达到本法或者公司章程规定的人数或者所持表决权数；

（四）同意决议事项的人数或者所持表决权数未达到本法或者公司章程规定的人数或者所持表决权数。

实务要点：（1）在没有召开股东（大）会、董事会的情况下，伪造签名和决议内容，是严重的程序违法行为，即使该股东或董事实际享有公司绝大多数的股份及相应的表决权，其个人决策亦不能代替股东会决议的效力。该决议因欠缺成立的基本要件而不成立。但我国公司法规定，有限责任公司股东以书面形式一致表示同意的，可以不召开股东会会议，直接作出决定，并由全体股东在决议文件上签名、盖章。即有限责任公司的股东可以以书面形式进行决议，不因此而导致决议不成立。（2）股东会决议的内容与各个股东相关，如果参加会议的股东未达到最低出席会议人数的要求，其决议内容将可能损害公司或股东的利益，故对于股东会未达到最低出席人数的情形，应视为未召开股东会。但需要特别指出的是，我国公司法并未对股东会的最低出席比例作规定，实践中主要通过公司章程予以规定。我国公司法规定董事会召开必须有过半数董事出席，同时也赋予公司以章程形式加重对董事会出席人数的要求。（3）股东会召集程序体现了股东会会议发起的正当性和合法性，系使股东意思归属于公司的前提和基础。如果股东会召集对象上的瑕疵直接导致部分股东无法获知股东会会议的召开，将使该部分股东丧失公平地参与股东会表达意见、投票形成公司意志的机会。在此情况下即便形成决议，也不能认定为股东会决议。本案中，全联 XX 公司明知贾 X 无法收到公司关于召开股东会的通知，仍然以邮件、微信方式发送通知，不能视为其依法召开了股东会，其决议当然不成立。但是需要指出的是，实务中对于因公司通知方式存在瑕疵导致股东无法参会的情形是构成相应决议不成立还是撤销，与该股东所持股份比例亦有关联，如果该股东所持有的股份比例比较小，该股东不参加会议并不当然可以否定该次股东会的召集效力，认定该次股东会所作决议为可撤销公司决议的可能性比较大。（4）公司决议既要注重公平，也要兼顾效率，在保障效力的前提下最大限度地实现公平，在公司实行少数服从多数的民主制度，也是各国公司法普遍采纳的方式。通过决议必须符合公司法或者公司章程规定的比例，否则即意味着公司没有形成决议的意思表示，该决议当然不成立。

专题十
公司决议撤销纠纷

与公司决议无效、不成立之诉不同,公司决议撤销之诉更侧重于保护相对方股东的利益,构成可撤销的理由主要是违反作为公司自治规范的公司章程,主要包括召集程序、决议方式、决议内容是否符合公司章程的规定。但是轻微瑕疵,并不会对决议产生实质性影响,不应因存在轻微瑕疵即撤销相应公司决议。

原告: 提起决议撤销之诉的主体限于股东,不包括董事、监事、债权人等其他主体,且股东在起诉时必须具备股东资格。

被告: 公司。

其他股东: 可以共同原告或第三人身份参加诉讼。

管辖: 公司住所地法院。

撤销权的除斥期间: 自决议作出之日起六十日,该期间不得中止、中断或延长。

一、公司会议的召集程序违反法律、行政法规或公司章程的,可撤销

▶▶典型案例

智X公司与掌X公司公司决议撤销纠纷

基本案情: 掌X公司于2010年11月12日成立,注册资本1266.67万元。2018年5月24日至2020年3月17日期间,掌X公司董事为蒲某、郭X、许某、王某、曾某、蔡某,郭X为董事长。2020年3月17日,掌X公司董事变更为郭X、许某、王某、曾某、蔡某、潘某,郭X为董事长。2015年11月11日至2020年11月25日期间,掌X公司股东为杨某、潘某、方某、郭X、许某、秦某、王某、智X公司(持股8.86%)、电广XX公司。

2021年2月23日，智X公司法定代表人由蒲某变更为罗某妹。

掌X公司章程第十条规定，股东会会议由股东按照出资比例行使表决权，公司股东会决议事项以公司全体表决权半数以上同意通过；如果截至2016年9月30日，电广XX公司未能就其取得掌X公司80%股权与掌X公司及其届时的股东达成确定的协议，则股东会决议事项以公司全体表决权四分之三以上同意通过。第十一条规定，股东会会议分为定期会议和临时会议；召开股东会会议，应当于会议召开十五日以前通知全体股东；定期会议每年召开一次；代表十分之一以上表决权的股东，三分之一以上的董事，监事提议召开临时会议的，应当召开临时会议。第十二条规定，股东会会议由董事会召集，董事长主持。第十四条规定，公司设董事会，成员为六人，由股东会选举产生，两名董事由电广XX公司提名，四名董事由自然人股东及智X公司提名；董事任期三年，任期届满，可以连任；董事会设董事长一名，由董事会选举产生。第十六条规定，董事会会议由董事长召集和主持。第十七条规定，董事会决议的表决，实行一人一票；三分之一以上的董事可以提议召开董事会会议，并于会议召开前十日通知全体董事；董事会对所议事项应由三分之二以上的董事表决通过方为有效，并应作成会议记录，出席会议的董事应当在会议记录上签名。第十八条规定，未经电广传媒所提名的董事同意，董事会不得表决通过公司股东以其持有的公司股权为他人提供担保或设置其他权利负担，作出任何同意分配公司利润的决议，宣布、支付任何利润分配或进行其他分配，修改公司章程等事项。第二十七条规定，电广XX公司在第十四条、第十八条中享有的权利，至2016年9月30日期间有效；如果2016年9月30日前电广XX公司就其取得掌X公司80%股权与公司及其届时的股东达成确定的协议，则公司按届时各方股东同意的权利义务关系及公司章程执行；如果截至2016年9月30日，电广XX公司未能就其取得掌X公司80%的股权与公司及其届时的股东达成确定的协议，则电广XX公司自2016年10月1日起除在公司可提名一名董事外，不再享有上述第十四条、第十八条中规定的权利。

2016年11月25日，电广XX公司（证券代码XXXXXX）发布《关于拟终止发行股份及支付现金购买资产并募集配套资金事项并撤回申请文件的公告》（以下简称《公告》），载明电广XX公司本次重组交易方案包括拟向交易对方郭X、王某、潘某、智X公司、许某、杨某、秦某、方某以发行股份的形式购买其持有的掌X公司52.6315%的股权,并同时对掌X公司进行现金增资,另取得增资完成后掌X公司24%的股权;在本次交易之前,公司已持有掌X公司21.0526%的股权,本次交易完成后,公司将合计持有掌X公司80%的股权。撤回本次重组申请文件的原因为,鉴于市场环境和行业政策发生了较大变化,标的公司业绩出现一定波动,继续推进本次交易将面临重大不确定性,基于谨慎性原则和对本次交易各方负责的精神,为切实维护好公司和全体股东利益,经审慎研究,并经交易各方友好协商,公司拟终止本次交易,撤回发行股份及支付现金购买资产并募集配套资金申请文件。本案中,智X公司据此主张电广XX公司未能于2016年9月30日前就其取得掌X公司80%股权与掌X公司及届时的股东达成确定的协议。掌X公司称,电广XX公司并购掌X公司未能执行成功的原因是因为蒲某在并购期间存在隐瞒信息和虚假陈述的情形。

2017年3月1日,蒲某及智X公司委托律所向掌X公司股东会发出《关于2017年1月28日"股东会决议"违反法律和公司章程规定的律师函》(以下简称《律师函》),其中"致:掌X公司股东会"处列明的股东蒲某的联系邮箱为XXX。庭审中,智X公司认可XXX为蒲某的电子邮箱地址。

2018年4月20日,掌X公司召开第九届第一次股东大会会议,决议选举蔡某、曾某为董事。该两名董事为电广XX公司委派,该股东会决议落款处未经智X公司加盖公章。2018年5月24日,掌X公司依据该股东会决议进行了董事变更登记。

2020年2月12日,郭X向掌X公司股东会、董事会成员许某、方某、蒲某(收件邮箱为XXX)、潘某等人发送《关于召开公司2020年第一次临时股东会会议》的电子邮件,内容包括"我们作为公司股东及董事长/董事/监事,提议于2020年2月28日上午10时召开公司股东会会议""召开方式:受新冠疫情影响,本次会议采用电话会议的方式(电话会议桥将于会前发出)""会议召集人:公司董事会""议程:c.选举新一届董事会及监事"。邮件落款处写有"郭X 王某 潘某"字样。

2020年2月13日,郭X通过电子邮件向掌X公司董事会成员许某、蒲某、潘某等人发送《关于召开公司2020年第一次董事会会议的通知》,内容包括:"各位董事(郭X、王某、许某、蒲某、曾某、蔡某)""我们提议于2020年2月24日14:00召开公司董事会会议""召开方式:受新冠疫情影响,本次会议采用电话会议的方式(电话会议桥将于会前发出)""会议召集人/主持人:董事长 郭X""审议议案:关于召开公司2020年第一次临时股东会的议案:于2020年2月28日上午10:00召开公司第一次临时股东会""参会人员:公司全体董事"。邮件落款处写有"董事:郭X 王某;召集人:董事长 郭X"字样。

2020年2月23日,郭X通过电子邮件向蒲某、许某、潘某等人告知其参加2020年2月24日下午两点的董事会的电话会议的接入号和密码。

掌X公司《2020年第一次董事会会议纪要》载明,时间为2020年2月24日14:00;召开方式为电话会议;召集人、主持人为董事长郭X;与会人员为董事郭X、王某、许某、蔡某、曾某出席,蒲某缺席,监事潘某列席;议案内容为,关于召开公司2020年第一次临时股东会,股东提议于2020年2月28日上午10:00召开临时股东会,股东会议程包括股东选举公司新一届董事会及监事;表决结果及董事会决议为,全体五位出席董事一致投票赞成上述议案,董事会确认于2020年2月28日上午10:00召开公司2020年第一次临时股东会。该会议纪要经郭X、王某、许某、蔡某、曾某、潘某签字确认。郭X于2020年3月4日通过电子邮件向蒲某、许某、潘某等人发送该会议纪要的签署版。

2020年2月27日,郭X通过电子邮件向蒲某、许某、潘某等人告知其参加2020年2月28日上午10:00的股东会的电话会议,并告知会议接入号和密码。

掌X公司2020年2月28日的《股东会决议》载明,日期为2020年2月28日;提议人为郭X、王某、潘某;主持人为董事长/法定代表人郭X;出席人员为公司股东郭X、王某、许某、潘某、杨某、方某、秦某、电广XX公司(授权委托曾某出席并代为行使股东权利);应到股东9名,实到股东8名,股东会对所议事项已由代表公司全体表决权四分之三以上股东表决通过,出席股东一致通过并形成了如下决议:(1)公司原董事会任期已满,股东重新选举新一届董事会,决议由郭X、王某、许某、潘某、曾某、蔡某担任公司董事,组成公司新一届董事会;(2)公司现监事任期已满,重新选举公司监事,决议由杨某担任公司监事。该股东会决议经郭X、王某、许某、潘某、杨某、方某、秦某、曾某、电广XX公司签字、盖章确认。掌X公司《2020年第一次临时股东会会议纪要》(时间为2020年2月28日上午10:00)中载明,电广XX公司提名曾某、蔡某为公司董事。该会议纪要经郭X、王某、许某、潘某、杨某、方某、秦某、曾某、电厂XX公司签字、盖章确认。郭X于2020年3月10日通过电子邮件向蒲某、许某、潘某等人发送上述《股东会决议》《2020年第一次临时股东会会议纪要》的签署版。

智X公司起诉请求：（1）撤销掌X公司2020年2月24日作出的《董事会决议》；（2）撤销掌X公司2020年2月28日作出的《股东会决议》；（3）诉讼费由掌X公司承担。

庭审中，智X公司认可上述电子邮件发送到了蒲某本人的邮箱，但称该邮箱并不常用。智X公司要求撤销涉案董事会决议的理由为：（1）董事会未按照公司章程约定提前十日通知蒲某开会，蒲某于2020年3月10日查看邮箱才知道开会的情况；（2）应由三分之一以上即至少三名董事召集董事会，但董事会通知中没有。智X公司要求撤销涉案股东会决议的理由为：（1）未按照公司章程提前十五日通知其开会；（2）股东会决议内容违反公司章程第二十七条第二款规定，电厂XX公司只有一名董事的提名权，但其提名了两名董事且已被选任；（3）按程序，应先召开董事会确定股东会的开会时间，掌X公司违反了该程序规定。

掌X公司称，公司章程并未就电厂XX公司只有一名董事提名权后空出的董事提名权进行约定，因此应适用公司章程第十条的规定进行股东会决议的表决，故2020年2月28日的《股东会决议》亦符合公司章程的规定。

裁判结果：一、撤销掌X公司于2020年2月28日作出的《股东会决议》中由曾某、蔡某担任董事的决议内容；二、驳回智X公司的其他诉讼请求。

裁判思路：首先，蒲某、智X公司于其向掌X公司股东会发出的《律师函》中载明了蒲某用于联系的电子邮箱地址，蒲某亦认可郭X向其本人邮箱发送了涉案邮件，且蒲某自称于2020年3月10日查看邮箱方知开会的情况，证明蒲某的电子邮箱处于正常使用状态，因此，蒲某、智X公司收到了开会通知。

其次，掌X公司章程规定，董事会会议由董事长召集和主持；三分之一以上的董事可以提议召开董事会会议，并于会议召开前十日通知全体董事；董事会对所议事项应由三分之二以上的董事表决通过方为有效。掌X公司有6名董事，三分之一以上即为2人以上（含2人），三分之二以上即为4人以上（含4人）。郭X于2020年2月13日通过电子邮件向包括蒲某在内的掌X公司董事会成员发送《关于召开公司2020年第一次董事会会议的通知》，载明该次董事会由董事郭X、王某2人提议，董事长郭X召集，将于2020年2月24日召开董事会，审议关于2020年2月28日召开临时股东会的议案，该议案经出席会议的5名董事一致同意通过。因此，掌X公司2020年2月24日董事会的召集程序、表决方式符合公司法和公司章程的规定，合法有效，智X公司要求撤销董事会决议的理由不能成立。

最后，掌X公司章程第十四条规定，公司设董事会，成员为六人，由股东会选举产生，两名董事由电厂XX公司提名，四名董事由自然人股东及智X公司提名。第二十七条规定，电厂XX公司在第十四条、第十八条中享有的权利，至2016年9月30日期间有效；如果截至2016年9月30日，电厂XX公司未能就其取得掌X公司80%股权与公司及其届时的股东达成确定的协议，则电厂XX公司自2016年10月1日起，除在公司可提名一名董事外，不再享有上述第十四条、第十八条中享有的权利。现电厂XX公司已于2016年11月25日发布公告撤回该次重组交易方案的申请文件，即电厂XX公司未能于2016年9月30日前就其取得掌X公司80%股权与掌X公司及其届时的股东达成确定的协议，则依据掌X公司章程的规定，电厂XX公司仅可提名一名董事，不再享有提名两名董事的权利。因此，即使掌X公司2020年2月28日的股东会履行了公司法、公司章程规定的召集程序，但当日作出的《股东会决议》中有关任命电厂XX公司提名的两名董事曾某、蔡某的决议内容，违反了掌X公司章程的规定，依法应予撤销。掌X公司虽主张电厂XX公司只有一名董事提名权时，应适用公司章程第十条规定作出股东会决议，但公司章程第十四条、第二十七条是关于电厂XX公司董事提名权的规定，公司章程第十条是关于电厂XX公司未能取得掌X公司80%股权时股东会决议的表决权通过比例的规定。因此，掌X公司股东会选举董事会成员时，应先依据公司章程第十四条、第二十七条由股东提名符合规定的董事人选，再适用公司章程第十条进行股东会决议的表决。股东依据公司章程第十四条、第二十七条行使董事提名权，是股东会依据公司章程第十条进行表决的前提，二者并非选择适用的关系。故掌X公司的相应意见不予采纳。

相关规定

《中华人民共和国公司法》（2023修订）

第二十六条 公司股东会、董事会的会议召集程序、表决方式违反法律、行政法规或者公司章程，或者决议内容违反公司章程的，股东自决议作出之日起六十日内，可以请求人民法院撤销。但是，股东会、董事会的会议召集程序或者表决方式仅有轻微瑕疵，对决议未产生实质影响的除外。

未被通知参加股东会会议的股东自知道或者应当知道股东会决议作出之日起六十日内，可以请求人民法院撤销；自决议作出之日起一年内没有行使撤销权的，撤销权消灭。

实务要点：撤销公司决议更侧重于保护相对方股东的个体权益，是否行使撤销权交由股东决定。我国《公司法》（2023修订）第二十六条第一款明确规定了可撤销的事由，可撤销的决议包括以下三类：一是公司会议的召集程序违反法律、行政法规或公司章程规定。二是公司决议的表决方式违反法律、行政法规或公司章程规定。三是公司决议内容违反公司章程规定。（1）召集程序主要包括股东会、董事会的召集通知、提案、议程等事项。召集人的资格、通知程序、会议的时间、地点等均可能产生瑕疵而影响决议的效力。（2）公司决议的形成遵循多数决原则，公司法和公司章程对于公司会议的表决方式均有规定。股东会、董事会会议的提案、投票、表决、计票等方面的瑕疵均可能导致决议效力受到影响。决议可撤销与决议不成立属于两个领域，决议可撤销的前提是依法成立。一般而言，可撤销决议的程序瑕疵严重程度要弱于不成立的决议。可撤销决议的程序瑕疵可以获得补救，但是不成立的决议的程序瑕疵是无法补救的。实务中，同类程序瑕疵可能因程度不同最终被认定成不同类型的决议瑕疵。（3）公司章程是股东的合意，决议内容违反公司章程是对股东间合意的违背，并不当然导致决议无效，而应赋予股东相应的选择权，由股东自行决定是否否定该决议的效力。

二、未对决议产生实质影响的轻微瑕疵不会导致决议被撤销

典型案例

金X达公司、中软XX公司等公司决议撤销纠纷

基本案情：中软XX公司成立于2011年1月10日，注册资本5000万元。中软XX公司的章程修正案载明，中软XX公司有股东9名：软件XX公司、持股27.9605%，曾X持股11.6810%，周X华持股5.6391%，芪X持股1.2084%，邓X持股1.2084%，国润XX公司持股18.0921%，金X达公司持股19.6842%，XX众诚合伙（有限合伙）、持股4.5921%，XX成长合伙（有限

合伙）持股 9.9342%。2015 年 2 月 16 日的中软 XX 公司章程第二十五条载明：股东会为公司的最高权力机构，出席股东会的股东必须超过全体股东表决权的半数以上方能召开，由董事会召集、董事长主持；章程第二十九条载明：召开股东会会议，应于会议召开十五日前通知全体股东；章程第三十条载明：股东会议应对所议事项作出决议，决议应由代表二分之一以上表决权的股东同意通过。

2019 年 12 月 10 日，谌 X 华以中软 XX 公司董事长身份向公司各董事发出《关于召开董事会会议的通知》，决定于 2019 年 12 月 28 日召开董事会会议，审议议案：（1）审议《关于提名刘 X、张 X 林为公司董事，免去谌 X 华，周 X 茹董事职务的议案》；（2）审议《关于召集召开临时股东会的议案》。2019 年 12 月 28 日上午，上述董事会议以肖 XX（联系人）发起微信视频方式召开。会议决议："通过《关于召集召开中软 XX 公司 2020 年第一次股东会的议案》，董事会确认于 2020 年 1 月 17 日 14:00，以现场方式召开中软 XX 公司 2020 年第一次股东会。"

2019 年 12 月 31 日，中软 XX 公司董事会向各股东发出《中软 XX 公司关于召开 2020 年第一次股东会会议的通知》，载明：2020 年 1 月 17 日 14 时在北京市海淀区召开全体股东会议；各股东均有权提出议案，并于 2020 年 1 月 3 日 12:00 前发送至联系人邮箱，联系人于 2020 年 1 月 3 日 18:00 前将整理好的议案以书面形式发送至各股东。同日，肖 XX（联系人）通过特快专递（EMS）向 XX 成长合伙（有限合伙）以外的各股东发出股东会会议通知。2020 年 1 月 17 日下午，上述会议在北京市海淀区召开，XX 成长合伙（有限合伙）未到现场参加会议，其余八名股东均亲自或授权委托他人到场参加。金 X 达公司、芪 X 均在《中软 XX 公司 2020 年第一次股东会股东代表签到表》备注栏签注"明确表示不认可本次股东会的程序及实体内容的合法性"。根据对"关于选举刘 X、张 X 林为公司董事，免去谌 X 华、周 X 茹董事职务的议案"现场表决票记载，软件 XX 公司、国润 XX 公司、XX 众诚合伙（有限合伙）、曾 X、周 X 华、邓 X 投同意票，金 X 达公司、芪 X 投反对票。中软 XX 公司以"经代表公司二分之一以上表决权的股东同意通过"，形成《中软 XX 公司 2020 年第一次股东会决议》，主要内容载明："同意选举刘 X、张 X 林为中软 XX 公司董事，免去谌 X 华、周 X 茹董事职务。表决结果：软件 XX 公司、国润 XX 公司、曾 X、周 X 华、XX 众诚合伙（有限合伙）、邓 X 表决同意，表决同意的股东代表公司表决权的 69.17%"。

金 X 达公司向一审法院起诉请求：判令撤销中软 XX 公司于 2020 年 1 月 17 日作出的《中软 XX 公司 2020 年第一次股东会决议》。

裁判结果：驳回金 X 达公司的诉讼请求。

裁判思路：中软 XX 公司召开的 2019 年第一次董事会会议的召集程序、参加人数、表决程序均符合法律和公司章程的规定，根据"中软 XX 公司 2019 年第一次董事会会议记录"，会议以七分之四票通过了《关于召集召开中软 XX 公司 2020 年第一次股东会的议案》，作出的《中软 XX 公司董事会 2019 年第一次会议决议》有效。中软 XX 公司董事会依据《中软 XX 公司董事会 2019 年第一次会议决议》，于 2019 年 12 月 31 日向各股东发出 2020 年 1 月 17 日召开股东会的通知，召集时间和程序符合法律和公司章程规定；但中软 XX 公司的在册股东有 9 名，中软 XX 公司提交的证据仅能证明通知了除 XX 成长合伙（有限合伙）以外的其余 8 名股东，不足以证明通知了股东 XX 成长合伙（有限合伙）参会，XX 成长合伙（有限合伙）也未现场参会和表决，故中软 XX 公司在此次股东会的召集程序上存在瑕疵，未能充分保证 XX 成长合伙（有限合伙）行使股东权利。对于后来的会议召开、投票表决、形成决议，在参会股东人数、表决程序、表决结果通过比例以及决议内容上，均符合法律、行政法规规定和公司章程规定。依照公司法及中软 XX 公司章程规定，选举和更换公司董事属于股东会的职权，虽然公司董事会未通过《关于提名刘 X、张 X 林为公司董事，免去谌 X 华、周 X 茹董事职务的议案》，但不影响股东会作出更换董事的决议；如果董事会通过了该议案，该议案也必须经过股东会通过。另外，在董事会上讨论过的议案，并不能排斥在股东会上重新讨论。故金 X 达公司认为被董事会否决的议案在股东会上讨论属于程序违法，缺乏法律和公司章程依据，不能成立。庭审中，中软 XX 公司提交了征求 XX 成长合伙（有限合伙）股东会意见的相关证据。该证据能够证明 XX 成长合伙（有限合伙）知晓此次会议的召开和会议决议内容，虽然 XX 成长合伙（有限合伙）事后未表示同意决议内容，但其在会议决议作出后 60 日内未向人民法院请求撤销，故案涉股东会议虽然在召集程序上存在瑕疵，但未参会的 XX 成长合伙（有限合伙）并未要求撤销决议，上述瑕疵应当属于轻微瑕疵，对决议未产生实质性影响。由于案涉股东会决议仅在召集程序上存在轻微瑕疵，金 X 达公司提交的证据不足以证明表决方式违反了法律、行政法规和公司章程，也不能证明决议内容违反了公司章程，故案涉决议应认定为有效。

相关规定

《中华人民共和国公司法》(2023 修订)

第二十六条 公司股东会、董事会的会议召集程序、表决方式违反法律、行政法规或者公司章程，或者决议内容违反公司章程的，股东自决议作出之日起六十日内，可以请求人民法院撤销。但是，股东会、董事会的会议召集程序或者表决方式仅有轻微瑕疵，对决议未产生实质影响的除外。

未被通知参加股东会会议的股东自知道或者应当知道股东会决议作出之日起六十日内，可以请求人民法院撤销；自决议作出之日起一年内没有行使撤销权的，撤销权消灭。

实务要点：（1）公司决议撤销制度是为了规范公司治理，如果召集程序、表决方式仅有轻微的瑕疵且未对决议产生实质影响，则撤销的意义不大。如果股东动辄即可以公司决议存在的轻微瑕疵即要求撤销决议，势必会造成股东与公司之间利益的失衡，也会影响公司正常经营，影响公司效率，不利于公司利益最大化的实现。故赋予法院一定的裁量权以根据具体情况进行不同处理是一种合理、有效的选择。（2）法院可裁量驳回的只能是针对"会议召集程序和表决方式"方面的程序轻微瑕疵，且"轻微瑕疵"和"对决议未产生实质影响"两个条件必须同时具备，法院才可驳回撤销决议的诉求。如章程规定提前 15 天通知召开股东会，实际是提前 10 天发送通知，但股东收到通知后到场参会了，则可认定为有轻微瑕疵且对决议未产生实质影响；反之，如果是章程规定提前 15 天通知召开股东会，实际提前 13 天发送通知，但股东未能到场参加会议，则该行为对股东参会权、表决权的行使造成了实质性的影响，不能认定"未对决议产生影响"。（3）如果因公司会议在召集、表决时故意遗漏了股东，则属于召集程序上的重大瑕疵，股东亦可以以公司决议不成立为由提起公司决议效力确认之诉。但同样需要明确的是，并非所有召集、表决程序中存在的瑕疵均会导致决议不成立，只有足以达到不成立的认定标准才构成决议不成立。

三、公司决议撤销权应在法定期间内行使

》典型案例

杜XX等与保XX公司决议撤销纠纷

基本案情：保XX公司成立于2005年12月8日。该公司章程显示：保XX公司注册资本为1258万元，股东为壹X公司（货币出资1004万元）、杜XX（非专利技术出资254万元）。股东会首次会议由出资最多的股东召集和主持。股东会会议由股东按照出资比例行使表决权。股东会会议分为定期会议和临时会议，并应于会议召开十五日前通知全体股东，定期会议应每年召开一次，临时会议由代表四分之一以上表决权的股东，三分之一的董事或者监事提议方可召开。股东出席股东会议也可书面委托他人参加股东会议，行使委托书中载明的权利。股东会会议由董事会召集、董事长主持，董事长因特殊原因不能履行其职责时，由董事长指定的其他董事主持。股东会会议应对所议事项作出决议，决议应由代表二分之一以上表决权的股东表决通过，但股东会对公司增加或者减少注册资本、分立、合并、解散或者变更公司形式、修改公司章程所作出的决议，应由代表三分之二以上表决权的股东表决通过。股东会应当对所议事项的决定作出会议记录，出席会议的股东应当在会议记录上签名。董事会由董事长召集并主持，董事长因特殊原因不能履行其职务时，由董事长指定的其他董事召集并主持，三分之一以上的董事可以提议召开董事会会议，并应于会议召开十日前通知全体董事。董事会对所议事项作出的决定应由二分之一以上的董事表决通过方为有效，并应作成会议记录，出席会议的董事应在会议记录上签名。

2020年6月16日，保XX公司作出《股东会决议》，内容为："2020年6月16日在公司会议室召开了保XX公司第X届第X次股东会会议，会议应到2人，实到2人，会议在召集和表决程序上符合公司法及公司章程的有关规定，会议形成决议如下：（1）同意免去XXX则的董事长职务。（2）同意选举李XX为董事长。自然人股东亲笔签字，法人股东由法定代表人签字并加盖公章。"保XX公司称召开该次股东会时并未通知杜XX，该决议落款"杜XX"的签字系其让代办公司的相关人员签署，亦并未得到杜XX的授权，原因是保XX公司认为杜XX不是保XX公司的股东。

同日，保XX公司作出二份《董事会决议》，第一份显示：2020年6月16

日,在公司会议室召开保XX公司董事会,会议应到3人,实到3人,形成决议:(1)同意解聘XXX则的经理职务;(2)同意免去XXX则的董事长职务。第二份显示:2020年6月16日,在公司会议室召开保XX公司董事会,会议应到3人,实到3人,形成决议:(1)同意聘任李XX为经理;(2)同意选举李XX为董事长。保XX公司称召开上述董事会时并未通知杜XX,该决议落款"杜XX"的签字系其让代办公司的相关人员签署,亦并未得到杜XX的授权。

2020年11月6日,杜XX起诉请求:(1)撤销被告保XX公司于2020年6月16日作出的股东会决议;(2)撤销被告保XX公司于2020年6月16日作出的董事会决议。

杜XX称其在案涉股东会决议和董事会决议作出后60日内没有提出撤销请求的原因是其不清楚上述决议的存在,故其坚持撤销股东会决议和董事会决议的诉讼请求。

裁判结果:驳回原告杜XX的全部诉讼请求。

裁判思路:根据保XX公司的公司章程记载,杜XX为保XX公司股东。保XX公司提交的现有证据不足以否定杜XX的股东资格。但是,案涉股东会决议及董事会决议系2020年6月16日作出,杜XX在2020年11月6日向法院起诉要求撤销上述决议,已经超过上述法定期间。因此,杜XX要求撤销上述决议,没有法律依据,法院不予支持。

实务要点:公司决议撤销之诉属于形成之诉,应在除斥期间内行使,如因未在60日内行使撤销权,会导致撤销之诉无法得到支持,2023年《公司法》修订前,并没有任何法律、司法解释将起算日期确定为"知道或应当知道决议做出之日",实务中对此意见亦存在分歧。《公司法》(2023修订)第二十六条第二款明确规定:"自知道或者应当知道股东会决议作出之日起六十日内,可以请求人民法院撤销"。但是因知道或应当知道具有一定的主观性,公司作为市场中的重要经营主体,不仅要注重公平,也要注重效率。如果只将公司决议撤销的起诉案日期定为"知道或应当知道之日"不加以任何限制,则会导致该决议长期处于效力待定的状态,更不利于公司的稳定,也不利于督促股东积极行使权利,故该条又明确规定此撤销权自决议作出之日起一年内没有行使的,撤销权消灭。

专题十一
公司设立纠纷

公司设立，是指发起人依照法律规定的条件和程序，为组建公司并使用法人资格而依法完成的一系列行为的总称。公司设立需要符合法定条件，并要履行法定的设立程序。发起人为了设立公司，免不了对外签订合同用以筹集资金、征用场地、购买设备或办公用品等。

公司设立纠纷，是指因公司设立过程中所形成的权利义务争议而发生的纠纷。公司向相对人承担责任后向发起人追偿的，也发生公司设立纠纷。

管辖： 公司住所地人民法院。

一、公司因故未设立，发起人对因设立公司对外所产生的费用和债务承担连带清偿责任

▶ 典型案例

陈X波与黄X谦、何X香公司设立纠纷

基本案情： 2019年6月19日，黄X谦（乙方）与胡某某（甲方）签订租赁合作协议，约定甲方负责与北京XX工贸公司签订空港XX地块商业的租赁合同，合同签订后转租给乙方作为餐饮用途，合同期限为五年；由乙方缴纳20万元作为合同履约保证金；如甲方签订租赁合同后，乙方不与甲方签订租赁合同，甲方有权扣除乙方的20万元保证金。2019年6月20日，由陈X波账户转账支付20元，并备注为保证金。

2019年7月28日，黄X谦（A方、B方）、何X香（C方）、邓某某（D方）、陈X波（E方）及周某某（F方）签订入股协议，约定各方共同投资人经友好协商，就各方合作投资；项目事宜由A方发起人参与的发起设立事宜，各方同意注册成立的公司为项目投资主体，A、B、C方以资源投资方式占公

司股份的60%，其中三方各为20%，E、D、F方以现金方式投资150万元占公司股份的40%，其中D占13.4%、E占13.3%、F占13.3%；共同投资人按其出资额占出资总额的比例分享共同投资的利润，分担共同投资的亏损；共同投资人各自以其出资额为限对共同投资承担责任，共同投资人以其股份为限对公司承担责任；共同投资人委托A方代表全体共同投资人执行共同投资的日常事务，包括但不限于在公司发起设立阶段，行使及履行作为公司发起人的权利和义务。

黄X谦认可其签订租赁合作协议系受入股协议中的五方委托，且保证金已被扣除。陈X波称黄X谦及何X香是以何X香的经营及客户资源入股，起初二人称设立公司需要150万元，但后期称需要600万元，超出履行能力，故公司未设立。何X香称其与黄X谦以资源方式出资，是各方对于经营资源、投入成本及预期收入经营判断的前提下进行的约定，应为有效；另，入股协议中约定的利润分享及亏损分担是在公司实际经营后的约定。

陈X波起诉请求：(1) 黄X谦支付陈X波80 000元；(2) 何X香支付陈X波40 000元；(3) 本案诉讼费用由黄X谦、何X香承担。

裁判结果：一、黄X谦于判决生效之日起十日内向陈X波支付80 000元；二、何X香于判决生效之日起十日内向陈X波支付40 000元。

裁决思路：陈X波与黄X谦、何X香为设立公司签订入股协议，约定各自出资比例及股权比重，并约定按出资额比例分享利润、分担亏损。黄X谦因设立公司对外签订租赁协议，后陈X波支付的20万元保证金被扣除，公司亦未成立，其他发起人应按照约定的责任承担比例及出资比例分担相应责任。虽然黄X谦、何X香以资源入股并非属于以可用货币评估并可以依法转让的非货币财产出资，但不影响入股协议中多方对于责任分担的约定。故对于陈X波要求黄X谦支付80 000元及何X香支付40 000元的诉讼请求，于法有据，予以支持。

相关规定

1.《中华人民共和国公司法》(2023修订)

第四十三条 有限责任公司设立时的股东可以签订设立协议，明确各自在公司设立过程中的权利和义务。

第四十四条 有限责任公司设立时的股东为设立公司从事的民事活动，

其法律后果由公司承受。

公司未成立的，其法律后果由公司设立时的股东承受；设立时的股东为二人以上的，享有连带债权，承担连带债务。

设立时的股东为设立公司以自己的名义从事民事活动产生的民事责任，第三人有权选择请求公司或者公司设立时的股东承担。

设立时的股东因履行公司设立职责造成他人损害的，公司或者无过错的股东承担赔偿责任后，可以向有过错的股东追偿。

2.《最高人民法院关于适用〈中华人民共和国公司法〉若干问题的规定（三）》

第四条 公司因故未成立，债权人请求全体或者部分发起人对设立公司行为所产生的费用和债务承担连带清偿责任的，人民法院应予支持。

部分发起人依照前款规定承担责任后，请求其他发起人分担的，人民法院应当判令其他发起人按照约定的责任承担比例分担责任；没有约定责任承担比例的，按照约定的出资比例分担责任；没有约定出资比例的，按照均等份额分担责任。

因部分发起人的过错导致公司未成立，其他发起人主张其承担设立行为所产生的费用和债务的，人民法院应当根据过错情况，确定过错一方的责任范围。

实务要点：（1）《公司法》（2023修订）第四十四条主要规定的是公司设立不成功时，全体发起人的责任承担问题。公司因故未成立，债权人有权请求全体或者部分发起人对设立公司行为所产生的费用和债务承担连带清偿责任。如果公司未能设立，全体发起人之间承担连带清偿责任，即因公司设立对外产生的债务，全体发起人承担连带清偿责任。债权人可以要求全体发起人承担清偿责任，也可以要求任何一个发起人承担清偿责任。（2）发起人之间实质上系合伙关系，对外承担连带清偿责任，发起人均无过错时，对内可以要求按比例分担，发起人之间有约定比例的，按约定承担；没有约定的，按照出资比例分担责任。《公司法司法解释三》第四条对此进行了规定。本案例中，各发起人之间对于责任比例的承担未做约定，故应按照出资比例承担责任，黄X谦持股40%，故承担20万元40%的责任即80 000元，何X香持股20%，故承担20万元20%的责任即40 000元。（3）发起人为设立公司，可能以自己的名义对外签订合同。此种合同的责任可能发生争议。发起人应当承担相应责任。但是如果公司成立后对合同予以确认，或者已经实际享有合同权利或者履行合同义务的，合同相对人可以要求该设立成功的公司承担相应合同责任。（4）发起人为设立公司，也可能以设立中公司的名义签订合同。公司成立后应当承继合同的权利义务。但是，公司成立后有证据证明发起人利用设立中公司的名义，为自己的利益与相对人签订合同的，除非相对人为善意，否则设立后的公司不承担相应责任。如果相对人向公司主张了责任，公司向相对人承担责任后可以向发起人追偿。

二、区分公司设立纠纷与发起人责任纠纷

发起人责任纠纷，主要包括公司设立失败时发起人对因设立行为所产生债务和费用的承担及对认股人应承担的责任，因部分发起人的过错导致公司不能成立时发起人之间的纠纷；还包括追究公司成立时发起人对公司设立行为应承担的责任的纠纷，既包括其对公司应承担的责任引发的纠纷，也包括追究其对第三人应承担的责任引发的纠纷。而公司设立纠纷，是指公司在设立过程中以及公司设立成功后或者设立失败后，因公司设立过程中所形成的权利义务争议而产生的纠纷，其范围比发起人责任纠纷范围广。

专题十二
公司证照返还纠纷

公司证照是指营业执照、公司公章、财务章、法定代表人名章等证照、物品。此类物品对外代表着公司的意志，是公司的象征。公司是企业法人，有独立的法人资产，享有法人财产权。公司证照属于公司，由公司依法享有占有、使用、收益和处分的权利，公司股东、董事等在内的任何人均无权占有，但是公司作为拟制的法律主体，其证照应由公司交由公司相关人员掌管。

实务中，公司证照抢夺战不时发生。公司证照返还纠纷也是一种比较常见的诉讼，公司证照返还引发的纠纷实质往往涉及公司内部治理中对公司控制权的争夺。公司证照返还纠纷多发生于公司有关人员发生变化后，有权保管或持有公司证照的人员在发生相应变化后不再继续有权保管或持有的，应将公司证照返还公司，如不进行正常的交接，将可能引发公司证照返还纠纷。

原告：公司。

被告：无权占有公司证照的人，通常为前公司的股东或董事、监事管理人员。

管辖：依据《民事诉讼法》中一般地域管辖原则确定。

>> 典型案例

枫润XX公司、闭某某公司证照返还纠纷

基本案情：枫润XX公司成立于2015年11月16日，注册资本50万元，法定代表人为梁某，登记的股东有梁某、闭某某、庞某，监事为闭某某。2017年，枫润XX公司认为闭某某盗走了公司印章和证照，遂多次要求闭某某返还。2018年11月，枫润XX公司挂失了营业执照后于2018年11月23日进行了补办。2018年11月28日，枫润XX公司在《左江日报》刊登遗失声明，声明公司公章（编号：XXXX）、财务专用章（编号：XXXX）作废。枫

润XX公司法定代表人梁某因补刻公章问题于2020年4月29日向宁明县政务服务中心投诉，主要反映的问题是：在办理补刻公章业务时，刻章窗口以材料不全为由，不予补刻公章；材料不全是因为公司各股东身份证及所需签名同意补刻公章的材料中，股东闭某某不同意补刻公章，不同意提供身份证及签名同意补刻公章；由于公司内部纠纷，股东闭某某把原公章带走，经多次联系，闭某某仍不愿与其他股东协调拿出原公章，希望县政务服务中心予以协调解决。经县大数据办核实，枫润XX公司法定代表人梁某在报纸刊登公司原公章遗失声明后，在办理补刻公章时，股东闭某某曾打电话至县政务服务中心刻章窗口反映原公司公章在她手上，不存在遗失事实。为解决枫润XX公司反映的问题，县大数据办于2020年5月7日组织召开了由县大数据办负责人、县公安局治安大队大队长、刻章窗口负责人及法定代表人、枫润XX公司法定代表人梁某参加的协调会。2020年6月24日，枫润XX公司顺利补刻了公章。

枫润XX公司起诉请求：（1）闭某某交还枫润XX公司的公章（编号：XXXX）、财务专用章（编号：XXXX）；（2）闭某某交还枫润XX公司的营业执照正本、副本原件；（3）确认闭某某未经枫润XX公司同意于2017年1月1日至2020年12月13日期间使用公司印章的行为，所有的责任均由闭某某承担；（4）闭某某赔偿枫润XX公司损失10万元；（5）本案诉讼费用由闭某某承担。

闭某某辩称：闭某某仅是公司小股东，公司股东会与梁某都没有授权闭某某持有印章及营业执照，因此闭某某不可能持有公司印章以及营业执照。

裁判结果：一、闭某某于本判决生效之日起十日内向枫润XX公司交还公司原公章（编号：XXXX）、财务专用章（编号：XXXX）及营业执照正副本；二、驳回枫润XX公司的其他诉讼请求。

裁判思路：闭某某辩称公司原印章、营业执照在梁某手上，否认其拿走公司印章和营业执照。但梁某在多次要求闭某某交还公司印章和营业执照无果后，进行了一系列的补办工作，假如公司印章和营业执照真在梁某手上，那其没有补办的必要，因此，闭某某辩称公司原印章和营业执照在梁某手上，不符合常理，且在梁某补刻印章的过程中，闭某某还致电县政务服务中心刻章窗口反映原公司印章在其手上，不存在遗失事实，反对公司补刻印章。故公司原印章和营业执照在闭某某手上具有高度盖然性。闭某某未能提供证据证明其获得授权掌管公司印章和营业执照，虽然枫润XX公司对该印章和营业执照已声明作废，但闭某某亦无权掌管，故枫润XX公司要求闭某某交还公司原印章和营业执照的诉讼请求于法有据，予以支持。

关于枫润XX公司请求确认闭某某在2017年1月1日至2020年12月13日期间使用公司印章的责任由闭某某承担以及要求闭某某赔偿经济损失10万元的诉讼请求，因枫润XX公司未举证证明闭某某存在不当使用公司印章以及公司存在相关经济损失，并且该经济损失与闭某某对相关印章、证照不当持有及使用之间具有因果关系，故对以上请求，不予支持。

相关规定

《中华人民共和国公司法》（2023修订）

第三条 公司是企业法人，有独立的法人财产，享有法人财产权。公司以其全部财产对公司的债务承担责任。

公司的合法权益受法律保护，不受侵犯。

第一百八十一条 董事、监事、高级管理人员不得有下列行为：

（一）侵占公司财产、挪用公司资金；

（二）将公司资金以其个人名义或者以其他个人名义开立账户存储；

（三）利用职权贿赂或者收受其他非法收入；

（四）接受他人与公司交易的佣金归为己有；

（五）擅自披露公司秘密；

（六）违反对公司忠实义务的其他行为。

实务要点：（1）公司证照返还纠纷同理于原物返还纠纷。公司起诉要求返还证照，首先应证明被告无权占有了公司证照，否则该主张无法得到法院的支持。（2）被告对于证照的占有不仅仅限于直接占有，还包括间接占有，如指定人员保管，也属于被告占有了公司证照。（3）关于公司通过办理证照遗失手续重新办理了证照后，是否还有权要求原证照占有人返还的问题。实务中对此存有争议，笔者认为，证照属于公司的财产，即便公司已经申办新的证照，并不妨碍继续主张原证照返还的诉求。但实务中也有法院认为公司对证照申报丢失并补办后，公司当前的业务经营活动不会再受到影响，对公司而言，现要求返还原证照也已无现实意义。（4）公司无权直接依据被告无权占有公司证照的行为本身要求被告赔偿损失，但是笔者认为如果公司确因被告无权占有证照的行为产生了经营损失，或者因被告占有证照期间滥用证照造成了损失，在公司可以提供相应证据的情况下，该部分损失亦应得到法律的支持。公司在此情况下应注意搜集、留存相关证据。（5）关于起诉材料的准备问题。通常情况下，公司提起诉讼需要法人签字且公司盖章，但返还证照纠纷发生时，公司并不掌握证照，故此类案件诉讼材料由法人签字或盖章即可。公司法定代表人作为代表公司从事民事活动的负责人，在不与公司章程、授权冲突的前提下，有权行使对内管理公司运营、对外代表公司履行职务等行为，其当然可以代表公司提起民事诉讼。如果证照持有人对法定代表人的代表权限提出质疑，其应对法定代表人丧失代表权承担举证责任。实务中，也有观点认为可以股东代表诉讼的方式提起诉讼，要求占有人返还证照。（6）公司证照的保管与占有是公司自治事项，但我国公司法并未明确规定公司证照的管理人，公司可以通过章程、公司决议、规章制度等方式确定具体的管理人和使用规则。建议公司在制定公司证照管理制度时，尽量将保管人、交接手续细化，一旦发生纠纷，利于搜集证据。

专题十三
发起人责任纠纷

发起人，是指为设立公司而签署公司章程、向公司认购出资或者股份并履行公司设立职责的人，包括有限责任公司设立时的出资人和股份有限公司的发起人。我国公司法对有限责任公司的发起人没有使用发起人的专门概念，统称股东、出资人，只有对股份有限公司明确使用了发起人概念。

发起人责任，是指发起人在公司设立过程中，因公司不能成立而对认股人所应承担的责任或者在公司成立时因发起人自身的过失行为致使公司利益受损时应当承担的责任。

发起人责任纠纷，主要包括公司设立失败时发起人对因设立行为所产生债务和费用的承担及对认股人应承担的责任，因部分发起人的过错导致公司不能成立时发起人之间的纠纷；还包括公司成立时发起人对公司设立行为应承担的责任（包括对公司的责任和对第三人的责任）纠纷。

管辖：发起人责任纠纷通常是因为履行发起人协议而发生纠纷，因此依照《民事诉讼法》第二十四条的规定："因合同纠纷提起的诉讼，由被告住所地或者合同履行地人民法院管辖。"

一、在公司设立失败时，由发起人对因设立所产生的债务和费用承担连带责任

▶▶典型案例

袁某与吴某鑫、梁某波等发起人责任纠纷

基本案情：广州盛X家具厂由袁某经营，未办理营业执照。2011年8月2日，袁某与吴某鑫、梁某波签订了《有限责任公司发起人协议》，主要约定：(1) 三人作为发起人设立广州盛X家具有限公司，袁某出资90万元，占

股 45%；吴某鑫出资 90 万元，占股 45%；梁某波出资 20 万元，占股 10%。(2) 经营范围为生产、制造、销售家具。(3) 发起人应按照法律规定和协议约定，自协议生效之日起三日内将认购资金及时、足额划入指定银行账户；应及时提供公司设立所必需的文件材料；在公司设立过程中，由于发起人的过失致使公司受到损害的，对公司承担赔偿责任；发起人未能按约定缴纳出资的，除补足出资外，还应对其未实际出资行为给其他发起人造成的损失承担赔偿责任。(4) 公司设立成功后，为设立公司所发生的全部费用列入公司的开办费用，由成立后的公司承担；公司不能成立时，对设立行为所产生的债务和费用支出按各发起人的出资比例进行分摊。

2011 年 8 月，向某某在广州盛 X 家具厂工作期间双手遭机器压伤，以提供劳务者受害责任纠纷为由对袁某提出起诉。法院判令袁某向向某某赔偿 299 130 元。该判决执行过程中，向某某与袁某和解，袁某共计支出 192 223 元。

袁某、吴某鑫、梁某波于 2012 年 3 月向工商部门办理了企业名称预先核准，预先核准名称为"广州盛 X 家具有限公司"，保留至 2012 年 9 月 12 日。2012 年 4 月 15 日，吴某鑫、梁某波与案外人吴某庆签订了《股权转让协议》，约定吴某鑫、梁某波将广州盛 X 家具有限公司的全部股份（合计持股 55%）转让给吴某庆。袁某、吴某鑫、梁某波、案外人吴某庆在工商部门办理了已核准名称企业信息调整手续，将"广州盛 X 家具有限公司"的投资人由袁某、吴某鑫、梁某波变更为袁某、吴某庆。2012 年 6 月，袁某、吴某庆作为两股东签署公司章程、办理认缴出资手续，广州盛 X 家具有限公司于 2012 年 6 月 20 日登记成立，法定代表人为袁某。

袁某向法院起诉请求：(1) 吴某鑫向袁某支付代为赔偿款 86 500.35 元、梁某波向袁某支付代为赔偿款 19 222.3 元。(2) 吴某鑫、梁某波承担本案诉讼费。

吴某鑫、梁某波辩称：其二人确曾于 2011 年与袁某协商共同设立广州盛 X 家具有限公司，吴某鑫占股 45%、梁某波占股 10%，二人参与了公司设立过程，后因公司设立经营问题，股东各方发生争执，吴某庆有意收购该二人的股份，其二人遂将股份全部转让给吴某庆，此后设立的广州盛 X 家具有限公司就是双方当初协商设立的广州盛 X 家具厂。

裁判结果：一、吴某鑫于判决生效之日起五日内向袁某支付 86 500.35 元；二、梁某波于判决生效之日起五日内向袁某支付 19 222.3 元。

裁决思路：袁某、吴某鑫、梁某波三人共同签署协议，决定设立广州盛X家具有限公司，该协议是三人的真实意思表示，合法有效，三人也实际参与了公司设立过程，因此均为公司发起人。广州盛X家具厂在三方签署协议后即为设立中的公司。吴某鑫、梁某波于2012年4月将全部股份转让给吴某庆，实质上属于发起人权利义务的转让，不影响吴某鑫、梁某波在转让前的发起人身份。伤者向某某于2011年8月在广州盛X家具厂工作期间受到人身伤害，是在公司发起设立过程中，应由三发起人袁某、吴某鑫、梁某波共同承担赔偿责任。袁某在支付赔偿款项192 223元后，依法有权要求吴某鑫、梁某波按约定的出资比例分担责任（袁某45%、吴某鑫45%、梁某波10%），即吴某鑫应向袁某支付86 500.35元、梁某波向袁某支付19 222.3元。

相关规定

《最高人民法院关于适用〈中华人民共和国公司法〉若干问题的规定（三）》

第四条　公司因故未成立，债权人请求全体或者部分发起人对设立公司行为所产生的费用和债务承担连带清偿责任的，人民法院应予支持。

部分发起人依照前款规定承担责任后，请求其他发起人分担的，人民法院应当判令其他发起人按照约定的责任承担比例分担责任；没有约定责任承担比例的，按照约定的出资比例分担责任；没有约定出资比例的，按照均等份额分担责任。

实务要点：（1）发起人之间的法律关系性质属合伙关系。发起人对外共同承担连带责任，但对内应当按约定的比例分担，没有约定责任承担比例的，按约定的出资比例分担责任，没有约定出资比例的，按均等份额承担责任。（2）导致公司设立失败的原因较多，如投资环境发生了重大变化，发起人在注册登记之前决定停止公司设立，或者发起人没有认足发行的全部股份或者未在规定期限内募足资金，未按期召开创立大会等等，都可能导致公司设立失败。但无论何种原因公司设立失败，全体发起人都要对外承担连带责任。（3）在公司设立失败时，对外所欠付债务的债权人通常都是依据合同纠纷、侵权责任纠纷向全部或部分发起人主张责任，实际承担责任后的发起人再依据本案案由向其他发起人提起追偿的诉讼。

二、因部分发起人的过错导致公司未成立的，其他发起人可以根据其过错情况，主张其承担设立行为所产生的费用和债务

▶ 典型案例

薛X雷与吴X公司设立纠纷

基本案情：2020年1月8日，薛X雷、吴X为出资设立公司而签订《出资协议》，约定公司的住所地拟设在浦东新区科苑路XXX号XXX号楼，公司的经营范围为餐饮服务、场地租赁，法定代表人为倪XX，设立公司的目的为经营前述地址的美食广场。公司设立时注册资本为100万元，吴X认缴公司100万元的出资，持该公司100%股份，公司设立后，吴X应将45%的股权无偿转让给薛X雷，转让后，吴X认缴55万元，持股比例55%，薛X雷认缴45万元，持股比例45%。吴X在收到薛X雷提供的50万元资金后，应在七个工作日内，按照协议启动公司设立程序，并在后期积极配合公司设立。薛X雷于2020年1月10日向吴X提供50万元资金，其中24万元用于支付美食广场装修费，26万元支付12月至次年2月的美食广场房屋租金及物业费。因吴X的原因，在2020年3月31日前公司未设立的，薛X雷有权解除合同，并向吴X请求返还50万元并支付50万元违约金。

2020年1月8日，吴X通过微信聊天向案外人倪XX发送味X公司的基本存款账户信息，后倪XX代薛X雷于向味X公司支付12万元和10万元。同日，倪XX在美食广场项目群中发送此两笔转账的截屏，吴X则发送味X公司将22万元用于支付租金及物业费的截屏。2020年1月10日，倪XX代薛X雷向吴X转账10万元。庭审后，倪XX到庭陈述，前述32万元均系代薛X雷支付，其不再就该款项向吴X主张权利。

裁判结果：薛X雷与吴X于2020年1月8日签订的《出资协议》于2021年5月12日解除；吴X应于本判决生效之日起十日内退还薛X雷出资款32万元；吴X应于本判决生效之日起十日内偿付薛X雷以32万元为基数按全国银行间同业拆借中心公布的贷款市场报价利率自2020年4月1日起计算至实际清偿之日止的利息损失。

裁判思路：薛X雷、吴X之间的合同关系合法有效，双方应当根据约定

履行各自的义务。依约，吴 X 有启动公司设立程序的义务。现因吴 X 的原因，公司未在 2020 年 3 月 31 日前设立成功，薛 X 雷有权解除合同。现薛 X 雷解除合同的主张以起诉状的形式于 2021 年 5 月 12 日送达吴 X，故法院确认系争《出资协议》于该日解除。合同解除后，薛 X 雷依约主张返还出资款并降低违约金标准，仅主张资金占用利息，未加重吴 X 的负担，法院予以支持。吴 X 经法院依法传唤，无正当理由拒不到庭，也未提供任何证据材料，视为放弃抗辩，相应后果由其自负。

相关规定

《最高人民法院关于适用〈中华人民共和国公司法〉若干问题的规定（三）》

第四条第三款 因部分发起人的过错导致公司未成立，其他发起人主张其承担设立行为所产生的费用和债务的，人民法院应当根据过错情况，确定过错一方的责任范围。

实务要点：（1）发起人是指为设立公司而签署公司章程、向公司认购出资或者股份并履行公司设立职责的人，发起人作为筹划和实施公司设立行为，履行出资义务，对公司设立行为承担相应义务和责任之人，依法应当对公司承担发起人责任。发起人责任是指发起人在公司设立过程中，因公司不能成立而对认股人所应承担的责任或者在公司成立时因发起人自身的过失行为致使公司利益受损时应当承担的责任。因发起人的过错导致公司不能成立时，其他发起人主张其承担设立行为所产生的费用和债务的，也可能发生纠纷。公司未能成立，因设立公司行为所产生的费用及返还投资款等民事责任，适用有约定从约定，无约定按过错责任承担的原则。本案即是承担公司设立义务的吴 X 未能设立公司所引发的纠纷。但此处应当强调指出的是，按过错承担的是内部责任，发起人对外仍然承担连带责任。（2）公司依法成立后，如果协议的一方以未被登记为该公司的股东为由要求退还出资款，法院会综合审查该出资方在公司设立中、设立后的职责和参与程度，如果该出资方实际已经参与了公司的经营管理、行使了表决权等股东权利，仅以未被登记为股东为由要求退还出资款将难以得到法院的支持。

三、在公司设立失败时，由发起人负担返还认股人已经缴纳的股款及利息

>> **典型案例**

尹某某与山东鲲X公司发起人责任纠纷

基本案情：2017年7月10日，山东巧X公司（甲方）与尹某某、刘某某（乙方）签订《关于合作成立山东巧X生物工程有限公司章丘公司（暂定名）协议书》一份，约定山东巧X公司建设现有生产、办公、实验设施及卵鞘虫体，由乙方一次性支付人民币600万元购买……甲方以餐厨垃圾生物处理专利技术及生产技术在章丘地区的使用权入股，占总股份的80%；乙方占总股份的20%，收益按股份份额比例分配……乙方由尹某某、刘某某组成，乙方投资的600万元，尹某某、刘某某各占300万元；乙方所分得的利润和分红，由尹某某、刘某某平均分配。2017年3月10日，尹某某向山东巧X公司转账200万元，2017年6月30日，尹某某向山东巧X公司转账100万元。

2018年2月5日，济南巧X生态养殖有限公司（以下简称济南巧X公司）成立，法定代表人为李X荣，注册资本100万元，该公司登记的股东为山东鲲X公司、孙X华和济南章丘XX保洁服务有限公司。

山东巧X农业科技有限公司于2021年1月15日变更名称为山东鲲X公司。2021年2月2日，济南巧X公司变更为济南鲲X生态农业有限公司。刘某某的300万元投资款已于2021年3月30日退还。

尹某某向法院起诉请求：（1）请求判令解除尹某某、刘某某、山东鲲X公司于2017年7月10日签订的《关于合作成立山东巧X生物工程有限公司章丘公司（暂定名）协议书》。（2）判令山东鲲X公司返还尹某某投资款3 000 000元。（3）判令山东鲲X公司支付资金占用期间的利息529 332元（其中，以2 000 000元为基数，自2017年3月11日起计算至实际支付之日止，按照中国人民银行同期同类人民币贷款基准利率计算；以1 000 000元为基数，自2017年7月1日起计算至实际支付之日止，按照中国人民银行同期同类人民币贷款基准利率计算。暂计算至起诉之日）。（4）本案的诉讼费和保全费用均由山东鲲X公司承担。

山东鲲X公司辩称：济南鲲X生态农业有限公司即为依据协议成立的公司，不同意退还投资款。

裁判结果：一、解除尹某某与山东鲲X农业发展有限公司于2017年7月10日签订的《关于合作成立山东巧X生物工程有限公司章丘公司（暂定名）协议书》；二、山东鲲X农业发展有限公司于本判决生效之日起十日内返还尹某某投资款3 000 000元；三、山东鲲X农业发展有限公司于判决生效之日起十日内支付尹某某资金占用利息（以2 000 000元为基数，自2017年3月10日起至2019年8月19日止，按照同期人民银行贷款利率计算；自2019年8月20日起至实际支付之日止，按照全国银行间同业拆借中心公布的贷款市场报价利率计算；以1 000 000元为基数，自2017年6月30日起至2019年8月19日止，按照同期人民银行贷款利率计算；自2019年8月20日起至实际支付之日止，按照全国银行间同业拆借中心公布的贷款市场报价利率计算）；四、驳回尹某某的其他诉讼请求。

裁判思路：协议书签订后，山东鲲X公司并未向尹某某、刘某某交付协议约定的山东巧X公司建设的现有生产、办公、实验设施及卵鞘虫体，亦未成立山东巧X生物工程有限公司章丘公司，山东鲲X公司辩称协议约定的山东巧X生物工程有限公司章丘公司已成立即济南巧X公司，但尹某某并不是该公司登记股东，尹某某以设立公司为目的向山东鲲X公司支付300万元，协议约定的山东巧X生物工程有限公司章丘公司未成立，且对于济南鲲X公司的成立，尹某某和山东鲲X公司并无合意和出资协议，故尹某某关于设立公司成为股东的目的未达到，故对尹某某主张的解除双方之间签订的《关于合作成立山东巧X生物工程有限公司章丘公司（暂定名）协议书》及返还投资款300万元和合理利息，超出部分不予支持。

相关规定

《中华人民共和国公司法》（2023修订）

第四十四条 有限责任公司设立时的股东为设立公司从事的民事活动，其法律后果由公司承受。

公司未成立的，其法律后果由公司设立时的股东承受；设立时的股东为二人以上的，享有连带债权，承担连带债务。

设立时的股东为设立公司以自己的名义从事民事活动产生的民事责任，第三人有权选择请求公司或者公司设立时的股东承担。

设立时的股东因履行公司设立职责造成他人损害的，公司或者无过错的股东承担赔偿责任后，可以向有过错的股东追偿。

第一百零七条 本法第四十四条、第四十九条第三款、第五十一条、第五十二条、第五十三条的规定,适用于股份有限公司。

实务要点:(1)签署投资协议后未能成立公司的纠纷,当事人在主张权利时,往往会对纠纷属于发起人责任纠纷还是公司设立纠纷产生困惑。《公司法司法解释三》第一条规定,"为设立公司而签署公司章程、向公司认购出资或者股份并履行公司设立职责的人,应当认定为公司的发起人,包括有限责任公司设立时的股东"。即发起人必须同时具备三个条件:发起人必须为设立公司而签署公司章程;发起人必须向公司认购出资或股份;发起人必须履行公司设立职责。发起人责任纠纷案由审理的内容即是发起人是否应该承担责任,故被告首先必须具有发起人的身份。笔者检索了相关案例发现,多数案件在审理查明的过程中并未对被告是否符合发起人身份进行论证,也有部分法院在审理过程中认为因当事人不符合法律对于发起人身份的界定,不能认定其为发起人,故不能以发起人责任纠纷作为案由,调整为按照公司设立纠纷进行处理。笔者建议在纠纷发生后,首先要根据证据材料判断签署的协议性质、双方的身份,合理选择正确的案由主张权利。(2)公司成立后,投资款即转变为公司资产,投资人转变为公司股东,原则上股东无权要求返还投资款。在公司设立失败的情况下,出资款能否返还应根据情况而定。公司设立失败有两种情况,通常情况下是发起人意图设立的公司因故未成立,所有发起人均未获得公司股东身份,此时发起人就应该对合作期间的账目进行清算,按照约定在清偿负债后将相应出资款返还。另一种情况是全体发起人合意的公司未设立,部分发起人设立了另一家名称相同的企业。由于并非所有发起人都成为成立企业的股东,此时认定能否要求返还出资款首先要看该主体是否获得股东身份。如果该主体并未获得成立企业的股东身份,此时该主体订立发起协议的合同目的不能实现,其有权主张解除发起协议,要求其他发起人返还其出资款并赔偿占用该款项所造成的利息损失等。

四、发起人对公司和第三人的责任

▶ 典型案例

梁某民与沈某1、沈某2、邓某明等发起人责任纠纷

基本案情:巍X公司成立于2018年3月8日,注册资本为1000万元,沈某2认缴出资额为600万元,占股60%;沈某1认缴出资额为400万元,占股40%,出资方式均为货币,至2066年12月30日前缴足出资额。2019年7月4日,巍X公司的股东变更为沈某2、邓某明,注册资本为1000万元,被告沈某2认缴900万元,占股90%;被告邓某明认缴100万元,占股10%,出资方式均为货币,于2059年12月31日前缴足出资,法定代表人为沈某2。

2019年6月10日,巍X公司与梁某民签订《消防安装工程内部合作协议》,约定巍X公司将桂林市XX消防工程项目与梁某民进行合作施工。协议签订次日,梁某民分两笔向巍X公司的账户共支付了170万元合同履行金。协议签订半个月后,沈某2告知梁某民涉案项目并未中标,也未将履约保证金退还原告。2019年8月8日,原告向临桂区人民法院提起诉讼,要求巍X公司退还其合同履约金170万元及赔偿经济损失30万元,并要求沈某2对退还及赔偿的金额承担连带责任等。法院判令巍X公司退还履约保证金170万元及经济损失30万元,同时承担该案的诉讼费22 800元、财产保全费5000元、公告费560元,合计28 360元。因巍X公司未履行前述民事判决确定的给付义务,梁某民向法院申请强制执行,现法院终结本次执行程序。

梁某民起诉请求:(1)判令三被告在各自未出资范围内退还原告履约保证金170万元;(2)判令三被告在各自未出资范围内赔偿原告经济损失30万元;(3)判令三被告在各自未出资范围内向原告支付其他各项费用5560元;(4)判令三被告就上述三项请求在各自未出资范围内承担连带责任;(5)判令三被告承担本案的全部诉讼费用。

邓某明辩称:已经缴纳了股权认购款100万元,并提交银行卡交易明细复印件和巍X公司财务专用章和沈某2印章的《收据》一份,证明公司出具证明收到邓某明的公司认缴款100万元。

沈某1辩称:其在巍X公司与原告签订合同前已经不担任巍X公司股东,不应该由其承担涉案债务。

裁判结果:一、被告沈某2、沈某1在未出资本息范围内对巍X公司不能清偿被上诉人梁某民的共计2 005 560元债务承担补充赔偿责任;二、驳回梁某民的其他诉讼请求。

裁判思路:本案中,沈某1虽已退出了股东,但并未对其是否全面履行出资义务进行举证,故原告有权利要求沈某1在未出资本息范围内承担补充赔偿责任。根据巍 X 公司的公司章程、营业执照信息等证据，巍 X 公司于 2018 年 3 月 6 日由沈某 2、沈某 1 二人发起成立，注册资本为 1000 万元，沈某 1 认缴 400 万元，沈某 2 认缴 600 万元，2019 年 7 月 4 日股东变更为沈某 2、邓某明，注册资本为 1000 万元，沈某 2 认缴 900 万元，邓某明认缴 100 万元。邓某明已经按照《股权转让协议》在认缴资本 100 万元范围内履行了出资义务。但本案中无证据显示沈某 2 已足额出资。现巍 X 公司不能清偿债务，且人民法院穷尽执行措施无财产可供执行，则股东应在未出资本息范围内对公司债务承担补充赔偿责任。

相关规定

1. 《中华人民共和国公司法》（2023 修订）

第九十七条 以发起设立方式设立股份有限公司的，发起人应当认足公司章程规定的公司设立时应发行的股份。

以募集设立方式设立股份有限公司的，发起人认购的股份不得少于公司章程规定的公司设立时应发行股份总数的百分之三十五；但是，法律、行政法规另有规定的，从其规定。

第九十八条 发起人应当在公司成立前按照其认购的股份全额缴纳股款。

发起人的出资，适用本法第四十八条、第四十九条第二款关于有限责任公司股东出资的规定。

第九十九条 发起人不按照其认购的股份缴纳股款，或者作为出资的非货币财产的实际价额显著低于所认购的股份的，其他发起人与该发起人在出资不足的范围内承担连带责任。

2. 《最高人民法院关于适用〈中华人民共和国公司法〉若干问题的规定（三）》

第十八条第一款 有限责任公司的股东未履行或者未全面履行出资义务即转让股权，受让人对此知道或者应当知道，公司请求该股东履行出资义务、受让人对此承担连带责任的，人民法院应予支持；公司债权人依照本规定第十三条第二款向该股东提起诉讼，同时请求前述受让人对此承担连带责任的，人民法院应予支持。

第五条 发起人因履行公司设立职责造成他人损害，公司成立后受害人请求公司承担侵权赔偿责任的，人民法院应予支持；公司未成立，受害人请求全体发起人承担连带赔偿责任的，人民法院应予支持。

公司或者无过错的发起人承担赔偿责任后，可以向有过错的发起人追偿。

实务要点：（1）发起人筹划和实施公司设立行为，在公司已经成立的情况下，发起人对公司负有资本充实责任。《公司法》（2023修订）要求股份有限公司出资方式调整为实缴制，对于公司发行的股份未缴足的，发起人应当承担连带认缴责任。（2）违反出资义务的发起人是否有权要求其他发起人对出资违约行为承担责任。实务中对此存有争议，有的观点认为所有发起人均可要求出资不足的发起人承担违约责任，也有观点认为只有守约的发起人才可提起该项要求。公司法及其司法解释对此均未作规定。笔者认为，为督促发起人履行出资义务，应赋予所有发起人均享有要求违约发起人承担违约责任的权利。（3）在公司设立过程中，因发起人的过失致使公司利益受到损害的，发起人应对公司承担相应赔偿责任。但是债权人不能同时要求发起人与设立后的公司共同承担责任。

专题十四
公司盈余分配纠纷

股东盈余分配请求权，是指股东依据股东地位而享有的请求公司向自己分配股利的权利。参与利润分配是股东的一项基本权利。

实践中，公司不分配利润的情形时有发生。比较常见的大股东因拥有公司的控制权可通过工资等各种方式从公司获取利益，小股东较难分享到公司的收益，甚至在公司盈利的情况下仍多年无法分得公司红利，致使投资目的无法实现。在此情况下，侵害的往往都是小股东的利益，法律赋予了权益受到损害的股东提起公司盈余分配诉讼的权利，通过诉讼手段维护自己的合法权益。

股东分红权是一种针对公司盈余分配的请求权和期待权。基于公司的自治性，是否分配利润属于股东会或股东大会的职权，系公司内部事务。在公司没有针对盈余分配作出决议或没有依照法律规定和公司章程规定履行必要的前置程序前，法院应当尊重公司的自治权，不可直接干涉公司盈余分配事宜。故，股东起诉要求分配利润必须针对公司已经履行了盈余分配前置程序或已经分配盈余的事实提供证据，此为原则。但例外情况下股东滥用权利、损害其他股东时，即使公司未决议分配利润，股东亦可诉请法院强制分红。

原告：股东，一审法庭辩论终结前，其他股东基于同一分配方案请求分配利润并申请参加诉讼的，应当列为共同原告。

被告：公司。

第三人：不同意分配利润的股东，应作为第三人。

管辖：公司住所地人民法院。

一、可提起公司盈余分配纠纷的主体

利润分配请求权是股东的权利，我国公司法并未对提起利润分配请求权的股东从持股时间和持股比例上进行限制，也不论出资是否存在瑕疵，只要是公司股东，均可以股东身份起诉公司分配利润。

>> 典型案例

徐X君、航X物业公司盈余分配纠纷

基本案情： 2005年3月1日，徐X君入职航X物业，在主任岗位从事物业管理工作。2007年5月，徐X君实际出资9.99万元，持有航X物业1.5%股权。2013年7月10日，徐X君与航X物业解除劳动关系。

2014年10月22日，航X物业对公司章程进行修订，增加了如下内容："有下列情形之一者，自然人股东应当将所持有的全部股权转让给工会委员会：1.股东辞职、调离、退休以及因其他原因与公司解除劳动合同关系的；2.股东因严重违纪、违法、犯罪被辞退、开除或判刑，失去职工资格的；3.股东经调岗不再具备公司相关职工持股规定中职工持股资格的；4.股东死亡或丧失民事行为能力的。转让价格按转让合同签订时上月公司当期资产负债表上的净资产额为标准进行计算。"包括徐X君在内的全体股东在修订后的公司章程上盖章或签名。航X物业将章程修正案向深圳市市场和质量监督管理委员会办理了备案登记。

2015年度之前徐X君所持股权应得的红利，航X物业均已支付给徐X君，双方并无争议。

2016年11月30日，航X物业的资产负债表显示，当期资产负债表上的净资产额为29 759 163.88元。

2016年11月30日，航X物业召开2016年度第三次股东会，作出《股东会决议（第一号）》，全体股东同意关某以446 387.46元将持有1.5%股权转让给工会委员会。同日的关于同意徐X君以446 387.46元将持有1.5%股权转让给工会委员会的《股东会决议（第二号）》，徐X君未签名。

根据航X物业的2016年度第三次股东会工作记录记载，2016年12月16日，航X物业向徐X君送达2016年度第三次股东会决议、章程修正案、股权转让协议书，徐X君签名确认，航X物业备注"已交给徐X君阅读，不同意转让价格"。

2017年3月13日，航X物业通过《2017年度第二次股东会决议》，审议通过2016年度利润分配方案。该方案显示，2016年度可分配利润为22 582 877.05

元。2018年2月6日，航X物业通过《2018年度第一次股东会决议》，审议通过了《2017年度利润分配议案》，2017年度公司可分配利润为38 536 422元。

2018年2月27日，航X物业向徐X君出具《律师函》，要求徐X君履行公司章程规定的转让义务，以公司章程约定的价格将其持有的1.5%股权转让给工会委员会。

至本案庭审之日，徐X君仍登记为航X物业股东，持股比例1.5%。

徐X君向法院起诉请求：（1）航X物业将2016年度、2017年度共两年的红利916 789.49元分配给徐X君；（2）本案诉讼费由航X物业承担。

裁判结果：一、航X物业应于判决发生法律效力之日起十日内向徐X君支付利润324 860.24元；二、驳回徐X君的其他诉讼请求。

裁判思路：公司章程对公司全体股东均具有约束力，徐X君要求分配公司利润的前提是其仍持有股东身份。虽徐X君至今在工商部门登记为航X物业的股东，但工商部门对公司信息的登记并非认定某一民事主体是否为某一公司股东的最终、根本依据，其仅具形式推定效力，即在无其他证据证明的前提下，公司登记的股东即可认定为公司的股东。该推定结论可由其他事实推翻的情况下，上述推定结论即可被推翻。航X物业于2014年10月对公司章程进行了修正，该修正后的公司章程经全体股东一致同意，未违反法律法规禁止性规定，合法有效，对全体股东均具有约束力。根据修正后的章程，徐X君与航X物业解除劳动关系后，工会委员会即有权要求与徐X君按照公司章程规定的条件签订股权转让合同。工会委员会于2016年12月16日向徐X君提出请求，要求与徐X君签订《股权转让协议》按照公司章程规定的价格转让其名下的股份，徐X君无正当理由拒绝签订合同，视为合同已成立并发生效力。即自2016年12月17日起，即视为徐X君已将其名下公司股份转让给工会委员会，徐X君不再享有该部分股权对应的所有权利，包括分取红利的权利。

2016年12月16日前，徐X君仍是公司股东，享有按其持有股权分取红利的权利。航X物业应向徐X君分配该部分利润324 860.24元=22 582 877.05元×1.5%×（351天÷366天）。此后，徐X君不再是公司股东，徐X君请求分配这一时期的利润，没有法律依据，法院不予支持。

相关规定

1. 《中华人民共和国公司法》（2023修订）

第四条 有限责任公司的股东以其认缴的出资额为限对公司承担责任；股份有限公司的股东以其认购的股份为限对公司承担责任。

公司股东对公司依法享有资产收益、参与重大决策和选择管理者等权利。

第五十六条 有限责任公司应当置备股东名册，记载下列事项：

（一）股东的姓名或者名称及住所；

（二）股东认缴和实缴的出资额、出资方式和出资日期；

（三）出资证明书编号；

（四）取得和丧失股东资格的日期。

记载于股东名册的股东，可以依股东名册主张行使股东权利。

第三十四条 公司登记事项发生变更的，应当依法办理变更登记。

公司登记事项未经登记或者未经变更登记，不得对抗善意相对人。

第二百一十条第四款、第五款 公司弥补亏损和提取公积金后所余税后利润，有限责任公司按照股东实缴的出资比例分配利润，全体股东约定不按照出资比例分配利润的除外；股份有限公司按照股东所持有的股份比例分配利润，公司章程另有规定的除外。

公司持有的本公司股份不得分配利润。

第二百二十七条 有限责任公司增加注册资本时，股东在同等条件下有权优先按照实缴的出资比例认缴出资。但是，全体股东约定不按照出资比例优先认缴出资的除外。

股份有限公司为增加注册资本发行新股时，股东不享有优先认购权，公司章程另有规定或者股东会决议决定股东享有优先认购权的除外。

2. 《最高人民法院关于适用〈中华人民共和国公司法〉若干问题的规定（四）》（2020修正）

第十三条 股东请求公司分配利润案件，应当列公司为被告。

一审法庭辩论终结前，其他股东基于同一分配方案请求分配利润并申请参加诉讼的，应当列为共同原告。

实务要点：（1）盈余分配权利是专属于股东的权利，具备股东资格是提起盈余分配权利诉讼的先决条件。如果提起该项诉讼的主体并不具有公司股东资格，则其诉请无法得到法院的支持。如果法院经过审理查明，原告不具备股东资格，会以原告主体不适格为由，驳回原告的起诉。（2）对于股东身份的认定。股东资格的确定一般以股东名册、公司章程、工商登记的记载为准。根据《公司法》（2023修订）第五十六条，记载于股东名册的股东，可以向公司行使股东权利。对股东身份的认定应注重实质审查，工商登记信息起到的是对外公示的效果，在股东和公司的内部关系中，公司仍可以对登记股东实际并不具有股东资格提出抗辩。（3）隐名股东并未被记载于股东名册，一般情况下遵循商事外观主义原则，在隐名股东通过法律程序确认为公司正式股东前，其无权要求公司分配利润，也无权依据与显名股东签署的代持协议要求公司分配盈余。对于代持协议，只要不存在《民法典》规定的无效情形，双方之间的股权代持法律关系亦为法律所认可，隐名股东可基于合同相对性向显名股东主张相应的权利。但是，司法实务中，在代持人和被代持人均出庭确认代持关系，且被代持方亦能证明自己是实际出资人、参与了公司的经营管理的情况下，亦有支持该隐名股东直接行使请求公司分配盈余权的判例。（4）依据《公司法》（2023修订）第二百一十条，股东按照实缴的出资比例分取红利，股东未能提供证据证明已经实缴出资款的，无权请求分配盈余。但是利润分配请求权可以基于当事人的约定进行限制。公司何时分配利润、如何分配利润属于公司章程自治事项，股东可以通过公司章程对股东请求利润分配的条件进行限制，如可以约定优先股和普通股不同的分配标准，可以约定股东不按出资比例分配红利，也可以约定股东不分配红利。即便章程未予以约定，股东也可以通过协议等章程以外的方式对利润的分配条件和比例进行约定。（5）股权转让后即不再具备股东资格，但对于其股权转让前的公司盈余，该前股东仍有权提起公司盈余分配纠纷之诉。需要注意的是，股权转让自达成协议到办理完毕所有手续期间的盈余归属如不约定清楚，极易引发纠纷，股权转让协议条款应尽可能予以详细约定。

二、股东在什么情形下可以起诉要求公司分配红利

股东主张盈余分配应当同时具备两个条件：一是公司在股东提起诉讼时必须具有可分配的税后盈余，如不存在税后利润，则无盈余可予分配。二是股东提起诉讼时，公司已经依照法律、章程的规定由股东会、董事会履行了相应的决议程序。

> **典型案例**

贺X友、武桥XX公司公司盈余分配纠纷

基本案情：武桥XX公司于2006年7月成立。2010年1月，武桥XX公司增资扩股，原股东王某新退出，股权比例调整为张某青60%、贺某琴（张某青妻子）30%、贺X友（贺某琴弟弟）10%。现因原告认为武桥XX公司成立之后，张某青及其妻子贺某琴以大股东身份控制公司内外业务及财务，长期未对股东进行公司利润分配，侵犯了其作为股东的合法权益。

贺X友起诉请求：（1）判令被告按公司法及公司章程规定分配红利；（2）本案诉讼费由被告承担。

裁判结果：驳回原告贺X友的诉讼请求。

裁判思路：原告仅提供了其作为被告公司股东及所占股权比例方面的证据，既未能提供载明具体分配方案的股东会决议，也未能提供被告公司的经营盈亏状况及股东张某青、贺某琴违反法律规定滥用股东权利方面的证据，其无权直接通过诉讼要求分配公司利润。

相关规定

《最高人民法院关于适用〈中华人民共和国公司法〉若干问题的规定（四）》（2020修正）

第十四条 股东提交载明具体分配方案的股东会或者股东大会的有效决议，请求公司分配利润，公司拒绝分配利润且其关于无法执行决议的抗辩理由不成立的，人民法院应当判决公司按照决议载明的具体分配方案向股东分配利润。

第十五条 股东未提交载明具体分配方案的股东会或股东大会决议，请求公司分配利润的，人民法院应当驳回其诉讼请求，但违反法律规定滥用股东权利导致公司不分配利润，给其他股东造成损失的除外。

实务要点：（1）公司具有盈余是进行盈余分配的前提条件。实务中，法院对于这一实质要件的审查十分严格。如果公司在不存在盈余的情况下进行利润分配，构成对公司法人财产的侵害，而公司法人财产是对公司债权人的一般担保，无盈余仍分配势必会造成公司责任财产的减少，进而损害公司债权人的利益。

(2) 公司作出了利润分配的决议，股东根据该决议请求分配利润。在公司未依法作出分配盈余的股东会决议前，股东盈余分配权属于期待权。一般来说，只有当公司存在可分配盈余且已经依法作出分配盈余的股东会决议时，股东盈余分配的权利才从期待权变到债权。如公司未作出利润分配决议，股东便不享有利润分配请求权。由于公司是否分配利润以及分配多少利润属于公司股东会决策权范畴，是公司内部事务，属于商业判断内容，应当按照资本多数决的规则确定，而非由司法介入干预。

(3) 法院对于股东会分红决议的审查采用实质重于形式的标准。公司作出分配盈余的股东会决议并非必须严格以"股东会决议"的形式。只要能够从文义上反映出股东通过了分配盈余的意思，就可以认定为公司通过了分配盈余的股东会决议。如即便是公司内部作出的"定期分红"承诺，只要不违背资本维持原则、不损害公司债权人利益，亦可认定有效。

(4) 从举证责任角度而言，原告股东提起盈余分配诉讼，应当就公司存在可分配盈余以及公司股东会作出盈余分配决议两个方面的内容提供相关证据。但是提起盈余分配纠纷的股东一般系在公司没有地位的小股东，不应对其举证责任要求过于严格，如果原告有初步证据能够证明公司已经作出了盈余分配的股东会决议，可以推定公司作出过盈余分配决议。律师代理中小股东提起此案件诉讼时，亦应注意积极与法官沟通，通过行使股东知情权、申请法院调查证据、开具调查令、提请法庭合理分配举证责任等方式，尽可能齐全地收集相关证据，查明案件事实，维护当事人合法权益。

(5) 此类诉讼中，公司可能会以该盈余分配决议无效、可撤销、无法执行等为由进行抗辩。笔者认为对于决议是否有效，法院有主动审查的义务；但是对于决议是否可撤销，需要有权主体进行主张，且经法院判决允许撤销之后才会失去法律效力，故该决议是否撤销应由有权主体另案解决，不宜在公司盈余分配纠纷中直接予以审查。但是盈余分配决议的轻微瑕疵不影响对于决议存在的认定。盈余分配的决议基于保护小股东利益的角度，即便分配盈余的股东会决议存在轻微瑕疵，当该瑕疵不足以认定决议无效或被撤销时，该决议的效力仍应得到法律的认可。单纯的无法执行决议不能作为有效的抗辩事由，也不会被法院所采信。另，如果原利润分配的股东会决议被确认无效或撤销后，股东请求分配公司盈余则缺乏实质要件，其主张应不予支持，此情况下，股东如要求分配盈余需要提供证据证明公司有利润可分配以及股东滥用权利、损害其他股东。

（6）公司在作出分配股利的决议后应按照约定标准和时间向股东支付股利，如公司未按约支付股利，股东则有权要求公司支付相应的利息损失。

三、特定情况下，法院可强制公司分红

▶▶典型案例

陈某梅与昂 X 公司公司盈余分配纠纷

基本案情： 昂 X 公司成立于 2012 年 11 月 30 日，经济性质为非上市股份有限公司，注册资本为 500 万元，昂 X 公司在深圳市市场监督管理局登记的股东为许某伟（出资比例为 31%、出资额为 155 万元），陈某梅（出资比例为 29%、出资额为 145 万元），邓 X 辉（出资比例为 10%、出资额为 50 万元），邓某某（出资比例为 30%、出资额为 150 万元）。陈某梅于 2016 年以昂 X 公司损害其股东知情权为由，向法院提起诉讼，法院判决："一、昂 X 公司于本判决生效之日起十五日内提供 2014 年、2015 年真实完整的年度财务会计报告供陈某梅查阅、复制；二、昂 X 公司于本判决生效之日起十五日内提供自 2014 年 1 月 1 日起至今的公司章程、历次章程修正案供陈某梅查阅、复制；三、昂 X 公司于本判决生效之日起十五日内提供自 2014 年 1 月 1 日起至今的股东名册、股东大会会议记录、董事会会议记录供陈某梅查阅、复制；四、昂 X 公司于本判决生效之日起十五日内书面答复陈某梅对昂 X 公司自 2015 年 1 月起至今经营异常（财务数据出入巨大）的质询；五、昂 X 公司于本判决生效之日起十五日内书面答复陈某梅对昂 X 公司 2014 年、2015 年拒不分配利润的质询；六、驳回陈某梅的其他诉讼请求。"昂 X 公司不服该判决，提起上诉，二审法院维持原判。2017 年 1 月 24 日，陈某梅向法院申请强制执行上述判决，执行过程中，昂 X 公司向陈某梅提供了如下材料：（1）2015 年 4 月 25 日股东会决议（决议上有邓某某、邓 X 辉的签名），决议内容为 2014 年度不符合股东分红条件，本年度不分红；（2）2015 年 12 月 10 日股东会决议（决议上有邓某某、邓 X 辉的签名），决议内容为变更公司法定代理人、免除陈某梅董事、总经理职务等；（3）2016 年 3 月 12 日股东会决议（决议上有邓某某、邓 X 辉的签名），决议内容为 2015 年度不符合股东分红条件，本年度不分红；（4）2014 年度会计报表（资产负债表、利润表），会计报表载明截至

2014年12月，昂X公司累计亏损715 694.76元；（5）2015年度会计报表（资产负债表、利润表），会计报表载明截至2015年9月30日，昂X公司未分配利润为-1 620 372.55元，2015年10月至12月利润分别为-107 514.72元、-555 783.21元、-339 330.48元，截至2015年12月31日未分配利润为-1 409 926.5元；（6）公司财务情况说明书、现金流量表等；（7）李某出具的《说明》，内容为：本人李某，任昂X公司财务一职，昂X公司与陈某梅股东知情权纠纷一案，昂X公司所提交的会计报表中的签字"Ada"为本人所签。陈某梅在诉讼中向法院提交了电子邮件打印件及对电子邮件进行公证的《公证书》，用于证明昂X公司的实际营业利润。该证据显示，2015年12月8日14时29分26秒从电子邮箱XXX@aXXcm.com（陈某梅主张该邮箱为昂X公司财务工作员李某所使用）向邮箱陈某梅及denis发送电子邮件，陈某梅向法院提交了其与案外人胡某微信截屏打印件及昂X公司的FMS系统数据，用于证明其委托昂X公司原员工胡某登陆昂X公司所使用的FMS系统，查询昂X公司2015年经营数据，胡某将相关数据导出，并将截至2015年11月30日的利润拍照发送给陈某梅，照片显示：截至2015年11月，昂X公司的累计营业毛利润为1 678 015.1美元，昂X公司对上述证据的真实性、合法性、关联性均不予确认。陈某梅向法院提交了《劳动仲裁申请书》《仲裁裁决书》、仲裁案件证据目录、民事起诉状、传票、通知书（通知胡某出庭作证），用于证明陈某梅在与昂X公司的劳动争议案件中提交了与案外人胡某微信截屏打印件及昂X公司的FMS系统数据。该证据被劳动仲裁委员会所采信，后陈某梅因其他仲裁请求未得到支持，向人民法院起诉，人民法院通知胡某出庭作证。昂X公司对上述证据的真实性、合法性予以采信，对其关联性不予认可。陈某梅向法院提交了昂X公司于2015年12月14日作出的《股东会决议》，内容为："根据《公司法》及公司章程，昂X公司，深圳昂X国际物流有限公司，昂X供应链股份有限公司（注册地：我国香港地区），共三家关联公司（以下简称为"本公司"）经全体股东于2015年12月14日协商并作出如下决定：一、同意股东陈某梅所持本公司40%的股份，以48万元的价格转让给股东邓某某，具体交易时间方式方法等以陈某梅和邓某某二人之间协商签署的股权转让协议为准；二、同意股东邓某某在有条件前提下接受股东陈某梅所持本公司40%股份的转让，具体条件如下：……（2）在财务利润报表以及利润分红上达成一致意见。（备注：2014年未分配利润预计为RMB1 882 778，以财务最终数据为准；差异部分同意在 2015 年财务报表做调整）；三、本决议一式三份，陈某梅手持一份，邓某某手持一份，一份交公司留存。"该决议上有陈某梅、邓某某的签名并盖有昂 X 公司的公章。昂 X 公司对该决议的真实性、合法性、关联性均不予以确认。

陈某梅向法院起诉请求：（1）判令昂 X 公司向陈某梅分配 2014 年度公司盈利分红 546 005.83 元（计算方式：1 882 778.73×29%＝546 005.83）；（2）判令昂 X 公司向陈某梅分配 2015 年度公司盈利分红 1 097 765.65 元（计算方式：378 539 878×29%＝1 097 765.65）；（3）判令昂 X 公司承担本案的诉讼费、保全费等费用。

裁判结果：一、昂 X 公司于判决生效之日起十日内向陈某梅分配 2014 年分红 546 005.83 元；二、昂 X 公司于判决生效之日起十日内向陈某梅分配 2015 年分红 1 097 765.65 元。

裁判思路：陈某梅作为昂 X 公司的股东，依法享有资产收益权。本案的争议焦点在于，陈某梅是否有权请求昂 X 公司向其分配 2014 年、2015 年的利润。综合以下理由：（1）结合昂 X 公司在 743 号执行案件中出具的《说明》足以认定李某为昂 X 公司的财务工作人员，Ada 为李某的英文名，XXX@aXXcm.com 为李某所使用的电子邮箱，陈某梅提交了李某于 2015 年 12 月 28 日向陈某梅发送的两份电子邮件及附件，虽然昂 X 公司对陈某梅的该两份证据的真实性、合法性、关联性不予确认，但昂 X 公司并无证据证实该两份邮件系陈某梅伪造或篡改，且陈某梅已对该两份电子邮件进行了公证，故法院对该两份电子邮件及邮件附件《2015 年利润表》《2013 年及 2014 利润表》予以采信。昂 X 公司在执行案件中向陈某梅提供的 2014 年、2015 年利润表与前述两份邮件内容相矛盾，在昂 X 公司不能对此予以合理解释的情况下，法院采信昂 X 公司财务工作人员李某向陈某梅发送的《2015 年利润表》《2013 及 2014 利润表》。（2）陈某梅委托昂 X 公司原员工胡某登陆昂 X 公司的 FMS 系统，并导出了相关数据，虽然昂 X 公司对陈某梅提交的 FMS 数据的真实性不予确认，但因 FMS 系统为昂 X 公司使用和控制，昂 X 公司并未出示其 FMS 系统否定陈某梅的数据，即昂 X 公司掌握着证据原件而不出示，法院依法采信陈某梅提交的 FMS 数据。（3）陈某梅提交了 2015 年 12 月 14 日股东会决议，虽然昂 X 公司对该决议的真实性不予确认，但因协议上有邓某某的签名，在昂 X 公司没有提供证据证实该签名系伪造的情况下，法院对该决议予以采信。该决议内容提到"2014 年未分配利润预计为 RMB1 882 778 元"，该数额与陈某梅主张的 2014 年未分配利润相吻合。(4) 昂 X 公司在 743 号执行案件中提交了昂 X 公司于 2015 年 4 月 25 日作出的不分配 2014 年利润的股东会决议、昂 X 公司于 2016 年 3 月 12 日作出的不分配 2015 年利润的股东会决议。该两份决议上仅有昂 X 公司的两名股东邓某某、邓 X 辉签名，陈某梅对昂 X 公司召开过股东会提出质疑，昂 X 公司应就其确召开过该两次股东会承担举证责任，昂 X 公司未举证证明其向全体股东发出过召开股东会的通知，也未举证明确实召开了股东会，故法院认定昂 X 公司未召开过该两次股东会，昂 X 公司于 2015 年 4 月 25 日、2016 年 3 月 12 日作出的股东会决议不成立。(5) 昂 X 公司在陈某梅行使知情权时设置障碍，导致陈某梅不得不通过司法救济途径行使知情权，且昂 X 公司在执行案件中提供与实际经营状况相悖的利润表，昂 X 公司制作了并未召开股东会的关于不予分配 2014 年、2015 年利润的决议，昂 X 公司的股东构成滥用股东权利，损害了陈某梅作为股东所应当享有的利润分配权，故法院认为陈某梅有权请求昂 X 公司分配 2014 年、2015 年利润。关于 2014 年利润，根据《2013 年及 2014 利润表》，截至 2014 年 12 月实际应分配利润为 1 882 778.73 元（扣除企业所得税及盈余公积金后），昂 X 公司为非上市股份有限公司，在昂 X 公司章程没有对昂 X 公司的利润分配方法作出特别规定情况下，依法应按陈某梅持有昂 X 公司的股份比例 29% 进行分配，故昂 X 公司应向陈某梅分配 2014 年利润 546 005.83 元，陈某梅的该项诉讼请求，法院予以支持。关于 2015 年利润，陈某梅提交的《2015 年利润表》载明 2015 年 1 月至 9 月的利润共计 2 274 015.01 元，对于 2015 年 1 月至 11 月的利润（亏损），根据陈某梅提交的 FMS 数据，陈某梅计算出昂 X 公司于 2015 年 10 月、11 月的毛利润分别为 1 191 736.74 元、2 843 003.62 元，在昂 X 公司未提交证据证实陈某梅提交的 FMS 数据不真实或陈某梅的计算方法有误的情况下，法院采信陈某梅根据 FMS 数据计算的昂 X 公司于 2015 年 10 月、11 月的毛利润；在昂 X 公司未提交其 FMS 数据证实其 2015 年 12 月的交易金额的情况下，陈某梅以昂 X 公司 2015 年 1 月至 11 月的平均毛利润 949 242.82 元为 2015 年 12 月的毛利润，法院亦予以认定。在昂 X 公司未提交证据证实其 2015 年 10 月至 12 月各月实际发生的经营费用的情况下，陈某梅以昂 X 公司 2015 年 1 月至 9 月中月支出费用最高值 550 000 元作为 2015 年 10 月至 12 月的各月费用，法院予以准许，按上述计算方式，昂X公司2015年全年累计净利润为5 607 998.19元［2 274 015.01元（1至9月累计净利润）+641 736.74（10月净利润）+2 293 003.62元（11月净利润）+399 242.82元（12月净利润）=5 607 998.19元］，扣除企业所得税后的净利润为4 205 998.64元，参照2014年计提盈余公积金比例10%，计提后昂X公司的可分配利润为3 785 398.78元，故昂X公司应向陈某梅分配2015年利润1 097 765.65元（3 785 398.78元×29%），陈某梅的该项诉讼请求，法院予以支持。

相关规定

《最高人民法院关于适用〈中华人民共和国公司法〉若干问题的规定（四）》（2020修正）

第十五条 股东未提交载明具体分配方案的股东会或者股东大会决议，请求公司分配利润的，人民法院应当驳回其诉讼请求，但违反法律规定滥用股东权利导致公司不分配利润，给其他股东造成损失的除外。

实务要点：（1）公司是否分配利润属于公司董事会、股东会决策权范畴，公司股东会享有决定是否分配利润的自主权。公司盈余分配属于公司自治范畴，为尊重公司的自治权，原则上应召开公司股东会进行表决，法院不应直接介入。但是，在其他股东滥用股东权利或者董事、高级管理人员存在欺诈行为导致公司不分配利润，或者大股东滥用股东权利，排挤、压榨小股东，导致股东之间的利益严重失衡，且非公司自治所能解决时，则司法也可以有限度地介入公司盈余分配事宜。程序应当予以干预。只有在存在股东滥用股东权利导致公司不分配利润的情况下，法院才可以强行判令公司分红。在不存在盈余分配决议的情况下，公司章程、股东间的协议也可以成为法院介入公司分红的依据。但是需要在此强调的是，司法对公司自治只有在例外情况下才有限介入，这个例外情况就是公司治理被破坏和失灵时，基于保护股东权益才可司法介入。

（2）公司章程、股东协议均是规范公司内部关系的文件，章程或股东协议已就盈余分配明确作出安排的，法院也可以应小股东的诉请，以章程或股东协议作为切入点，介入公司分红，保障小股东的资产收益权。

（3）原告对存在"滥用股东权利导致公司不分配利润"的情形负有举证责任。实务中，滥用股东权利的情形多数表现为：给予在公司任职的股东或其指派的人发放与公司规模、营业业绩及同行业薪酬水平明显不符的过高薪酬；购买与经营不相关的服务或者财产，供该股东消费或者使用；为了不分配利润隐瞒或者转移公司利润，挪用公司资金，导致不分配利润；对股东行使知情权设置各种障碍。本节案例中，昂兴公司明确否认其于 2014 年度、2015 年度存在可分配利润，与本案查明的事实相悖，且在陈某梅行使股东知情权时设置障碍，法院以此认定昂 X 公司的股东违反法律规定、滥用股东权利，导致公司不分配利润。具体到个案中，往往很难通过某一特定的证据来证明存在滥用股权导致不分配利润，但如果通过往来邮件、公司会议记录、公司财务资料等多项证据，能够证明该事实的存在具有高度盖然性，将会大大提高案件胜诉的可能性。实务中，因为公司对于经营状况非常清楚，在原告股东有初步证据的情况下，法院将举证责任转移给被告的情形也不鲜见。

（4）即使能证明存在股东滥用权利而不分红的情况，法院也不能简单地对公司的净利润进行强制分配。公司分配利润，系基于公司的财务状况，且应遵守相应的财务准则。法院在查明公司盈利金额时，如果公司账目难以厘清，引入审计公司进行审计是比较可靠的方法。但审计仅能计算公司的净利润，有净利润不等于该净利润应被全部分配，公司应先提取法定公积金和任意公积金，还应综合考虑公司法、公司章程等对公司盈余处理的财务规则。在确定盈余分配数额时，要保护弱势小股东的利益，但同时也要注意优先保护公司外部关系中债权人、债务人等的利益。对于有争议的款项因涉及案外人实体权利而不应在公司盈余分配纠纷中作出认定和处理。该部分资产可从公司净利润中预先剔除。

专题十五
损害股东利益责任纠纷

　　损害股东利益责任纠纷，是指公司董事、高级管理人员违反法律、行政法规或者公司章程的规定，损害股东利益，应当对股东承担损害责任而与股东发生的纠纷。所谓公司高级管理人员包括公司的经理、副经理、财务负责人，上市公司董事会秘书和公司章程规定的其他人员。

　　现代公司实行所有权和经营权分离制度，股东对公司享有股权，但并不一定都直接参与公司的经营管理，而是通过选任公司董事、高级管理人员，由董事、高级管理人员对公司进行经营管理。为了防止发生公司董事、高级管理人员的道德风险，侵害公司股东的利益，公司法规定了董事、高级管理人员的忠实义务和勤勉义务，并赋予了股东直接诉权，即损害股东利益责任纠纷之诉。股东直接诉讼，是指股东为了自己的利益，以自己的名义向公司或其他权利侵害人提起的诉讼。该制度是为了保护股东合法权益免受公司、其他股东、董事、高管等人的不法侵害。损害股东的利益主要表现为侵害股东的身份权、参与重大决策权、知情权、收益分配请求权等。实践中，损害股东利益责任纠纷主要包括两种情形：公司股东滥用股东权利损害其他股东利益；公司董事、高管违反忠实勤勉义务，损害股东利益。

　　原告：股东，隐名股东需要首先确定是否具有股东身份。

　　被告：公司股东、董事、高级管理人员。

　　管辖：损害股东利益责任纠纷实质属于侵权纠纷，但该类纠纷往往又与公司利益息息相关。此类纠纷原则上以《民事诉讼法》中管辖的相关规定为基础，但要综合考虑公司所在地等因素来确定管辖法院。往往公司所在地即为侵权行为发生地或侵权结果发生地。

　　诉讼时效：损害股东利益责任纠纷的诉讼时效为三年，应自股东知道或应当知道利益被侵害之日起计算。

一、公司股东滥用股东权利损害其他股东利益

公司股东滥用股东权利给其他股东造成损失,系指公司股东滥用股东权利直接侵害其他股东权利的情形。

> **典型案例**

李某与胡X生、谭X东等损害股东利益责任纠纷

基本案情:2004 年 9 月 6 日,五被告胡 X 生、谭 X 东、肖某、肖 X 华、李 X 洪登记设立了泰 X 公司。2011 年 6 月 30 日,原告李某投资入股泰 X 公司。2012 年 9 月 22 日,办理了股东变更登记。李某持有30%的股权,五被告各持有14%的股权。2013 年 1 月后,泰 X 公司未进行生产经营。2015 年 10 月 5 日,泰 X 公司将公司废旧设备及废旧钢材以 26 万元的价格出售。泰 X 公司还将公司的土地使用权、房屋等不动产、附属设施、设备等固定资产作价 420 万元转让。2016 年 9 月 9 日,原告与五被告签署《资金分配方案》,将所得的资金 294 万元进行了分配。原告与五被告各分得工资 10 万元;预留费用 10 万元处理后期扫尾工作;为公司小股东预留 27.5 万元;剩余 196.5 万元按股份比例分配,原告分得 58.95 万元,五被告各分得 27.51 万元。2017 年 5 月 24 日,泰 X 公司召开股东会并作出解散公司,成立清算组对公司进行清算的决议。清算组负责人由被告胡 X 生担任,原告与其他四被告均为清算组成员。2017 年 6 月 2 日 10 时 16 分,被告李 X 洪向李某发送手机短信通知李某参加股东会议,研究公司资金分配事项。李某未能赶到,未参加股东会议。五被告当天召开了股东会议,起草了分配方案,虽没有正式决议,但后来按该方案分配资金。2017 年 6 月 10 日,泰 X 公司登报发布公告,通知李某在该公告刊登之日起 30 天内与公司联系并参加股东大会。2017 年 7 月 10 日,五被告召开股东会并通过《清算报告》:截至 2017 年 7 月 10 日,本公司共有资金 1 362 095 元,负债 1 658 835 元。其中(1)其他应付款——利息 1 262 835 元;(2)支付其他应付款——工资 108 000 元;(3)其他应付款——职工养老金 288 000 元),净资产——296 740 元;清算期间发生费用 12 600 元,公司亏损 309 340 元,按投资比例,李某分担 92 802 元。李某未参加本次股东会,也未在《清算报告》上签名。2017 年 8 月 21 日,泰 X 公司办理了注销登记。

李某曾于 2019 年 8 月以五被告合同违约为由向法院提起诉讼。该案中法

院认定：2011年5月7日，五被告（甲方）与案外人刘某忠（乙方）签订了《投资协议书》约定由乙方向泰X公司投资180万元，占泰X公司资产总额的30%，甲方承诺在乙方投资前，泰X公司不存在任何债务。乙方所拥有的股份不承担任何在乙方投资泰X公司以前发生的债务的偿还义务及连带责任，由此造成的损失由甲方负责。李某与案外人刘某忠系合伙关系。该案法院认为：《清算报告》中支付的投资款利息并不是李某投资前的公司债务，而是被告在清算过程中侵害了李某的利益，被告并未违反《投资协议书》的约定。

泰X公司章程第二十二条规定，召开股东会议，应当于会议召开十五日前通知全体股东，并对所议事项形成会议记录，出席会议的股东应当在会议记录上签名。

李某起诉请求：（1）由被告胡X生、谭X东、肖某、肖X华、李X洪共同赔偿原告李某损失624 867.6元，并自2017年6月1日起至2019年8月19日止按中国人民银行贷款利率支付利息88 638.8元，自2019年8月20日起按全国银行间同业拆借中心贷款市场报价利率支付利息至偿清之日止（暂计算至2020年8月6日为25 611元）；（2）由被告胡X生、谭X东、肖某、肖X华、李X洪赔偿原告李某维权支出的合理费用60,000元；三、本案诉讼费、保全费、保全保险费由五被告负担。

被告辩称：胡X生、谭X东、肖某、肖X华、李X洪是依照法律和公司章程行使股东权利，没有滥用股东权利的行为。在电话、短信无法有效联系李某的情况下，通过公告通知被上诉人参加股东会符合法律规定，被上诉人未在法定期限内请求撤销该股东会决议，故2017年7月10日的股东会决议合法有效，股东会确认的《清算报告》合法有效。《清算报告》中所列的其他应付款——利息1 262 835元，是五上诉人在注册出资68万元之外对泰X公司享有的332万元债权应支付的利息。

裁判结果：一、被告胡X生、谭X东、肖某、肖X华、李X洪在判决书生效之日起十日内赔偿原告李某352 048.5元，并自2017年7月10日起按中国人民银行同期贷款利率支付利息至2019年8月19日止；自2019年8月20日起按全国银行间同业拆借中心贷款市场报价利率支付利息至偿清之日止；二、驳回原告李某的其他诉讼请求。

裁判思路：五被告在泰X公司清算过程中未注销前仍为泰X公司的股东。

根据泰 X 公司章程的规定，召开股东会的，应提前十五天通知全体股东。五被告第一次以短信的方式通知原告参加股东会议未果，之后又直接以公告的方式通知原告参加股东会议，违反泰 X 公司章程和公司法的规定。公司自行清算的，清算方案应报股东会或者股东大会确认。未经确认的清算方案，清算组不得执行。泰 X 公司在清算过程中，原告李某作为持股 30% 的股东，未在清算方案上签字、确认，现李某对《清算报告》中所列的其他应付款——利息 1 262 835 元不认可，五被告认为系其对泰 X 公司的投资而应支付的利息，公司股东对公司投资后享有的是股东权益，资本投入公司后转变公司的财产，五被告并未提供证据证明五被告对泰 X 公司另享有其他债权，且五被告在与原告李某的合伙人所签订的《投资协议书》中明确，在乙方投资前，泰 X 公司不存在有任何债务。因此，五被告认为该 1 262 835 元系泰 X 公司应支付给五被告的利息的抗辩理由，法院不予采信。鉴于原告并未申请重新清算，法院对《清算报告》中有关泰 X 公司的资产以及其他债务（工资及职工养老金、清算费用等）和最终亏损数额予以认可。已经支付给五被告的利息 1 262 835 元，按照出资比例分配，原告应分得 378 850.5 元，加上应支付给原告的工资 18 000 元和职工养老金为 48 000 元，合计 444 850.5 元，扣抵原告按出资比例应承担的亏损 92 802 元，五被告应支付原告 352 048.5 元，同时，原告要求五被告支付利息的诉讼请求法院亦予以支持。五被告于 2017 年 7 月 10 日分配该款项，利息的起算时间可自此时计算，鉴于中国人民银行授权全国银行间同业拆借中心自 2019 年 8 月 20 日发布贷款市场报价利率，因此，2019 年 8 月 20 日前后的利率标准应分别计算。

相关规定

《中华人民共和国公司法》（2023 修订）

第二十一条 公司股东应当遵守法律、行政法规和公司章程，依法行使股东权利，不得滥用股东权利损害公司或者其他股东的利益。

公司股东滥用股东权利给公司或者其他股东造成损失的，应当承担赔偿责任。

第六十四条 召开股东会会议，应当于会议召开十五日前通知全体股东；但是，公司章程另有规定或者全体股东另有约定的除外。

股东会应当对所议事项的决定作成会议记录，出席会议的股东应当在会议记录上签名或者盖章。

第二百三十六条第一款 清算组在清理公司财产、编制资产负债表和财产清单后,应当制订清算方案,并报股东会或者人民法院确认。

实务要点: (1)损害股东利益责任纠纷实质属于侵权纠纷,被告的侵权行为应符合一般侵权责任的构成要件:存在加害行为、民事权益被侵害、加害行为与民事权益被侵害之间存在因果关系、行为人具有过错,主张利益受到损害的股东对此均要承担举证责任,否则将会承担举证不能的不利后果。(2)具体到本案中:加害行为是五被告违背公司法和章程的规定,召开股东会并将公司资金元按利息分配;受侵害的是李某的股东分配权;五被告违法按利息分配1 262 835元与李某少分股东权益具有直接因果关系;五被告作为股东,明知公司法和章程对于股东会召集程序的规定,明知出资后财产所有权属于公司,仍以利息为名予以分割,明显具有过错。(3)笔者检索了大量此类案例,许多案件因无法对侵权责任的构成要件进行举证而未被法院支持。也有部分原告是虽然举证证明了被告存在过错和侵权的行为,但被告损害的利益的归属其实属于公司,因法律关系不正确而败诉。笔者将在本专题最后一部分重点分析此问题。(4)股东权利,包括知情权、表决权、收益分配权、清算请求权等多项权益。股东"表决权",是保证"公司决策机制"正当运行的前提,也是判断公司决策是否"正当"的依据。实务中,大多数的侵害股东利益责任纠纷的产生都是因未能让股东正当行使表决权所引发。(5)法律应尊重商业规则,应尊重公司按照正常决策程序作出的商业判断,尽量减少对商业经营决策活动的介入。故因商业风险的不确定而造成的决策失误及损失,与商业决策行为本身并不存在法律上的因果关系。故仅依据经营决策产生了经营损失而追究决策股东"判断失误"责任,没有法律依据。

二、公司董事、高管违反忠实勤勉义务,损害股东利益

▶▶典型案例

王X增与王X积、焦X雁、陈X瑞等损害股东利益责任纠纷

基本案情: 庆X源公司于2007年5月15日成立,发起人为王X积、陈X瑞、焦X雁、王X增,注册资本100万元,其中王X积以货币出资35万元,出资占比35%;陈X瑞以货币出资10万元,出资占比10%;焦X雁以货币出资20万元,占比20%;王X增以杨树作价35.45万元出资,出资占比

35%。2007年4月29日,四发起人共同制定了庆X源公司章程。章程主要约定:股东按投入公司的资本额享有所有者的资产受益、重大决策和选择管理者等权利……股东对公司增加或者减少注册资本、分立、合并、解散或者变更公司形式做出决议,必须经代表三分之二以上表决权的股东通过。公司可以修改章程,修改章程的决议,必须经代表三分之二以上表决权的股东通过。召开股东会会议,应当于会议召开十五日以前通知全体股东。公司经营期限为三年,以工商登记机关核准日期为准。庆X源公司成立后,由王X积任法定代表人。2010年6月28日,庆X源公司召开公司第一次临时股东会,经股东决议,公司经营期限变更为2010年5月15日至2013年5月15日。

工商资料显示,王X积于2015年2月27日主持召开公司股东会,决议将公司经营期限延长至2023年5月15日,并在工商登记部门变更公司经营期限为自2007年5月15日至2023年5月15日。王X增以庆X源公司在其不知情的情况下冒用其签名,将庆X源公司起诉至法院,要求确认庆X源公司于2015年2月27日作出的股东会决议无效。法院判决认定,2015年2月27日庆X源公司作出的股东会决议无效。随后,王X增起诉工商行政管理局和庆X源公司,要求撤销变更营业期限的工商登记,法院判决撤销了工商行政管理局针对庆X源公司于2015年2月27日提出变更营业期限的申请作出的营业期限由2007年至2013年5月15日变更为2013年至2023年5月15日的工商登记行为。因庆X源公司提交虚假无效的股东会决议等材料取得了工商变更登记,2017年10月16日,新乡市工商行政管理局向庆X源公司作出新市工商处字[2017]第29号行政处罚决定书,罚款9万元。2018年1月24日,工商行政管理局将庆X源公司列入严重违法失信企业名单。其后,王X增向法院申请对庆X源公司进行强制清算,2018年9月29日,清算组以庆X源公司资产不足以清偿全部债务且债务清偿方案未获全体债权人表决通过为由,向法院申请对庆X源公司进行破产清算,法院于2018年10月12日受理该申请,并宣告庆X源公司破产。2019年11月29日,法院作出民事裁定书,认为根据对《庆X源公司无争议债权表》核查的情况,债务人、债权人对于石某新等14位债权人的债权共计3 995 592.67元均无异议,裁定确认石某新等14位债权人的债权。在《庆X源公司无争议债权表》中记载,王X积申报债权金额1 245 900元,确认债权金额1 241 410元,焦X雁申报债权金额397 000元,确认债权金额150 000元,王X增申报债权金额245 730元,确认债权金额 18 113.67 元，均为普通债权。2019 年 12 月 10 日，庆 X 源公司管理人制订破产财产分配方案，提交债权人会议审议，分配方案载明破产财产总额为 309 917.84 元，扣除优先拨付破产费用、共益债务 297 484.54 元后，余额为 12 433.30 元，用于清偿第一顺序职工工资，清偿率 2.56%，第三顺序应清偿的普通破产债权 3 995 592.67 元，已无财产可供分配，清偿率为零。2020 年 1 月 7 日，法院作出民事裁定书，认可上述分配方案。2020 年 6 月 1 日，法院裁定终结庆 X 源公司破产程序。

王 X 积于 2019 年 8 月 13 日起诉王 X 增，请求认定王 X 增未履行出资义务，并请求王 X 增履行出资 33 万元的义务。经审理，法院判决驳回了王 X 积的诉求。

王 X 增曾向庆 X 源公司管理人递交书面申请，请求明确庆 X 源公司的财产范围，庆 X 源公司管理人于 2020 年 3 月 19 日回复称，庆 X 源公司未按法律规定向管理人移交财务资料，管理人委托专业评估人员现场勘查以及向有关人员走访调查，将查到的财产情况向王 X 增作了说明。庭审时，庆 X 源公司管理人对此作了说明，称庆 X 源公司股东没有按照时间提交财务资料，但是隔了一段时间都交齐了。

庆 X 源公司在工商部门备案的 2012 年度公司年检报告书中所附的正 X 会计师事务所出具的审计报告中载明，公司资产负债情况为：资产总额 1 413 415 元，负债总额 310 100.91 元，所有者权益总额 1 103 314.09 元；公司经营情况为：主营业务收入 2 990 722.39 元，利润总额 90 964.87 元，净利润 68 223.65 元。

王 X 增起诉请求：（1）请求判令王 X 积、焦 X 雁、陈 X 瑞赔偿王 X 增股东权益损失 386 159.9315 元；（2）本案诉讼费用由王 X 积、焦 X 雁、陈 X 瑞承担。

王 X 积辩称：本案已过诉讼时效。王 X 增并未履行出资义务。

裁判结果：一、王 X 积于判决生效之日起十日内向王 X 增赔偿股东权益损失 386 159.93 元；二、驳回王 X 增的其他诉讼请求。

裁判思路：王 X 增认为王 X 积、焦 X 雁、陈 X 瑞的主要侵权行为有：（1）王 X 积、焦 X 雁、陈 X 瑞在庆 X 源公司经营期限届满后于 2015 年 2 月在王 X 增不知情的情况下，伪造其签名作出延长公司经营期限的股东会决议，并进行了工商登记；（2）王 X 积、焦 X 雁、陈 X 瑞未按法律规定向管理人移交财务资料，所移交材料中存在有伪造会计账簿、隐匿财产、虚构债务的违法行为;(3)在庆X源公司存在盈利的情况下,从未进行盈余分配。

庆X源公司本应于2013年5月份因经营期限届满而停止经营,王X积却于2015年主持召开股东会会议,决议将经营期限延长,但该决议并未通知股东王X增参加,已经被生效的法律文书认定无效,故王X积作为庆X源公司的股东及法定代表人,其行为违反了公司章程及公司法的相关规定。根据庆X源公司2012年度的审计报告,截至2012年,公司资产总额1 413 415元,负债总额310 100.91元,所有者权益总额1 103 314.09元,而因无效的股东会决议,公司迟至2018年才进行强制清算,最终资不抵债,进入破产程序,王X增的股东权益无法实现。故王X积作为庆X源公司的法定代表人、股东、实际经营管理人,应当对王X增丧失的股东权益负有赔偿责任。对于王X增所称的股东未按法律规定向管理人移交财务资料,所移交材料中存在有伪造会计账簿、隐匿财产、虚构债务的问题,第三人庭审时已经说明财务资料移交虽有延迟,但最终均移交给了管理人,而是否存在伪造会计账簿、隐匿财产、虚构债务的行为,管理人并未进行认定,且《庆X源公司无争议债权表》中的债权,最终并未获得清偿。对于盈余分配问题,属于公司自主决策事项,股东可以行使权利要求召开股东会对公司盈余制订分配方案,与王X增主张的股东权益损失无直接因果关系。至于焦X雁、陈X瑞,二人虽系庆X源公司的股东,但是非庆X源公司的实际经营管理人,王X增未能充分举证证明二人有直接侵害其股东权益的行为,且2015年2月27日的股东会决议系在王X积主持下完成,目前无证据显示焦X雁、陈X瑞具有直接参与了伪造王X增的签名的行为,故对于王X增对焦X雁、陈X瑞的诉请,不予支持。对于王X积答辩时称的诉讼时效问题,因破产程序于2020年6月才终结,王X增的股东权益无法实现,故其于破产程序终结后提起诉讼并未超过诉讼时效。对于被告王X积答辩时称王X增并未出资履行完毕的意见,因王X增的出资问题已经被生效的判决书确认,故对被告王X积的辩解法院不予采信。对于赔偿数额问题,因所有者权益是指企业资产扣除负债后由所有者享有的剩余权益,故企业的所有者权益可称为股东权益。庆X源公司2012年年度审计报告载明所有者权益期末数为1 103 314.09元,结合王X积在未依法召开股东会的情况下擅自决议延长经营期限,从充分保护受损方的利益出发,应认定2012年度资产负债表载明的所有者权益期末数1 103 314.09元乘以王X增享有股权的35%计算得出的386 159.93元作为其损失,符合王X增所有者权益价值，被告王X积应为此承担赔偿责任。

相关规定

1.《中华人民共和国公司法》(2023修订)

第二十一条第二款 公司股东滥用股东权利给公司或者其他股东造成损失的，应当承担赔偿责任。

第一百九十条 董事、高级管理人员违反法律、行政法规或者公司章程的规定，损害股东利益的，股东可以向人民法院提起诉讼。

2.《最高人民法院关于适用〈中华人民共和国公司法〉若干问题的规定(四)》(2020修正)

第十二条 公司董事、高级管理人员等未依法履行职责，导致公司未依法制作或者保存公司法第三十三条、第九十七条规定的公司文件材料，给股东造成损失，股东依法请求负有相应责任的公司董事、高级管理人员承担民事赔偿责任的，人民法院应当予以支持。

实务要点：(1) 由于公司具有独立人格，董事、高级管理人员对外代表公司履行职责，由公司承担法律后果，一般情况下，股东很难就董事、高级管理人员履行职责的行为提起直接诉讼。法律、司法解释对于股东可以对董事、高级管理人员提起直接诉讼的情形予以了明确规定。(2)"董事、高管人员"履行管理职责时，是否违反了公司法及公司章程的规定，是否侵害了公司内外其他商事主体的合法权益，通常可以依据具体的侵权事实，作出独立的判定，由其本人承担责任。如果"控股股东"依法律及章程规定，正当地行使了股东权利，则其对"董事、高管人员"个人实施的侵权行为就不应承担责任。(3) 损害股东利益赔偿应符合三个要件，一是违法性，即股东只能对违反了法律、行政法规或者公司章程规定的侵害行为提起诉讼；二是股东利益受到实际损害；三是侵权行为与股东受到的损害有直接因果关系。(4) 原告的诉求应该有要求赔偿的明确金额，单纯的要求认定被告违反法律、行政法规和公司章程规定，违反忠实勤勉义务，滥用股东权利的诉请，不属于明确的诉讼请求，法院将不予支持。(5) 股东知情权是股东了解公司经营状况、行使其他权利的重要保障，但如果公司违反法律规定的文件置备义务，导致股东无法查询到相关文件，公司也往往无法再提供补救措施，在股东的查阅权遇到此种障碍并因此遭受损失时，股东可以起诉具体负责制作和保存有关文件资料的董事和高级管理人员，要求其承担民事赔偿责任。股东对董事、高级管理人员未依法置备文件材料给其造成的经济利益损失负有举证责任。司法实践中，损失一般是因公司的会计账簿被销毁或隐匿导致股东难以举证证明可分配的利润、可分配的剩余财产，或者导致公司难以进行清算等。股东亦应对董事、高级管理人员未履行职责的渎职行为与损失之间的因果关系进行举证。

三、股东直接诉讼与股东代表诉讼的区别

>> **典型案例**

邹某与李某等损害股东利益责任纠纷

基本案情：2010年7月1日，甲方邹某、乙方李某签署《合伙开店协议书》，约定：甲乙双方暂共同租赁坐落于北京市朝阳区高碑店XXXX的店铺，由乙方任法人代表、店名为蒂X琪公司，经营范围为摄影；甲方占50%股份，乙方占50%股份；未经全体合伙人同意，禁止任何合伙人私自以合伙名义进行业务活动，如其业务获得利益归合伙，造成损失按实际损失赔偿。违反本条者，另一方可要求对方退伙，且获得公司总资产80%以上的赔偿。

2018年4月17日，李某、邹某签署《股权协议》，约定，现将李某、邹某两人共同投资经营的"蒂X琪公司"由李某一人经营管理，协议如下：……在协议期间内，如发现李某不履行协议中的规定，不按协议如实申报公司的银行流水账和公司收支明细账、客户收据明细账……可终止合同、股权协议，李某需向邹某赔付公司占股份80%的经济赔偿……

2015年7月20日，蒂X琪公司成立，注册资本100万元，出资期限至2034年12月31日，股东为李某（执行董事、经理）、邹某（监事），持股比例均为50%，公司经营范围包括：组织文化艺术交流活动（棋牌除外）；承办展览展示；摄影服务……

2020年1月14日，好某某公司注册成立，注册资本100万元，股东为李某，公司成立之时的经营范围包括：组织文化艺术交流活动；承办展览展示……摄影服务……2020年7月3日，公司经营范围中删除了"摄影服务"一项。2020年9月15日，好某某公司注销。

邹某称李某成立好某某公司后从事摄影业务，并以"FINDERSPACE"名义通过微博等自媒体进行宣传推广，好某某公司、李某对此不予认可，并表

示,李某经营蒂X琪公司期间,曾与"FINDERSPACE"的运营主体有过合作,且蒂X琪公司将部分照片提供给"FINDERSPACE"作为运营之用。该次合作已于2019年9月26日结束,蒂X琪公司收款10万元作为照片使用费用和场地租赁宣传费用,李某或好某某公司从未以"FINDERSPACE"名义运营。

李某提交了蒂X琪公司截至2019年12月31日的资产负债表及利润表,并提交了蒂X琪公司的《房屋租赁合同》。邹某、李某均认可双方未实缴出资。邹某称,邹某虽未实缴出资,但经营期间的投入多于50万元。邹某表示因蒂X琪公司每年收入在150万元左右,2019年之后收益增加,对比蒂X琪公司的营业利润,预估好某某公司利润为300万元,该300万元均应作为李某损害邹某权益给邹某造成的损失。邹某主张,因蒂X琪公司、好某某公司的注册资本均为100万元,因此两公司的总资产均为100万元,按照《合伙开店协议书》的约定,两公司总资产的80%均应赔偿邹某。李某对此不认可,认为总资产应理解为企业拥有或控制的资产,即资产负债表载明的资产总计。

邹某向法院起诉请求:(1)李某向邹某支付自2020年2月至8月蒂X琪公司的利润分红18万元及蒂X琪公司租赁房屋的押金6万元;(2)李某赔偿邹某蒂X琪公司总资产的80%,即80万元;(3)李某赔偿邹某好某某公司营业利润300万元;(4)李某支付邹某好某某公司总资产的80%,即80万元;(5)本案诉讼费用由李某承担。

裁判结果:驳回邹某的诉讼请求。

裁判思路:邹某与李某签订有《合伙开店协议书》,后又成立了蒂X琪公司,双方之间实际上存在多重民事法律关系。既包含因双方缔结《合伙开店协议书》及其他相关协议而形成的平等民事主体之间的合同关系,又包含双方作为蒂X琪公司的股东、高级管理人员而产生的公司法上的权利义务关系。二者具有不同的法律性质,受不同的法律规范调整,不能混淆。

邹某以损害股东利益责任纠纷为案由向李某提起的侵权之诉,邹某应当对李某的行为是否符合我国法律上的一般侵权责任的构成要件承担举证责任。但邹某主张的主要事实和责任依据是李某违反了《合伙开店协议书》中约定的"禁止合伙人私自经营与本合伙协议竞争的业务并获取利益。禁止任一合伙人私自另在北京市范围内再开经营摄影相关店铺(包括与他人合伙经营相同公司），违反本条者，另一方可要求对方退伙，且获得公司总资产80%以上的赔偿"的内容以及《股权协议》中约定的有关内容。显然，这并非侵权责任的构成要件和责任承担形式，而是基于双方之间的合同关系产生的相应主张，邹某以此为由提起的侵权之诉缺乏事实和法律依据。另，如果董事、高级管理人员违反了不得同业竞争的义务，其所得收入应当归公司所有，而非股东所有，故即便李某存在上述行为，邹某也并非本案的适格原告。

相关规定

《中华人民共和国公司法》（2023修订）

第一百九十条 董事、高级管理人员违反法律、行政法规或者公司章程的规定，损害股东利益的，股东可以向人民法院提起诉讼。

第一百八十一条 董事、监事、高级管理人员不得有下列行为：

（一）侵占公司财产、挪用公司资金；

（二）将公司资金以其个人名义或者以其他个人名义开立账户存储；

（三）利用职权贿赂或者收受其他非法收入；

（四）接受他人与公司交易的佣金归为己有；

（五）擅自披露公司秘密；

（六）违反对公司忠实义务的其他行为。

实务要点：股东代表诉讼与股东直接诉讼虽然都属于公司股东诉讼，但二者有重大的区别，要准确区分。（1）股东直接诉讼，是指股东为了自己的利益而基于股份所有人身份向其他侵犯自己利益的人提起的诉讼。股东代表诉讼，是公司利益受损，但公司不行使相应诉权，由股东代表公司进行的诉讼。公司利益受损可能最终就是会产生股东权利受损的后果，但是不能直接以股东直接诉讼代替股东代表诉讼，二者在法律依据、主体地位、权益归属等方面均有明显区别。①权益受害主体不同。股东直接诉讼其股东自身权益受损，股东代表受损系公司利益受损。②诉讼主体地位不同。在直接诉讼中，股东为原告，公司或董事、高管为被告；在代表诉讼中，被告是实施了侵权行为的董事等公司高级管理人员，公司往往被列为第三人。③胜诉权益归属不同。直接诉讼维护的是股东的利益，原告所享有的诉权包括形式上和实质上两个方面，胜诉利益归属于股东。代表诉讼的原告仅享有形式意义上的诉权，维护的是公司的利益，实质意义上的诉权则属于公司。在代表诉讼中所获得的赔偿是归属于公司的，名义上的原告股东不能直接获赔。④对原告资格的要求不同。直接诉讼中对原告股东资格一般没有限制。但并非任何股东都有权提起代表诉讼，只有在一定时期内连续持有或当时持有若干比例股份的股东才符合原告资格。其目的是防止滥用代表诉讼制度而购买或受让股份。⑤诉讼结果的约束力不同。直接诉讼的判决结果只对原、被告有约束力。代表诉讼的判决结果不仅约束原告股东、被告和公司，还约束其他所有的股东，其他所有股东不得就同一事项再对同一个人提起相同的代表诉讼。（2）基于上述种种区别，股东直接诉讼和股东代表诉讼的诉求和需举证的证据差异巨大。实务中，面对具体的案例，要寻找到正确的维权方案，避免走弯路，首先就要厘清真实的诉求，根据诉求整理证据材料。上述案例中，原告没有认清公司利益和自身利益的差异，李某作为蒂X琪公司的管理人，如果侵害了蒂X琪公司的利益，邹某可以蒂X琪公司股东身份提起股东代表诉讼，但其错误选择了案由，导致了败诉的不利后果。（3）实务中，公司董事、高级管理人员的一个不当履行职务的行为可能既给公司造成了损失，又直接损害股东利益。此种情况下，公司和股东可分别就各自的损失要求赔偿，同时，股东也可以依法分别提起股东代表诉讼和直接诉讼。

专题十六
损害公司利益责任纠纷

　　损害公司利益责任纠纷，是指公司股东滥用股东权利或者董事、监事、高级管理人员违反法定义务，损害公司利益而引发的纠纷。实务中，比较常见的损害公司利益行为包括关联交易、挪用公司资金、违反竞业禁止义务等。根据损害公司利益的主体不同，可以分为股东损害公司利益责任纠纷和董事、监事、高级管理人员损害公司利益责任纠纷。

　　股东滥用股东权利损害公司利益纠纷，因股东滥用股东权利给公司造成损害的，应当承担赔偿责任。公司法规定了禁止滥用股东权利的原则和应承担的赔偿责任，公司股东应当在法律、行政法规和规章的框架下行使权利，滥用股东权利损害公司或者其他股东利益的，应当依法承担损害责任。但实践中存在大量滥用股东权利的情形，如股东在涉及公司为其提供担保事项进行表决时，应当回避而不予回避；不依公司章程规定，随意出售公司重大资产。

　　公司董事、监事、高级管理人员损害公司利益责任纠纷，是指董事、监事、高级管理人员在执行公司职务时违反法律、行政法规或者公司章程的规定，给公司造成损失而发生的纠纷。我国公司法规定了董事、监事、高级管理人员对公司的忠实义务和勤勉义务，并规定董事、监事、高级管理人员执行公司职务时违反法律、行政法规或者公司章程的规定，给公司造成损失的，应当承担赔偿责任。

　　当公司的股东、董事、监事、高级管理人员损害公司利益时，可以由公司董事会或执行董事、监事会或监事，以公司名义对其提起损害赔偿诉讼，也可以由公司股东提起股东代表诉讼（股东派生诉讼），即当公司董事会或执行董事、监事会或监事未提起损害赔偿诉讼时，由符合一定持股条件的股东以自己的名义，直接向人民法院提起诉讼。

原告：公司；股东代表诉讼中，公司的股东作为原告、公司作为第三人参加诉讼。

被告：侵害公司利益的人，主要是董事、监事、高级管理人员、大股东及公司实际控制人等公司内部人员。

管辖：依据《民事诉讼法》的规定确定管辖。由侵权行为地或被告住所地人民法院管辖。实务中，亦有观点认为应适用公司住所地法院专属管辖，笔者认为该主张没有法律依据。不宜对公司住所地法院专属管辖的范围随意作扩大解释。

一、对于侵权责任主体身份的认定，应采用实质审查与程序审查相结合的原则

损害公司利益的责任主体系股东和董事、监事、高级管理人员，以及关联交易中的实际控制人等。但因为存在大量公司章程约定不明、工商登记与实际不符、运营不规范、公司人员职权与职务不相符合的情形，实务中责任主体的身份认定可能成为此类案件的难点。

▶▶典型案例

烨X公司与何某平损害公司利益责任纠纷

基本案情：烨X公司于2010年3月注册成立，2016年4月法定代表人由何X兵变更为张某为。烨X公司目前股东为张某为、何X兵、周某1，持股比例分别为40%、40%、20%。

2014年11月至2017年5月期间，烨X公司向何某平支付工资。

何X兵系何某平儿子。穆X芳与何某平系夫妻关系，穆X芳现已去世。何X兵系洪X公司的股东，持股40%。

证人祥X公司会计周某陈述，祥X公司股东为徐X平、张X龙，两股东系夫妻关系；张X龙与烨X公司现法定代表人张某为系亲兄弟关系。

2014年9月30日，烨X公司与洪X公司签订借款协议，约定洪X公司向烨X公司出借500万元，年息15%，借款协议上不仅有两公司盖章，还有张某为、何X兵签名。为此，何X兵于2014年9月29日向烨X公司转账4 309 400元，穆X芳于2014年9月30日向烨X公司转账691 000元。2015年4月3日，烨X公司向洪X公司转账500万元，银行回单载明付款用

途为"还款",这相应地反映在烨X公司财务账册的2015年4月3日资金申请单中,该资金申请单载明:"兹因还款需人民币500万元,请用转账方式付款给洪X公司",资金申请单上有张某为、何X兵签名。2015年4月27日,烨X公司还偿还了500万元借款的利息382 000元。

2016年8月8日,烨X公司通过建行向何某平转账50万元,银行回单载明用途为"付100万借款",2016年8月8日,烨X公司通过农行向何某平转账50万元,银行回单载明用途为"付100万借款",两次转账合计100万元。烨X公司立案时还向一审法院提供了日期为2016年8月8日金额为7808.22元的农行电子回单,回单载明7802.22元用途为"付100万元借款利息"。

2013年8月30日,祥X公司向何某平的妻子穆X芳转账100万元、70万元、30万元,合计200万元。2013年12月13日,穆X芳向烨X公司转账108.4万元。

何某平曾以民间借贷纠纷为由将烨X公司诉至法院。该案中,烨X公司辩称691.6万元应视为何某平向烨X公司的借款,应从何某平主张的借款中扣除,但何某平不认可烨X公司的观点,不愿意一并处理。法院在该案中对于691.6万元未予理涉,并告知烨X公司可另案诉讼。

烨X公司向法院起诉请求:(1)何某平赔偿烨X公司损失691.6万元;(2)何某平承担本案诉讼费。

裁判结果:驳回烨X公司对何某平的诉讼请求。

裁判思路:关于500万元:烨X公司提供的2014年9月30日烨X公司与洪X公司签订的借款协议,2014年9月29日、30日的转账凭证,2015年4月烨X公司财务账册中的还款资金申请单形成完整证据链,能够证明烨X公司于2014年9月30日向洪X公司借款500万元,于2015年4月3日向洪X公司转账偿还这500万元借款。故,烨X公司认为其于2015年4月3日向洪X公司转账500万元系何某平作为财务主管挪用烨X公司资金行为的观点不成立。

关于100万元:2016年8月8日,烨X公司通过建行向何某平转账50万元,通过农行向何某平转账50万元,银行凭证均载明用途为"付100万借款"。烨X公司立案时向一审法院提供的日期为2016年8月8日,金额为7808.22元的农行电子回单载明7802.22元的用途为"付100万元借款利息"。

据此，何某平辩称其曾向烨X公司出借100万元，烨X公司于2016年8月8日向何某平转账偿还该100万元借款本金及利息7808.22元。烨X公司对何某平这一辩称表示认可。故，该笔款项也不存在何某平损害烨X公司利益之说。

关于91.6万元：损害公司利益责任主体为董事、监事、高级管理人员。一审庭审中烨X公司提供其向何某平支付工资的银行凭证，仅能证明何某平自2014年11月至2017年5月期间担任烨X公司财务主管。而祥X公司向穆X芳转账100万元、70万元、30万元（合计200万元）以及穆X芳向祥X公司转账108.4万元发生在2013年8月30日以及2013年12月13日，烨X公司无证据证明此时何某平系烨X公司财务主管，且何某平亦非烨X公司股东、董事、监事，可见何某平不具备相应职位、权力转移烨X公司款项，无法实施损害烨X公司利益的行为。该200万元并非从烨X公司转出，而是从祥X公司转出，何某平在祥X公司并未担任任何职务，亦非祥X公司股东。祥X公司的股东张某龙与烨X公司股东、现任法定代表人张某为系亲兄弟关系，何某平也无法操纵祥X公司让祥X公司向穆X芳转账200万元。且，祥X公司向穆X芳转账的银行凭证上注明款项用途为"货款"。故，烨X公司认为何某平违反公司法规定损害烨X公司利益之说不成立。

相关规定

《中华人民共和国公司法》（2023修订）

第二十二条　公司的控股股东、实际控制人、董事、监事、高级管理人员不得利用其关联关系损害公司利益。

违反前款规定，给公司造成损失的，应当承担赔偿责任。

第一百七十九条　董事、监事、高级管理人员应当遵守法律、行政法规和公司章程。

第一百八十条　董事、监事、高级管理人员对公司负有忠实义务，应当采取措施避免自身利益与公司利益冲突，不得利用职权牟取不正当利益。

董事、监事、高级管理人员对公司负有勤勉义务，执行职务应当为公司的最大利益尽到管理者通常应有的合理注意。

公司的控股股东、实际控制人不担任公司董事但实际执行公司事务的，适用前两款规定。

第一百八十八条　董事、监事、高级管理人员执行职务违反法律、行政法规或者公司章程的规定，给公司造成损失的，应当承担赔偿责任。

第二百六十五条 本法下列用语的含义：

（一）高级管理人员，是指公司的经理、副经理、财务负责人，上市公司董事会秘书和公司章程规定的其他人员。

（二）控股股东，是指其出资额占有限责任公司资本总额超过百分之五十或者其持有的股份占股份有限公司股本总额超过百分之五十的股东；出资额或者持有股份的比例虽然低于百分之五十，但依其出资额或者持有的股份所享有的表决权已足以对股东会的决议产生重大影响的股东。

（三）实际控制人，是指通过投资关系、协议或者其他安排，能够实际支配公司行为的人。

（四）关联关系，是指公司控股股东、实际控制人、董事、监事、高级管理人员与其直接或者间接控制的企业之间的关系，以及可能导致公司利益转移的其他关系。但是，国家控股的企业之间不仅因为同受国家控股而具有关联关系。

实务要点：（1）本案由中损害公司利益的义务及责任主体均为股东、董事、监事、高级管理人员，如被告主体身份不符合上述条件，则其不构成本案由的适格被告。对于责任主体身份的认定，法院应秉持实质审查与程序审查相结合的原则，往往更注重实质标准，是否属于公司董事、监事、高级管理人员，当出现约定不明或者规定职责与实际不符时，应根据实际职责认定，不能仅以聘书或工商登记作为唯一判断依据。从公司规范运营角度看，公司应着力完善自身制度、加强内部管理，应抓好制度的制定和落实工作，对于公司人员股东、董事、监事、高级管理人员的构成、任免程序及职责权限均以制度形式予以明确，并及时将相关内容更新至章程。（2）法律对于高级管理人员的范围进行了明确的界定。实务中，法院对于责任主体资格认定的一个重要标准系该主体的实际职务，并非所有处于管理岗位并享有管理职权的人都会被认定为高级管理人员，还要看其是否符合法律或章程规定的高级管理人员身份。（3）损害公司利益的股东往往是控股股东或大股东，其存在损害公司利益的便利条件，股东也通常作为此类案件的适格被告。实际控制人，是指非公司股东，但能通过投资关系、协议或其他安排实际支配公司行为的人。实际控制人的常见身份为隐名股东，既可以是自然人，也可以是法人。实务中，对于某一主体是否构成实际控制人，法院会结合公司的工商登记信息、股权结构、主要人员等信息,公司章程、决议、日常合同、财务会计账簿、上市公司的信息披露文件等书面证据以及证人证言等进行综合判断。(4)在因关联交易损害公司利益责任纠纷案件中,损害行为是由股东等人员同与其具有关联关系的第三人共同实施的。因此,该类案件中关联交易的相对人也可作为被告,如最终被认定存在损害公司利益的行为,将与股东等人员承担连带赔偿责任。

二、股东请求监事会或董事会等提起诉讼是提起股东代表诉讼的前置程序

▶▶ 典型案例

房X天与孔X涛、朱X敏等损害公司利益责任纠纷

基本案情: 嘉某公司于2018年7月登记成立,经营范围为机电设备、工程机械设备及配件、润滑油的批发、零售;建筑工程机械维修、租赁(不含融资性租赁);除危险货物运输以外的其他道路货物运输;汽车救援服务以及其他按法律、法规、国务院决定等规定未禁止和不需经营许可的项目。股东为房X天、朱X敏、孔X涛,房X天担任公司法定代表人、执行董事兼总经理,朱X敏担任公司监事。

2020年8月7日,房X天委托崔某1到银行办理嘉某公司银行账户"智e通"重新签约业务,业务功能为查询和转账。2020年8月24日,房X天委托崔某2到银行办理"智e通"变更业务,对操作人员进行变更。

2020年10月18日,房X天、朱X敏、孔X涛签署《股东决议书》,内容如下:"一、嘉某公司所有东西于10月25日之前都交到公证处或第三方。二、厘清所有账目,结清所有费用。三、在交公证处之前所发生的不相关的债务、法律纠纷全由房X天负责(包括车辆10月8日之前全由房X天负责)。四、待账目资料全部处理完毕以后,决定公司去留。五、在公证期间账目往来可由朱X敏、房X天签字决定。"

2020年10月8日,朱X敏将原登记在嘉某公司名下的鲁AV78XX号车辆开走并控制。2020年12月3日,央泰公司登记成立,股东为孔X涛、朱X敏。2020年12月23日,鲁AV78XX号车辆转移变更登记至央泰公司名下,号牌变更登记为鲁AG96XX号。2021年1月1日,房X天将登记在嘉某公司

名下的鲁AW56XX号车辆开走并控制。

鸿某公司于2019年8月19日登记成立,唯一股东崔某1为房X天妻子的弟弟。经营范围为:国内货运代理;汽车救援服务;搬运装卸服务;仓储服务(不含易燃易爆、危险化学品、易制毒品);货物信息配载;货运信息咨询;供应链管理咨询;汽车租赁(不含融资性租赁)以及其他按法律、法规、国务院决定等规定未禁止和不需经营许可的项目。

孔X涛、朱X敏向法院起诉请求:(1)判令房X天赔偿嘉某公司779 210元,并赔偿自2021年1月1日起至赔偿款付清之日止,按全国银行间同业拆借中心公布的贷款市场报价利率计算的利息损失(以上损失暂计至2021年1月30日);(2)诉讼费由房X天承担。

房X天辩称:朱X敏在本案中主体不适格;自己已经尽到了其相关的责任,未侵害公司利益。

嘉某公司的银行交易流水显示,自2020年8月7日至2021年1月19日期间,嘉某公司向房X天账户转账支付共计397 163元,房X天向嘉某公司账户转账存入共计16 600元。鸿某公司的银行交易流水显示,自2020年4月9日至2021年1月21日期间,鸿某公司共收取赫某公司、顺某公司、钜某公司、丰某公司、中某公司、大某蜂公司、众X公司、信X公司的款项398 647元。

房X天主张上述款项为其替嘉某公司支付的各项费用,并提交《款项说明》,内容如下:"司机工资,欠房X彪7-8月工资13 000元……"

法院依法对信X公司、众X公司、大某蜂公司自2019年8月1日至2021年1月31日期间与嘉某公司、鸿某公司运输业务的结算单及结算凭证进行了调查。信X公司提供了与嘉某公司和鸿某公司的结算单和结算凭证,并出具《情况说明》:"1. 我司与嘉某公司合作期间为2019年9月至2020年4月份,期间共计产生运费39 158.3元,每笔款项均已结清;2. 我司与鸿某公司仅在2020年9月11日至2020年10月15日有合作,期间产生运费2200元,款项已结清。"众X公司提供了与嘉某公司和鸿某公司的结算清单。大某蜂公司提供了与鸿某公司的结算单和结算凭证,并出具《证明》:"2019年8月1日至2021年1月31日期间,我公司与嘉某公司未签署过运输协议,未发生过业务关系和业务结算。"

孔X涛提交了其于2020年10月30日向朱X敏发出的《关于要求监事履

行职责提起诉讼维护公司合法权益的函》，载明："目前，房 X 天损害公司的行为包括但不限于：1. 私自补办嘉某公司财务 Ukey、辞退原会计，并自 2020 年 7 月起拒绝向股东提报公司业务及财务信息；2. 2020 年 6 月—9 月，私自安排嘉某公司车辆为鸿某公司干活并将款项结算给鸿某公司；3. 私自将属于嘉某公司的业务资源转给鸿某公司。""本股东现正式向嘉某公司朱 X 敏监事提出下列要求：要求您行使监事权力，查清事实，并提起针对房 X 天侵害嘉某公司权益的诉讼，要求房 X 天赔偿其对嘉某公司造成的损失。若您收到本函后拒绝提起诉讼，或自收到本函之日起三十日内未提起诉讼，本股东将依据《公司法》赋予的起诉权利，以股东名义向人民法院提起诉讼。"当日，朱 X 敏在该函件中书写"朱 X 敏已签收"。

孔 X 涛、朱 X 敏主张房 X 天利用职务便利为自己实际经营的鸿某公司谋取属于嘉某公司的商业机会，自营与嘉某公司同类的业务，给嘉某公司造成损失 398 647 元。孔 X 涛、朱 X 敏对其主张提交了以下证据：（1）中某公司工作人员与房 X 天的微信聊天记录显示，房 X 天于 2021 年 1 月 13 日称"不是嘉某公司""是鸿某公司""你改一下抬头"。房 X 天称该日期嘉某公司车辆均在从事众 X 公司安排的运输业务，根本无法接受中某公司指派。（2）信 X 公司提供的供应商为鸿某公司的《物流/吊装结算单》，房 X 天称《物流/吊装结算单》中签名均非其本人签字。（3）群聊名为"嘉某项目单独群"的微信群聊天记录。（4）众 X 公司提供的与嘉某公司和鸿某公司的结算清单。

裁判结果：一、房 X 天于判决生效之日起十日内返还嘉某公司 380 563 元；二、房 X 天于判决生效之日起十日内支付嘉某公司利息，以 380 563 元为基数，自 2021 年 1 月 1 日至实际给付之日止，按照同期全国银行间同业拆借中心公布的贷款市场报价利率计算；三、驳回孔 X 涛、朱 X 敏的其他诉讼请求。

裁判思路：孔 X 涛向朱 X 敏提交了《关于要求监事履行职责提起诉讼维护公司合法权益的函》，履行了股东提起代表诉讼的前置程序，房 X 天主张孔 X 涛本次起诉未经股东代表诉讼前置程序的抗辩理由不能成立。朱 X 敏既是嘉某公司监事，同时也是股东。朱 X 敏既可以嘉某公司监事的身份以嘉某公司名义提起损害赔偿诉讼，也可以股东的身份提起股东代表诉讼。朱 X 敏收到孔 X 涛提交的《关于要求监事履行职责提起诉讼维护公司合法权益的函》后，未以嘉某公司名义提起损害赔偿诉讼，在孔 X 涛提起本案股东代表诉讼后，朱X敏再行以嘉某公司名义提起损害赔偿诉讼已没有必要，其申请以股东身份作为原告参加到本案诉讼中，符合必要共同诉讼的法律规定，故房X天主张朱X敏在本案中诉讼主体不适格的抗辩理由不能成立。

孔X涛、朱X敏要求房X天赔偿嘉某公司779 210元，包括房X天挪用嘉某公司资金380 563元、房X天利用职务便利将商业机会转移至鸿某公司造成嘉某公司损失398 647元。

关于房X天是否应当返还嘉某公司资金380 563元。嘉某公司自2020年8月7日至2021年1月19日期间向房X天转账支付多笔款项。孔X涛、朱X敏主张上述款项没有经过其他股东同意，属于房X天挪用公司款项。房X天主张上述款项为其替嘉某公司支付的各项费用，但房X天未能对其主张提供公司账簿、记账凭证、付款凭据等证据，法院对其主张不予采信。房X天占有上述款项的行为侵犯了嘉某公司的法人财产权，故对孔X涛、朱X敏要求房X天返还嘉某公司上述款项及利息的诉讼请求，予以支持。房X天如有确切证据证实其已代嘉某公司垫付相应款项，可另行向嘉某公司主张权利。

关于房X天是否应当赔偿嘉某公司损失398 647元。孔X涛、朱X敏应举证证实房X天存在滥用股东权利或违反法定义务的侵权行为，以及侵权行为导致嘉某公司利益受损的数额。孔X涛、朱X敏提交的证据虽然可以证明嘉某公司与鸿某公司在运输业务上存在重合，房X天也在一定程度上参与了鸿某公司的经营活动，但孔X涛、朱X敏所主张的商业机会并非当然专属于嘉某公司，其他具备相应条件的公司均可获得该商业机会。孔X涛、朱X敏提交的上述证据尚不足以证明房X天利用职务便利为鸿某公司谋取属于嘉某公司的商业机会。且即便房X天利用职务便利侵害嘉某公司的事实存在，孔X涛、朱X敏以鸿某公司的营业收入作为嘉某公司的损失显然不妥，该数额与侵权行为实际造成损失之间并不存在必然的等同关系，孔X涛、朱X敏以此为依据主张权利，证据不足。因此，孔X涛、朱X敏主张的公司利益损害赔偿请求权不能成立。

相关规定

《中华人民共和国公司法》（2023修订）

第一百八十九条 董事、高级管理人员有前条规定的情形的，有限责任公司的股东、股份有限公司连续一百八十日以上单独或者合计持有公司百分之一以上股份的股东，可以书面请求监事会向人民法院提起诉讼；监事有前条规定的情形的，前述股东可以书面请求董事会向人民法院提起诉讼。

监事会或者董事会收到前款规定的股东书面请求后拒绝提起诉讼，或者自收到请求之日起三十日内未提起诉讼，或者情况紧急、不立即提起诉讼将会使公司利益受到难以弥补的损害的，前款规定的股东有权为公司利益以自己的名义直接向人民法院提起诉讼。

他人侵犯公司合法权益，给公司造成损失的，本条第一款规定的股东可以依照前两款的规定向人民法院提起诉讼。

公司全资子公司的董事、监事、高级管理人员有前条规定情形，或者他人侵犯公司全资子公司合法权益造成损失的，有限责任公司的股东、股份有限公司连续一百八十日以上单独或者合计持有公司百分之一以上股份的股东，可以依照前三款规定书面请求全资子公司的监事会、董事会向人民法院提起诉讼或者以自己的名义直接向人民法院提起诉讼。

实务要点：（1）发生损害公司利益行为时，应由公司作为原告直接向侵权行为人行使请求权，但由于公司的控制权往往被实际控制人或董事、监事、高级管理人员所掌控，当上述主体侵害公司利益时，往往公司不提起诉讼主张权益。当公司未向侵权人主张相应权益时，符合持股条件的股东（有限责任公司的股东具有股东身份即可；股份有限公司的股东应符合法定的持股条件，即连续180日以上单独或者合计持有公司1%以上股份）可以书面请求公司相关机构以公司名义就损害行为提起诉讼，此时原告仍为公司。上述股东如果已经以书面请求公司监事会或董事会等就侵权行为提起诉讼，但后者拒绝提起诉讼，或者自收到请求之日起30日内未提起诉讼，或者情况紧急、不立即提起诉讼将会使公司利益受到难以弥补的损害的，该股东有权为公司利益以自己的名义直接提起股东代表诉讼，此时诉讼的原告为该股东，且应当列公司为第三人参加诉讼。股东请求监事会或董事会等提起诉讼是提起股东代表诉讼的前置程序。股东在行使权利时务必要依法履行提起股东代表诉讼的前置程序，通过快递、电子邮件等有效的可以送达对方的方式提起申请。股东在申请书中应将提起申请的理由、法律依据及自己将可能采取的措施陈述清楚，并留存好证据。（2）提起前置程序股东的持股条件也是股东代表诉讼中股东作为原告的主体资格要求，持股条件的审定以提起前置程序时为准，被告以侵权行为发生时原告尚未成为公司股东进行抗辩的，无法得到法律支持。（3）当欲提起股东派生诉讼的股东同时也是唯一的监事时，此时其再履行前置程序则实无必要，实务中遇到此类情形，法院也不会再强制要求履行前置程序，被告以此为由作为抗辩亦无法得到支持。（4）一审法庭辩论终结前，符合条件的其他股东以相同的诉讼请求申请参加诉讼的，应当列为共同原告。符合条件的其他股东不需要再提起前置程序，被告以该股东未履行前置程序进行答辩的，不应得到支持。隐名股东在未获生效判决确认其股东资格前，不能以股东身份提起股东代表诉讼。（5）法律规定有限责任公司的股东在起诉时必须具备股东资格，但并未规定侵害行为发生时该股东也必须具备股东身份。故即便侵权行为发生在成为股东之前，股东依然可以针对该行为提起股东代表诉讼。（6）2023年《公司法》修订时新增了对于全资子公司的股东代表诉讼，当全资子公司的董事、监事、高级管理人员或其他人侵害该子公司利益时，符合条件的股东可以直接以自己的名义向人民法院起诉。

三、损害公司利益责任纠纷的常见类型

损害公司利益的行为难以穷尽列举。我国公司法列举了董事、高级管理人员的禁止行为，违反相关法律规定的情形，均为损害公司利益的行为。如挪用或侵占公司资金、关联交易、谋取公司商业机会及竞业禁止，都是比较典型的损害公司利益的手段，由此引发的纠纷也是司法实务中比较常见的案件类型。

（一）行为人无法举证证明其将公司款项擅自转出行为系为公司经营所需的，系挪用、侵占公司财产，应承担赔偿责任

>> **典型案例**

御某公司与黄某、周某损害公司利益责任纠纷

基本案情： 2017年8月8日，御某公司与案外人罗某、张某等签订《多人股份合作协议书》，其中约定：合伙公司名称、主要经营地：合伙经营的公司名称为御某公司。合伙期限：自2017年8月8日起至长期。出资额、方式、占股比例。各合伙人的出资，于2017年8月8日以前交齐，由合伙负责人黄某统一保管，其他合伙人有监督和核查权。第八条合伙负责人及合伙事务执行：全体合伙人决定，委托黄某为合伙负责人，其权限为：总经理。

御某公司运营期间指定汇款账号均系以"卢某"为户名开具的账号，其

中包括中国银行（6217XXXXX271）、建设银行（6217XXXXX807）、工商银行账号（62XXX93）、邮政储蓄银行（6217XXXXX943）。在2017年至2018年期间，上述指定账户多次向黄某、周某名下账户汇款。

2018年12月22日，黄某出具《说明》，其中载明：兹有我黄某在担任御某公司总经理期间导致账面与银行存款有短缺133.2352万元。为此本人郑重说明，在2018年12月22日至26日期间把所有的差额查清。如果不能提供相应的票据，黄某愿意承担全部的责任。

2019年1月1日，御某公司出具《股东除名通告》，其中载明：兹有本公司股东黄某先生，在本公司担任总经理职务期间，私自挪用公司资金给公司造成严重的经济损失，经过全体股东多次审查和取证，黄某始终未能给出相应凭证证明资金去向，至今也未能归还相应资金……罗某、张某等在该通告上签字。

黄某、周某于2019年6月11日离婚。

黄某申请证人张某出庭作证陈述：其原系御某公司股东，在黄某担任总经理期间，公司资金不足时会出现个人出资购买物品，但因账目不清无法查清。黄某并不存在损害公司利益的行为，但是由于缺乏管理经验，在经营和管理过程中存在财务管理混乱的情况。在黄某出具《说明》后，各股东在2018年12月26日左右进行了对账，黄某提交了104万元财务资料，但未保留有书面材料。

御某公司向法院起诉请求：（1）判令黄某、周某立即向御某公司返还人民币133.2352万元及支付逾期利息（以133.2352万元为基数，从2018年12月23日起算，按照全国银行间同业拆借中心公布的贷款市场报价利率的1.5倍计算至实际返还之日止）；（2）黄某、周某承担本案全部受理费。

裁判结果：一、于判决生效之日起十日内，黄某向御某公司返还款项1 332 352元及利息（利息以1 332 352元为本金，按照中国人民银行同期同类贷款利率，自2018年12月23日起计付至2019年8月19日止；按同期全国银行间同业拆借中心发布的贷款市场报价利率，自2019年8月20日起计付至上述款项清偿之日止）；二、驳回御某公司的其他诉讼请求。

裁判思路：御某公司系依法成立的法人，有独立的财产权，对外与第三方进行资金交易时，应使用公司账号以此区别公司财产与个人财产。御某公司一直使用以"卢某"为户名开具的账号,但黄某在担任御某公司总经理期间多次通过该账号向黄某、周某个人账户汇款,该行为混淆了公司资产与个人资金,该行为应事前得到公司的授权或事后取得公司追认,但黄某并无证据证实该行为得到御某公司许可。而黄某在未得到公司授权或追认的情况下,其向黄某、周某个人账户汇款行为势必导致公司账户形同虚设,导致公司账目管理的混乱,损害公司的利益,这也能够与证人张某的证言中提及的财务管理混乱相互印证,因此黄某应当承担相应的责任。关于返还款项数额的问题,2018年12月22日,黄某出具《说明》,明确账面短缺1 332 352元,并确认在2018年12月22日至26日将差额查清。但现无证据显示黄某已将该差额查清,证人张某所作证言与其在《股东除名通告》签字的行为不符,且即使2018年12月26日存在对账行为亦不足以证实黄某已将全部数额查清,故御某公司有权要求黄某返还款项1 332 352元,并从2018年12月23日起算利息。现御某公司主张按照全国银行间同业拆借中心公布的贷款市场报价利率的1.5倍计算利息,并无依据,法院调整为按照全国银行间同业拆借中心公布的贷款市场报价利率。

关于周某是否应当承担责任的问题,《说明》系黄某个人出具,且现亦无证据显示周某与黄某存在共同侵占公司财产的行为,故御某公司要求周某承责,依据不足。

相关规定

《中华人民共和国公司法》(2023修订)

第一百八十条 董事、监事、高级管理人员对公司负有忠实义务,应当采取措施避免自身利益与公司利益冲突,不得利用职权牟取不正当利益。

董事、监事、高级管理人员对公司负有勤勉义务,执行职务应当为公司的最大利益尽到管理者通常应有的合理注意。

公司的控股股东、实际控制人不担任公司董事但实际执行公司事务的,适用前两款规定。

第一百八十一条 董事、监事、高级管理人员不得有下列行为:

(一)侵占公司财产、挪用公司资金;

(二)将公司资金以其个人名义或者以其他个人名义开立账户存储;

(三)利用职权贿赂或者收受其他非法收入;

(四)接受他人与公司交易的佣金归为己有;

（五）擅自披露公司秘密；

（六）违反对公司忠实义务的其他行为。

实务要点：（1）挪用或侵占公司资金有多种形式，如超标报销费用、使用公司资金高档消费。法院一般会从资金转出的依据、是否符合商业合理用途、收款人与行为人是否存在关联关系、是否已履行法律法规或章程规定的程序、是否有正确的会计处理方式等方面进行审查。由于挪用或侵占公司资金的行为多发生于管理不规范的公司。法院在具体案件中并不应局限于审查公司内部决议是否合法合规，还应审查其行为是否具有合理性。（2）公司财产受到损害，且侵害行为与损害事实之间存在因果关系。判令被告承担责任的前提是其挪用或侵占公司资金的行为导致公司财产受损。故原告必须证明公司财产受到了损害，如原告未能举证证明损害存在，则无法认定被告的行为对公司利益造成损失。（3）此类案件的被告在公司经营中具有主导地位，其应对使用公司资金的合法性和合理性承担举证责任，如果被告无法证明资金的使用是基于公司经营所需，则承担举证不能的不利后果。（4）挪用或侵占公司资金还可能构成刑事犯罪，律师在代理此类案件的过程中，应综合利用法律手段，维护公司合法财产权益。

（二）关联交易中的关联方共同实施侵权行为的，应共同承担侵权责任

》典型案例

川某兰公司与黄某、祥世XX公司等损害公司利益责任纠纷

基本案情：川某兰公司成立于2000年6月19日，注册资本500万元。自2017年1月16日起，黄某实际掌管川某兰公司的经营管理。

2019年3月18日，黄某与案外人顶峰公司签订《商标转让委托代理合同》，委托顶峰公司将川某兰公司名下第XXXX 1号商标、第XXXX 2号商标、第XXXX 3号商标、第XXXX 4号商标转让给祥世XX公司。2019年3月21日，顶峰公司通过中国商标网提交了上述商标的转让申请，并办理了转让手续，将商标转让至祥世XX公司名下。

2019年3月30日，川某兰公司与祥世XX公司签订《供货合同》，约定祥世XX公司向川某兰公司购买货物，共计403个品种，货款金额为350 000元，支付时间为：验收后一年内支付合同总金额的20%，正常使用一年后支

付合同总金额的30%，尾款50%在验收合格后三年内付清。2019年4月11日，祥世XX公司向川某兰公司支付70 000元，川某兰公司向祥世XX公司开具金额为350 000元的增值税专用发票。

2019年4月22日，川某兰公司与祥世XX公司签订《供货合同》，约定祥世XX公司向川某兰公司购买货物，共计3个品种，货款金额为62 200元，支付时间为：供方向需方开具增值税专用发票，收到发票后三个工作日内需方付清货款。

祥世XX公司在2020年7月16日之前系一人有限责任公司，股东为王某章。之后，股东变为王某章（占股99%）、邱某珍（占股1%）。黄某自称与王某章系翁婿关系。

川某兰公司向法院起诉请求：（1）判令确认川某兰公司与祥世XX公司签订的关于第XXXX 1号、第XXXX 2号、第XXXX 3号、第XXXX 4号4件商标的《同意转让证明》无效，并将上述商标返还给川某兰公司，转移登记至川某兰公司名下；（2）判令黄某、祥世XX公司赔偿川某兰公司货物和运费损失2 007 502.9元；（3）判令黄某、祥世XX公司承担本案诉讼费。

川某兰公司提交的（2019）京方圆内民证字第XXXX号《公证书》显示，www.XXXX.com.cn的注册者于2019年3月23日被修改为祥世XX公司，注册邮箱修改为XXXX@qq.com的邮箱；工信部域名信息备案系统ICP地址备案网站信息显示：祥世XX公司网站的负责人为黄某，备案申请日期为2019年2月2日，网站首页网址为www.XXXX.com.cn，网站域名为XXXX.cn；XXXX.com.cn；XXXX.com；（2019）京方圆内民证字第XXXX号《公证书》显示，第XXXX号qq显示的用户名为黄某，家乡：中国湖北武汉。

川某兰公司提交了川某兰公司与案外人订立的买卖合同，证明本案所涉货物的实际销售价格为2 093 694.9元，远远超出本案《供货合同》约定的销售价格。黄某、祥世XX公司对于证据真实性认可，但认为川某兰公司所提交的合同时间跨度从2011年至2019年，不具有参考价值。

川某兰公司提交了物流公司向其发出的《追讨物流运费详细情况反映》及运费明细，证明两份供货合同造成川某兰公司运费损失46 008元。黄某、祥世XX公司对于证据真实性不认可，认为双方没有订立运输合同，不能证明运费与本案的关联性。

裁判结果： 一、祥世XX公司于判决生效后三十日内配合川某兰公司将编号为XXXX 1、XXXX 2、XXXX 3、XXXX 4的商标变更登记至川某兰公司名下；二、黄某、祥世XX公司于判决生效后十日内赔偿川某兰公司587 800元；三、驳回川某兰公司的其他诉讼请求。

裁判思路： 川某兰公司与祥世XX公司签订了两份《供货合同》，结合川某兰公司与案外人订立的买卖合同，可以认定本案所涉《供货合同》中约定的货款金额远远低于货物市场价值。黄某作为公司高级管理人员无偿转让公司商标、以不合理低价转让公司财产的行为，违反高级管理人员对公司负有的忠实、勤勉义务，损害了公司利益。祥世XX公司与黄某存在关联关系，应当认定祥世XX公司与黄某共同实施了侵害川某兰公司的行为，造成了川某兰公司财产损失，黄某、祥世XX公司存在主观恶意，构成共同侵权。川某兰公司无偿转让给祥世XX公司的商标，祥世XX公司应当予以返还。因《供货合同》约定的货款金额远远低于货物的市场价值，由此给川某兰公司造成的实际损失，应当由黄某与祥世XX公司共同赔偿。关于损失的具体计算，川某兰公司主张按照其过往的销售金额进行计算，因货物最终能否销售具有不确定性，故货物的利润部分属于预期利益，不属于川某兰公司的实际损失，对于实际损失，应当参考所涉货物的进货价格；另一方面，祥世XX公司尚未依据《供货合同》约定向川某兰公司支付的货款，属于川某兰公司的应收账款，不属于川某兰公司的实际损失，川某兰公司可以依据合同向祥世XX公司另行主张。因本案双方均未举证证明货物的进货价格，且部分货物为川某兰公司依据原材料进行加工后形成，进货价格具有不确定性，故法院参考川某兰公司提供的货物实际销售价格，酌定货物的成本价值为100万元，扣除合同约定的货款金额后，川某兰公司的实际损失为587 800元。

川某兰公司主张的运费，川某兰公司不能证明该笔运费与本案的关联关系，故对于该项主张不予支持。

相关规定

《中华人民共和国公司法》（2023修订）

第二十二条 公司的控股股东、实际控制人、董事、监事、高级管理人员不得利用关联关系损害公司利益。

违反前款规定，给公司造成损失的，应当承担赔偿责任。

实务要点： 关联交易并不必然导致损害后果，我国《公司法》并未完全禁止关联交易，而是防止利用关联关系损害公司利益。（1）存在关联关系是认定关联交易的前提。关联关系是指控股股东、实际控制人、董、监、高与其直接或间接控制的企业之间的关系，以及可能导致公司利益转移的其他关系，通常体现为家族关系或持股关系。审判实务中，对于关联关系的认定一般比较严格，多以能直接或间接控制作为认定条件。（2）是否以公允的价格进行交易是判断关联交易是否损害公司利益的核心标准。（3）进行关联交易应符合法律或公司章程的规定，向公司履行披露义务。（4）赔偿额的认定。对于关联交易的赔偿，通常是不当关联交易价格与公允价格之间的差额。该部分差额即为不当关联交易对公司造成的损失。原告对公允价格应注意举证，如向法院提交类似交易合同、市场参照价格等，否则可能会因无法证明损失而承担不利后果。（5）自我交易是一种特殊的关联交易形式。行为主体是负有忠实义务的董事、高级管理人员本人。自我交易强调董事、高级管理人员违反章程规定或未经股东会同意与本公司进行交易。因自我交易而获得的收入应当归公司所有，即公司的归入权；关联交易则强调关联人利用关联关系使公司利益受损，关联人应当对公司所受损失承担赔偿责任，公司享有的是利益损害赔偿请求权。侵害主体如果是通过自我交易方式侵害公司利益，侵害主体往往通过低价购买公司财物或高价向公司出售财物的方式牟取利益，此时公司所能主张的损害往往也是自我交易的价格与市场合理价格之间的差额，如公司主张对外销售可获得的可预期收益，则需要对该销售行为已经进行磋商、所做准备、成交的可能性进行举证，否则主张难以得到支持。

（三）董事、高级管理人员违反竞业禁止义务从他处取得的劳务收入也应归公司所有

根据公司法规定，董事、高级管理人员未经股东会或者股东大会同意，不得利用职务便利为自己或者他人谋取属于公司的商业机会，自营或者为他人经营与所任职公司同类的业务。董事、高级管理人员违反该规定的，则所得收入应归公司所有。

▶ 典型案例

宏X物流公司与陈某损害公司利益责任纠纷

基本案情：宏X物流公司成立于2018年12月12日，经营范围：道路货

物运输（网络货运、道路货物运输不含危险货物）、国际道路货物运输、道路货物运输站经营（依法须经批准的项目，经相关部门批准后方可开展经营活动，具体经营项目以审批结果为准），供应链管理服务，普通货物仓储服务（不含危险化学品等需许可审批的项目），国内货物运输代理，国际货物运输代理，信息咨询服务（不含许可类信息咨询服务），科技中介服务，汽车新车销售，报关业务，货物进出口，技术进出口，进出口代理（依法须经批准的项目除外，凭营业执照依法自主开展经营活动）。

2019年11月4日，陈某入职原告公司，担任副总经理职务。

2020年4月14日，陈某成立了与宏X物流公司经营范围同类的凤X速公司，担任该公司法定代表人、执行董事、总经理。凤X速公司的经营范围包括：国内货物运输代理，运输货物打包服务，装卸搬运，普通货物仓储服务（不含危险化学品等需许可审批的项目），信息咨询服务（不含许可类信息咨询服务），技术进出口，货物进出口，社会经济咨询服务，咨询策划服务（依法须经批准的项目除外，凭营业执照依法自主开展经营活动）。2020年9月28日，陈某从宏X物流公司离职。2020年4月至9月期间，陈某在宏X物流公司工资标准为10 000元/月。

宏X物流公司向法院起诉请求：（1）判令被告停止违反竞业禁止义务的侵权行为；（2）判令被告因违反竞业禁止义务所取得的收入1万元归原告所有；（3）判令被告赔偿给原告造成的损失24 107.6元；（4）判令被告承担本案受理费。

裁判结果：一、被告陈某于判决生效之日起十五日内支付原告宏X物流公司损失2万元；二、驳回原告宏X物流公司的其他诉讼请求。

裁判思路：根据法律规定，公司高级管理人员只要实施了自营或者为他人经营与所任职公司同类的业务的行为，就构成了损害公司利益，至于由此造成损害后果，并非评判行为成立与否的依据，而是认定赔偿标准的依据。陈某在任职原告高级管理人员期间，自行设立与宏X物流公司具有竞争关系的同类型公司并担任执行董事与总经理，该行为违反忠实义务与勤勉义务，损害宏X物流公司的基本利益。宏X物流公司据此要求其停止侵权行为具有事实基础，但双方已于2020年9月28日解除劳动合同关系，陈某也同时失去作为高级管理人员的主体资格，故宏X物流公司2020年1月13日起诉之时，侵权行为不再持续。对宏X物流公司要求停止侵权行为的主张，不予支持。由于陈某辩解风X速公司自2020年4月成立之日至法庭辩论终结时未实际开展经营业务，无法提供对应税费缴纳记录与公司财务报表等证据材料，宏X物流公司亦无相应证据证实该公司实际经营并对其客户源、业务等造成实际损害。故对宏X物流公司依据归入权主张的损失，应当结合陈某在公司任职期内的工资收入酌情支持。对此，酌定为2万元，对于超出部分，不予支持。宏X物流公司还要求陈某将其因违反竞业禁止义务取得的收入1万元归公司所有。但宏X物流公司的现有证据无法证实陈某因风X速公司开展业务而获得1万元收入，故对该主张不予支持。

相关规定

1. 《中华人民共和国公司法》(2023修订)

第一百八十一条 董事、监事、高级管理人员不得有下列行为：

（一）侵占公司财产、挪用公司资金；

（二）将公司资金以其个人名义或者以其他个人名义开立账户存储；

（三）利用职权贿赂或者收受其他非法收入；

（四）接受他人与公司交易的佣金归为己有；

（五）擅自披露公司秘密；

（六）违反对公司忠实义务的其他行为。

第一百八十八条 董事、监事、高级管理人员执行职务违反法律、行政法规或者公司章程的规定，给公司造成损失的，应当承担赔偿责任。

2. 《最高人民法院关于适用〈中华人民共和国公司法〉的解释（三）》

第二十三条 监事会或者不设监事会的有限责任公司的监事依据公司法第一百五十一条第一款规定对董事、高级管理人员提起诉讼的，应当列公司为原告，依法由监事会主席或者不设监事会的有限责任公司的监事代表公司进行诉讼。

董事会或者不设董事会的有限责任公司的执行董事依据公司法第一百五十一条第一款规定对监事提起诉讼的，或者依据公司法第一百五十一条第三款规定对他人提起诉讼的，应当列公司为原告，依法由董事长或者执行董事代表公司进行诉讼。

实务要点：为确保股东利益得到实现，董事、高级管理人员必须忠实地为公司服务，不得在公司以外从事与本公司利益相冲突的商业活动，即竞业限制。(1) 竞业限制和竞业禁止是有区别的。竞业禁止是用人单位对员工采取的以保护其商业秘密为目的的一种法律措施，是根据法律规定或双方约定，在劳动关系存续期间或劳动关系结束后的一定时期内，禁止员工在本单位任职期间同时兼职于业务竞争单位。竞业限制是用人单位对负有保守用人单位商业秘密的劳动者，在劳动合同、知识产权权利归属协议或技术保密协议中约定的竞业限制条款，即劳动者在终止或解除劳动合同后的一定期限内不得在生产同类产品、经营同类业务或有其他竞争关系的用人单位任职，也不得自己生产与原单位有竞争关系的同类产品或经营同类业务。竞业限制主要针对离职人员，属于劳动合同纠纷的一种类型。由于董事、监事、高级管理人员亦是公司的员工，往往也与公司签有竞业限制协议。公司在维护权益时首先要厘清主张权利的依据，采取恰当的诉讼手段。(2) 所谓商业机会，是指公司能够开展业务并由此获取收益的可能性。实务中，需要根据公司的经营范围、公司是否就此进行过洽谈、投入过人力、物力和财力等因素进行综合判断审查该商业机会是否为公司所需。但是如被告能举证证明公司已经明确拒绝该商业机会，则不应再以此要求赔偿。只有特定身份者利用职务便利实施损害行为才构成公司法禁止的行为，因此被告是否存在利用职务便利的行为也成为此类案件的审查重点。如是否基于职位获知该商业机会，是否通过欺骗、隐瞒或威胁等不正当手段诱使公司放弃机会。(3) 所谓同类业务，是指完全相同的商品或者服务，也可以是同种或者类似的商品或者服务。在审查时，法院通常会结合业务的地域和时间，根据实际业务与董事、高级管理人员所任职的公司是否具有实质性竞争关系进行审查。(4) 赔偿范围通常认定为被告与案外人交易所获取的收益。被告行为构成谋取公司商业机会的，其所侵害的即为本属于公司的预期利益，可直接体现为被告与案外人签订业务合同的所获利润。公司应就其享有该预期利益承担举证责任，如应证明公司与案外人在被告损害行为实施前存在长期良好的商业往来、已就合作进行有效磋商等。

侵害公司利益的行为难以一一列举，如违反勤勉义务不对出资不到位股东催缴出资、违规以公司资产为自己或关联方提供担保、违规将公司资金出借给自己或关联方使用都是比较常见的方式，笔者在此仅列举了部分典型情形。近年来，公司诉董事、监事、高级管理人员损害公司利益责任纠纷类案件日益增多，但是此类案件的胜诉率并不太高，案件败诉的原因各不相同，但恰恰反映出此类案件的专业性和复杂性。损害公司利益责任纠纷属于侵权责任纠纷的，侵权行为、损害结果、侵权行为与损害结果之间的因果关系都需要举证证明，任何一点证明不了，都是未完成举证责任，不能得到赔偿。笔者建议公司在发现权益受到侵害时，及时咨询专业人员，由专业人员尽早介入、固定证据，选择合适的维权途径。

专题十七　损害公司债权人利益责任纠纷

2020年12月29日印发的《最高人民法院关于修改〈民事案件案由规定〉的决定》将"股东损害公司债权人利益责任纠纷"变更为"损害公司债权人利益责任纠纷",同时在该案由项下增加:(1)股东损害公司债权人利益责任纠纷;(2)实际控制人损害公司债权人利益责任纠纷。本专题按照案由规定进行编写。

一、股东损害公司债权人利益责任纠纷

股东损害公司债权人利益纠纷,是指公司股东因滥用公司法人独立地位和有限责任,逃避债务,严重损害公司债权人利益,对公司债务承担责任的民事纠纷。

实务中,股东滥用公司法人人格及有限责任逃避债务、侵占公司利益、怠于履行清算义务的行为大量存在,极大地损害了公司债权人的合法权益。

在公司不能偿还债权人债务的情况下,如果债权人发现股东有损害公司偿债能力的情形,可以提起本案由诉讼,要求股东承担相应的赔偿责任。

股东损害公司债权人利益责任纠纷主要分为以下几种类型:(1)因未履行或未全面履行出资义务或抽逃出资引发的责任;(2)因人格混同引发的连带责任;(3)因怠于履行清算义务引发的责任;(4)股东制作虚假清算报告办理注销登记手续引发的责任;(5)未经清算办理注销登记手续引发的责任。

原告:公司债权人。

被告:股东。

管辖:股东损害债权人利益责任纠纷属于侵权案件类型,侵权纠纷应当适用《民事诉讼法》有关侵权诉讼的规定而确定具体管辖地法院。根据《民事诉讼法》第二十九条规定,因侵权行为提起的诉讼,由侵权行为地或者被

告住所地人民法院管辖。而《最高人民法院关于适用〈中华人民共和国民事诉讼法〉的解释》第二十四条规定，民事诉讼法第二十九条规定的侵权行为地，包括侵权行为实施地、侵权结果发生地。

(一) 因未履行或未全面履行出资义务或抽逃出资引发的责任

为保护债权人利益，我国公司法设置了资本维持制度，公司在存续期间，必须维持与注册资本相当的资产，非经法定程序不得减少注册资本。虚假出资、抽逃出资都是严重损害其他股东、债权人利益的不法行为。股东未出资或未全面履行出资义务或抽逃出资时，公司债权人可以未出资或未全面出资的股东为被告，要求其在未出资的本息范围内，对公司债务不能清偿部分承担补充赔偿责任。

▷▷ 典型案例

王某鹏与张某、瞿某晖、于某等股东损害公司债权人利益责任纠纷

基本案情：新X公司设立于2016年6月28日，注册资本2000万元。瞿某晖认缴出资800万元、于某认缴出资800万元、张某认缴出资380万元、陈晓刚认缴出资20万元，四人的认缴出资期限均为2036年6月22日，目前各股东均未实际出资；2020年4月8日该公司被吊销营业执照。

2016年12月22日，北京市东城区劳动人事争议仲裁委员会出具调解书，确认王某鹏与新X公司达成调解协议为：新X公司于2017年3月20日前一次性支付王某鹏2016年6月16日至9月30日期间工资42 000元。该调解书生效后，新X公司未依约付款，王某鹏向法院申请强制执行。2017年6月29日，法院出具执行裁定书，载明未能查找到被执行人可供执行的财产及其下落，裁定终结本次执行程序。

王某鹏起诉请求：(1) 判令张某、瞿某晖、于某向王某鹏支付拖欠工资42 000元；(2) 判令张某、瞿某晖、于某向王某鹏支付利息及逾期支付损失(以42 000元为基数，自2017年3月20日起至2019年8月19日止、按中国人民银行同期贷款基准利率计算，自2019年8月20日起至实际给付之日止、按全国银行间同业拆借中心公布的贷款市场报价利率计算)；(3) 诉讼费用由张某、瞿某晖、于某承担。

王某鹏主张各股东认缴出资加速到期，股东应对公司债务承担清偿责任。

裁判结果：一、于某、瞿某晖、张某支付王某鹏拖欠工资 42 000 元，于判决生效后七日内履行；二、于某、瞿某晖、张某支付王某鹏利息损失（以 42 000 元为基数，自 2017 年 3 月 20 日起至 2019 年 8 月 19 日止、按中国人民银行同期贷款利率计算，自 2019 年 8 月 20 日起至实际付清之日止、按全国银行间同业拆借中心公布的贷款市场报价利率计算），于判决生效后七日内履行。

裁判思路：王某鹏主张各股东认缴出资加速到期，股东应对公司债务承担清偿责任。债权人以公司不能清偿到期债务为由，请求未届出资期限的股东在未出资范围内对公司不能清偿的债务承担补充责任的，人民法院不予支持，但公司作为被执行人的案件，人民法院穷尽执行措施无财产可供执行，已具备破产原因，但不申请破产的除外。本案中，王某鹏申请强制执行，法院未能查找到被执行人新 X 公司可供执行的财产及其下落，裁定终结本次执行程序，符合上述规定中要求的公司作为被执行人的案件，人民法院穷尽执行措施无财产可供执行的情形；同时，该公司已被吊销，其已不能清偿到期债务且明显缺乏清偿能力，另股东张某、于某明确表示一直在准备申请破产但仍未提出申请，表明该公司已具备破产原因但不申请破产。综上，王某鹏据此主张新 X 公司股东于某、瞿某晖、张某在未出资范围内对公司不能清偿的债务承担补充责任，具有事实及法律依据，法院予以支持。关于利息损失，王某鹏主张以 42 000 元为基数，自 2017 年 3 月 20 日起至 2019 年 8 月 19 日止、按中国人民银行同期贷款利率计算，自 2019 年 8 月 20 日起至实际付清之日止、按全国银行间同业拆借中心公布的贷款市场报价利率计算，属于合理损失，法院予以支持。

相关规定

1.《最高人民法院关于适用〈中华人民共和国公司法〉若干问题的规定（三）》

第十三条 股东未履行或者未全面履行出资义务，公司或者其他股东请求其向公司依法全面履行出资义务的，人民法院应予支持。

公司债权人请求未履行或者未全面履行出资义务的股东在未出资本息范围内对公司债务不能清偿的部分承担补充赔偿责任的，人民法院应予支持；未履行或者未全面履行出资义务的股东已经承担上述责任，其他债权人提出相同请求的，人民法院不予支持。

股东在公司设立时未履行或者未全面履行出资义务，依照本条第一款或者第二款提起诉讼的原告，请求公司的发起人与被告股东承担连带责任的，人民法院应予支持；公司的发起人承担责任后，可以向被告股东追偿。

股东在公司增资时未履行或者未全面履行出资义务，依照本条第一款或者第二款提起诉讼的原告，请求未尽公司法第一百四十七条第一款规定的义务而使出资未缴足的董事、高级管理人员承担相应责任的，人民法院应予支持；董事、高级管理人员承担责任后，可以向被告股东追偿。

2.《中华人民共和国企业破产法》

第二条 企业法人不能清偿到期债务，并且资产不足以清偿全部债务或者明显缺乏清偿能力的，依照本法规定清理债务。

企业法人有前款规定情形，或者有明显丧失清偿能力可能的，可以依照本法规定进行重整。

3.《最高人民法院关于适用〈中华人民共和国企业破产法〉若干问题的规定（一）》

第一条 债务人不能清偿到期债务并且具有下列情形之一的，人民法院应当认定其具备破产原因：

（一）资产不足以清偿全部债务；

（二）明显缺乏清偿能力。

相关当事人以对债务人的债务负有连带责任的人未丧失清偿能力为由，主张债务人不具备破产原因的，人民法院应不予支持。

第二条 下列情形同时存在的，人民法院应当认定债务人不能清偿到期债务：

（一）债权债务关系依法成立；

（二）债务履行期限已经届满；

（三）债务人未完全清偿债务。

第三条 债务人的资产负债表，或者审计报告、资产评估报告等显示其全部资产不足以偿付全部负债的，人民法院应当认定债务人资产不足以清偿全部债务，但有相反证据足以证明债务人资产能够偿付全部负债的除外。

第四条 债务人账面资产虽大于负债，但存在下列情形之一的，人民法院应当认定其明显缺乏清偿能力：

（一）因资金严重不足或者财产不能变现等原因，无法清偿债务；

(二)法定代表人下落不明且无其他人员负责管理财产,无法清偿债务;

(三)经人民法院强制执行,无法清偿债务;

(四)长期亏损且经营扭亏困难,无法清偿债务;

(五)导致债务人丧失清偿能力的其他情形。

实务要点:(1)在公司注册资金认缴制度下,股东在设立公司时往往没有实缴出资,且设置的出资期限也比较长,导致公司偿债能力不足,债权人的债权难以得到清偿。认缴制下股东的出资义务是否加速到期涉及股东出资期限利益和债权人利益的平衡。目前,司法实务中对于当公司具备破产原因时,股东出资义务应加速到期不存在争议。如何证明公司已经具备破产原因成为个案中争议的焦点。(2)本案例中,因新X公司已经具备破产原因,各股东的出资义务加速到期,现各股东尚未履行出资义务,王某鹏作为公司债权人,有权请求未履行或者未全面履行出资义务的股东在未出资本息范围内对公司债务不能清偿的部分承担补充赔偿责任。(3)需要指出的是,实务中债权人并非必须通过损害公司债权人利益责任纠纷来要求股东承担责任,大量此类纠纷是在执行异议之诉中解决。

▶▶ **典型案例**

黄某懿与邹某1、邹某波、王某明等股东损害公司债权人利益责任纠纷

基本案情:黄某懿与畅X公司房屋租赁合同纠纷一案,法院出具民事调解书:(1)畅X公司向黄某懿支付211 623元(分2期支付,于2018年5月30日前支付105 811.5元,于2018年7月30日前支付105 811.5元);(2)畅X公司逾期支付上述款项,应于逾期之日起3日内一次性支付全部未付款项;(3)黄某懿放弃其他诉讼请求,黄某懿和畅X公司就本案房屋租赁合同纠纷不再追究对方其他责任;(4)本案受理费4370元减半收取2185元,由畅X公司负担。该民事调解书已经生效。2018年6月11日,黄某懿就前述民事调解书的内容向法院申请强制执行,2018年11月,法院作出执行裁定书,载明:未能查找到被执行人可供执行的财产及其下落,裁定终结本次执行程序。

畅X公司成立于2008年8月7日,现注册资本为3000万,法定代表人为邹某1。现登记股东为王某明、邹某1。2015年12月15日,公司制定章程,载明:邹某1出资1800万元,其中1770万出资期限为2034年12月31日;邹某波出资1200万元,其中1180万出资期限为2034年12月31日。2017年

3月23日，邹某波与王某明签订股权转让协议，约定：邹某波将原出资额1200万转让给王某明，转让金为0元；至2017年3月23日，本公司债权债务已核算清楚，无隐瞒，双方均已认可。从2017年3月23日起王某明成为本公司的股东，享有股东权益，并按《公司法》第三条规定承担责任。同日，畅X公司修改公司章程，其中确定：股东为邹某1、王某明，邹某1出资额为1800万元，出资期限为2077年2月22日，王某明出资额为1200万元，出资期限为2077年2月22日。黄某懿、邹某1、邹某波、王某明各方均确认邹某1已实际出资30万，邹某波已实际出资20万。

黄某懿向法院起诉请求：（1）邹某1在未出资的1770万元以内对（2018）粤0106民初XXX号调解书所列债务向黄某懿承担连带清偿责任；（2）邹某波在未出资的1180万元以内对（2018）粤0106民初XXX号调解书所列债务向黄某懿承担连带清偿责任；（3）王某明对上述邹某1、邹某波所负担的债务在未出资人民币1180万元以内承担连带赔偿责任；（4）邹某1、邹某波、王某明承担本案全部诉讼费用。

裁判结果：一、邹某1在未出资的1770万元范围内对（2018）粤0106民初XXX号民事调解书中确定的畅X公司的债务向黄某懿承担补充赔偿责任；二、王某明在未出资的1180万元范围内对（2018）粤0106民初XXX号民事调解书中确定的畅X公司的债务向黄某懿承担补充赔偿责任；三、驳回黄某懿的其他诉讼请求。

裁判思路：《公司法司法解释三》第十三条第二款规定，"公司债权人请求未履行或者未全面履行出资义务的股东在未出资本息范围内对公司债务不能清偿的部分承担补充赔偿责任的，人民法院应予支持"。黄某懿请求依据上述规定要求邹某1、邹某波、王某明对畅X公司的债务承担连带清偿责任，本案审查重点在于本案情况是否符合该规定所称的"未履行或未全面履行出资义务的股东"。

在注册资本认缴制下，股东虽依法享有期限利益，但在公司作为被执行人的案件中，人民法院穷尽执行措施无财产可供执行，该公司已具备破产原因，但不申请破产的，股东不应利用其有限却实质未履行的出资责任逃避公司债务。本案争议的焦点是邹某1、王某明的出资义务是否提前加速到期。对于本案涉及的债权，人民法院已穷尽执行措施，畅X公司的财产仍不足以清偿生效法律文书确定的债务，畅 X 公司已具备破产条件，其股东既不履行出资义务亦不提起破产申请。此外，黄某懿债权发生在 2016 年 5 月 17 日至 2017 年 3 月 30 日期间，王某明于 2017 年 3 月 23 日从邹某波处受让了畅 X 公司 40%的股权，即黄某懿债权发生期间畅 X 公司的股东为邹某 1、王某明，2017 年 3 月 23 日该两名股东以订立公司章程的方式将其各自的出资时间从 2034 年 12 月 31 日延长至 2077 年 2 月 22 日。综上情况，黄某懿要求邹某 1、王某明在未出资范围内对畅 X 公司的前述债务承担清偿责任的请求合法有据，法院予以支持。

对于黄某懿的第二项诉讼请求，邹某波在黄某懿与畅 X 公司签订调解协议之前已经将其持有的 40%畅 X 公司股权转让给王某明，且转让股权时邹某波的出资期限未至，转让股份后相应的出资义务已经转移，即邹某波对畅 X 公司不再有未履行的出资义务，黄某懿要求邹某波在未出资范围内对畅 X 公司的债务承担清偿责任的依据不足，不予支持。

相关规定

1.《最高人民法院关于适用〈中华人民共和国公司法〉若干问题的规定（三）》

第十八条 有限责任公司的股东未履行或者未全面履行出资义务即转让股权，受让人对此知道或者应当知道，公司请求该股东履行出资义务、受让人对此承担连带责任的，人民法院应予支持；公司债权人依照本规定第十三条第二款向该股东提起诉讼，同时请求前述受让人对此承担连带责任的，人民法院应予支持。

受让人根据前款规定承担责任后，向该未履行或者未全面履行出资义务的股东追偿的，人民法院应予支持。但是，当事人另有约定的除外。

2.《中华人民共和国公司法》（2023 修订）

第八十八条 股东转让已认缴出资但未届出资期限的股权的，由受让人承担缴纳该出资的义务；受让人未按期足额缴纳出资的，转让人对受让人未按期缴纳的出资承担补充责任。

未按照公司章程规定的出资日期缴纳出资或者作为出资的非货币财产的实际价额显著低于所认缴的出资额的股东转让股权的，转让人与受让人在出资不足的范围内承担连带责任；受让人不知道且不应当知道存在上述情形的，由转让人承担责任。

实务要点：（1）股东出资义务是指股东按期足额缴纳其所认缴的出资额的义务，股东在认缴期限届满前不负有强制出资义务。出资期限未届满的股东未完全缴纳其认缴资本的情形不应认定为未履行或者未全面履行出资义务。法律并未禁止转让出资义务尚未到期的股权，公司股东在出资义务尚未到期的情况下可以转让股权，且此种转让的股权不属于出资期限届满而不履行出资义务的情形，不构成《公司法司法解释三》第十八条规定的"未履行或未全面履行出资义务即转让股权"的情形。（2）司法实务中基于逃避债务而转让公司股权的情形难以杜绝，司法实务中对于此种情况通常是基于个案进行分析，即对于基于逃避责任的目的将认缴期限尚未届满的股权进行转让的，并不能因此而免除转让前股东的责任。但是举证责任在于债权人，如果债权人能够证明公司在该次股权转让前已经无法清偿其债务，仍可以要求转让前后的股东承担损害公司债权人利益的责任。（3）新公司法在修订时明确规定该种情况下应由受让人承担缴纳出资义务，但是同时规定了如果受让人未按期足额缴纳出资，转让人对受让人未按期缴纳出资承担补充责任。故出让人在出让股权时应谨慎选择受让人，对受让人缴纳出资的能力做全面调查，否则可能导致出让后仍承担补缴出资的义务。该种规定也有效保护了债权人，有效治理了通过转让股权逃避债务的行为。

▶典型案例

利X德公司与明X公司、王某股东损害公司债权人利益责任纠纷

基本案情： 华X公司成立于2014年6月23日，注册资本10 000万元，王某出资5000万元，明X公司出资5000万元，出资时间均为2024年6月4日。2015年10月5日，华X公司召开股东会议，股东一致同意将注册资本减至50万元，其中王某货币出资25万元，明X公司货币出资25万元，于同日向工商行政管理局申请变更登记。华X公司作出债务清偿、担保及情况说明，载明华X公司原资本10 000万元，减少到50万元，符合2015年8月25日京华时报报纸内容，公司对外无债权债务。

2015年10月22日，华X公司注册资本由10 000万元变更为50万元。2016年1月19日，股东由王某、明X公司变更为李某滨、王某聪。

华X公司2014年度报告显示，王某实缴出资额为1440万元，实缴出资时间为2014年1月27日；2015年度报告显示，王某、明X公司实缴出资额

均为 0，实缴出资时间均为 2034 年 6 月 22 日。

2015 年 6 月，利 X 德公司因租赁合同纠纷对华 X 公司提起诉讼。2015 年 12 月 21 日，一审法院就该案作出（2015）海民初字第 22XXX 号民事判决，判决华 X 公司赔偿利 X 德公司违约损害赔偿金 260 万元。

华 X 公司不服提起上诉，2016 年 5 月 17 日，北京市第一中级人民法院作出（2016）京 01 民终 19XX 号民事判决，驳回上诉，维持原判。

利 X 德公司申请强制执行，2016 年 11 月 7 日，一审法院作出执行裁定，因未发现华 X 公司可供执行的财产，裁定终结本次执行程序。

利 X 德公司起诉请求：（1）判令王某、明 X 公司在 9550 万元减资范围内对华 X 公司对（2015）海民初字第 22XXX 号民事判决、（2016）京 01 民终 19XX 号民事判决载明的付款义务承担补充赔偿责任；（2）由王某、明 X 公司承担本案的全部诉讼费用。

利 X 德公司主张，华 X 公司 2014 年度报告记载的实缴数额为 1440 万元，2015 年年度报告记载的实缴数额为 0，说明王某抽逃了出资 1440 万元。王某、明 X 公司对此不予认可，主张前述年度报告是指 2014 年王某实缴 1440 万元，2015 年股东新增实缴数额为 0，不代表 2015 年将 1440 万元出资抽逃。

王某、明 X 公司主张利 X 德公司的请求已过诉讼时效，诉讼时效应自 2015 年 10 月 22 日减资完成工商变更登记之日或 2016 年 11 月 7 日终结本次执行程序裁定作出之日起算。利 X 德公司主张其对华 X 公司的债权在诉讼时效期内且不再受诉讼时效限制，王某、明 X 公司作为股东以出资义务或者返还出资义务超过诉讼时效期间为由进行抗辩不能成立。即便适用诉讼时效，诉讼时效应自利 X 德公司委托律师调取工商档案知道减资之日，即 2020 年 2 月 26 日起算，提交电子邮件、费用报销单、发票、付款回单。王某、明 X 公司对上述证据的真实性、证明目的均不予认可，认为工商档案信息并不是委托律师才可以调取，不能说明利 X 德公司直至 2020 年 2 月 26 日才知道减资事宜。

王某、明 X 公司主张其向华 X 公司缴纳资本金的时间均为 2033 年，在 2015 年减资时并没有影响到华 X 公司的资产状况。利 X 德公司主张减资行为已经严重影响华 X 公司资产状况，利 X 德公司与华 X 公司签署 760 万元的租赁合同时，华 X 公司注册资本为 10 000 万元，实缴资本 1440 万元，将注册资本减为 50 万元，实缴资本减为 0，已经严重影响到债权人债权的实现。

裁判结果：王某、明 X 公司对（2015）海民初字第 22XXX 号民事判决、（2016）京 01 民终 19XX 号民事判决确定的华 X 公司对利 X 德公司的债务不能清偿的部分承担补充赔偿责任。

裁判思路：本案主要争议焦点为：（1）华 X 公司减资时，利 X 德公司是否是确定的债权人，华 X 公司是否应向利 X 德公司通知；（2）华 X 公司减资是否损害了利 X 德公司利益；（3）利 X 德公司的主张是否已超过诉讼时效。

关于争议焦点一：《公司法》（2018 修正）第一百七十七条规定，"公司需要减少注册资本时，必须编制资产负债表及财产清单。公司应当自作出减少注册资本决议之日起十日内通知债权人，并于三十日内在报纸上公告。债权人自接到通知书之日起三十日内，未接到通知书的自公告之日起四十五日内，有权要求公司清偿债务或者提供相应的担保"。

王某、明 X 公司主张华 X 公司减资时，利 X 德公司和华 X 公司的租赁合同纠纷尚处在一审审理阶段，利 X 德公司并非华 X 公司已知的债权人，华 X 公司未通知其减资，并未违反上述规定。争议租赁合同签订于 2015 年 1 月，前期付款期限已经届满，利 X 德公司于 2015 年 6 月提起该案诉讼，经审理查明，利 X 德公司一直配合华 X 公司的要求积极履行备货义务，没有违约行为，综合以上合同约定及履行情况看，即便减资时案件尚未审理终结，华 X 公司应当预见到利 X 德公司是其潜在的、将来的债权人。因此，华 X 公司在诉讼期间减资，利 X 德公司应为华 X 公司减资时的通知对象。华 X 公司未就减资事宜通知利 X 德公司，减资程序存在瑕疵。

关于争议焦点二：认缴资本制下的股东出资义务，相当于股东对公司承担的一种出资范围内的担保责任，故在公司减资时，应履行法定程序要求，公司股东不得滥用公司法人独立地位和股东有限责任损害公司债权人的利益，违反法律规定的减资行为与股东违法抽逃出资在法律评价及对债权人利益的影响方面，本质上并无不同，相关责任人应当按照抽逃出资的相关规定承担法律责任。根据《公司法司法解释三》第十四条第二款的规定：公司债权人请求抽逃出资的股东在抽逃出资本息范围内对公司债务不能清偿的部分承担补充赔偿责任、协助抽逃出资的其他股东、董事、高级管理人员或者实际控制人对此承担连带责任的，人民法院应予支持。本案中，华 X 公司原注册资本为 10 000 万元，其 2014 年度报告显示王某实缴 1440 万元。王某、明 X 公司于 2015 年 10 月 5 日作出华 X 公司减资的股东会决议，将注册资本减至 50

万元，但在公司减资过程中，在明知与利 X 德公司存在诉讼的情况下，向工商部门出具情况说明称公司无债务，未通知利 X 德公司，剥夺了利 X 德公司要求清偿或提供担保的权利，实质上豁免了王某、明 X 公司尚未履行的出资义务，返还了已出资款项，降低了华 X 公司的偿债能力，作为减资时华 X 公司的股东，王某、明 X 公司应当在不当减资范围内对华 X 公司债务不能清偿的部分承担补充赔偿责任。

关于争议焦点三：王某、明 X 公司以利 X 德公司的主张已经超过诉讼时效为由不同意承担补充赔偿责任。基于投资关系产生的缴付出资请求权不适用诉讼时效，股东不能以超过诉讼时效为由对缴纳出资进行抗辩。如果规定出资请求权应适用诉讼时效，则有违公司资本充足原则。因股东在出资前对公司始终承担该债务，故公司债权人基于代位权的原理向股东主张该债权时，股东当然不能以超过诉讼时效为由进行抗辩。如前所述，王某、明 X 公司通过减资来实现无须继续出资的目的，其行为本质上无异于股东抽逃出资，诉讼时效的法律规定亦应比照适用抽逃出资相关的法律规定。根据《公司法司法解释三》第十九条第二款的规定，公司债权人的债权未过诉讼时效期间，其请求未履行或者未全面履行出资义务或者抽逃出资的股东承担赔偿责任，被告股东以出资义务或者返还出资义务超过诉讼时效期间为由进行抗辩的，人民法院不予支持。因利 X 德公司作为公司债权人的债权已经生效判决确认，王某、明 X 公司该项抗辩意见，法院不予支持。

相关规定

1.《中华人民共和国公司法》（2023 修订）

第二百二十四条 公司减少注册资本，应当编制资产负债表及财产清单。

公司应当自股东会作出减少注册资本决议之日起十日内通知债权人，并于三十日内在报纸上或者国家企业信用信息公示系统公告。债权人自接到通知之日起三十日内，未接到通知的自公告之日起四十五日内，有权要求公司清偿债务或者提供相应的担保。

公司减少注册资本，应当按照股东出资或者持有股份的比例相应减少出资额或者股份，法律另有规定、有限责任公司全体股东另有约定或者股份有限公司章程另有规定的除外。

2.《最高人民法院关于适用〈中华人民共和国公司法〉的解释（三）》

第十四条 股东抽逃出资，公司或者其他股东请求其向公司返还出资本息、协助抽逃出资的其他股东、董事、高级管理人员或者实际控制人对此承担连带责任的，人民法院应予支持。

公司债权人请求抽逃出资的股东在抽逃出资本息范围内对公司债务不能清偿的部分承担补充赔偿责任、协助抽逃出资的其他股东、董事、高级管理人员或者实际控制人对此承担连带责任的，人民法院应予支持；抽逃出资的股东已经承担上述责任，其他债权人提出相同请求的，人民法院不予支持。

第十九条 公司股东未履行或者未全面履行出资义务或者抽逃出资，公司或者其他股东请求其向公司全面履行出资义务或者返还出资，被告股东以诉讼时效为由进行抗辩的，人民法院不予支持。

公司债权人的债权未过诉讼时效期间，其依照本规定第十三条第二款、第十四条第二款的规定请求未履行或者未全面履行出资义务或者抽逃出资的股东承担赔偿责任，被告股东以出资义务或者返还出资义务超过诉讼时效期间为由进行抗辩的，人民法院不予支持。

实务要点： 股东因未履行或未全面履行出资义务或抽逃出资所要承担的责任是侵权责任，该类纠纷有以下几点需要注意：（1）股东所承担的侵权责任的构成要件：①主观上具有故意；②实施了虚假出资、抽逃出资等瑕疵出资行为；③从结果上看，削弱了公司的偿债能力，侵害了债权人的利益；④股东的行为与债权人利益受损具有因果关系。（2）股东构成瑕疵出资的，该股东在未出资、出资不实、抽逃出资的范围内对债权人的债权承担补充清偿责任。对于债权人的债权，公司是第一顺位的清偿义务人，出资瑕疵的责任股东是第二顺位的清偿义务人，责任股东承担的是补充清偿责任。债权人只能在穷尽法律措施仍未得到全额清偿的情形下，才能要求未履行出资义务的股东承担清偿责任。（3）责任股东只在其未出资本息范围内对公司债务不能部分承担补充赔偿责任，责任股东已经承担责任后，其他债权人再要求其承担补充清偿责任的，法律不予支持。（4）实务中，比较典型的瑕疵出资方式有：虚假出资；抽逃出资；认缴的出资期限届满后未出资；未按增资协议履行增资义务；公司减资、解散时不履行法定的通知债权人的义务；以简易程序注销公司并签署承诺书等。（5）关于举证责任。原告作为公司债权人，只需要提供对股东履行出资义务产生合理怀疑的证据即完成了举证责任，责任股东应举证证明已经履行了出资义务。（6）关于诉讼时效。股东最终所要承担的实为出资义务，股东的出资义务并不适用诉讼时效的规定。

（二）股东滥用公司法人独立人格逃避债务的，债权人可以主张刺破公司面纱

公司法人人格否认制度，又称揭开公司面纱、刺破公司面纱制度。该制度是在承认公司具有法人人格的前提下，在特定的法律关系中对公司的法人人格及股东有限责任加以否定，以制止股东滥用公司法人人格及有限责任，保护公司债权人的利益。股东滥用公司法人人格的行为表现形式主要有以下三种：人格混同；公司被股东过度支配与控制，完全丧失独立性；资本显著不足。

1. 因公司财产与股东财产混同且无法区分导致公司人格被否认

》典型案例

亚X公司与甘某军、林某昂股东损害公司债权人利益责任纠纷

基本案情： 亚X公司为与昂X公司买卖合同纠纷案向法院起诉后，法院于2016年8月5日作出（2016）浙0784民初5XXX号民事调解书，确认"由昂X公司支付亚X公司货款265 978.17元，款限2016年8月7日前付清；如未按期足额支付上述款项，亚X公司有权按货款265 978.17元及利息损失（利息损失从2016年7月12日起按中国人民银行同期同档次贷款基准利率计算至款清之日止），扣除已履行部分，申请强制执行"。但昂X公司未按期支付上述款项，故亚X公司向该院申请强制执行。执行后，亚X公司收到分配款37 653元，昂X公司至今尚欠亚X公司货款228 325.17元。2017年9月28日，昂X公司在执行中以不能清偿到期债务，资产不足以清偿全部债务为由，申请进行破产清算。法院经执行移送破产审查后，于2017年12月11日裁定受理昂X公司破产清算案。破产案件受理后，管理人审查发现昂X公司的应收款约140万元已转移至股东名下，基本未入公司账户，股东不配合财产调查。为此，管理人认为该公司可能存在隐藏、转移财产等行为，而逃避债务申请破产，故向法院申请驳回破产清算申请。法院于2019年8月6日作出民事裁定，认为昂X公司有转移财产行为，现该款无法收回用于清偿债务，故驳回昂X公司的破产清算申请。

林某昂、甘某军系昂X公司的股东，林某昂任法定代表人、执行董事、经理，甘某军任监事。2016年5月23日，林某昂作为法定代表人，在昂X公司的应收款清单上确认，以上应收款除司X欧、和禧X贸由林某昂收款外，

其余全部由甘某军收款。

亚 X 公司向法院起诉请求：判令林某昂、甘某军对（2016）浙 0784 民初 5XXX 号民事调解书确认的昂 X 公司欠付亚 X 公司的款项 228 325.17 元及利息（利息从 2016 年 7 月 7 日起按中国人民银行同期同档次贷款基准利率计算至款清之日止）承担连带清偿责任。

甘某军答辩状辩称，昂 X 公司一直由林某昂在经营，甘某军只收到部分货款，其余货款已被法定代表人林某昂收取，甘某军把已收部分货款分别用于支付供应商货款、工资等，甘某军收到的货款远远不够其已付出的货款，所以不存在甘某军滥用公司法人独立地位，隐藏、转移财产，逃避清债，损害债权人利益，应对公司债务承担连带清偿责任的情形，况且甘某军只是一个小股东，占 20% 股份，根本左右不了公司的事情。

裁判结果： 由林某昂、甘某军对昂 X 公司尚欠亚 X 公司的货款 228 325.17 元及利息损失（利息损失从 2016 年 7 月 7 日起计算至款清之日止，2019 年 8 月 19 日之前按中国人民银行同期同档次贷款基准利率计付；2019 年 8 月 20 日之后按同期全国银行间同业拆借中心公布的贷款市场报价利率计付）承担连带清偿责任，款限判决生效后十日内履行完毕。

裁判思路： 本案争议焦点为甘某军、林某昂作为公司股东是否应对公司债务承担连带责任。首先，在审理昂 X 公司破产清算案件中，已查明昂 X 公司的应收款 140 万元转移至股东名下，基本未入公司账户，且股东不配合财产调查，该款无法收回用于清偿债务；其次，林某昂作为法定代表人，于 2016 年 5 月 23 日在昂 X 公司的应收款清单上确认，以上应收款除部分由林某昂收款外，其余全部由甘某军收款。甘某军亦认可有部分货款支付至其个人账户。故可以认定林某昂、甘某军存在由个人收取公司应收款的行为；最后，从林某昂、甘某军的解除同居关系协议书中，也反映出甘某军、林某昂对涉及公司的财产、应收账款等做出了归属个人所有的处置。综上，林某昂、甘某军存在滥用昂 X 公司法人独立地位和股东有限责任的行为，公司财产与股东财产混同，严重损害了公司债权人利益。故亚 X 公司作为债权人请求林某昂、甘某军对昂 X 公司尚欠的款项承担连带清偿责任，于法有据，予以支持。但因 2019 年 8 月 20 日后，中国人民银行贷款基准利率这一标准已经取消，自此之后应改为全国银行间同业拆借中心公布的贷款市场报价利率，故对利息损失的计算标准相应做出调整。

相关规定

《中华人民共和国公司法》（2023修订）

第二十一条 公司股东应当遵守法律、行政法规和公司章程，依法行使股东权利，不得滥用股东权利损害公司或者其他股东的利益。

公司股东滥用股东权利给公司或者其他股东造成损失的，应当承担赔偿责任。

实务要点：（1）认定公司人格与股东人格是否存在混同，最根本的判断标准是公司是否具有独立意思和独立财产，最主要的表现是公司的财产与股东的财产是否混同且无法区分。在认定是否构成人格混同时，应当综合考虑以下因素：①股东无偿使用公司资金或者财产，不作财务记载的；②股东用公司的资金偿还股东的债务，或者将公司的资金供关联公司无偿使用，不作财务记载的；③公司账簿与股东账簿不分，致使公司财产与股东财产无法区分的；④股东自身收益与公司盈利不加区分，致使双方利益不清的；⑤公司的财产记载于股东名下，由股东占有、使用的；⑥人格混同的其他情形。（2）在出现人格混同的情况下，往往同时出现以下混同：①公司业务和股东业务混同；②公司员工与股东员工混同，特别是财务人员混同；③公司住所与股东住所混同。人民法院在审理案件时，关键要审查是否构成人格混同，而不要求同时具备其他方面的混同，其他方面的混同往往只是人格混同的补强。（3）公司人格独立和股东有限责任是公司法的基本原则，公司人格混同系股东、有限责任的例外情形，从根本上违反了资本维持原则和资本不变原则，有可能严重影响公司偿债能力，否认公司独立人格，应由滥用公司法人独立地位和股东有限责任的股东对公司债务承担连带责任。（4）关于举证责任，原告主张被告作为股东与公司存在人格混同，应提供相应证据，即提供证据证明被告与公司存在上述人格混同的情况。但如果该公司为一人有限责任公司，则需被告承担举证责任，如果被告作为唯一的股东不能证明公司财产独立于股东自己的财产，其应当对公司债务承担连带责任。

2. 公司被股东过度支配与控制，完全丧失独立性

过度支配和控制，指股东通过对公司的控制而实施不当影响，控制股东将自己的意志强加于公司之上，将公司视为实现自己目的的工具，其独立意思完全被股东个人意志所取代，致使公司丧失自我意志和自我决策能力。股东滥用控制权往往表现为对公司事务的过度干预，从而引起股东与公司的人格混同。

>> **典型案例**

徐某君与刘某宇、吴某芳、赵某仙、吴某兰、吴某兴、吴某鹏等股东损害公司债权人利益责任纠纷

基本案情： 2018年7月19日，法院对徐某君与鼎X公司加工合同纠纷一案作出XXXX号民事判决，判令鼎X公司于判决生效之日起7日内向徐某君支付加工款230 604元，并承担诉讼费2380元。该判决生效后，鼎X公司未履行上述判决确定的给付义务，徐某君遂申请执行。经执行，一审法院于2019年4月16日作出执行裁定书，载明该案执行标的232 984元及相应利息未执行到位，执行费3395元未收取，裁定终结该次执行程序。

鼎X公司于2015年12月28日设立，发起人股东为刘某宇和吴某鹏，公司注册资本为3万元，其中吴某鹏认缴2.7万元，刘某宇认缴0.3万元，出资时间均为2016年12月22日，吴某鹏为公司法定代表人、执行董事，吴某兰为公司监事。2016年4月26日，刘某宇将其持有的鼎X公司10%股权转让给吴某兰并办理了变更登记。2017年3月22日，吴某鹏将其持有的鼎X公司90%股权转让给吴某芳并办理了变更登记，公司法定代表人及执行董事变更为吴某芳。2018年7月26日，吴某兰、吴某芳分别将各自持有的鼎X公司10%股权、90%股权转让给赵某仙、吴某兴，法定代表人变更为赵某仙。吴某兴与赵某仙，分别为吴某芳和吴某兰的父亲、母亲。

2018年7月17日的鼎X公司工商变更确认函载明，吴某芳、吴某兰、赵某仙、吴某兴的身份证复印件与原件核对一致章上，由刘某宇核对签名。执行案中，鼎X公司财产查询反馈汇总表载明，鼎X公司仅有1个开户账户即中国工商银行江苏省无锡锡北支行的1103XXXX4720账户，银行反馈结果为余额5.97元，除少量、小额对公收费及税款外无资金往来信息。自2016年9月至2017年6月宏利来厂与鼎X公司发生加工业务往来期间，鼎X公司通过易某兵个人账户与之发生了9笔交易。

刘某宇称，鼎X公司注册时，是吴某蓉的丈夫易某兵与其商量借用其身份证注册公司，2016年4月其根据易某兵的要求将股权转让给了吴某兰。其从未参与公司经营管理，也未享受股东权利。易某兵实际参与了公司经营，

公司向客户付款也是通过易某兵的账号。吴某芳称，其于2017年3月22日成为鼎X公司股东后，没有参与经营管理，而是聘请他人实际管理经营。

徐某君向法院起诉请求：判令刘某宇、吴某鹏、吴某芳、吴某兰、赵某仙、吴某兴对XXXX号民事判决确定的鼎X公司向徐某君支付230 604元加工款及利息（以230 604元为基数，自起诉之日2021年4月7日起至实际支付之日止按LPR计算）和2380元诉讼费的付款义务承担连带清偿责任。

裁判结果：刘某宇、吴某鹏、吴某芳、吴某兰、赵某仙、吴某兴于判决生效之日起三日内对XXXX号民事判决确定的鼎X公司向徐某君支付230 604元加工款及迟延履行利息（以230 604元为基数，自2021年4月7日起至实际给付之日止，按全国银行间同业拆借中心公布的贷款市场报价利率计算）和诉讼费2380元的付款义务承担连带责任。

裁判思路：徐某君系以鼎X公司与股东人格混同为由要求各股东承担连带责任。认定公司与股东人格混同，需要综合多方面因素判断公司是否具有独立意思、公司与股东的财产是否混同且无法区分、是否存在其他混同情形等。本案中，根据执行案件的查明情况及当事人陈述可知，鼎X公司在经营过程中违反公司财务制度的规定，通过案外人易某兵的个人账户而非公司账户进行公司收付款，鼎X公司账户自公司2015年12月设立后仅有少量、小额对公收费及税款交易，公司经营往来的款项始终未使用公司账户。鼎X公司的股东刘某宇陈述，其名为公司股东，实为易某兵借用其身份注册公司，其并未参与公司经营亦未行使股东权利，2016年4月经易某兵授意将股权转让给吴某兰。股东吴某芳陈述，其名为公司法定代表人和股东，但并不实际参与公司经营。公司股东及法定代表人的变更并非侵害债权人利益的法定事由，但是鼎X公司在设立之初就被人为操控，使得公司的实际股东、实际控制人与公司登记不一致。公司财产亦被人为操控，公司账户始终被闲置，公司转而使用案外人个人账户进行收付款，其目的就是隐匿公司财产、逃避债务，使得公司债权人等无法查实公司财产。鼎X公司历经数次股东变更，继任股东之间互为父母姐妹关系，公司历任股东均有关联，本案中未见各股东举证履行出资义务或继任股东支付股权转让款的证据，结合刘某宇关于股权转让的陈述，有理由认为公司的股权变更亦是鼎X公司股东及相关人员操控所为。综上，鼎X公司已经丧失独立意志，鼎X公司和公司股东构成人格混同，不论徐某君的案涉债权发生在刘某宇、吴某鹏股权转让前或后，公司各股东刘某宇、吴某鹏、吴某芳、吴某兰、赵某仙、吴某兴利用自己的股东身份，甘于为公司被操控、逃避债务提供便利，其行为已严重损害公司债权人徐某君的利益，其应当对 XXXX 号民事判决确定的鼎 X 公司债务承担连带责任。

相关规定
《中华人民共和国公司法》（2023 修订）

第二十一条 公司股东应当遵守法律、行政法规和公司章程，依法行使股东权利，不得滥用股东权利损害公司或者其他股东的利益。

公司股东滥用股东权利给公司或者其他股东造成损失的，应当承担赔偿责任。

第二百一十七条 公司除法定的会计账簿外，不得另立会计账簿。对公司资金，不得以任何个人名义开立账户存储。

实务要点：（1）公司控股股东对公司过度支配与控制，操纵公司的决策过程，使公司完全丧失独立性，沦为控制股东的工具或躯壳，严重损害公司债权人利益，应当否认公司人格，由滥用控制权的股东对公司债务承担连带责任。实践中常见的情形包括：①母子公司之间或者子公司之间进行利益输送的；②母子公司或者子公司之间进行交易，收益归一方，损失却由另一方承担的；③先从原公司抽走资金，然后再成立经营目的相同或者类似的公司，逃避原公司债务的；④先解散公司，再以原公司场所、设备、人员及相同或者相似的经营目的另设公司，逃避原公司债务的；⑤过度支配与控制的其他情形。控制股东或实际控制人控制多个子公司或者关联公司，滥用控制权使多个子公司或者关联公司财产边界不清、财务混同，利益相互输送，丧失人格独立性，沦为控制股东逃避债务、非法经营，甚至违法犯罪工具的，可以综合案件事实，否认子公司或者关联公司法人人格，判令其承担连带责任。（2）认定股东的行为是否构成过度支配与控制，最根本的判断标准仍是公司是否具有独立意志和独立财产。

3. 资本显著不足

资本显著不足指的是，公司设立后在经营过程中，股东实际投入公司的资本数额与公司经营所隐含的风险相比明显不匹配。股东利用较少资本从事力所不及的经营，表明其没有从事公司经营的诚意，实质是恶意利用公司独立人格和股东有限责任把投资风险转嫁给债权人。

实务要点：（1）需要强调的是，法人人格独立是公司法的基本原则，人格否认是公司制度的例外，司法实务中对于法人人格否认制度的适用一直坚持从严的标准。首先，只有在股东实施了滥用公司法人独立地位、股东有限责任，且该行为严重损害了公司债权人利益的情况下才可适用，且该制度的适用以当事人主张为前提，且要证明股东与公司存在财产混同、业务混同、人事混同、住所混同的情形。其次，只有实施了滥用法人独立地位和股东有限责任的股东才对公司债务承担连带清偿责任，其他股东不承担此责任。最后，公司人格否认不是全面、彻底、永久的否认，只是在具体案件依据特定事实适用，不当然地及于其他案件，也不影响法人独立人格的存续。在具体案件中，如果原告没有提起否认法人人格的主张，则法院不应主动适用该制度。（2）本案由下，股东对债权人承担的是侵权之债。债权人起诉必须符合特定的条件。一是债权人对公司有确定的债权；二是公司无法偿还该笔债务；三是债权人需举证证明股东损害其债权。（3）构成要件：①主观要件方面，股东有逃避公司债务的故意。实务中也有观点认为，适用法人人格否认制度时无须考虑股东是否具有主观过错。②客观上出现了混同的行为：公司财产与股东财产混同且无法区分；公司被股东过度支配与控制，完全丧失独立性；资本显著不足等。③从结果上看，股东的行为严重损害了债权人的债权。④公司债权人利益受到损害与股东滥用法人独立地位和有限责任具有直接因果关系。（4）股东承担的是无限连带清偿责任，对公司法人人格否认后，股东承担责任不再限于其出资。（5）司法实务中也出现了刺破了关联公司的面纱的案例。即"关联公司人格混同，严重损害债权人利益的，关联公司相互之间对外部债务承担连带责任"。人格混同的关联公司对外部债务承担连带责任的前提是上述公司均由共同的实际控制人所控制，其责任承担的实质是传统刺破公司面纱和反向刺破公司面纱的结合，即先通过传统刺破公司面纱由实际控制人为一家公司的债务承担责任，再通过反向刺破公司面纱由另一家公司为实际控制人的该笔债务承担责任。实务中，关联公司混同主要表现在股东对公司的不正当控制、财产混同、业务混同、组织机构混同等。

(三) 怠于履行清算义务

>> **典型案例**

诺X公司与王某、赵某星股东损害公司债权人利益纠纷

基本案情：诺X公司因凤X加工厂、仕X公司拖欠其货款429 000元而诉至法院，法院于2017年9月18日作出（2017）粤1973民初5XXX号民事判决书，判令："限被告凤X加工厂、仕X公司、王某1自本判决发生法律效力之日起五日内向原告诺X公司支付货款429 000元及利息（从2014年11月22日起，按中国人民银行同期同类贷款利率计付至实际清偿之日止）。"该判决书于2017年12月5日生效，由于判决生效后凤X加工厂、仕X公司、王某1未能按时还款，诺X公司向法院申请强制执行。法院查明被执行人名下无可供执行的财产，申请人亦无法提供其他财产线索，于2018年12月26日作出（2018）粤1973执3XX号之一《执行裁定书》，终结该案的执行程序。

仕X公司于2014年6月9日成立，注册资本500 000元，股东为被告王某、赵某星两人。被告王某主张在案涉债务产生之前，仕X公司早已资不抵债，并承认公司账册已经遗失。

由于仕X公司构成公司成立后无正当理由超过六个月未开业，或者开业后自行停业连续六个月以上的行为，于2017年3月21日被吊销营业执照，至今未经清算且未办理注销登记手续。

诺X公司起诉请求：（1）被告王某、赵某星连带支付原告货款429 000元；（2）两被告连带支付原告逾期付款利息139 854元（目前货款利息以429 000为本金，从2014年11月22日起至2020年3月31日止。后期利息继续按中国人民银行同期同类人民币贷款利率计算至实际清偿之日止支付双倍利息）；（3）两被告连带承担本案的诉讼费、保全费。

被告王某辩称：（1）诺X公司作为公司的债权人可以自行向法院申请破产清算。（2）仕X公司无法进行破产清算并非王某怠于进行破产清算的行为导致，也没有产生无法清算的法律后果。首先，公司主要财产、账册、重要文件等灭失并非被告王某所导致。其次，仕X公司并非无法进行破产清算，王某没有进行破产清算，而诺X公司也未向法院申请破产清算，对于仕X公司是否无法进行破产清算无法确定，即使是王某的行为导致公司主要财产、

账册灭失，但若未产生无法进行清算的法律后果，王某也不应对仕X公司债务承担连带责任。（3）王某未滥用股东权利、逃避债务。王某怠于进行清算的行为并非"作为"行为，没有违反股东禁止行为的相关规定。公司股东滥用其有限责任的行为，对应的是法人人格否认的相关规定，而并非诺X公司诉称的情形。王某的行为并未导致严重损害公司债权人的利益，诺X公司的债权已经人民法院确认，仕X公司早在2014年8月就已经营不善、资不抵债，已无任何资产。王某2017年怠于清算的行为并不会导致原告的债权受到严重损害。

裁判结果：一、被告王某、赵某星于本判决发生法律效力之日起五日内对东莞市第三人民法院于2017年9月18日作出的（2017）粤1973民初5XXX号民事判决书判决确定的仕X公司应当偿还原告诺X公司的债务承担连带清偿责任；二、驳回原告诺X公司的其他诉讼请求。

裁判思路：仕X公司于2017年3月21日被吊销营业执照，依据《公司法》（2013修正）第一百八十条、第一百八十三条的规定，王某、赵某星本应在仕X公司被吊销营业执照后十五日内组成清算组，履行清算义务，但王某、赵某星至本案诉讼时仍未组成清算组对仕X公司进行清算。而现王某自认仕X公司的主要财产、账册、重要文件已不存在，无法进行清算。王某主张相关账册早于2014年丢失，即便其怠于履行清算义务，账册丢失与此并无因果关系，但王某并未提供相应证据证明，要求公司以外之其他人举证公司账册的丢失时间早于股东怠于履行清算义务的时间，显然不切实际。综上，王某、赵某星并未能举证证明已经积极履行清算义务，现根据王某的陈述，仕X公司主要财产、账册、重要文件等灭失，其又未能举证证明存在客观原因或者其他免责事由，故应认定王某、赵某星因怠于履行清算义务，须对仕X公司的债务承担连带清偿责任。

关于被告王某、赵某星应承担的仕X公司拖欠货款产生的利息计算标准问题，在（2017）粤1973民初5XXX号民事判决书中已经明确判令。根据已查明的事实，仕X公司拖欠货款，且没有按照法院判决书规定的期间履行给付金钱义务，应加倍支付延迟履行期间的债务利息，根据判决生效时间及原告的诉请，利息以429 000元为本金自2014年11月22日起按中国人民银行同期同类贷款利率计至2019年8月19日，自2019年8月20日起按全国银行间同业拆借中心公布的同期限贷款市场报价利率计至 2020 年 3 月 31 日，自 2020 年 4 月 1 日起按全国银行间同业拆借中心公布的同期限贷款市场报价利率的 2 倍计至实际付清之日止，以上利息以不超过 429 000 元为限。对原告超出此范围的诉请，不予支持。

相关规定

1.《中华人民共和国公司法》(2023 修订)

第二百三十二条 公司因本法第二百二十九条第一款第一项、第二项、第四项、第五项规定而解散的，应当清算。董事为公司清算义务人，应当在解散事由出现之日起十五日内组成清算组进行清算。

清算组由董事组成，但是公司章程另有规定或者股东会决议另选他人的除外。

清算义务人未及时履行清算义务，给公司或者债权人造成损失的，应当承担赔偿责任。

第二百三十三条 公司依照前条第一款的规定应当清算，逾期不成立清算组进行清算或者成立清算组后不清算的，利害关系人可以申请人民法院指定有关人员组成清算组进行清算。人民法院应当受理该申请，并及时组织清算组进行清算。

公司因本法第二百二十九条第一款第四项的规定而解散的，作出吊销营业执照、责令关闭或者撤销决定的部门或者公司登记机关，可以申请人民法院指定有关人员组成清算组进行清算。

2.《最高人民法院关于适用〈中华人民共和国公司法〉若干问题的规定（二）》

第十八条 有限责任公司的股东、股份有限公司的董事和控股股东未在法定期限内成立清算组开始清算，导致公司财产贬值、流失、毁损或者灭失，债权人主张其在造成损失范围内对公司债务承担赔偿责任的，人民法院应依法予以支持。

有限责任公司的股东、股份有限公司的董事和控股股东因怠于履行义务，导致公司主要财产、账册、重要文件等灭失，无法进行清算，债权人主张其对公司债务承担连带清偿责任的，人民法院应依法予以支持。

上述情形系实际控制人原因造成，债权人主张实际控制人对公司债务承担相应民事责任的，人民法院应依法予以支持。

实务要点：(1) 清算义务人因怠于履行清算义务承担清算赔偿责任，应符合以下构成要件：第一，清算义务人有违反法律规定，怠于履行清算义务的行为，即在公司解散后未在法定时间内开展清算事务或未在法定时间内完成清算事务，主观上存在不作为的过错，或者不适当执行清算事务，侵犯债权人利益；第二，清算义务人的行为造成了公司债权人的直接损失；第三，清算义务人怠于履行清算义务的行为与公司财产或债权人的损失之间具有法律上的因果关系。(2)《最高人民法院关于适用〈中华人民共和国公司法〉若干问题的规定（二）》（以下简称《公司法司法解释二》）第十八条第二款中的"无法进行清算"，是指由于公司据以进行清算的财产、账册、重要文件等灭失，无法按照法律规定的程序对公司的债权债务进行正常的清理，造成公司的财产和负债范围无法确定，债权人的债权无法得以清偿。(3)《公司法司法解释二》出台后，很多职业债权人大量滥用第十八条第二款进行诉讼，导致大量从未参与过公司管理或对公司财产、账册、重要文件的灭失无过失的小股东承担了赔偿责任，且赔偿的金额远远超过了其出资额，《九民纪要》对此进行了纠正，规范了股东怠于履行清算义务的认定标准。第十四条规定，《公司法司法解释（二）》第十八条第二款规定的"怠于履行义务"，是指有限责任公司的股东在法定清算事由出现后，在能够履行清算义务的情况下，故意拖延、拒绝履行清算义务，或者因过失导致无法进行清算的消极行为。股东举证证明其已经为履行清算义务采取了积极措施，或者小股东举证证明其既不是公司董事会或者监事会成员，也没有选派人员担任该机关成员，且从未参与公司经营管理，以不构成"怠于履行义务"为由，主张其不应当对公司债务承担连带清偿责任的，人民法院依法予以支持。第十五条对因果关系进行了规定：有限责任公司的股东举证证明其"怠于履行义务"的消极不作为与"公司主要财产、账册、重要文件等灭失，无法进行清算"的结果之间没有因果关系，主张其不应对公司债务承担连带清偿责任的，人民法院依法予以支持。(4) 需要注意的是，对于《九民纪要》第十四条中所提及的"未参与公司经营管理"的认定，应以该股东是否参与公司的日常经营管理为标准，现代公司制度中股权与经营权在法律特征上并不相同，股东以召开股东会的形式对公司基本形式进行安排，并不能等同于参与了公司的经营管理。(5) 怠于履行清算义务的股东承担的是连带清偿责任。

(四) 违法清算

> **典型案例**

滕某与黄某龙、薛某、张某一等股东损害公司债权人利益责任纠纷

基本案情：茶饮XX公司成立于2015年8月4日，法定代表人为薛某。2018年8月16日，股东由薛某、张某一变更为薛某、黄某龙。公司注册资本为100万元，出资期限为2050年2月20日。2019年3月15日该公司经核准注销。

中国广州仲裁委员会于2018年11月23日受理了滕某对茶饮XX公司的仲裁申请。2019年2月24日，中国广州仲裁委员会作出（2018）穗仲案字第3XXXX号仲裁裁决书，裁决被申请人向申请人退还款项等。因茶饮XX公司未向履行裁决书项下的付款义务，且于2019年3月15日办理了注销手续，遂致本案纠纷。

2019年3月14日，茶饮XX公司向市场监督管理局提交了《茶饮XX公司清算报告》，载明：根据2019年1月7日股东会决议，公司停止经营，成立清算组。清算组于2019年1月7日开始对公司进行清算，具体情况如下，"一、公司于2019年1月14日在《广东建设报》上刊登了清算报告（及书面通知了债权人）……四、债权债务已清理完毕。……六、公司债权债务清偿后剩余财产按股东出资比例返还给股东。经全体股东审查确认，一致通过该清算报告。"

滕某向法院起诉请求：（1）黄某龙、薛某对茶饮XX公司欠付滕某的债务按照（2018）穗仲案字第3XXXX号仲裁裁决书内容承担连带赔偿责任，截至2020年1月12日暂共计91 513元，实际应支付至全部清偿完毕之日止；（2）张某一对以上责任承担连带责任；（3）本案全部诉讼费用由黄某龙、薛某、张某一承担。

黄某龙、薛某称：茶饮XX公司已严格按照法律法规进行清算，黄某龙、薛某作为茶饮XX公司股东，已履行出资义务并实缴出资，对公司债务不承担责任。2019年1月7日，茶饮XX公司通过股东会决议注销公司，并于1月8日组成清算组，清算组成员为公司股东黄某龙、薛某。2019年1月14日，茶饮XX公司在《广东建设报》上刊登清算公告，符合法定程序。茶饮XX公司进入清算程序，无法正常收取仲裁材料，因此黄某龙、薛某对该案的仲裁信息并不知情。滕某亦未根据清算公告向黄某龙、薛某申报债权，黄某龙、薛某无法得知该债务关系，对此不存在过错，由此产生的后果应由滕某自行承担。

滕某主张黄某龙、薛某、张某一未履行出资义务，应在未缴出资范围内对债权人承担连带清偿责任，黄某龙、薛某作为清算义务人未通知滕某，提供虚假的清算报告恶意注销公司。

裁判结果：一、黄某龙、薛某对茶饮XX公司在（2018）穗仲案字第3XXXX号仲裁裁决书中确认的债务向滕某承担连带赔偿责任；二、驳回滕某的其他诉讼请求。

裁判思路：茶饮XX公司现已注销，《公司法》（2018修正）第一百八十五条规定"清算组应当自成立之日起十日内通知债权人，并于六十日内在报纸上公告。债权人应当自接到通知书之日起三十日内，未接到通知书的自公告之日起四十五日内，向清算组申报其债权"。《公司法司法解释二》第十一条规定，"公司清算时，清算组应当按照公司法第一百八十五条的规定，将公司解散清算事宜书面通知全体已知债权人，并根据公司规模和营业地域范围在全国或者公司注册登记地省级有影响的报纸上进行公告。清算组未按照前款规定履行通知和公告义务，导致债权人未及时申报债权而未获清偿，债权人主张清算组成员对因此造成的损失承担赔偿责任的，人民法院应依法予以支持"。

滕某与茶饮XX公司签订合作合同的时间是2018年6月24日，滕某向广州仲裁委员会提出仲裁申请的时间为2018年11月23日，2018年12月26日成立仲裁庭，并按照《中国广州仲裁委员会仲裁规则》相关规定向滕某及茶饮XX公司送达了开庭通知，后广州仲裁委员会于2019年1月15日开庭进行了审理，并于2019年2月24日作出（2018）穗仲案字第3XXXX号仲裁裁决书。而茶饮XX公司在2019年1月7日通过股东会决议注销公司，并于2019年1月8日成立清算组，此时广州仲裁委员会已受理案件并成立仲裁庭。黄某龙、薛某虽已在2019年1月14日进行清算公告，但对于茶饮XX公司与滕某之间已存在即将开庭的仲裁案件并未进行登记，亦未通知滕某，在（2018）穗仲案字第3XXXX号仲裁裁决书作出后，滕某成为已知债权人后仍然未进行登记或通知滕某，并在 2019 年 3 月 15 日注销茶饮 XX 公司。黄某龙、薛某的上述行为违反了《公司法》（2018 修正）第一百八十五条及《公司法司法解释二》第十一条之规定，致使滕某的债权至今未获清偿，理应对此承担赔偿责任。

关于张某一是否应承担责任的问题，茶饮 XX 公司注销时，张某一并非公司股东，即并非清算义务人，滕某以张某一作为清算义务人要求其承担相应责任没有依据。至于滕某主张的张某一未履行出资义务，张某一在出资义务未到期前将股份转让给黄某龙，相应的出资义务也一并转移，在公司注销时，张某一对公司已没有出资义务。故滕某对张某一的诉讼请求，不予支持。

相关规定

1. 《中华人民共和国公司法》（2023 修订）

第二百三十四条　清算组在清算期间行使下列职权：

（一）清理公司财产，分别编制资产负债表和财产清单；

（二）通知、公告债权人；

（三）处理与清算有关的公司未了结的业务；

（四）清缴所欠税款以及清算过程中产生的税款；

（五）清理债权、债务；

（六）分配公司清偿债务后的剩余财产；

（七）代表公司参与民事诉讼活动。

第二百三十五条　清算组应当自成立之日起十日内通知债权人，并于六十日内在报纸上或者国家企业信用信息公示系统公告。债权人应当自接到通知之日起三十日内，未接到通知的自公告之日起四十五日内，向清算组申报其债权。

债权人申报债权，应当说明债权的有关事项，并提供证明材料。清算组应当对债权进行登记。

在申报债权期间，清算组不得对债权人进行清偿。

第二百三十六条　清算组在清理公司财产、编制资产负债表和财产清单后，应当制订清算方案，并报股东会或者人民法院确认。

公司财产在分别支付清算费用、职工的工资、社会保险费用和法定补偿金，缴纳所欠税款，清偿公司债务后的剩余财产，有限责任公司按照股东的出资比例分配，股份有限公司按照股东持有的股份比例分配。

清算期间，公司存续，但不得开展与清算无关的经营活动。公司财产在未依照前款规定清偿前，不得分配给股东。

2.《最高人民法院关于适用〈中华人民共和国公司法〉若干问题的规定（二）》

第十一条 公司清算时，清算组应当按照公司法第一百八十五条的规定，将公司解散清算事宜书面通知全体已知债权人，并根据公司规模和营业地域范围在全国或者公司注册登记地省级有影响的报纸上进行公告。

清算组未按照前款规定履行通知和公告义务，导致债权人未及时申报债权而未获清偿，债权人主张清算组成员对因此造成的损失承担赔偿责任的，人民法院应依法予以支持。

第十九条 有限责任公司的股东、股份有限公司的董事和控股股东，以及公司的实际控制人在公司解散后，恶意处置公司财产给债权人造成损失，或者未经依法清算，以虚假的清算报告骗取公司登记机关办理法人注销登记，债权人主张其对公司债务承担相应赔偿责任的，人民法院应依法予以支持。

实务要点：（1）违法清算是指清算义务人未按法定程序进行清算。实务中，比较典型的做法是：未通知所有债权人或未刊登清算公告；在未清偿企业债务的前提下对股东进行分配等；制作虚假清算报告办理注销登记手续引发的责任；在清算过程中转移企业资产或以明显不合理的低价变卖企业财产，销毁隐匿企业财务账册，致使企业资产状况不明股东。（2）因违法清算承担清算赔偿责任，应符合以下构成要件：第一，股东在清算时，违反法律规定，不尽工作职责，恶意处置公司资产或者制作虚假的清算报告。第二，主观上存在损害债权人利益的故意。第三，清算义务人的行为造成了公司债权人的直接损失；第四，清算义务人违法清算的行为与公司财产、债权人的损失之间具有法律上的因果关系。（3）查清公司的资产是公司进行清算的前提条件，没有查清公司的财产，清算工作无法继续履行。清算组成立后，应当对公司的财产进行全面清理和核查，查实全部资产后，分别编制资产负债表和财产清单。资产负债表、财产清单作为清算组必须编制的材料，直接反映公司清算时公司资产及负债情况，上述材料是否具备以及是否真实直接证明清算组成员是否依法履行了清理公司财产的义务。（4）清理债权债务，通知和公告债权人并处理公司未了结的业务。公司解散，债权人的利益应当得到保护，因此应当将公司结算的情况通知债权人，以便债权人及时行使权利。清算组应当将公司解散清算事宜书面通知全体已知债权人,并依法进行公告,而不能仅以公告代替书面通知债权人的义务。处理与清算有关的公司未了结的业务主要是指公司结算之前已经订立的,但是目前尚未履行的有关合同事项等。清算组处理上述业务,应当从维护公司债权人的合法利益与减少股东损失两方面出发,依法依规进行处理。(5) 公司注销结果不能证明完成了清算义务。公司清算与公司注销属于公司解散过程中的不同环节,公司清算过程应具备的材料与公司注销时工商行政管理部门要求的资料亦不一致。清算组报送公司登记机关,申请注销公司登记是其法定义务之一,注销登记义务的履行不足以表明其履行了全部清算义务。

(五) 未经清算办理注销登记手续引发的责任

清算义务人未经依法清算,即向工商部门出具虚假的清算报告,骗取工商部门办理了企业注销登记。

>> 典型案例

朱某雅与李某、于某因股东损害公司债权人利益责任纠纷

基本案情:汇X公司成立于2015年2月3日,注册资本500万元。股东李某任公司法定代表人,持股比例60%;股东于某任公司监事,持股比例40%。

2018年4月5日,朱某雅与汇X公司签订了为期3年的《劳动合同书》,朱某雅担任教师岗位工作。2020年6月,朱某雅申请仲裁,要求汇X公司支付其2020年2月工资、3月至4月的基本工资差额及解除劳动合同经济补偿金。汇X公司到庭参加了仲裁。同年8月,仲裁委员会作出京房劳人仲字[2020]第15XX号裁决书,裁决汇X公司给付朱某雅工资、经济补偿金合计27 460元。双方均未提起诉讼。

汇X公司于2020年7月30日被注销。李某、于某作为投资人以书面方式向登记机关承诺:"本企业申请注销登记前未发生债权债务/已将债权债务清算完结,不存在未结清的清算费用、职工工资、社会保险费用、法定补偿金和未交清的应缴纳税款及其他未了结事务,清算工作已全面完结"等。

朱某雅起诉请求:(1) 李某、于某对京房劳人仲字[2020]第15XX号裁决书项下的汇X公司对朱某雅所负债务27 460元承担清偿责任。(2) 本案

诉讼费由李某、于某承担。

裁判结果：李某、于某于判决生效之日起十日内对汇X公司对朱某雅所负债务27 460元承担清偿责任。

裁判思路：公司股东应当遵守法律、行政法规和公司章程，依法行使股东权利，不得滥用股东权利损害公司或者其他股东的利益；不得滥用公司法人独立地位和股东有限责任损害公司债权人的利益。公司解散应当在依法清算完毕后，申请办理注销登记。公司未经清算即办理注销登记，导致公司无法进行清算，债权人主张有限责任公司的股东、股份有限公司的董事和控股股东，以及公司的实际控制人对公司债务承担清偿责任的，人民法院应依法予以支持。公司未经依法清算即办理注销登记，股东或者第三人在公司登记机关办理注销登记时承诺对公司债务承担责任，债权人主张其对公司债务承担相应民事责任的，人民法院应依法予以支持。

具体到本案，根据在案证据并结合当事人陈述，能够认定汇X公司对朱某雅负有27 460元的未清偿债务。汇X公司参加了仲裁活动，其仲裁裁定作出前未通知仲裁庭及债权人即注销，不影响其与朱某雅之间存在债务的认定。汇X公司在未实际清算债务的情况下即办理注销登记，李某、于某在此过程中隐瞒该公司尚有债务未清偿的事实，向登记机关承诺该公司无债权债务、债权债务已清算完毕，导致该公司无法进行清算。现朱某雅主张李某、于某对公司债务承担清偿责任于法有据。

相关规定

《最高人民法院关于适用〈中华人民共和国公司法〉若干问题的规定（二）》

第二十条 公司解散应当在依法清算完毕后，申请办理注销登记。公司未经清算即办理注销登记，导致公司无法进行清算，债权人主张有限责任公司的股东、股份有限公司的董事和控股股东，以及公司的实际控制人对公司债务承担清偿责任的，人民法院应依法予以支持。

公司未经依法清算即办理注销登记，股东或者第三人在公司登记机关办理注销登记时承诺对公司债务承担责任，债权人主张其对公司债务承担相应民事责任的，人民法院应依法予以支持。

实务要点：未经依法清算办理注销登记，是负有清算义务的股东消极的不履行清算义务，不依法通知债权人清算事宜，直接办理注销登记。实务中，股东清算组的清算工作缺乏有效监督，债权人作为公司外部人员很难准确了解清算的工作内容，故被告应承担举证证明依法履行了清算义务的责任。如前所述，注销登记义务的履行不足以表明其履行了全部清算义务。

二、实际控制人损害公司债权人利益责任纠纷

实际控制人，是指虽不是公司的股东，但通过投资关系、协议或其他安排，能够实际支配公司行为的人。

实际控制人损害公司债权人利益是实际控制人滥用控制权利用关联交易、违规担保等方式掏空被控制公司。在未规定此案由前，实务中会以"股东损害公司债权人利益责任纠纷"作为案由。此次最高人民法院通过修改的方式进行了细分。

原告：公司债权人。

被告：公司的实际控制人。

管辖：侵权行为地或者被告住所地人民法院管辖。

相关规定

《中华人民共和国公司法》（2023修订）

第十五条 公司向其他企业投资或者为他人提供担保，按照公司章程的规定，由董事会或者股东会决议；公司章程对投资或者担保的总额及单项投资或者担保的数额有限额规定的，不得超过规定的限额。

公司为公司股东或者实际控制人提供担保的，应当经股东会决议。

前款规定的股东或者受前款规定的实际控制人支配的股东，不得参加前款规定事项的表决。该项表决由出席会议的其他股东所持表决权的过半数通过。

实务要点：（1）实际控制人损害债权人利益责任属于侵权责任，原告应对该侵权行为的构成要件承担举证责任，并要举证证明被告符合"实际控制人"的身份要件，即被告存在通过投资关系、协议或者其他安排，能够实际支配公司行为，否则会因被告基本身份要件无法证明而承担不利后果。（2）对于实际控制人的认定实务中主要以表决权的行使为判断标准。

> **典型案例**

王某贤与孙某尘、第三人赵某荣股东损害公司债权人利益责任纠纷

基本案情：2015年12月8日，法院作出（2015）东民初字第13XXX号民事判决书，判决东方XX公司于判决生效后七日内给付王某贤工程余款158万元。该判决已生效。王某贤申请强制执行，执行过程中，经法院调查被执行人东方XX公司无房屋登记信息、无车辆登记信息、无证券登记信息、无可供执行的银行存款。2016年5月，法院裁定终结本次执行程序。另查明，东方XX公司2014年12月3日的股东会决议载明，将公司注册资本由原300万元变更为10 000万元，增资9700万元由股东赵某荣认缴。股东会决议及变更后的公司章程均未载明该笔增资的出资时间，赵某荣至今未实际缴纳该笔增资。裁定：追加赵某荣为（2015）东民初字第13XXX号民事判决书对应执行案件的被执行人，赵某荣在未依法出资的范围内对上述民事判决书确定的东方XX公司应履行债务承担清偿责任。

2019年6月12日，北京市东城区人民法院作出执行裁定书，裁定终结北京市东城区人民法院作出的（2015）东民初字第13XXX号民事判决书的本次执行程序。

2012年7月10日，东方XX公司章程载明：公司注册资本300万元，赵某荣出资153万元，孙某尘出资147万元。同日，东方XX公司作出股东会决议，变更孙某尘为监事。2014年8月1日，东方XX公司章程载明：公司注册资本300万元，赵某荣出资63万元，孙某尘出资57万元，华融XX中心（有限合伙）出资90万元，五方XX中心（有限合伙）出资90万元。2014年10月10日，东方XX公司股东变更为赵某荣（出资153万元），于某鹰（出资147万元）。

孙某尘提交2014年10月16日由东方XX公司出具的《承诺书》，载明：东方XX公司承诺孙某尘与于某鹰办理完股份转让手续后，尽快安排新人员担任公司监事，因公司没有安排新人员担任公司监事而产生一切后果由公司及公司股东承担一切责任。王某贤不认可上述《承诺书》的真实性，不认可上述材料的出具时间。国家企业信用信息公示系统显示，孙某尘任东方XX公司监事。

王某贤起诉请求：判令孙某尘对（2015）东民初字第13XXX号民事判决书确定的东方XX公司的债务，在股东赵某荣未缴纳的注册资本9700万元范

围内承担清偿责任。

裁判结果：孙某尘对赵某荣就（2015）东民初字第13XXX号民事判决书确定的债务须承担的责任承担连带清偿责任。

裁判思路：《公司法》（2018修正）第一百四十七条第一款规定："董事、监事、高级管理人员应当遵守法律、行政法规和公司章程，对公司负有忠实义务和勤勉义务。"根据《公司法司法解释三》第十三条的规定，公司债权人有权请求未履行或者未全面履行出资义务的股东在未出资本息范围内对公司债务不能清偿的部分承担补充赔偿责任；股东在公司增资时未履行或者未全面履行出资义务，公司债权人请求未尽《公司法》（2018修正）第一百四十七条第一款规定的义务而使出资未缴足的董事、高级管理人员承担相应责任的，人民法院应予支持。本案中，东方XX公司注册资本由300万元增加至10 000万元，赵某荣没有履行出资义务，孙某尘明知该行为损害了公司的利益，但其作为东方XX公司监事，没有证据证明其履行了相应督促出资的职责，未尽到忠实和勤勉义务，对于前述股东未履行或者未全面履行出资义务所产生的责任应当承担连带责任。

相关规定

1.《中华人民共和国公司法》（2023修订）

第一百八十条 董事、监事、高级管理人员对公司负有忠实义务，应当采取措施避免自身利益与公司利益冲突，不得利用职权牟取不正当利益。

董事、监事、高级管理人员对公司负有勤勉义务，执行职务应当为公司的最大利益尽到管理者通常应有的合理注意。

公司的控股股东、实际控制人不担任公司董事但实际执行公司事务的，适用前两款规定。

2.最高人民法院关于适用〈中华人民共和国公司法〉若干问题的规定（三）》

第十三条第四款 股东在公司增资时未履行或者未全面履行出资义务，依照本条第一款或者第二款提起诉讼的原告，请求未尽公司法第一百四十七条第一款规定的义务而使出资未缴足的董事、高级管理人员承担相应责任的，人民法院应予支持；董事、高级管理人员承担责任后，可以向被告股东追偿。

第十四条 股东抽逃出资，公司或者其他股东请求其向公司返还出资本息、协助抽逃出资的其他股东、董事、高级管理人员或者实际控制人对此承担连带责任的,人民法院应予支持。

公司债权人请求抽逃出资的股东在抽逃出资本息范围内对公司债务不能清偿的部分承担补充赔偿责任、协助抽逃出资的其他股东、董事、高级管理人员或者实际控制人对此承担连带责任的,人民法院应予支持;抽逃出资的股东已经承担上述责任,其他债权人提出相同请求的,人民法院不予支持。

实务要点:(1)在公司注册资本认缴制下,股东未履行或未全面履行出资义务,董事、高级管理人员负有向股东催缴出资的义务。最高人民法院在(2018)最高法民再366号案件中指出,董事、高级管理人员催缴出资义务是由董事的职能定位和公司资本的重要作用决定的。根据董事会的职能定位,董事会负责公司业务经营和事务管理,董事会由董事组成,董事是公司的业务执行者和事务管理者。股东全面履行出资是公司正常经营的基础,董事监督股东履行出资是保障公司正常经营的需要。(2)公司、高级管理人员协助抽逃出资的,对因抽逃出资给债权人造成的损失与抽逃出资股东承担连带赔偿责任。(3)董事也是法定的清算义务人,《公司法司法解释二》第十八条、第十九条、第二十条规定的清算义务人违反规定、不尽清算义务造成损失的,亦应承担相应的赔偿责任。

专题十八 公司关联交易损害责任纠纷

关联交易是指关联方之间的交易。而关联关系，是指公司控股股东、实际控制人、董事、监事、高级管理人员与其直接或者间接控制的企业之间的关系，以及可能导致公司利益转移的其他关系。但是，国家控股的企业之间因为同受国家控股而具有关联关系。

关联交易是普遍存在的现象，公平合理的关联交易可以分散公司的风险、降低经营成本。但是该行为也存在很多被滥用的现象，大股东、实际控制人或者董监高等人员通过手中持有的多数表决权实现对公司的实际控制，利用关联交易转移公司利润、损害公司利益；或者通过决策程序，把关联交易的程序包装成合法的。当关联交易严重偏离独立第三方的价格及收费标准时，将导致公司利益的非法转移，构成对公司、非关联方股东以及公司债权人的侵害，减损公司责任财产，使得公司独立性丧失，危及公司法人存在的基础。

公司关联交易损害责任纠纷，发生在公司的控股股东、实际控制人、董事、监事、高级管理人员等关联方利用关联交易损害公司利益之时，如果该等关联方损害了公司利益，但并非利用关联交易的形式，则不属于此案由。

如果发生上述人员利用关联关系损害公司利益的情况，公司可以提起诉讼。公司没有提起诉讼的，符合条件的股东，可以依法向人民法院提起诉讼，即股东代表诉讼。股东代表诉讼系为维护公司的权利，行使诉权的原告主体系公司现有股东，其胜诉利益归属于公司。

原告：公司、股东。

被告：公司控股股东、实际控制人、董事、监事、高级管理人员等关联方。

管辖：因公司关联交易损害责任纠纷提起的诉讼，以《民事诉讼法》规定的关于地域管辖的一般原则为基础，并结合《民事诉讼法》第二十七条规定综合考虑确定管辖法院。根据《民事诉讼法》第二十七条规定，公司纠纷的地域管辖，由公司住所地人民法院管辖。且对于股东代表诉讼，纠纷涉及公司利益，在法律适用上亦适用公司法，该类案件由公司住所地人民法院管辖更为恰当。

一、非关联方或关联方未利用关联交易损害公司利益的，均不构成公司关联交易损害责任纠纷

▶▶典型案例

刘某顺、龙某华、刘某林与向某、陶某林、思X林公司等公司关联交易损害责任纠纷

基本案情： 弗X德公司成立于2007年11月23日，登记股东为龙某华（出资额75万元，出资比例15%）、刘某林（出资额85万元，出资比例17%）、向某（出资额255万元，出资比例51%）、刘某顺（出资额85万元，出资比例17%），监事刘某。

思X林公司成立于2005年7月20日，登记法定代表人为江某，登记股东为江某。

2009年3月14日至2014年3月11日期间，弗X德公司招商银行账户共向思X林公司转账支付1 462 419.87元；2015年6月10日至2015年12月31日期间，弗X德公司民生银行账户共向思X林公司转账支付4 420 034.48元；2013年8月21日至2014年4月2日期间，弗X德公司兴业银行账户共向思X林公司转账支付1 270 000元。

2015年12月31日至2016年1月4日，思X林公司向弗X德公司共转账支付1 433 300元；2015年12月25日，思X林公司向案外人威某特公司转账支付483 750元，同日，威某特公司分两次向弗X德公司转账支付款项共计483 750元；2015年12月25日，思X林公司向案外人英X公司转账支付469 415元，12月28日，英X公司向弗X德公司转账支付469 415元；2015年12月28日，思X林公司向案外人威某特公司转账支付520 632元，2015年12月29日，威某特公司向弗X德公司转账支付337 292元，12月30日，威某特公司向弗X德公司转账支付183 340元；2015年12月28日，思X林公司向案外人英X公司转账支付516 603元，12月29日，英X公司分两次向

弗X德公司转账共计516 603元；2015年12月29日，思X林公司向案外人英X公司转账支付592 566元，12月30日，威某特公司向弗X德公司分三次转账共计支付592 566元；2015年12月30日，思X林公司向案外人威某特公司转账支付300 000元，同日，威某特公司向弗X德公司转账支付300 000元。

2014年4月3日，思X林公司向弗X德公司转账支付600 000元，同日，弗X德公司向案外人XX尔公司支付593 107元，摘要为"B503陶某林"。

2019年7月5日，刘某顺、龙某华、刘某林向弗X德公司监事刘某邮寄《关于请求对公司董事高管提起诉讼的通知书》。该通知书于2019年7月6日由他人签收，但监事刘某未代表弗X德公司提起诉讼。

三原告刘某顺、龙某华、刘某林向法院起诉请求：（1）判令三被告向弗X德公司连带赔偿7 152 454.35元并支付利息（利息按中国人民银行同期同类人民币贷款利率计付，自每笔款项转账之日起计至实际清偿之日止，暂计至2019年9月20日，利息为1 969 316.17元）；（2）判令被告向某、陶某林向弗X德公司连带赔偿593 107元并支付利息（利息按中国人民银行同期同类人民币贷款利率计付，自2014年4月3日起计至实际清偿之日止）；（3）由被告承担本案诉讼费用。

被告向某答辩称：弗X德公司与思X林公司是两个完全独立的法人主体，不存在控制与被控制的关联关系，两者之间是正常、合法、规范的业务往来。向某仅是弗X德公司的股东，刘某林作为弗X德公司的财务总监及运营总监，对此是明知的，各原告对银行流水账的来龙去脉也是一清二楚的。

被告陶某林答辩称：不存在公司关联交易。刘某林是公司财务负责人，财务报销单据均由其审核签字。陶某林在公司仅是出纳。陶某林通过弗X德公司向XX尔公司支付593 107元购房款的行为，与是否损害弗X德公司的利益没有关联性。陶某林于2014年4月与思X林公司达成借款协议，思X林公司同意借给陶某林60万元用于个人购房，由思X林公司将该笔60万元购房款转至弗X德公司账户，再由弗X德公司支付给开发商XX尔公司。陶某林已向思X林公司归还借款20万元。

被告思X林公司答辩称：不存在公司关联交易。思X林公司与弗X德公司之间在2015年12月24日至2015年12月31日短短八天时间里4 383 867.6元的银行流水只是循环走账，没有实际业务发生，这也是应弗X德公司的要求进行走账，资金全部回流到弗X德公司，并最终回到循环流水账资金来源方刘某顺及向某、陶某林手中。

裁判结果： 驳回原告刘某顺、龙某华、刘某林的全部诉讼请求。

裁判思路： 关联交易损害公司利益的责任主体应为公司的控股股东、实际控制人、董事、监事、高级管理人员。高级管理人员，是指公司的经理、副经理、财务负责人、上市公司董事会秘书和公司章程规定的其他人员。本案中，三被告并未因关联交易损害弗X德公司利益。理由如下：第一，陶某林虽然在弗X德公司任职，但三原告未举证证明其系财务负责人或其他公司章程规定的高级管理人员，其并不属公司高级管理人员，并非关联交易的责任主体；思X林公司为收款方，系交易相对方，亦并非关联交易的责任主体。第二，弗X德公司与思X林公司分别设立，工商登记地并不相同，股东并不重合，即便思X林公司曾委托陶某林办理工商登记业务，但不足以证明向某、陶某林与思X林公司之间存在公司法意义上的关联关系。第三，双方提供的转账记录显示，弗X德公司与思X林公司相互之间长期大额转账，且案外人英X公司、威某特公司向弗X德公司的转账均发生在思X林公司向上述两公司转账后极短的时间内，金额也相吻合，可以认定，三被告关于上述转账系用于循环走账的主张符合常理。第四，对于三被告主张的其余用于支付货款、材料款等款项，向某提供了部分采购记录以证明其主张，三原告对此不予认可，但未提供证据予以反驳；三原告提供的证据亦不足以证明该部分款项系向某凭借控股股东地位与思X林公司建立关联交易而产生，且损害弗X德公司利益。三原告提供的现有证据无法证明三被告构成关联交易损害弗X德公司利益，故其诉请三被告向弗X德公司连带赔偿7 152 454.35元并支付利息，缺乏事实和法律依据，不予支持。

关于三原告主张向某、陶某林损害弗X德公司利益593 000元。向某、陶某林、思X林公司提供的证据显示，陶某林与思X林公司之间曾签订借款合同，双方之间已建立借款合同关系，而在弗X德公司代陶某林向XX尔公司支付房款前，思X林公司亦向弗X德公司支付600 000元，上述证据已形成完整的证据链，足以证明三被告的主张。

相关规定

《中华人民共和国公司法》（2023修订）

第二十二条 公司的控股股东、实际控制人、董事、监事、高级管理人员不得利用关联关系损害公司利益。

违反前款规定，给公司造成损失的，应当承担赔偿责任。

实务要点：公司关联交易损害责任纠纷与损害公司利益责任纠纷，同属与公司有关的纠纷下面的第三级案由。公司法规定的关联方利用关联交易损害公司利益时构成本案纠纷。公司法意义上的"关联关系"指公司控股股东、实际控制人、董事、监事、高级管理人员与其直接或间接控制的企业之间的关系，以及可能导致公司利益转移的其他关系。基于上述关联关系进行的交易则为关联交易。(1) 关联交易损害公司利益的责任主体应为公司的控股股东、实际控制人、董事、监事、高级管理人员，高级管理人员是指公司的经理、副经理、财务负责人、上市公司董事会秘书和公司章程规定的其他人员。如果被主张权益的责任主体身份不符合上述身份要求，则不能成为公司关联交易损害责任纠纷的责任主体。本案例中的陶某林系公司出纳，不属于高级管理人员。(2) 如果关联方损害了公司利益，但并非利用关联交易的形式，也不属于本案由。故原告在提起诉讼时，应认真搜集、分析证据，选择恰当的案由维护权益。如无法证明利用关联交易的形式，可选择损害公司利益责任纠纷案由。(3) 对于原告的身份，利益受到损害的公司及符合条件的股东均可以提起诉讼，这里股东可提起的仍然是股东代表诉讼，相关胜诉利益归属于公司。

二、即便关联交易履行了相应的程序，如果违反公平原则损害了公司利益，相关责任主体仍要承担损害赔偿责任

>> 典型案例

东某公司与晨某公司、耿某友、刘某联公司关联交易损害责任纠纷

基本案情：2010年4月16日，刘某联、耿某友与振某医药公司共同出资成立振某医药物流公司，注册资本5000万元，耿某友以货币出资1800万元，占股36%；刘某联以货币出资650万元，占股13%；振某医药公司以货币出资2550万元，占股51%。2011年8月29日，耿某友、刘某联与振某医药公司共同召开股东大会，决议增加振某医药物流公司注册资本至6125万元，增加的注册资本1125万元由振某医药公司以货币形式投入，增资后振某医药公司出资额为3675万元，出资比例为60%。耿某友、刘某联为夫妻关系。

晨某公司于2005年7月27日成立，股东为耿某友、刘某联，分别持股比

例为75%、25%，法定代表人为耿某友。

2010年7月1日，耿某友、刘某联与振某医药公司补签《合作备忘录》，约定：鉴于耿某友、刘某联控制的晨某公司及相关资产经营的特殊性及其他原因，振某医药公司暂无法直接增资于晨某公司等所有资产，双方拟合资成立新公司"振某医药物流公司"，双方皆以该公司作为平台，全力推动医药销售、医药物流等经营目标的实现，将晨某公司及相关公司逐步停止经营，并将其经营场所、所有无形资产、经营许可及销售网络等资产及主要经营人员均转移至新公司，由新公司运营。《合作备忘录》第四条约定："根据以上不竞争的原则，耿某友应促成晨某公司及其关联企业的业务无偿转移至新公司名下，与晨某公司有关的一切负债均由晨某公司及耿某友、刘某联承担，该债务与新公司无关。"

2010年5月27日，晨某公司与东某公司医药分公司签订《业务转接协议》，约定晨某公司将所有药品经营业务转让给东某公司医药分公司。

2010年10月25日，东某公司医药分公司（甲方）与晨某公司（乙方）签订《资产转让协议》，协议内容为：东某公司成立于2009年11月，股东为耿某友、刘某联。东某公司医药分公司成立于2010年2月，为东某公司的分支机构，是独立核算的非法人单位，负责人为刘某联。晨某公司成立于2005年7月，股东为耿某友、刘某联。因发展战略的需要，乙方于2010年6月停止药品经营业务，经双方股东同意，甲、乙双方协商达成如下协议：（1）同意将乙方所有资产、债权、债务全部转让给甲方。（2）甲、乙双方的转让为无偿转让。（3）转让后财产所有权归甲方，由甲方负责管理及使用，债权由甲方回收，债务由甲方承担，乙方不再享有任何权益、承担任何经济责任及风险。（4）转让后甲方按资产、债权、债务转让明细记账（详见乙方转出资产负债汇总及明细表）。（5）转出、接收日为2010年10月31日。（6）未尽事宜由双方另行协调决定。（7）本协议自甲、乙双方盖章之日起生效。（8）本协议一式两份，双方各持一份。该协议落款处，除上述两方当事人盖章外，还有东某公司盖章。《资产转让协议》附件之《晨某公司转出资产负债汇总表》显示，晨某公司转给东某公司资产总计84 742 363.47元，负债79 778 596.55元，互抵后净资产4 963 766.92元。

经核对，截至2013年12月31日，东某公司代晨某公司偿还债务73 841 961.83元（其中，应付账款为7 530 844.83元，其他应付款为66 311 117

元);截至2013年12月31日,晨某公司转入东某公司的债权余额汇总表显示,东某公司收回债权金额为4 821 258元。应付账款7 530 844.83元构成为:(1)晨东民生银行账户付款1 166 171.64元;(2)晨东付款单(电汇)52 051.09元;(3)东驰付款单(电汇)42 458.46元;(4)晨东通知单互抵1 661 206.65元;(5)东驰通知单互抵59 135.75元;(6)无法分类互抵87 757.8元;(7)晨东付款通知单现金支付1 777 255.01元;(8)振东、东驰支付现金1 372 358.94元;(9)无法分类现金支付725 125.15元;(10)晨东入库单、退货单等现金支付126 348.6元;(11)晨东委托振东支付460 975.74元。其他应付款66 311 117元构成为:(1)付款通知单支付现金4 490 203元;(2)现金支付(财务人员转账)523 302元;(3)现金支付(关联借款)15 149 922元;(4)互抵46 147 690元。耿某友、刘某联、晨某公司对于上述统计数字没有异议,但认为应付账款之(1)(2)(4)(6)(7)(9)(10)(11)共计八项付款不应视作东某公司的付款。

东某公司2009年11月19日成立,股东为耿某友、刘某联,各持股比例为50%,法定代表人为刘某联。2010年8月30日,刘某联与晨某公司签订《股权转让协议》,约定刘某联将其持有的东某公司25%的股份计人民币25.5万元以货币形式转让给晨某公司。同日,耿某友与晨某公司签订《股权转让协议》,约定耿某友将其持有的东某公司26%的股份计人民币26.52万元以货币形式转让给晨某公司。刘某联持有东某公司25%股份,耿某友持有东某公司24%股份,晨某公司持有东某公司51%股份。2011年3月1日,晨某公司退出东某公司,耿某友、刘某联恢复各持东某公司股份比例50%。2011年4月13日,耿某友分别与李某兵、牛某明签订《股权转让协议》,约定耿某友将其持有的东某公司50%的股权,计人民币51万元,其中10.2万元以货币形式转让给李某兵,另外40.8万元以货币形式转让给牛某明;同日,刘某联与牛某明签订《股权转让协议》,约定刘某联将其持有的东某公司50%的股权,计人民币51万元,以货币形式全部转让给李某兵。李某兵(代振某集团)持有东某公司60%的股份,牛某明持有东某公司40%的股份。

东某公司起诉请求:(1)判令耿某友、刘某联、晨某公司共同赔偿利用关联关系损害东某公司利益的经济损失12 471.47万元;(2)耿某友、刘某联、晨某公司将归还原晨某公司债务的7977.86万元自2012年4月1日起按中国人民银行同期贷款利率承担利息;(3)耿某友、刘某联、晨某公司承担本案的诉讼费用。

耿某友、刘某联、晨某公司辩称：在签订《资产转让协议》前，耿某友、刘某联通过东某公司股东会决议形式履行了股东会表决程序，并形成了股东会决议，程序合法，不存在损害东某公司的利益的问题。

裁判结果： 一、耿某友、刘某联及晨某公司于判决生效之日起十五日内偿还东某公司 55 963 762.98 元及利息（利息按照中国人民银行同期同类贷款利率从 2014 年 2 月 19 日起计算）；二、驳回东某公司其他诉讼请求。

裁判思路： 本案为公司关联交易损害责任纠纷。本案争议焦点为：（1）东某公司与晨某公司之间的资产转让是否构成关联交易；（2）案涉关联交易是否损害东某公司的利益；（3）东某公司的利益若有损失，损失为多少。

关于东某公司与晨某公司之间的资产转让是否构成关联交易的问题。耿某友、刘某联为夫妻关系。2010 年 8 月 30 日，晨某公司受让耿某友、刘某联持有的东某公司的股份，与耿某友、刘某联共同成为东某公司的股东；2011 年 3 月 1 日，晨某公司退出东某公司，东某公司的股东恢复为耿某友、刘某联。晨某公司从成立到 2011 年 8 月 31 日，其股东一直为耿某友、刘某联。2010 年 10 月 25 日，东某公司、东某公司医药分公司与晨某公司签订《资产转让协议》，将晨某公司的所有资产、债权、债务转让给东某公司医药分公司。上述事实表明，在案涉《资产转让协议》签署与履行期间，东某公司与晨某公司存在共同被耿某友、刘某联控制的关系，其相互之间的交易可能导致公司利益转移。耿某友、刘某联、晨某公司、东某公司之间构成关联关系，案涉资产转让为关联交易。

关于案涉关联交易是否损害东某公司利益的问题。公司法并不禁止关联交易，公司法保护合法有效的关联交易，合法有效的关联交易的基础性实质要件是交易对价公允。耿某友、刘某联利用关联关系及实际控制东某公司和晨某公司经营管理之便，主导东某公司与晨某公司签订《资产转让协议》将晨某公司的所有资产、债权、债务转让给东某公司。在本次关联交易中，对于晨某公司转让给东某公司的债权，晨某公司所提交的证据不足以证明其将相关债权凭证移交给东某公司，并通知债务人，结果导致大部分债权无法实现。而对于晨某公司转让给东某公司的债务，在耿某友、刘某联经营期间由东某公司代晨某公司将大部分债务偿还完毕。而且，依照《合作备忘录》的约定，晨某公司的一切负债均由晨某公司及耿某友、刘某联承担，而东某公司于2010年5月开始就已经实际纳入了双方共同设立的振某医药物流公司的管理体系。故耿某友、刘某联将晨某公司债务转入东某公司，由东某公司偿还，损害了东某公司作为独立法人对其财产享有的权益以及其他东某公司债权人的利益，案涉关联交易损害了东某公司的利益。

关于东某公司主张的损失额的问题。耿某友、刘某联通过《资产转让协议》向东某公司转移晨某公司的资产（含债权）84 742 363.47元，债务79 778 596.55元。庭审查明，截至2013年12月31日，东某公司代晨某公司偿还债务73 841 961.83元（其中应付账款为7 530 844.83元，其他应付款为66 311 117元）。耿某友、刘某联、晨某公司主张东某公司偿还的晨某公司应付账款之（1）（2）（4）（6）（7）（9）（10）（11）共计八项付款，是以晨某公司名义或非东某公司直接支付，故属于晨某公司支付。耿某友、刘某联为东某公司实际控制人，其应对东某公司履行《资产转让协议》及至耿某友2012年1月18日辞去振某商业集团董事长职务和振某医药物流公司董事长、总经理职务之前东某公司财务资料的真实性负责。东某公司与晨某公司在履行《资产转让协议》过程中，协议约定债权债务均由东某公司回收或偿还，两公司账务合并混同，故即使是以晨某公司名义支付的款项，也应认定为东某公司所付。但2012年1月18日之后，东某公司代晨某公司偿还的三笔债务（①2013年8月7日支付的48 425元；②2012年2月12日支付的20 000元；③2013年4月16日抵账的11 500元）合计79 925元，应予扣除。综上，东某公司的损失为73 762 036.83元（73 841 961.83元－79 925元＝73 762 036.83元）。

根据《资产转让协议》，晨某公司除将上述债务转给东某公司外，还转入晨某公司各项资产合计84 742 363.47元。其中，应收账款、其他应收款及应收返利部分合计55 703 513.32元，截至2013年12月31日，东某公司实际收回金额4 821 258元，对该部分收回的债权金额，应从东某公司损失中予以扣减。会计人员办理移交手续，要按移交注册逐项移交，接替人员要逐项核对点收，会计资料必须完整，必须查清原因，在移交注册中注明，并履行监交手续。耿某友、刘某联、晨某公司提交的证据不足以证明晨某公司向东某公司医药分公司移交了完整的会计资料，故东某公司医药分公司通过询证函、对账函等方式未收回债权的责任，应由晨某公司承担。

另外，东某公司从晨某公司接收的实际存在的资产包括：库存商品 365 925.2 元、物料用品及低值易耗品 1 300 762.1 元、固定资产 4 776 045 元、证照无形资产 5 600 000 元、软件无形资产 2 586 000 元、固定资产改造形成的长期待摊费用 5 499 190.6 元、现金 139 680.92 元、银行存款 895 412.03 元，合计 21 163 015.85 元，除证照无形资产 560 000 元、软件无形资产 2 586 000 元外，其余资产（12 977 015.85 元）为东某公司实际接受，应从东某公司损失中予以扣减。东某公司代某公司偿还债务损失 73 762 036.83 元扣减东某公司从晨某公司接受的上述有效资产后，实际损失为 55 963 762.98 元，对于该部分损失，耿某友、刘某联、晨某公司应予以赔偿。上述实际损失为东某公司代偿晨某公司债务所产生，结合本案实际情形，该部分代偿资金之利息按照中国人民银行同期同类贷款利率从东某公司 2014 年 2 月 19 日提起诉讼之日起计算，由耿某友、刘某联、晨某公司予以赔偿。

相关规定

1.《最高人民法院关于适用〈中华人民共和国公司法〉若干问题的规定（五）》

第一条 关联交易损害公司利益，原告公司依据民法典第八十四条、公司法第二十一条规定请求控股股东、实际控制人、董事、监事、高级管理人员赔偿所造成的损失，被告仅以该交易已经履行了信息披露、经股东会或者股东大会同意等法律、行政法规或者公司章程规定的程序为由抗辩的，人民法院不予支持。

公司没有提起诉讼的，符合公司法第一百五十一条第一款规定条件的股东，可以依据公司法第一百五十一条第二款、第三款规定向人民法院提起诉讼。

2.《中华人民共和国公司法》（2023 修正）

第一百八十八条 董事、监事、高级管理人员执行职务时违反法律、行政法规或者公司章程的规定，给公司造成损失的，应当承担赔偿责任。

实务要点：我国公司法并不禁止关联交易，仅对"利用关联关系损害公司利益"的行为进行规范。合法的关联交易应当同时满足以下三个条件：交易信息充分披露、交易程序合法、交易价格公允。（1）交易信息的披露要遵循重要性的质量要求，对于关联方的性质、双方关系、交易的类型、交易的金额、交易条件、担保信息等要予以详细披露，且披露的资料必须真实有效。

（2）在法律、公司章程对关联交易的决策程序、审批流程作了规定的情况下，在发生关联交易时，公司股东及董监高等高级管理人员均应当按照法律及公司章程的相关规定，履行公司的决策程序，确保关联交易符合公司法、公司章程的有关规定。未履行相应的程序导致产生损失的，将会被要求承担赔偿责任。需要指出的是，履行了相关决策程序，不能证明有关人员没有损害公司利益，但在没有履行决策程序的情况下，更证明有关责任主体存在损害公司利益的情形。（3）在关联交易符合形式合法的外观要件时，还应当对交易的实质内容即合同约定、合同履行是否符合正常的商业交易原则以及交易价格是否合理等进行审查。关联交易的核心是公平，尽管交易已经履行了相应的程序，但如果违反公平原则，损害公司利益，公司依然可以主张行为人承担损害赔偿责任。本案例中，以关联交易的方式，将本应由晨某公司自行承担的债务转由东某公司承担，东某公司未能获得任何合理对价，损害了东某公司作为独立法人对其财产享有的权益以及其他东某公司债权人的利益。交易价格是否合理是事实判断，更是价值判断，应当从合同约定、合同履行是否符合正常的商业交易原则以及交易价格是否合理等进行审查。实务中，可以通过提供财务会计账簿、专业审计评估、市场询价、同类交易合同价格等方式予以证明。（4）根据《最高人民法院关于适用〈中华人民共和国公司法〉若干问题的规定（五）》（以下简称《公司法司法解释五》）第一条的规定，即使控股股东、实际控制人、董事、监事、高级管理人员的关联交易符合公司章程关于程序上的规定，但是如果实质内容损害了公司的利益，公司仍然可以诉讼要求行为人赔偿损失，小股东也可以提起代表诉讼。该条扩宽了小股东代表诉讼的范围，将关联交易损害公司利益的行为以司法解释的形式明确规定包括在可诉的范围。

三、关联交易合同存在无效、可撤销或者对公司不发生效力的情形，公司没有起诉合同相对方的，符合条件的股东，可以提起诉讼

▶ 典型案例

于某、洪某桥等与宝X公司关联交易损害责任纠纷

基本案情：凯X特公司成立于2008年3月24日，注册资本100万元，股东为温X渝（出资30万元）、关X兰（出资5万元）、洪某桥（出资5万

元)、许X(出资25万元)、于某(出资5万元)、孔X顺(出资30万元)。常某、于某、许X和温X渝担任董事,其中温X渝为董事长,孔X顺担任监事。2019年11月4日,凯X特公司注销。

2019年5月24日,宝X公司作为甲方与乙方凯X特公司签订《转让协议》,约定如下:乙方在2008年4月15日签订土地租赁合同,承租甲方位于北京市朝阳区,约定租赁期限至2016年3月31日,后在2010年底乙方因拖欠甲方租金,双方经过商议,决定解除双方之间签订的土地租赁协议。合同存续期间,乙方同园区内承租人签订的所有房屋租赁合同中的主体,在2010年底由乙方变更为甲方,合同中乙方所有的权利义务由甲方享有和履行。乙方对甲方在2010年年底以后履行的义务,即该地块全部承租人签订的租赁合同中确定的合同权利义务表示认可。同时甲方也可以以甲方名义同承租人签订新的租赁合同替代乙方同承租人的房屋租赁合同。

宝X公司的法定代表人为常某。

于某、洪某桥称凯X特公司与宝X公司系关联公司,凯X特公司实际控制人常某与其关联股东自行决议与宝X公司签订《转让协议》,损害了于某、洪某桥的权益。

于某、洪某桥向一审法院起诉请求:(1)撤销凯X特公司和宝X公司于2019年5月24日签订的《转让协议》;(2)本案诉讼费用由宝X公司负担。

裁判结果: 驳回于某和洪某桥的诉讼请求。

裁判思路: 关联交易合同存在无效或者可撤销情形,公司没有起诉合同相对方的,符合《公司法》(2023修订)第一百五十一条第一款规定条件的股东,可以依据第一百五十一条第二款、第三款规定向人民法院提起诉讼。于某、洪某桥作为凯X特公司股东,在公司已经注销的情况下,对提起股东代表诉讼仍具有诉的利益,有权以自己的名义直接向人民法院起诉合同相对方。

于某、洪某桥上诉称凯X特公司实际控制人常某与其关联股东自行决议与宝X公司签订《转让协议》,损害了于某、洪某桥的权益,但于某、洪某桥并未就《转让协议》存在控股股东、实际控制人等利用关联关系损害公司利益的情形提交充分证据,亦未举证证明《转让协议》存在法律规定的可撤销事由,于某、洪某桥以此为由主张撤销《转让协议》,依据不足,不予支持。

相关规定

1. 《最高人民法院关于适用〈中华人民共和国公司法〉若干问题的规定（五）》

第二条 关联交易合同存在无效、可撤销或者对公司不发生效力的情形，公司没有起诉合同相对方的，符合公司法第一百五十一条第一款规定条件的股东，可以依据公司法第一百五十一条第二款、第三款规定向人民法院提起诉讼。

2. 《中华人民共和国公司法》（2023 修订）

第一百八十九条 董事、高级管理人员有前条规定的情形的，有限责任公司的股东、股份有限公司连续一百八十日以上单独或者合计持有公司百分之一以上股份的股东，可以书面请求监事会向人民法院提起诉讼；监事有前条规定的情形的，前述股东可以书面请求董事会向人民法院提起诉讼。

监事会或者董事会收到前款规定的股东书面请求后拒绝提起诉讼，或者自收到请求之日起三十日内未提起诉讼，或者情况紧急、不立即提起诉讼将会使公司利益受到难以弥补的损害的，前款规定的股东有权为公司利益以自己的名义直接向人民法院提起诉讼。

他人侵犯公司合法权益，给公司造成损失的，本条第一款规定的股东可以依照前两款的规定向人民法院提起诉讼。

公司全资子公司的董事、监事、高级管理人员有前条规定情形，或者他人侵犯公司全资子公司合法权益造成损失的，有限责任公司的股东、股份有限公司连续一百八十日以上单独或者合计持有公司百分之一以上股份的股东，可以依照前三款规定书面请求全资子公司的监事会、董事会向人民法院提起诉讼或者以自己的名义直接向人民法院提起诉讼。

实务要点：（1）对于关联交易合同存在无效、可撤销或者对公司不发生效力的情形，公司没有起诉合同相对方的，股东可以提起股东代表诉讼，但提起诉讼的股东依然要符合持股条件。关联交易的合同是否能被确认无效、撤销，系案件实体审查中需要解决的问题，并不影响符合条件股东提起诉讼的诉权。（2）公司关联交易损害责任纠纷属于侵权类纠纷。关联交易损害责任纠纷案件中，原告需要证明以下三项内容：①主体是公司的控股股东、实际控制人、董事、监事、高级管理人员以及关联关系的相对方；②实施了关联交易的行为；③导致公司利益转移，给公司造成了损失。如果没有造成损害，即使存在关联交易也无须承担赔偿责任。"通过关联关系"和"损害公司利益"是认定违法关联交易的重要判断标准，实务中通常表现为关联公司之间就收益、成本、费用与损益的约定不合理或不公正。但是鉴于被告的地位，法律对于原告的举证责任并未特别严格。对于责任主体身份的证明，原告提供公司登记材料、股东协议、公司章程等基本材料即可满足"高度盖然性"的证明标准。对于关联交易行为是否违法，更多的是由被告予以举证，这也提示要求关联方应对关联交易过程中留存的文件、资料、证据材料等负有更为谨慎的保存义务，如其不能举证证明交易的合法性和合理性，则可能承担不利后果。(3) 关联交易的受益方是否应该承担责任。如前面所述，认定是否构成关联交易的判断首先是主体是否属于关联方。在判定属于关联交易后，关联交易损害公司利益，往往另一方因此而受益，受益方基于共同侵权，应当退还非法获得的利益，赔偿损失。

专题十九　公司合并纠纷

公司合并纠纷，是指没有依照合并协议或公司章程合并公司，或者违反法律、行政法规的强制性规定所产生的纠纷。

公司合并，是指两个或两个以上公司依照法定的条件和程序，合并为一个公司的行为。公司合并包括吸收合并和新设合并两种形式。吸收合并，是指一个以上的原有公司并入现存公司，被吸收的公司消灭。新设合并，是指两个以上原有公司合并设立一个新的公司，原有公司消灭。

公司合并主要产生两个方面的法律后果：一是公司组织结构的变化；二是权利义务的概括转移，导致了存续公司或者新设公司承受被合并公司的债权债务。因此，公司合并涉及多家公司股东及债权人的利益，为了防止公司合并侵害中小股东或债权人的利益，我国公司法规定了公司合并的严格程序。公司合并需要由合并各方签订合并协议，经过股东会决议通过，编制资产负债表及财产清单，并应通知或者公告债权人，最终履行相应的登记程序。如果公司合并没有依照合并协议进行，或者违反了法律、行政法规的强制性规定，则会引发纠纷。

公司合并纠纷中比较常见的是公司合并无效纠纷，如公司股东认为公司合并决议未经股东会通过，或者债权人认为公司合并过程中公司未履行通知义务，或者被合并的公司没有清偿债务或者提供相应的担保，或者有其他违反法律或行政法规之情形，而提起的公司合并无效之诉。常见的合并无效原因主要有合并协议无效、合并决议瑕疵、合并违反债权人保护程序等。

原告：股东或公司债权人。

被告：公司。

管辖：公司住所地人民法院。

一、合并协议未经公司法规定程序表决通过的无效

》典型案例

城建XX公司与建设XX公司公司合并纠纷

基本案情： 城建XX公司于2001年8月22日成立。该公司原法定代表人为肖某福，原登记股东为肖某福、石某等。其中肖某福实际认缴资金为145万元，占股36.25%。2018年2月11日，法定代表人由肖某福变更为贺某军，公司股东变更为陈某兵、贺某军、谢某华。2019年1月8日，公司的股东变更为贺某军、蒋某弟、翁某。

被告建设XX公司于2013年8月6日成立。

2016年10月8日，城建XX公司（甲方）与建设XX公司（乙方）签订《框架协议》，合同约定：双方经友好协商，决定合并成立新的施工图审查机构，（1）公司合并是双方自愿，法律地位平等而非兼并；（2）合并后新公司双方股东人数不多于3人，双方各占40%的股份，剩余20%的股份为审查骨干的红利来源，用于保障其收入，并由甲、乙双方平均代持；（3）审查人员及后勤管理人员根据新公司组织人员情况，从甲、乙双方公司并入人数相对平衡，原则上各占50%；（4）新公司依据公司章程运行，由甲方出任董事长，乙方出任总经理；（5）新公司的办公地点暂定；（6）新公司的合并事项及相关工作安排为本协议附件；（7）注册人员一览表。后双方并未签订协议附件。

2017年2月16日，城建XX公司的法定代表人肖某福函告建设XX公司，内容为：2016年10月期间，我公司总经理石某擅自与贵公司签订了两公司合并的协议，对此我本人完全不知情。根据公司法及我公司《章程》的规定：公司解散、分立、合并、清算或者变更公司形式等重大事项应由董事长召开大会通过。没有这一程序两公司合并协议不合法。因此，必须停止一切合并行为，而由本公司法人代表与贵公司洽谈合并事宜。

2017年3月24日，城建XX公司召开公司股东会，出席的股东有：肖某福、石某等人。会议主持人为肖某福。会议的主要内容为"一、讨论公司注销清算事项；二、听取被授权人石某等三人与建设XX公司所达成的共识和工作进展情况。经股东会讨论，持股总数超过公司实际注资总股本71%的股东表决同意，并形成决议如下：一、公司本届董事会任期（2014年1月1日至

2016年12月31日）已届满，不再履行相关职能。二、同意启动公司注销清算程序，成立清算小组。清算时间从2017年3月24日至2017年6月30日止。清算结果应通过股东会议审议。三、同意2016年9月30日之后被授权人石某等三人代表本公司合同到期的原注册人等与建设XX公司达成的共识。四、同意按照《劳动法》及相关劳动保护法规规定对公司所聘请后勤员工进行补偿"。参会人员除肖某福外均在协议上签名。

2017年4月7日，肖某福申请公证处对其向股东石某、谢某华、陈某兵和贺某军等四人送达《关于立即停止并消除伪造股东会议纪要违法行为的函告》的行为和内容进行保全证据公证，函的主要内容为：2017年3月24日会议纪要是伪造的，股东大会上并未当场签订会议纪要，除讨论公司注销事宜并当场签订《城建XX公司2017年3月24日股东大会会议决议》外，未讨论会议纪要上的其他内容。要求立即停止伪造行为，消除影响等。

同日，肖某福申请公证处对其向城建XX公司、建设XX公司送达《联系函》的行为和内容进行保全证据公证，函的内容为：2017年3月24日上午我公司召开了股东大会，并形成关于公司注销、成立清算小组、清理债权债务的《城建XX公司2017年3月24日股东大会会议决议》，最近我发现石某、谢某华、陈某兵、贺某军采用欺骗手段伪造了一份2017年3月24日的《公司股东会议纪要》。该纪要的内容在股东大会上并未讨论形成决议，是石某、谢某华、陈某兵、贺某军为实现个人非法利益伪造的，作为公司法定代表人，我不予认可，本人已通过公证形式致函造假者立即停止一切违法行为，我公司股东大会未授权任何人与贵公司商议合并事宜，石某等三人代表公司合同到期的原注册人员也不能与贵公司达成所谓共识，因为他们都是公司股东，同样不符合《公司法》以及公司章程的规定。现通知贵公司务必停止与我公司的合并事宜，至于如何合并必须与本人商议。

2017年8月3日，城建XX公司函告建设XX公司，要求建设XX公司进一步与其协商合并相关事宜，完成公司的合并。2017年8月7日，建设XX公司回复原告，明确"《框架协议》签订后暴露的各种矛盾充分证实，贵公司内部混乱、矛盾尖锐复杂，严重缺乏合并的诚信基础"。

城建XX公司起诉请求：（1）依法判令建设XX公司赔偿城建XX公司2017年1月1日至2019年6月30日期间成本支出损失共计2 980 098.13元；（2）依法判令被告承担本案全部诉讼费用。

裁判结果： 驳回城建 XX 公司的全部诉讼请求。

裁判思路： 依照法律规定，公司合并的程序为订立合并协议、股东会作出决议并通过、编制资产负债表及财产清单等程序。本案签署的《框架协议》尚处于公司合并的第一阶段，从《框架协议》的内容来看，《框架协议》只是对合并方式、股东人数等事项进行了原则性约定，同时约定新公司的办公地点暂定、新公司的合并事项及相关工作安排为本协议附件，故《框架协议》只是合并协议的组成部分。《框架协议》签订后，由合并双方加盖公章，故《框架协议》依法成立，是否生效待股东会决议表决通过。

2017 年 2 月 16 日，建设 XX 公司法定代表人肖某福函告城建 XX 公司，表明《框架协议》其不知情，公司合并协议不合法。该函件由肖某福签名并加盖了城建 XX 公司公章。2017 年 3 月 24 日，城建 XX 公司召开股东会，并经持股总数超过公司实际注资总股本 71%股东表决形成相关决议，该决议肖某福未签名。2017 年 4 月 7 日，肖某福申请公证处向建设 XX 公司送达函件，函告建设 XX 公司，2017 年 3 月 24 日城建 XX 公司的会议纪要系伪造，除讨论公司注销事宜并当场签订股东大会决议外，未讨论其他内容。此后，城建 XX 公司未再形成与公司合并有关的决议，合并双方也没有就"新公司的办公地点、合并事项及相关工作安排"等签署附件。工商登记显示，肖某福持有城建 XX 公司 36.25%的股权，而公司合并必须经代表三分之二以上表决权的股东通过，故肖某福对公司合并事项持有否决权；而城建 XX 公司 2017 年 3 月 24 日的股东会决议，肖某福未在决议上签名，其认为该决议系伪造，"持股总数超过公司实际注资总股本 71%股东表决"，也不是公司法规定的公司合并事项的表决方式，结合此后城建 XX 公司再没有就《框架协议》及公司合并事项形成有效的股东会决议并表决通过的事实，可以认定《框架协议》自 2017 年 2 月 16 日肖某福函告建设 XX 公司时无效。

相关规定

《中华人民共和国公司法》（2023 修订）

第六十六条 股东会的议事方式和表决程序，除本法有规定的外，由公司章程规定。

股东会作出决议，应当经代表过半数表决权的股东通过。

股东会作出修改公司章程、增加或者减少注册资本的决议，以及公司合并、分立、解散或者变更公司形式的决议，应当经代表三分之二以上表决权的股东通过。

第二百二十条 公司合并，应当由合并各方签订合并协议，并编制资产负债表及财产清单。公司应当自作出合并决议之日起十日内通知债权人，并于三十日内在报纸上或者国家企业信用信息公示系统公告。债权人自接到通知之日起三十日内，未接到通知的自公告之日起四十五日内，可以要求公司清偿债务或者提供相应的担保。

第二百二十一条 公司合并时，合并各方的债权、债务，应当由合并后存续的公司或者新设的公司承继。

实务要点：（1）公司合并的具体程序可以概括为以下几个阶段：①由董事会提出合并方案。②公司股东会对合并作出特别决议。③需要报经有关部门审批的对决议报批，如股份有限公司、商业银行、保险公司等。④签订合并协议。⑤编制公司资产负债表和财产清单，并备置于公司，以供债权人查阅。⑥通知、公告债权人及债权人异议程序；这是保护公司债权人的程序，公司法规定，公司合并应当自股东会决议之日起 10 日内通知债权人，并于 30 日内在报纸上至少公告三次。债权人自接到通知之日起 30 日内，未接到通知的债权人自第一次公告之日起 90 日内，可以提出异议。对提出异议的债权人，公司必须清偿已到期债务，对未到期债务提供相应的担保。债权人在法定期限内不提出异议时，视为承认合并。⑦实施合并；移交资产、召开股东会、修改章程或新设章程等。⑧办理合并的工商登记手续；合并后消灭的公司办理注销登记，存续公司办理变更登记，新设公司办理设立登记。（2）被合并的公司在合并完成前，其在法律上并未消亡，仍应作为公司合并等纠纷权利义务主体。即便双方对外通知了兼并事宜，亦仅是各自对履行合并意向进行的前期准备，至于合并各方内部的法律关系则需要根据双方的合意认定。（3）公司合并中，债权人享有以下权利：①知悉权：即公司应当自作出合并决议之日起 10 日内通知债权人，并在 30 日内在报纸上至少公告 3 次。对债权人的通知是合并公司作为债务人的法定义务，对于已知的债权人，合并公司必须逐个进行通知。②清偿或担保的请求权：债权人自接到通知书之日起 30 日内，未接到通知书的，自第一次公告之日起 90 日内，有权要求公司清偿债务或者提供相应的担保。③权利损害的救济请求权：公司合并时，合并各方的债权、债务，应当由合并后存续的公司或者新设的公司承继。

二、公司合并没有通知债权人的，公司合并并非当然无效

▶ 典型案例

邓州市上XX公司与我XX公司公司合并纠纷

基本案情： 邓州市上XX公司系自然人独资的有限责任公司。2015年8月8日，邓州市上XX公司、我XX公司签订合伙协议一份，协议约定邓州市上XX公司将其公司（酒店）全部资产作价140万元，另投现金10万元，作为股份并入我XX公司，由邓州市上XX公司法定代表人李某按股享受股东的权利义务。我XX公司对邓州市上XX公司拥有产权，统一管理。邓州市上XX公司在合同签订日期前的所有债权、债务、收益归邓州市上XX公司，合同签订之日后经营中的债权、债务、收益归我XX公司。合同签订后，邓州市上XX公司向我XX公司提交了资产负债表及固定资产明细表，但未通知债权人，双方亦未在报纸上对合并事宜进行公告。2015年10月19日，我XX公司与案外人陈某、杨某山签订了项目合作协议书一份，约定三方合作开发邓州市上XX公司，并更名为邓州市半XX公司，进行了装修及经营。现邓州市上XX公司认为双方的公司合并协议未按公司法规定的条件履行合并事宜，未编制资产负债表、财产清单、未通知债权人，亦未公告及办理注销、变更登记，请求判令双方的合并协议未生效。

邓州市上XX公司起诉请求：确认邓州市上XX公司、我XX公司2015年8月8日签订的协议未生效。

裁判结果： 驳回邓州市上XX公司的诉讼请求。

裁判思路： 依法成立的合同，自成立时生效。法律、行政法规规定应当办理批准、登记等手续生效的，依照其规定。本案的合并协议约定双方签字后生效，法律、行政法规没有规定此类合同须经批准或登记后生效，《公司法》（2023修订）第一百七十三条、第一百七十九条也没有公司合并协议需要批准或登记后生效的规定。

相关规定

《中华人民共和国公司法》（2023修订）

第二百二十四条 公司减少注册资本，应当编制资产负债表及财产清单。

公司应当自股东会作出减少注册资本决议之日起十日内通知债权人，并于三十日内在报纸上或者国家企业信用信息公示系统公告。债权人自接到通知之日起三十日内，未接到通知的自公告之日起四十五日内，有权要求公司清偿债务或者提供相应的担保。

公司减少注册资本，应当按照股东出资或者持有股份的比例相应减少出资额或者股份，法律另有规定、有限责任公司全体股东另有约定或者股份有限公司章程另有规定的除外。

实务要点：（1）我国《公司法》（2023修订）第二百二十四条规定了公司合并时应通知债权人，债权人可以要求清偿债务或提供相应担保，但并没有明确规定公司合并过程中没有通知债权人会被认定为无效，也没有规定不清偿债务或提供担保，则合并无效。故笔者认为即使债权人对公司合并持有异议，债务人不能清偿且不能提供担保或债权人不接受债务人提供的担保的，也不影响公司合并行为的效力。（2）债权人利益受到损害的，债权人可以向合并后的公司主张权利，也可以请求相关责任人承担侵权责任。（3）公司合并时还会涉及未到期债权人的利益，公司法并未区分到期债务和未到期债务，故公司合并时未到期的债权也可以要求提前清偿。（4）我国公司法规定了公司合并时通知债权人的义务，债权人可以在接到通知后申报债权，但即便债权人在公司合并时没有对债权进行申报，并不因此丧失权利，依然有权要求合并后的公司承担清偿责任。（5）合并后未办理工商登记的，不影响合并的效力。工商登记是对合并行为的确认，并非生效要件，只是对抗要件，不登记不能对抗第三人，但并不影响合并行为本身的法律效力。

专题二十
公司分立纠纷

公司分立纠纷，是指因公司分立过程中违反法律规定或者公司章程规定侵害股东或债权人利益而产生的纠纷。

公司分立，是指一个公司依照法定条件和程序，分裂为两个或者两个以上公司的行为。分立包括创设分立和存续分立两种形式。创设分立又称新设分立，是指公司分立为两个或两个以上的新的公司，原公司消灭。存续分立又称派生分立，是指公司分立为两个或两个以上的新的公司，但原公司仍然存续。

公司分立主要产生两个方面的法律后果：一是公司组织结构的变化；二是权利义务的法定转移。公司分立涉及多家公司股东及债权人的利益，为了防止公司分立而侵害中小股东或债权人的利益，我国公司法规定了公司分立的严格程序。如果公司分立未依照该公司分立计划或分立协议进行，或者违反了法律、行政法规的强制性规定，则会导致公司分立纠纷。

管辖： 公司住所地法院。

一、公司分立应履行法定程序

>> 典型案例

陈某1与海上海XX公司公司分立纠纷

基本案情： 海上海XX公司成立于2010年7月20日。工商登记的股东为陈某1与陈某2，其中陈某1持股49%，陈某2持股51%。2015年1月29日，海上海XX公司召开了股东会，到会各股东对本公司以后发展及具体工作进行商议，具体内容如下："一、3#、4#楼工程预计在2015年一季度前竣工验收合格，在东海项目可办理产权证，工程决算工作全部结束后，到会股东同意按股份比例分割公司资产，具体分割办法由财务部先将本公司的所有债权、债务、资产情况等作详细报告后，大家再商定合理的分割方案……"，陈某1、陈某2等在纪要上签字。

陈某1起诉请求：（1）判令海上海XX公司进行分立；（2）判令海上海XX公司将49%的资产登记在陈某1新设公司名下。

陈某1称由于陈某2不配合，没有就公司分立形成股东会通过的方案，也没有就公司分立而新设立相关的公司。

裁判结果：驳回陈某1的全部诉讼请求。

裁判思路：公司分立，是一个公司依据法律、法规的规定，分成两个或者两个以上公司的法律行为。公司分立需要经过股东会决议通过，制订分立计划或者分立协议，编制资产负债表及财产清单，公司应当自作出分立决议之日起十日内通知债权人，并于三十日内在报纸上公告。进行财产分割，并办理登记手续。本案中，海上海XX公司虽然召开了股东会，但从该股东会决议的内容来看，该股东会形成的决议是股东同意按股份比例分割公司资产，并非就如何对公司进行分立制订并通过相应的分立方案。陈某1与海上海XX公司及陈某2虽然均同意对公司进行分立，但各方当事人至今未提供资产负债表、财产清单，也未通知债权人。陈某1主张将海上海XX公司49%的资产登记在陈某1新设公司名下，但陈某1至今未设立承接海上海XX公司资产的新公司。

相关规定

《中华人民共和国公司法》（2023修订）

第六十六条　股东会的议事方式和表决程序，除本法有规定的外，由公司章程规定。

股东会作出决议，应当经代表过半数表决权的股东通过。

股东会作出修改公司章程、增加或者减少注册资本的决议，以及公司合并、分立、解散或者变更公司形式的决议，应当经代表三分之二以上表决权的股东通过。

第二百二十二条　公司分立，其财产作相应的分割。

公司分立，应当编制资产负债表及财产清单。公司应当自作出分立决议之日起十日内通知债权人，并于三十日内在报纸上或者国家企业信用信息公示系统公告。

第二百二十三条　公司分立前的债务由分立后的公司承担连带责任。但是，公司在分立前与债权人就债务清偿达成的书面协议另有约定的除外。

实务要点：（1）公司法规定的公司分立基本程序：①分立方案的提出、制订、通过。根据公司法规定，分立须由公司董事会制订方案，股东（大）会以特别多数作出决议。有限公司的分立须经代表 2/3 以上表决权的股东通过；股份公司的分立须经出席股东大会的股东所持表决权的 2/3 以上通过。②编制资产负债表和财产清单。③通知和公告债权人（包括到期债权人和未到期债权人）。被分立公司应当自作出分立决议之日起 10 日内通知债权人，并于 30 日内在报纸上公告。债权人无权以分立可能损害其债权而提出异议，也无权要求公司清偿债务或者提供担保。公司分立前的债务由分立后的公司承担连带责任。但是，公司在分立前与债权人就债务清偿达成的书面协议另有约定的除外。分立公司如因分立而减少注册资本，则被分立公司须依减资程序，通知债权人并公告，债权人有权要求被分立公司清偿债务或者提供担保。④进行资本的分立和财产的移转。⑤办理分立登记。分立完成后，被分立公司应及时向原公司登记机关申请变更登记。（2）分立协议必须由股东（大）会以特别多数决作出决议，如果股东对于该决议的效力有异议，也可以提出决议效力纠纷或决议撤销纠纷。

二、依法签署的分立协议对双方均具有约束力

》典型案例

明鑫 XX 公司、大 X 事务所公司分立纠纷

基本案情：2003 年 2 月 18 日登记注册成立明鑫 XX 公司，法定代表人李某泉，共有股东 17 名。2013 年 12 月 31 日，该公司分立为大 X 事务所和明鑫 XX 公司。2014 年 6 月 7 日，由股东会选举产生的内部清算小组成员签订《内部清算情况的报告》。同日，经股东签字确认《实施意见》，载明：分立后造价公司应付大 X 事务所结算欠款 709 685.53 元，还款计划为 2014 年年底还 20 万元，2015 年 6 月底还 20 万元，其余欠款于 2016 年年底一次结清。次日，由大 X 事务所与明鑫 XX 公司签订《关于明鑫 XX 公司与大 X 事务所分立有关问题的处理意见》，约定："造价公司应付事务所合计 709 685.53 元"。上述协议约定后，明鑫 XX 公司先后两次支付大 X 事务所公司分立结算款共计 409 685.53 元，余款 30 万元至今未付，故发生本纠纷。

大X事务所向法院起诉请求：（1）由被告明鑫XX公司偿还其分立结算款30万元，并按年利率4.35%支付2017年1月1日至2017年3月31日止的利息3262.5元；（2）诉讼费由被告明鑫XX公司承担。

明鑫XX公司辩称，公司分立清算时大X事务所存在隐瞒、欺诈行为。

裁判结果： 一、由被告明鑫XX公司于判决发生法律效力之日起十五日内支付原告大X事务所分立结算款30万元；二、驳回大X事务所的其他诉讼请求。

裁判思路： 公司分立是一个公司依照法定条件和程序，分立为两个或者两个以上公司的法律行为。公司分立，应当编制资产负债表及财产清单，其财产作相应的分割。本案中，明鑫XX公司与大X事务所分立时，已对公司财产作相应的分割及清算，清算完毕后，双方于2014年6月8日签订了《关于明鑫XX公司与大X事务所分立有关问题的处理意见》。该意见系双方真实意思表示，未违反相关法律法规规定，合法有效。明鑫XX公司应按该处理意见支付大X事务所公司分立结算款709 685.53元，明鑫XX公司先后两次支付了大X事务所公司分立结算款共计409 685.53元，余款30万元至今未付。明鑫XX公司提出在公司分立清算时大X事务所存在隐瞒、欺诈行为，未提供相应的证据证实，不予支持。但因公司分立是对公司财产作相应分割，且双方未约定支付利息，故对利息的诉讼请求，不予支持。

实务要点：（1）公司分立导致一个或一个以上的公司设立，对于创设分立，还同时导致既有公司的消灭，其消灭也不需要经过清算程序。（2）公司分立的结果导致了分立公司债务的法定承担，除非公司在分立前与债权人就债务清偿达成的书面协议另有约定，公司分立前的债务由分立后的公司承担连带责任。（3）公司分立纠纷中比较常见的是公司分立无效纠纷，如公司股东认为公司分立决议未经股东会通过，或债权人认为公司分立过程中公司未履行通知义务，或有其他违反法律或行政法规之情形，而提起公司分立无效之诉。如果分立协议不存在无效的情形，则对双方均具有约束力，协议各方应按约履行义务，办理分立事宜。分立协议中亦可对违约责任进行约定，约定由违约方对守约方承担违约责任，督促各方按约完成分立事宜。

专题二十一
公司减资纠纷

公司减资纠纷是指公司因减少注册资本而引起的纠纷。

公司减资，是指公司由于某种情况或者需要，依照法定条件和程序，减少公司资本总额的行为。公司资本的减少，直接涉及股东的股权利益。同时，资本的减少也意味着缩小公司责任财产的范围，甚至还直接导致资产流出公司，直接影响到公司债权人的利益。因此，公司法等相关的法律规范对公司的减资行为规定了严格的条件和程序，同时规定减资后的注册资本不得低于法定的最低限额。

按照规定，公司减资必须符合以下条件和程序：（1）股东（大）会作出减资决议，并修改公司章程。在有限责任公司中，减资决议必须经代表2/3以上表决权的股东通过，在股份有限公司中必须经出席会议的股东所持表决权的2/3以上通过。同时，公司减少资本后，其注册资本不得低于法定注册资本最低额。（2）公司必须编制资产负债表及财产清单。（3）通知债权人和对外公告。（4）债务清偿或担保。债权人自接到通知书之日起30日内，未接到通知书的，自公告之日起45日内，有权要求公司清偿债务或提供相应的担保。（5）办理减资登记手续。

违反法定程序的减资，会引发公司减资纠纷。公司减资纠纷主要分为两类：一是公司股东提起诉讼，请求确认公司的减资行为无效或撤销公司的减资决议；二是公司债权人提起诉讼，要求减资的公司清偿债务或者提供相应的担保。

原告：债权人、股东、其他利害关系人。

被告：公司、控股股东或实际控制人、董事、高管、协助减资的第三方等。

管辖：公司住所地人民法院。

一、股东提起的公司减资纠纷

股东对公司减资的争议主要集中在两个方面：一是减资决议是否有效，二是减资的执行。根据公司法的规定，公司的减资决议只能由股东会或股东大会作出，减资决议是否有效实质是公司决议效力纠纷，相关争议在公司决议效力纠纷案由下解决更为恰当。实务中，股东提起的公司减资纠纷多数都是基于减资行为的执行所引发的。

（一）公司减资中对债权人的通知存在瑕疵并不必然导致减资无效

>> **典型案例**

天 X 公司与黎 X 雄公司减资纠纷

基本案情：天 X 公司于 2009 年 11 月 11 日登记设立，注册资本为 50 万元，其中陈某业出资 20 万元（持股 40%），黎 X 雄出资 30 万元（持股 60%）。2009 年 11 月 1 日签订的公司章程对上述股东资格及股权比例进行了确认。2010 年 1 月 1 日，陈某业、黎 X 雄、谭某雄、罗某添、霍某敏、何 X 琴、梁 X 铭签订《天 X 公司章程》，确认出资额和持股比例如下：陈某业出资 20 万元，持股 20%；黎 X 雄出资 30 万元，持股 30%；谭某雄、罗某添、霍某敏、何 X 琴、梁 X 铭各出资 10 万元，各持股 10%。上述公司章程第十六条约定"股东会的议事方式和表决程序，按照本章程的规定执行。股东会会议必须经股东所持表决权过半数通过，但修改公司章程、增加或者减少注册资本的会议，以及公司合并、分立、解散或者变更公司形式的决议，必须经代表三分之二以上表决权的股东通过，股东会会议由股东按照认缴出资比例行使表决权"。2012 年 1 月 7 日，天 X 公司先后三次减资，并分别制作了《减资资金分配表》，该分配表记载分配资金源于股本金，分配方式为按出资比例现金存入股东账户。第一次减资情况如下：黎 X 雄减资 60 000 元，扣除应付年终清算款 951.3 元，实收 59 048.7 元；陈某业实减资 40 000 元；谭某雄实减资 20 000 元；罗某添实减资 20 000 元；霍某敏减资 20 000 元，扣除应付 9930.1 元，实收 10 069.9 元；何 X 琴减资 20 000 元，扣除应付 7636 元，实收 12 364 元；梁 X 铭减资 20 000 元，扣除应付 9652.8 元，实收 10 347.2 元。第二次减资情况如下：黎 X 雄减资 60 000 元，扣除应付 13 850 元，实收

46 150元；陈某业减资40 000元；谭某雄、罗某添、霍某敏、何X琴、梁X铭各减资20 000元。第三次减资情况如下：黎X雄减资60 000元，陈某业减资40 000元，谭某雄、罗某添、霍某敏、何X琴、梁X铭各减资20 000元。另查明，天X公司在进行上述三次减资时未通知债权人，亦未在报纸上公告。针对"减资款"的性质，原告陈述系股本金，被告称系分红款，第三人罗某添称系其退出经营时的结算款。

天X公司向法院提出诉讼请求：（1）被告向原告返还出资款18万元，并从起诉之日起按照中国人民银行逾期贷款利率向原告支付利息至实际偿还之日；（2）被告支付本案的诉讼费。

天X公司主张公司经过三次减资，共计减资60万元，其中黎X雄分得款项18万元。2015年11月，原告因接受虚开发票入账等违法违章事实被税务局稽查局处罚，要求原告补缴税、费款项共计259 463.81元，另罚款139 044.30元。由于公司股东的违规减资行为抽走了原告资金，原告已经没有支付能力。因此原告即以股东减资行为无效为由，要求所有股东返还减资款项。但黎X雄却一直不予理睬，拒绝返还减资款项。

被告黎X雄辩称，其并不存在抽逃出资的情形。

裁判结果：驳回原告天X公司的诉讼请求。

裁判思路：本案的争议焦点为涉案减资决议及减资行为是否有效。减资行为是对减资决议的执行，减资决议与减资行为是两个问题。减资决议的性质亦属股东会决议，其效力应根据公司法关于"公司股东会或者股东大会、董事会的决议内容违反法律、行政法规的无效"的规定来认定。我国公司法规定股东会有权对公司增加或减少注册资本作出决议，故天X公司股东作出的减资决议并不当然违反法律的规定。公司法对减资决议的议事方式和表决程序作出了"股东会会议作出……减少注册资本的决议……必须经代表三分之二以上表决权的股东通过"的规定，天X公司作出的三次减资决议，股东均在《减资资金分配表》上签字并收取减资款，视为该决议已经全体股东表决通过。综上，天X公司作出的减资决议有效。另外，关于减资行为的效力。公司法对公司减少注册资本的程序作了如下规定：公司应当自作出减少注册资本决议之日起10日内通知债权人，并于30日内在报纸上公告。债权人自接到通知书之日起30日内，未接到通知书的自公告之日起45日内，有权要求公司清偿债务或者提供相应的担保。天X公司作出减资决议后，既未通知债权人，也未在法定期间登报公告，与上述法律规定显然不符。公司法该条的主要目的在于公司减资情形下对债权人的保护，故应立足于债权人是否因此受到侵害、债权人利益保护以及股东减资正当权利之间的平衡加以判断。实践中，公司主体并未严格按照公司法来规范自己的行为，如若不考虑债权人实际利益是否受到侵犯，绝对地否定减资行为的效力，不利于法律关系的稳定。本案中，天X公司减资至今已达5年，如简单地否认其5年前的减资行为的效力，并要求原股东返还减资款，将引发一系列问题。因此，本院认为，《公司法》（2018修正）第一百七十七条是通过规范公司和股东行为来达到保护公司债权人利益的目的，故不宜将其界定为效力性强制规范，即对该规定的违反并不导致公司减资行为无效，而只是不能产生减资的法律后果。因此，在认定减资行为的效力时，应区别其对内和对外效力。对内来说，因有限责任公司具有很强的人合性，在处理公司内部或者股东之间的关系时应更多尊重股东的意思自治，尊重契约精神，天X公司股东共同作出了减资的意思表示，股东依据该意思表示作出的行为对股东应具有约束力。对外来说，如因股东不规范的减资行为给债权人造成损失，债权人可以另行起诉，并要求原股东在其减资范围内承担补充清偿责任。这种内外有别的处理方式，一方面有利于保障公司的自主经营和股东的意思自治，另一方面也有利于保障公司债权人的利益不受侵害。综上，天X公司的减资行为有效，但如其减资行为损害了债权人的利益，各股东应在减资范围内承担补充清偿责任。

相关规定

《中华人民共和国公司法》（2023修订）

第二百二十四条 公司减少注册资本，应当编制资产负债表及财产清单。

公司应当自股东会作出减少注册资本决议之日起十日内通知债权人，并于三十日内在报纸上或者国家企业信用信息公示系统公告。债权人自接到通知之日起三十日内，未接到通知的自公告之日起四十五日内，有权要求公司清偿债务或者提供相应的担保。

公司减少注册资本，应当按照股东出资或者持有股份的比例相应减少出资额或者股份，法律另有规定、有限责任公司全体股东另有约定或者股份有限公司章程另有规定的除外。

实务要点：（1）通知瑕疵并不必然导致减资无效。减资本质上是公司内部行为，属于公司意思自治范畴。一般情况下，减资行为按照法律规定或公司章程规定的程序作出即可成立有效。我国法律法规并未规定减资中未通知债权人构成减资无效。但减资中未通知债权人构成瑕疵减资，瑕疵减资损害了对公司减资前的注册资本产生合理信赖利益的债权人权益，但并未损害所有债权人的合法利益，并不当然导致减资无效。减资行为违反法定程序时，其法律效力的认定应当综合考量公司、股东、债权人三方利益。（2）公司减资是股东会为实施公司治理而作出的决议，该决议一经作出即在公司内部产生效力，此系公司自治范畴。但公司自治并非没有限制，不能损害债权人的利益，公司法对减资必须通知债权人的规定正是对公司自治中债权人利益保护的程序规定，避免在公司自治、股东决策过程中滥用权利而损害债权。但若为了保护债权人利益而对公司自治权和股东决策权予以全盘否定，认为违反通知程序的减资行为不成立或无效，无疑又会使利益保护的天平从一端滑向另一端，损害到股东权益和公司自治权。故司法实务中普遍认为对债权人通知义务的履行，并非减资行为的生效要件，而仅是对抗要件。即公司不履行通知义务，或者对于在法定期限内提出异议的债权人不清偿或不提供相当担保，并不影响减资行为的效力，但是公司不能以减资对抗此类债权人，此类债权人仍可在公司原注册资本范围内对公司主张权利，被减资股东仍应在其应纳或认缴的注册资本范围内依公司法的规定对此类债权人承担责任。

（二）减少的注册资本并非当然退还股东

> **典型案例**

魏 X 与恒 X 投资公司公司减资纠纷

基本案情：恒 X 投资公司成立于 2007 年 10 月 30 日，注册资本 6000 万元，实缴出资 1200 万元，原始登记股东为尚某甲、尚某乙、刘某某、杨某某、陆某某、高某某、魏 X，其中魏 X 认缴出资 98 万元、实缴出资 20 万元。截至 2008 年 7 月 30 日，恒 X 投资公司注册资本 6000 万元，实缴资本 6000 万元，其中魏 X 认缴出资 98 万元、实缴出资 98 万元。2009 年 6 月 10 日，公司注册资本减为 3600 万元，实缴出资 3600 万元。2015 年 4 月 8 日，恒 X 投资公司召开股东会并形成股东会决议，决定将恒 X 投资公司注册资本由 3600 万元减资至 1200 万元，股东的出资比例不调整，各股东等比例减资，其中魏 X

出资额由98万元减至32.64万元。2015年6月26日，公司完成减资并进行了工商变更登记。

2006年至2009年，魏X作为技术人员在恒X投资公司持股的恒X石化公司任职，其中2006年、2007年任总工程师，2008年、2009年任总经理。2009年魏X离职，未与恒X投资公司及恒X石化公司联系沟通股权事宜。在庭审中，魏X认可恒X投资公司抗辩其系技术性劳务入股，其并未实际货币出资。恒X投资公司认可魏X名下减资款65.36万元并未支付魏X。在2019年10月26日恒X投资公司股东会议录音中，魏X认可自身离职未办理手续及主管化工项目运行时间不长最终停产亏损。

魏X向法院起诉请求：(1) 恒X投资公司向魏X返还减资退股款65.36万元；(2) 恒X投资公司以年利率6%赔偿自2015年6月26日至实际清偿之日期间给魏X造成的利息损失（暂计至2020年6月25日为19.608万元）；(3) 本案保全费、保全担保保险费等费用由恒X投资公司承担。

恒X投资公司辩称：魏X持有的恒X投资公司股份系技术性劳务干股，并未实际货币出资。

裁判结果：判决驳回魏X的诉讼请求。

裁判思路：魏X主张其系恒X投资公司股东，认可其认缴的98万元系以自己的技术出资估价而来，未再实际缴纳98万元出资款。恒X投资公司对魏X为登记股东及未再实际缴纳98万元的事实无异议，认可魏X是技术劳务出资。双方对恒X投资公司应否向魏X返还减资退股款65.36万元持有异议。对此，本院认为，首先，公司减资即公司注册资本减少，是指公司依法对已经注册的资本通过一定的程序进行削减的法律行为，由此形成的公司与股东之间的关系受公司法规范的调整。根据《公司法》（2018修正）第三十七条第一款第七项规定，公司股东会对公司减少注册资本以及对减少资本的处置作出决议系其法定职权。由此可知，减资行为是公司对自由资产的处置，减少的注册资本仍系公司的自由资产。就本案而言，在恒X投资公司的减资决议中，仅明确了公司减少注册资本的金额和股东减少注册资本的金额，以及股东的出资比例。对减少的注册资本如何处置并未形成决议内容，在修改后的公司章程中也未对此作出规定，因此减少的注册资本并非当然要退还给股东个人。其次，注册资本减少并非减少公司的资产，在全体股东按持有的股份同比例减资的情况下，股东享有的股权权益并未受到损害。恒X投资公司是按照同比例进行减资的，减资后各股东的出资比例不变，并未损害魏X的股权权益。魏X要求恒X投资公司按其原出资额等值返还减资退股款，割裂了注册资本与股权价值的对应关系，变相不再承担公司经营亏损的损失，显然与有限责任公司及股东以出资额为限承担责任的法律规定不符。魏X要求恒X投资公司支付减资退股款65.36万元及利息，无事实及法律依据，不予支持。

相关规定

《中华人民共和国公司法》(2023修订)

第五十九条 股东会行使下列职权：

(一) 选举和更换董事、监事，决定有关董事、监事的报酬事项；

(二) 审议批准董事会的报告；

(三) 审议批准监事会的报告；

(四) 审议批准公司的利润分配方案和弥补亏损方案；

(五) 对公司增加或者减少注册资本作出决议；

(六) 对发行公司债券作出决议；

(七) 对公司合并、分立、解散、清算或者变更公司形式作出决议；

(八) 修改公司章程；

(九) 公司章程规定的其他职权。

股东会可以授权董事会对发行公司债券作出决议。

对本条第一款所列事项股东以书面形式一致表示同意的，可以不召开股东会会议，直接作出决定，并由全体股东在决定文件上签名或者盖章。

第六十六条 股东会的议事方式和表决程序，除本法有规定的外，由公司章程规定。

股东会作出决议，应当经代表过半数表决权的股东通过。

股东会作出修改公司章程、增加或者减少注册资本的决议，以及公司合并、分立、解散或者变更公司形式的决议，应当经代表三分之二以上表决权的股东通过。

实务要点：(1) 公司减资决议只能由股东会或股东大会作出，且股东会或股东大会不能将相应的权限通过公司章程或者股东（大）会决议下放。股东间的协议也不能代替公司减资决议。(2) 公司减资属于公司内部自治事项，公司法只是规定经股东会决议后公司减资应履行的程序，但是目前并无法律规定可以强制公司减资。(3) 公司减资及其对减少资本的处置均系公司股东会的法定职权，属于公司自治范围。公司减少注册资本的金额、股东减少注册资本的金额、减资后的股本结构、减少的注册资本如何处置都属于减资决议的内容。公司减资所减少的注册资本依法仍属于公司资产，如要将该部分资产分配给股东，需要依照法定程序进行分配。(4) 资本公积金属于公司的财产，未经法定程序不得任由股东进行处分，随意支配使用资本公积金，系变相减少或直接分配公司资本，构成了对公司资产的减资。(5) 仅有减资决议不足以免除出资义务。出资义务是股东的约定义务，也是法定义务，未按程序进行减资时，仅以公司股东会决议对抗出资义务，没有法律依据。

二、公司债权人提起诉讼

公司减资的，应当通知债权人，债权人可以要求减资的公司清偿债务或者提供相应的担保。

公司减资需由公司通知债权人，但股东也应当尽到合理注意义务。

▶▶ 典型案例

李某与唐某、王某飞公司减资纠纷

基本案情： 活天下XX公司于2014年4月23日成立，注册资本1000万元，法定代表人唐某，股东唐某、王某飞，公司章程载明：唐某认缴100万元、王某飞认缴900万元，缴付期限至2064年4月20日。2016年1月，活天下XX公司股东会决议同意注册资本从1000万元减少至500万元，公司2016年1月16日登报减资公告：自本公告见报之日起45日内，债权人有权要求公司清偿债务或者提供相应的担保。2016年3月，活天下XX公司章程修正案载明：唐某实缴50万元，王某飞实缴450万元，出资时间2014年10月9日。随后，公司注册资本1000万元变更登记为500万元。2017年，唐某、王某飞退出公司，股东变更为刘X昌、左某旺，法定代表人变更为左某旺。

2015年6月12日，李某成为活天下XX公司的经销商，合同期限至2016年6月12日。2015年10月21日，李某与公司对账，确认公司欠李某70 400元和1710件饮用山泉水。2017年，李某提起诉讼，长沙市开福区人民法院作出（2016）湘0105民初5XXX号民事判决书，判决：活天下XX公司向李某

支付剩余预付款 70 400 元、应补货款 33 131 元，共计 103 531 元，以及迟延履行期间的债务利息，该案受理费 2768 元，公告费 560 元，共计 3328 元。之后，李某申请强制执行，经查公司无财产可供执行，于 2018 年 3 月 9 日终结本次执行程序。

李某起诉请求：（1）请求依法判令唐某、王某飞在减资范围内对（2016）湘 0105 民初 5XXX 号民事判决书的债权承担补充赔偿责任；（2）本案的诉讼费由唐某、王某飞承担。

裁判结果： 一、唐某、王某飞于本判决生效之日起十日内对活天下 XX 公司在（2016）湘 0105 民初 5XXX 号民事判决中的 103 531 元付款义务承担补充赔偿责任；二、驳回李某的其他诉讼请求。

裁判思路：《公司法》（2018 修正）第一百七十七条第二款规定，公司应当在作出减少注册资本决议后，通知债权人，债权人有权要求公司清偿债务或者提供相应的担保。本案中，李某针对活天下 XX 公司的债权在 2016 年减资前已经形成，李某是已知债权人，不存在通知无法送达的情形。虽然活天下 XX 公司发布了减资公告，但并未就减资事项直接通知李某，故该通知方式不符合减资的法定程序，也使得李某丧失了在活天下 XX 公司减资前要求其清偿债务或提供担保的权利。唐某主张活天下 XX 公司减资后注册资本为 500 万，即使减资亦不影响李某全部债权的实现，活天下 XX 公司减资的原因为合理规避因经营不善带来的风险，而不是为了逃避债务，因此活天下 XX 公司不存在违法减资行为。法院认为，活天下 XX 公司未履行通知义务，可认为活天下 XX 公司未尽相应的注意义务，存在过错，至于减资目的对认定减资程序违法不造成影响。活天下 XX 公司进行减资未通知李某，致使李某无法在公司减资前实现债权或要求提供担保，即在减资行为作出时，客观上就已经对李某的债权造成损害，故唐某主张活天下 XX 公司的减资决议不影响李某债权的实现，该抗辩理由不能成立。关于唐某是否应对活天下 XX 公司的付款义务承担补充赔偿责任的问题，虽然减资决议作出时，公司为通知主体，但是否减资完全取决于股东的意志，股东对公司减资的程序和结果知情，同时，公司办理减资手续需股东配合，对于公司通知义务的履行，股东亦应当尽到合理注意义务。本案中，在活天下 XX 公司作出减资决议前，李某的债权就已经存在，唐某作为活天下 XX 公司的股东应当知情，唐某却未履行通知李某的义务，导致活天下XX公司的清偿能力减弱，故唐某应承担相应的法律责任。根据公司法规定，有限责任公司的股东应按其认缴的出资额履行足额出资义务，股东认缴的出资未经法定程序不得抽回、减少。活天下XX公司在未向李某履行通知义务的情况下，经公司股东会决议减资退股，违反了公司资本维持的原则，与股东未履行或未全面履行出资义务造成的法律后果相同。因此参照公司法相关司法解释规定，由股东唐某、王某飞在减资数额范围内对公司债务承担补充赔偿责任。

相关规定

1.《中华人民共和国公司法》（2023修订）

第二百二十四条 公司减少注册资本，应当编制资产负债表及财产清单。

公司应当自股东会作出减少注册资本决议之日起十日内通知债权人，并于三十日内在报纸上或者国家企业信用信息公示系统公告。债权人自接到通知之日起三十日内，未接到通知的自公告之日起四十五日内，有权要求公司清偿债务或者提供相应的担保。

公司减少注册资本，应当按照股东出资或者持有股份的比例相应减少出资额或者股份，法律另有规定、有限责任公司全体股东另有约定或者股份有限公司章程另有规定的除外。

2.《最高人民法院关于适用〈中华人民共和国公司法〉若干问题的规定（三）》

第十二条 公司成立后，公司、股东或者公司债权人以相关股东的行为符合下列情形之一且损害公司权益为由，请求认定该股东抽逃出资的，人民法院应予支持：

（一）制作虚假财务会计报表虚增利润进行分配；

（二）通过虚构债权债务关系将其出资转出；

（三）利用关联交易将出资转出；

（四）其他未经法定程序将出资抽回的行为。

第十三条第一款 股东未履行或者未全面履行出资义务，公司或者其他股东请求其向公司依法全面履行出资义务的，人民法院应予支持。

第二款 公司债权人请求未履行或者未全面履行出资义务的股东在未出资本息范围内对公司债务不能清偿的部分承担补充赔偿责任的，人民法院应予支持；未履行或者未全面履行出资义务的股东已经承担上述责任，其他债权人提出相同请求的，人民法院不予支持。

实务要点：（1）关于减资中对债权人保护的程序，我国公司法明确了通知和公告程序。可以要求清偿债务的债权人既包括债权已届清偿期的债权人，也包括债权尚未到期的债权人。未到期债权人有权要求清偿债务或担保的权利依据是：公司资本具有公信力，债权人是基于原有资本的信用与债务人进行交易的，如果公司有权对该类债务不予清偿，则公司可轻松地利用减资来逃避债务。（2）公司减资的通知义务主体是公司，但是，减资决议需要经过股东（大）会作出，董事、监事、高级管理人员负责公司的经营管理，当公司未尽对债权人的通知义务时，股东和董监高等主体很可能要承担相应的责任。我国法律并未明确规定公司减资过程中未及时通知已知债权人的情形下，公司股东应对公司债权人承担的具体责任大小和范围。但减资的股东基于维持原有资本充足的责任，应对减资程序存在瑕疵给债权人带来的损害在减少资本的数额内就公司无法清偿的部分承担补充赔偿责任，减少注册资本的股东与债权人之间实质为损害赔偿关系。实务中比较普遍的观点是认为该情形在本质上与股东违法抽逃出资的实质以及对债权人利益受损的影响相同，应参照适用抽逃出资相关的法律、司法解释的规定处理。（3）通知债权人的方式为直接通知和公告。对于已知的债权人，应采用直接通知的方式告知。在报纸上刊登公告，不能免除对已知债权人的直接通知义务。直接通知义务是针对公司作出减资决议时已知的债权人，公告通知义务针对的是公司作出减资决议时未知的债权人。公告只是一种拟制送达，是在穷尽了其他方式仍未能送达后或者无法进行其他方式送达下的变通之举，相较于直接通知而言具有明显的局限性，因而限制公告的适用。（4）已知债权人的认定。减资决议前形成的债权人以及减资决议产生后变更登记前产生的债权人都属于已知债权人。（5）认缴出资不因减资而加速到期。减资过程中对债权人通知瑕疵导致的后果仅仅是减资对相应权利人不产生效力，减资股东应按照减资前的出资情况履行出资义务，但该股东所享有的期限利益并不因此受到影响，即并不会导致该股东的出资义务直接加速到期。股东的出资义务是否加速到期仍应根据其是否符合加速到期条件予以审核认定。

专题二十二
公司增资纠纷

公司增资,是指公司基于筹集资金,扩大经营等目的,依照法定的条件和程序增加公司资本的行为。公司增资纠纷,是指公司在增加注册资本过程中因增资行为引起的民事纠纷。

公司资本增加会调整现有的股权结构,直接影响现有股东的利益并可能在股东之间引发纠纷。公司法规定,有限责任公司或者股份有限公司增加资本的,须经公司股东(大)会作出决定,并且有限责任公司增加资本时,除非全体股东约定不按照出资比例优先认缴出资,股东有权优先按照实缴的出资比例认缴出资。对于违反程序作出的决议,股东可以向人民法院提起诉讼。公司增资纠纷主要包括两种类型,一是股东主张公司增资无效;二是有限责任公司的股东主张行使新增资本的认购优先权。

管辖:公司住所地人民法院。

相关规定

1.《中华人民共和国民事诉讼法》(2021修正)

第二十七条 因公司设立、确认股东资格、分配利润、解散等纠纷提起的诉讼,由公司住所地人民法院管辖。

2.《最高人民法院关于适用〈中华人民共和国民事诉讼法〉的解释》(2022修正)

第二十二条 因股东名册记载、请求变更公司登记、股东知情权、公司决议、公司合并、公司分立、公司减资、公司增资等纠纷提起的诉讼,依照民事诉讼法第二十七条规定确定管辖。

一、没有合法有效的增资决议，不构成法律上的"增资"

▶ 典型案例

曹某敏与展 X 公司公司增资纠纷

基本案情： 2017 年 7 月 22 日，曹某敏（乙方）与展 X 公司（甲方）签署《资金入股协议书》，主要内容为：本协议为资金入股合作合同，甲乙双方各负其责，以甲方现有实体为基础依托，甲方负经营的、经济的、法律的全部管理责任。鉴于甲方因企业发展，对公司拟进行股权优化，同意乙方向甲方入注资本，使企业增资增收，实现共赢。为此，本着平等互利的原则，经过友好协商，双方就公司入资事宜达成如下协议条款：甲方决议决定吸收乙方参股经营并经乙方同意，由乙方占公司 2%的股权；经甲乙双方审计评估确认的现有资产为依据，协商确定本条第一款中确定的股权认购价为 200 000 元；乙方应当在本协议签订之日起 3 日内，将本协议约定的认购总价一次性足额存入甲方指定的银行账户，户名叶 X 光，账号 62XXX75；乙方取得股东资格后，甲方应予办理本次投资入股后股东的出资证明书及股权证明书等相关手续；乙方成为股东后，自 2017 年 10 月 1 日起乙方开始享受公司整体项目的股份权益与义务，上述日期之前有关甲方投资项目的投资成本或收益一概与乙方无关；乙方损益应按照以上约定的股份权益比例分担，股东分红制度参照股东会决议进行分红；甲方负责发展项目公司目前经营的全部业务；本次入资用于公司的全面发展，资金具体使用权限由甲方股东授权公司管理人员依照公司章程等相关制度执行；入资后，甲方与乙方所有股东依照公司法以及其他法律法规、部门章程和公司章程的规定按其出资比例享有权利、承担义务；自本协议生效起两年后，乙方股东可以任意退出；乙方需提前 2 个月告知甲方，甲方全额现金支付返还投资的本金，约定无利息。该合同还对公司的组织机构安排、保密事项及争议的解决进行了约定。该协议甲方落款处载有"展 X 公司"字样的印章并载有法定代表人"叶 X 光"的手写签名，乙方落款处载有曹某敏手写签名及身份证号码。

2017 年 7 月 22 日，曹某敏通过支付宝转账方式向叶 X 光名下的支付宝账户转账支付 200 000 元。

曹某敏提交《退出并返还本金通知书》原件，显示由曹某敏于 2019 年 12

月 4 日向展 X 公司、叶 X 光出具，内容为：曹某敏于 2017 年 7 月 22 日与叶 X 光实际控制的展 X 公司签订协议书，投资金额为 200 000 元。因在投资的近三年时间里，其从未了解项目的情况，也从未参加公司的经营管理，展 X 公司及实际控制人叶 X 光也从未向其提供过任何的财务报表等文件和资料。曹某敏在与叶 X 光沟通中，叶 X 光明确表明其投入的款项用于叶 X 光妻子的治疗。现根据协议书第七条的约定，其决定退出并要求展 X 公司和叶 X 光退还投入的本金 200 000 元。曹某敏还提交顺丰速递客户存根原件，拟证明曹某敏于同日向叶 X 光送达上述通知书，该存根显示收件人为"展 X 公司、叶 X 光"，联系电话为"135XXXXXX"，地址为"广州市南沙区珠电路 XXXX 之三"。庭审中，曹某敏称将在庭后补充提交相应邮件已经妥投的证据，但其庭后未予以提交。

原告曹某敏起诉要求：（1）被告展 X 公司向原告曹某敏偿还 200 000 元；（2）被告展 X 公司向原告曹某敏支付资金占用利息（以 200 000 元为本金，自 2019 年 12 月 9 日起按照全国银行间同业拆借中心公布的同期一年期贷款市场报价利率计至付清之日止）；（3）本案受理费由被告承担。

本案起诉状副本于 2020 年 6 月 3 日送达展 X 公司。

裁判结果：一、被告展 X 公司于本判决发生法律效力之日起十日内向原告曹某敏返还款项 200 000 元；二、被告展 X 公司于本判决发生法律效力之日起十日内向原告曹某敏赔偿利息损失（以 200 000 元为基数，自 2020 年 8 月 3 日起按照全国银行间同业拆借中心公布的同期贷款市场报价利率计算至付清之日止）。

裁判思路：曹某敏于本案提交的证据均为原件，在展 X 公司未提交相反证据的情况下，法院对曹某敏提交证据的真实性予以确认。协议书是曹某敏与展 X 公司的真实意思表示，不违反法律、行政法规的强制性规定，合法有效，双方应恪守履行各自义务。虽曹某敏付款时的收款账户并非协议书指定的中国农业银行账户而系叶 X 光名下的支付宝账户，但其转账支付时间、金额均与案涉协议约定一致，在展 X 公司未到庭抗辩的情况下，可认定曹某敏已履行协议书项下付款义务。有限责任公司增资的决议机关为股东会，股东会作出增加注册资本的决议是公司增资的前提和基础。现无证据证明展 X 公司曾就协议书所述增资作出合法有效的增资决议和将曹某敏记入股东名册，展 X 公司也未向公司登记机关办理将曹某敏登记为股东的相应手续。因此，曹某敏虽然早在 2017 年 7 月 22 日就已经向展 X 公司投入资金，但未发生增资的效果，其投入的资金未转化为展 X 公司资本，其未成为展 X 公司股东，其合同目的长期未能实现。曹某敏出具《退出并返还本金通知书》要求退出增资协议，但其提供的证据不足以证明该通知书已经送达展 X 公司。本案起诉状副本材料中包含上述通知书，故应从本案起诉状副本送达展 X 公司之日即 2020 年 6 月 3 日视为向展 X 公司送达上述通知书。曹某敏要求展 X 公司返还出资款 200 000 元，于法有据，予以支持。根据案涉合同约定，展 X 公司应在收到通知后 2 个月内返还出资款，现展 X 公司逾期返还，曹某敏有权要求展 X 公司支付出资款的利息，利息损失应自 2020 年 8 月 3 日起算。曹某敏主张的利息损失计算标准在合理范围内，予以支持。

相关规定

《中华人民共和国公司法》（2023 修订）

第五十九条 股东会行使下列职权：

（一）选举和更换董事、监事，决定有关董事、监事的报酬事项；

（二）审议批准董事会的报告；

（三）审议批准监事会的报告；

（四）审议批准公司的利润分配方案和弥补亏损方案；

（五）对公司增加或者减少注册资本作出决议；

（六）对发行公司债券作出决议；

（七）对公司合并、分立、解散、清算或者变更公司形式作出决议；

（八）修改公司章程；

（九）公司章程规定的其他职权。

股东会可以授权董事会对发行公司债券作出决议。

对本条第一款所列事项股东以书面形式一致表示同意的，可以不召开股东会会议，直接作出决定，并由全体股东在决定文件上签名或者盖章。

第六十六条 股东会的议事方式和表决程序，除本法有规定的外，由公司章程规定。

股东会作出决议，应当经代表过半数表决权的股东通过。

股东会作出修改公司章程、增加或者减少注册资本的决议，以及公司合并、分立、解散或者变更公司形式的决议，应当经代表三分之二以上表决权的股东通过。

实务要点：（1）根据公司法的规定，公司增资的决议机关是股东（大）会。公司股东（大）会应以特别多数决议，即三分之二以上表决权通过增资决议。公司还可通过章程，采取更加严格的标准。股东（大）会作出增加注册资本的决议，是公司增资的前提和基础。且股东会、董事会的决议程序、内容应当符合法律规定及公司章程的约定，否则将影响其效力。如果公司未作出合法有效的增资决议，即便股东或者他人向公司投入资金，如果认定成增资，则会"稀释"公司原有股东股份，损害原有股东的合法权益，即使该出资行为已被工商行政机关备案登记，仍应认定为无效，其所投入的资金不能转化为公司注册资本金。

（2）增资协议属于合同的一种，其履行与解除，除受公司法调整外，还应适用《民法典》合同编的相关规定。认股人缴纳股款后，公司未在合理期限内通过法定程序将其吸纳为股东的，认股人可以向法院起诉解除认股协议并要求退还出资款。增资协议当事人可以约定单方面终止履行的权利，但该权利的行使不能对抗公司法项下的增资扩股时资本充足义务。

（3）增资价格的确定取决于公司股东及拟增资方的商业判断，属公司自治范畴。我国公司法虽未对股东会决议对目标公司进行增资时是否需要资产审计、评估等事项作强制性规定，但大股东尤其是控股股东在实施公司增资的股东会决议时，应当公平维护小股东的权益，保障小股东增资的权利，客观、公正地对公司净资产进行评估，否则将涉嫌滥用股东权利，违反大股东对小股东的信义义务。如果控股股东利用其控股优势，强行以背离公司实有资产的低价进行增资，损害了小股东权利，应当承担赔偿责任。

二、股东对公司新增资本的优先认缴权应在合理期间内行使

▶▶ **典型案例**

秦某勇、张某、王某、梁某强等与众 X 公司公司增资纠纷

基本案情：众 X 公司于 2005 年 1 月 6 日成立，法定代表人为邱某朝，公司的注册资金为 51 万元，共有包括秦某勇、张某、梁某强、王某在内的 17 名自然人股东，其中邱某朝出资 130 796 元，出资比例 25.69%，为公司最大股东，秦某勇、张某、梁某强、王某每人出资 13 076 元，出资比例均为

2.56%。该公司章程第十五条第四项规定,"在公司新增资本时,股东有权优先认缴出资",第十九条规定,"股东会对公司增加或减少注册资本、合并、分立、解散、变更公司形式、修改公司章程作出决议时,必须经代表三分之二以上表决权的股东通过",第二十二条规定,"股东会会议由股东按照出资比例行使表决权",第二十五条规定,"召开股东会会议,应当于会议召开前十日以书面形式通知全体股东。股东会应当对所议事项的决定做成会议记录,出席会议的股东应当在会议记录上签字",第三十条规定,"董事会实行一人一票制,董事会至少5名董事出席方为有效。召开董事会会议,应当于会议召开前十日以书面形式通知全体董事,三分之一以上董事可以提议召开董事会"。

2015年12月15日,除邱某朝之外的其余16名股东签署股东代表授权委托书,共同委托邱某朝作为股东代表,与淮海控股集团商谈股权转让(参股)及相关合作事宜,并签署相关文件,上述16名股东均在该授权委托书中签字捺印,邱某朝在受托人处签字捺印。2016年3月20日,除邱某朝、秦某勇、张某、马某斌外,其余13名股东签署授权委托书,共同委托邱某朝作为股东代表,商谈众X公司零资产出售(转让)的相关事宜,并签署相关文件。上述13名股东均在该授权委托书中委托人处及众X公司零资产出售(转让)清单中签字捺印,邱某朝在受托人处签字捺印。2016年3月23日,众X公司召开股东会,其中一份会议决议载明会议通知时间为2016年3月1日,召集人与主持人均为邱某朝,到会股东情况为全到,会议形成如下决议:同意邱某朝辞去公司董事职务,选举李某广为新的董事,其他董事、监事职务不变。上述决议涉及章程条款变动的,同意修改公司章程。持赞同意见的股东人数为13人,占全部股权的比例为99%。2016年3月23日的另外一份会议决议除决议内容与持赞同意见的股东人数外,其余记载内容与上述会议决议内容一致。该份会议决议为:同意接收宏X公司为新股东,同意该股东对本公司投资1000万元人民币,投资方式为货币,占公司注册资本的95.15%;同意增加公司注册资本,由51万元增加至1051万元。持赞同意见的股东人数为12人,占全部股权的比例为87%。众X公司还提交一份股东会决议,时间为2016年3月23日,地点在公司会议室,应到会股东人数为17人,实到会股东人数为16人,缺席1人,决议内容为讨论表决增资扩股协议书。秦某勇、张某、梁某强、王某在该份决议下方不同意处签字捺印,其余到会股东在同意处签字捺印。秦某勇、张某、梁某强、王某庭审中主张会议时间、地点等手填部分内容为后添加的，其签字时为空白。2016年3月26日，宏X公司（甲方）与众X公司全体股东（乙方）、朱某军（担保方）签订增资扩股协议书，主要内容为甲方对众X公司增资扩股1000万元，增资后的注册资本为1051万元，股本结构为甲方持有95.15%的股份，乙方17位自然人股东共同持有的4.85%的股份。经双方共同确认，众X公司处于停业状态，原股权的价格为0万元，双方同意众X公司的净资产与负债相抵为零，由甲方持有全部资产。众X公司的全部股权由甲方享有股东权利，承担股东义务，乙方共同持有的4.85%股份，系暂时代甲方持有，在代甲方持有股份期间，乙方不享有任何股东权利，也不承担任何股东义务，众X公司由甲方完全控制管理。乙方对本次增资扩股事项以及本协议书约定内容，负责17位自然人股东表决一致通过。该协议还对增资扩股程序、工商变更登记、资产交接等事项进行了详尽约定。2016年4月21日，经工商行政部门核准，众X公司的注册资本由51万元变更为1051万元，公司的法定代表人由邱某朝变更为李某广。

秦某勇、张某、梁某强、王某向法院起诉请求：（1）确认众X公司股东会于2016年3月23日作出的股东会议决议无效，并予以撤销；（2）确认宏X公司与众X公司其他股东签订的增资扩股协议书无效；（3）众X公司向工商行政管理机关办理撤销增资1000万的变更登记，恢复到原注册资本的登记；（4）诉讼费由众X公司承担。

裁判结果：驳回秦某勇、张某、梁某强、王某的诉讼请求。

裁判思路：（1）秦某勇、张某、梁某强、王某主张涉案股东会议决议无效的理由是众X公司没有按照公司章程规定履行通知义务，侵犯了其权利。但依据众X公司提交的经由秦某勇、张某、梁某强、王某签署的授权委托书以及有秦某勇、张某、梁某强、王某签署不同意的股东会决议，能够认定秦某勇、张某、梁某强、王某对2016年3月23日召开的股东会知情，且秦某勇、张某、梁某强、王某于股东会召开当天到会。我国公司法规定，公司新增资本时，股东有权优先按照实缴的出资比例认缴出资。秦某勇、张某、梁某强、王某已明确表示不同意增资扩股协议书的相关内容，且对于2016年3月23日"接收宏X公司为新股东，同意该公司对本公司投资1000万元，公司注册资本由51万元增加至1051万"的股东会决议，已经占全部股权87%的股东表决通过。股东优先认缴公司新增资本的权利属形成权，虽然现行法律没有明确规定该项权利的行使期限，但为维护交易安全和稳定经济秩序，该权利应当在一定合理期间内行使，并且由于这一权利的行使属于典型的商事行为，对于合理期间的认定应当比通常的民事行为更加严格。秦某勇、张某、梁某强、王某明确表示不同意增资扩股，亦未在合理期限内行使自己的优先认缴权利，视为放弃该权利。众X公司已于2016年4月21日将注册资本变更为1051万元，且宏X公司投入的该1000万元已用于发放众X公司欠发的职工工资、社保、解除合同补偿金等，根据双方增资扩股协议书约定，在协议书签订后10日内，要向职工发放及向社保机构缴纳完毕。故，上述争议的股权价值已经发生了较大变化，秦某勇、张某、梁某强、王某主张优先认缴权的合理期间已过。（2）关于涉案增资扩股协议的效力问题。2016年3月26日众X公司与宏X公司签订的增资扩股协议系众X公司与除该公司外的第三人签订的合同，作为合同相对方的宏X公司并无审查众X公司意思形成过程的义务，众X公司对外达成协议应受其表示行为的制约。该协议书是众X公司与宏X公司作出的一致意思表示，不违反国家禁止性法律规范，且宏X公司按照协议约定支付了相应对价，没有证据证明双方恶意串通损害他人利益，故该协议合法有效。

相关规定

《中华人民共和国公司法》（2023修订）

第二百一十条 公司分配当年税后利润时，应当提取利润的百分之十列入公司法定公积金。公司法定公积金累计额为公司注册资本的百分之五十以上的，可以不再提取。

公司的法定公积金不足以弥补以前年度亏损的，在依照前款规定提取法定公积金之前，应当先用当年利润弥补亏损。

公司从税后利润中提取法定公积金后，经股东会决议，还可以从税后利润中提取任意公积金。

公司弥补亏损和提取公积金后所余税后利润，有限责任公司按照股东实缴的出资比例分配利润，全体股东约定不按照出资比例分配利润的除外；股份有限公司按照股东所持有的股份比例分配利润，公司章程另有规定的除外。

公司持有的本公司股份不得分配利润。

第二百二十七条 有限责任公司增加注册资本时，股东在同等条件下有权优先按照实缴的出资比例认缴出资。但是，全体股东约定不按照出资比例优先认缴出资的除外。

股份有限公司为增加注册资本发行新股时，股东不享有优先认购权，公司章程另有规定或者股东会决议决定股东享有优先认购权的除外。

实务要点：（1）根据《公司法》（2023修订）第二百二十七条，在没有特殊约定的情况下，股东仅有权优先认缴自己实缴出资比例所对应部分的新增资本，但新增出资份额不能享有优先认缴权。另，对于其他股东可以认缴但无力认缴的新增资本份额，股东也不享有法定的优先认缴权。

（2）股东对公司新增资本的优先认缴权受到侵害损害的是股东权利，但该瑕疵并不当然导致增资决议无效。《公司法》（2023修订）第二百二十七条属任意性规定，而非效力性强制性规定。实务中，也有观点认为公司新增资本侵害股东优先认缴权的，在股东实缴出资比例内的部分无效。另，公司已经作出有效的增资决议后与股东外第三人签署增资协议的，该增资入股协议书不因侵犯原股东优先认缴权而无效。

（3）新增资本认缴权属于形成权，形成权的行使系基于权利人单方意思表示而发生相应法律效果，对于形成权的行使应当谨慎进行。理论上，形成权受除斥期间的限制，在法定的期间内如未能行使，则权利归于消灭。虽然我国公司法对于新增资本认缴权的行使时间未作明确规定，但为了维护交易安全、稳定经济秩序，实务中普遍认为该权利应在一定合理时间内行使，且通常对于该期间认定的标准要比普通民事更为严格。

（4）股份有限公司股东不享有新增资本的优先认缴权。法律基于有限责任公司所具有的人合性赋予其股东新增资本认缴权。但股份公司被设计为公众公司，具有资合性，法律并未赋予股份有限公司股东享有优先认缴新增注册资本的权利。股份有限公司的增资扩股行为系其内部经营决策合意的结果，在不违反相关强制性法律法规的前提下，公司具体的增资方式、增资对象、增资数额、增资价款等均应由其股东会决议并遵照执行。

三、增资协议无效/解除后，"增资"如何处理？

投资人签署的增资协议可能会被认定无效、解除，一旦增资协议被认定无效或被解除后，投资人支付的资金如何处理，该笔投资能否收回？如何收回？

公司拥有独立的法人财产权，股东资产与公司资产相互独立，股东出资后，该出资成为标的公司的法人财产，是维护公司经营发展能力的物质基础，也是得以保障债权人利益以及交易安全的必要条件。在股东出资已转化为公司资本的情况下，是否能够退还除了要符合《民法典》总则和合同编的相关规定外，还应适用公司法的特别规定。如果未经法定程序，标的公司将出资返还给出资的股东，可能构成抽逃出资，也可能会损害公司债权人的利益。

相关规定
《中华人民共和国民法典》

第一百五十七条 民事法律行为无效、被撤销或者确定不发生效力后，行为人因该行为取得的财产，应当予以返还；不能返还或者没有必要返还的，应当折价补偿。有过错的一方应当赔偿对方由此所受到的损失；各方都有过错的，应当各自承担相应的责任。法律另有规定的，依照其规定。

第五百六十六条 合同解除后，尚未履行的，终止履行；已经履行的，根据履行情况和合同性质，当事人可以请求恢复原状或者采取其他补救措施，并有权请求赔偿损失。

合同因违约解除的，解除权人可以请求违约方承担违约责任，但是当事人另有约定的除外。

主合同解除后，担保人对债务人应当承担的民事责任仍应当承担担保责任，但是担保合同另有约定的除外。

实务要点：

（1）增资协议在符合约定或法定条件时，可以解除。

增资协议是否可以解除适用《民法典》合同编的规定，在符合法定条件或约定条件时是可以解除的，如果事先没有约定解除条件，双方经协商一致也可以解除。对投资人与标的公司间增资协议解除产生影响的公司法规范主要有两点，一是投资人已成为公司股东，实质行使股东权利，如重大经营事项的表决权和收益分红权；二是如相关增资款已登记为公司注册资本，解除协议退还款项可能涉及公司减资、损害外部债权人利益的问题。但该两点均是对协议解除后续处理的影响，不能因解除后的投资款返还、股东身份的涤除等问题影响当事人解除合同的权利。司法实务中，也普遍认可这一裁判规则。

如，在燕化公司与沣易公司合同纠纷案中，北京市第三中级人民法院认为，"关于案涉《增资协议书》《补充协议书》是否应当解除的问题。燕化公司作为甲方与泓泰1号基金作为乙方签订《增资协议书》《补充协议书》，系双方真实的意思表示，不违反法律和行政法规的强制性规定，合法有效。沣易公司系泓泰1号基金基金管理人，其作为代持股东代表泓泰1号基金行使基金权利。燕化公司上诉主张其未在2016年7月前向全国中小企业转让系统提交挂牌申请或提交中小板IPO上市材料不导致合同目的无法实现。对此本院认为，双方在《增资协议书》中明确约定甲方拟通过增资方式引入投资者并在全国中小企业股份转让系统挂牌，并尽快实施做市交易，甲方将以2015年7月31日为基准日，在2015年9月底以前向全国中小企业股份转让系统提交挂牌申请材料或者中小板IPO上市材料，后双方通过《补充协议书》一致同意变更向全国中小企业股份转让系统提交挂牌申请材料或提交中小板IPO上市材料的时间至2016年7月底。违约责任约定，任何一方违反其在本协议中的任何声明、保证和承诺，或本协议的任何条款，即构成违约。现燕化公司至今未向全国中小企业转让系统提交挂牌申请或提交中小板IPO上市材料，并表示已经终止上市，燕化公司的行为属于违反承诺内容，已构成违约。沣易公司作为基金管理人，在燕化公司未在约定期限内向全国中小企业转让系统提交挂牌申请或提交中小板IPO上市材料的情况下，以燕化公司的违约行为致使《增资协议书》及《补充协议书》合同目的无法实现为由要求解除《增资协议书》与《补充协议书》，应予支持。燕化公司上诉主张沣易公司的增资目的并非上市退出、沣易公司的投资目的已经实现、沣易公司同意转让子公司股权的行为表明其认可燕化公司不再向新三板或中小板申报材料，无事实与法律依据，本院不予采纳"。

再如，在享瘦（北京）餐饮管理有限责任公司等与北京壹健国际影视文化有限公司合同纠纷案中，北京市第三中级人民法院亦作出了同样的判定，"壹健公司是否有权要求解除《增资扩股协议》……现有证据可以证明《增资扩股协议》签订后，壹健公司依约向享瘦公司支付了增资款，但享瘦公司并未按照约定办理股权变更登记，且享瘦公司、宋欠欠均主张，双方口头变更了协议内容，不再履行上述增资协议，故壹健公司的合同目的确不能实现，其要求确认合同解除并无不当"。

（2）公司注册资本没有发生变更登记时，尚未形成对外的公示效力，债权人不存在信赖利益，增资协议无效/解除后投资人可以要求返还全部出资。

根据《公司法》（2023修订）第四十七条规定："有限责任公司的注册资本为在公司登记机关登记的全体股东认缴的出资额。全体股东认缴的出资额由股东按照公司章程的规定自公司成立之日起五年内缴足。法律、行政法规以及国务院决定对有限责任公司注册资本实缴、注册资本最低限额、股东出资期限另有规定的，从其规定。"第九十六条规定："股份有限公司的注册资本为在公司登记机关登记的已发行股份的股本总额。在发起人认购的股份缴足前，不得向他人募集股份。法律、行政法规以及国务院决定对股份有限公司注册资本最低限额另有规定的，从其规定。"故只有在公司登记机关登记的全体股东认缴、认购或实缴的出资额才可称为公司注册资本。公司如增加注册资本，亦应进行相应的登记。如果仅签订增资协议，但标的公司的注册资本在协议签订后无任何变化，意味着即便投资人将资金交付至标的公司，该笔投资款也不能成为标的公司的注册资本。如果相关款项仅在公司内部进行财务处理，而未完成工商变更登记，不能被视为公司增加的注册资本。此时增资行为尚未形成对外的公示效力，公司债权人尚无需要保护的信赖利益。此种情况下，返还增资款不涉及抽逃出资或不按法定程序减资损害债权人利益的问题。

如在韩梧丰、邬招远、宝威企业与真金公司、占空比公司、毅智集团有限公司、张翌等公司增资纠纷案中，最高人民法院再审审查认为，"关于二审判决解除投资协议及返还投资款是否属于错误适用公司法有关股东不得抽逃出资的规定。邬招远、宝威企业认为真金公司的出资款已转为占空比公司的法人财产，二审判决解除投资协议、返还投资款，违反了公司法关于股东不得抽逃出资的规定。再审审查过程中，各方当事人均确认，真金公司增资占空比公司的 2000 万元尚未在工商行政管理部门进行增资变更登记。公司法规定股东不得抽逃出资，以及公司减少注册资本应当履行相应的法定程序并依法向公司登记机关办理变更登记，主要目的之一在于保护公司债权人的利益。案涉 2000 万元增资款尚未在工商登记部门办理变更登记，该增资款对公司债权人尚未产生公示效力，公司债权人尚无需要保护的信赖利益，真金公司依约定条件解除案涉《增资协议》并请求返还投资款，并不涉及因抽逃出资或不按法定程序减资损害公司债权人利益的问题"。

投资人交付的资金是否成为公司资产，应以是否履行了相应的变更登记手续为准，司法实务中主要以是否办理了工商变更登记手续，而不能仅以公司将相应资金入账为准。如在李吉良与商鼎公司、杨潇祎、董美霞、文钊新增资本认购纠纷案中，广东省深圳市中级人民法院认为，"对于商鼎公司、杨潇祎等提出已将李吉良的 150 万元计入公司资本公积、无法返还的问题。根据《增资协议》的约定和法律规定，只有在李吉良认购的 500 万元新增资本全部缴纳到位、且经依法设立的验资机构验资并办理相应工商变更登记后，新增资本认购程序才能依法确认完成，但本案李吉良仅缴纳了第一期部分增资款 150 万元，剩余 350 万元增资款根本未到位，更谈不上完成验资和办理工商变更登记手续，商鼎公司本次新增资本程序并未完成，李吉良所缴纳的 150 万元依法不能被认定为该公司新增资本的一部分，亦即不能仅因商鼎公司单方将该笔款项计入公司资本公积就认定已成为其资产不可分割的一部分，商鼎公司该项上诉主张不成立，本院不予采纳"。

（3）公司已经完成变更登记的，涉及公司债权人信赖利益保护，非经法定减资程序，不得返还。

如在燕化公司与沣易公司合同纠纷案中，北京市第三中级人民法院认为，"燕化公司是否应当返还沣易公司出资款及利息的问题。本案《增资协议书》《补充协议书》解除虽然适用《合同法》规定，但协议解除的后果，实际系处理沣易公司作为原增资股东的退出问题，故应适用公司法的调整。首先，沣易公司在履行出资义务后，燕化公司于 2015 年 11 月 24 日作出 2015 年第六次临时股东大会决议，载明同意公司注册资本由 10 724.5 万元增加至 11 916.1 万元，股本总数由 10 724.5 万股增加至 11 916.1 万股，沣易公司认缴增资总额为 3575 万元，595.8 万元作为公司的注册资本，其余 2979.2 万元作为公司的资本公积金。燕化公司就增加注册资本事项已在工商行政管理机关办理变更登记手续，对于公司债权人而言形成了信赖利益的基础。其次，沣易公司入股后参加燕化公司股东会决议，并对决议内容进行表决，根据《公司法》（2023 修订）第四条第二款'公司股东依法享有资产收益、参与重大决策和选择管理者等权利'之规定，沣易公司实际上已经具备了燕化公司的股东身份并享受了其作为燕化公司股东的权利。再次，沣易公司请求燕化公司返还出资款的实质系沣易公司作为股东的退出问题。沣易公司的出资款 3575 万元中 595.8 万元已作为公司的注册资本，其余 2979.2 万元已作为公司的资本公积金，形成公司资产，燕化公司未完成相应减资程序，且沣易公司作为公司股东应当对公司经营承担相应责任。最后，股东将财产投入到公司后，股东即丧失了对该财产的所有权，其投资转化为了对公司的股权，股东不再享有对投入财产的任何权利，公司为所有权人，未经法定程序不得退出公司。综上，沣易公司请求燕化公司返还注入燕化公司的资产并支付相应利息的诉讼请求不能成立，本院不予支持"。

在出资已转化为公司资本的情况下，应按照公司法的特别规定适用执行。即便增资协议被确认无效或被解除，但注册资本的变更应履行法定手续，如未经相应的法定程序，仅就返还出资提出主张，不符合公司法的规定。

（4）增资协议无效/被解除后，如此前已经完成公司注册资本变更登记，增资人对未实缴部分的出资，仍负有补缴出资义务。

如在中航湖南资产公司与汇融资产公司追收未缴出资纠纷案中，重庆市第五中级人民法院认为，"本院认为，中航湖南资产公司与汇融资产公司的原有股东之间签订《增资扩股协议》，表明中航湖南资产公司愿意出资成为汇融资产公司的新增股东，且经汇融资产公司召开股东会表决通过，并表决通过了修改公司章程、增加注册资本等事项。中航湖南资产公司作为汇融资产公司股东的身份，以及相应的增资协议、股东会决议的法律效力已经生效。判决确认，中航湖南资产公司负有缴纳认缴出资的法定义务。根据《公司法》（2018修正）第三十七条规定，须由公司股东会行使的职权包括，修改公司章程，对公司增加或减少注册资本作出决议。公司财产是公司债权人利益的保障，公司资本非依法定程序变更章程，不得改变。无论是增加公司资本还是减少公司资本均需履行法定程序，必须经过股东会决议通过，以维护债权人的利益和保护交易安全。汇融资产公司出具承诺函，认可《增资扩股协议》未生效，以及《股东会决议》无效，该承诺的目的在于免除中航湖南资产公司的出资义务，但因其未依照公司法规定的法定程序进行，并不能产生免除中航湖南资产公司出资义务的法律效力。中航湖南资产公司作为汇融资产公司的股东，应当足额缴纳公司章程中规定的认缴出资额"。

债权人的信赖利益建立在公司对外具有公示效力的登记内容的基础之上，已经办理了注册资本变更登记的，增资人对于注册资本的交付成为了法定义务，不因增资协议的解除而解除。且该出资义务与标的公司对其负有的债务进行抵销。在上述案例中，法院认为，"公司财产是公司债权人利益的保障，股东应足额缴纳出资，以维护债权人的利益。债务人进入破产程序之后，基于公平原则，赋予债权人抵销权，以保护其合法权益，但法律规定的禁止抵销情形除外。根据《最高人民法院关于适用〈中华人民共和国企业破产法〉若干问题的规定（二）》第四十六条之规定'债务人的股东主张以下债务与债务人对其负有的债务抵销，债务人管理人提出异议的，人民法院应予支持：（一）债务人股东因欠缴债务人的出资或者抽逃出资对债务人所负的债务；……'，故无论汇融资产公司是否对中航湖南资产公司负有债务，中航湖南资产公司作为汇融资产公司的股东，不得以其出资债务与汇融资产公司对其负有的债务进行抵销"。

四、公司增资协议中的"对赌"问题

股东外的第三人作为投资人对公司进行投资时，往往面临无法了解公司真实财务、经营状况的困境。实务中，为解决双方对标的公司未来发展的不确定性、信息不对称等问题而设计了包含股权回购、金钱补偿等对未来标的公司的估值进行调整的协议，即对赌协议。从订立对赌协议的主体来看，有投资方与目标公司的股东或者实际控制人的"对赌"，有投资方与目标公司的"对赌"，也有投资方与目标公司的股东、目标公司"对赌"。法律并不禁止投资方与目标公司签署对赌协议。

（一）投资方与目标公司订立的"对赌协议"不因约定股权回购或者金钱补偿而认定无效

>> 典型案例

弘 X 合伙与张某荣公司增资纠纷

基本案情：2011 年 6 月 20 日，弘 X 合伙、四 X 公司及其全体股东（包括张某荣）签订《四 X 公司增资协议书》一份，约定在四 X 公司增资中，弘 X 合伙以现金 1500 万元认购 300 万股，占增资后总股本的 6%。2011 年 6 月 23 日，弘 X 合伙与张某荣及四 X 公司签订《增资协议的补充协议》，约定弘 X 合伙同意以 1500 万元认购四 X 公司新发行的普通股 300 万股，成为四 X 公司的股东，持有总股本的 6%，张某荣为四 X 公司的实际控制人，若四 X 公司在 2014 年 12 月 31 日未能实现国内 A 股上市，弘 X 合伙有权将所持有的股权出售给张某荣或四 X 公司，股权转让的价格为弘 X 合伙实际投资额 1500 万元加上按年利率 10%（单利）计算的投资回报，并扣除累计现金分红（如有），若四 X 公司 2011 年、2012 年、2013 年实现的净利润未达到经弘 X 合伙认可的具有证券从业资格的会计师事务所审计后 3000 万元、5000 万元、8000 万

元的60%，或三年内净资产收益率连续两年低于15%，或四X公司净利润年同比增长率连续两年低于20%等，弘X合伙出售给张某荣或四X公司的股权转让价格为实际投资额1500万元加上按年利率15%（单利）计算的投资回报；如发生上述情况，弘X合伙有权书面提出股份转让要求，张某荣或四X公司应受让该项股权；上述股权受让款于弘X合伙提出书面转让要求后十日内以现金支付其中的70%，剩余30%于股权转让协议签订后二十日内以现金支付完毕；股权转让各方均有义务配合办理股权变更事宜，各方各自负担股权转让所发生的有关税费。2011年6月27日，弘X合伙向四X公司汇入1500万元投资款。2012年10月8日，张某荣向弘X合伙出具《承诺函》，鉴于四X公司拟在浙江省股权交易中心挂牌上市，张某荣作为实际控制人，承诺2011年6月20日（应为23日）签订的《增资协议的补充协议》仍有效，四X公司将不会中断在中国证券交易所公开发行股票并挂牌交易的工作，并争取于2014年12月31日在国内A股发行上市，若未能达此目标，本人将继续履行该协议陈述之回购义务。

2014年12月31日，四X公司未能实现国内A股上市，2011年、2012年、2013年实现的净利润也未达到经弘X合伙认可的具有证券从业资格的会计师事务所审计后3000万元、5000万元、8000万元的60%，净资产收益率、净利润增长率均未达到约定目标。

2015年9月16日，弘X合伙与四X公司、张某荣签订《解除协议》，约定四X公司拟采取先在新三板挂牌再上市的方式实现公司上市，各方达成如下条款：《增资协议的补充协议》个别条款构成四X公司新三板挂牌的障碍，为满足四X公司新三板挂牌的要求，各方一致同意解除《增资协议的补充协议》。同日，三方又签订《解除协议的补充协议》，约定同日三方签订的《解除协议》仅用于四X公司在新三板挂牌，《增资协议的补充协议》继续有效。

2016年12月，金X合伙与四X公司及四X公司全体股东（含本案双方当事人）签订《金X增资协议》，约定本次增资金X合伙认购四X公司34.21%股份，认购对价为1.3亿元。《金X增资协议》中先决条件部分约定，无其他重大不利事件，截至交割日，不存在且没有发生对目标公司已产生或经合理预见可能会产生重大不利影响的事件、事实、条件、变化或其他情况；四X公司各股东向金X合伙及四X公司提供的与本次交易有关的文件、材料、数据均为真实、完整、准确、不存在任何欺诈、隐瞒的情形，若因股东所作的任何陈述与保证不真实、不准确或不完整，导致金X合伙或四X公司遭受损失，股东应就该损失承担赔偿责任；等等。

2019年6月18日，弘X合伙发送《关于要求受让我企业所持的四X公司300万股股权的函》给张某荣，张某荣称未收到。

2019年8月22日，弘X合伙向法院起诉请求：（1）判令张某荣立即支付股权受让款暂计3300万元（自2011年6月24日起至实际付清之日止，以本金1500万元为基数，按照年利率15%计算）；（2）诉讼费由张某荣承担。

裁判结果：一、张某荣于判决生效之日起七日内支付弘X合伙股权受让款33 351 370元及逾期付款利息损失（自2019年9月22日起以33 351 370元为基数，按照同期全国银行间同业拆借中心公布的贷款市场报价利率计算至实际付清之日止）；二、驳回弘X合伙的其他诉讼请求。

裁判思路：本案争议焦点在于：（1）双方当事人签订的《增资协议的补充协议》《解除协议》及《解除协议的补充协议》效力如何确定；（2）弘X合伙是否有权向张某荣请求回购四X公司股权；（3）张某荣提出的诉讼时效抗辩能否成立；（4）投资股权受让款以及利息的确定。

关于争议焦点一。首先，《增资协议的补充协议》系双方当事人意思自治的结果，投资人和目标公司股东之间可合意预设特定的商业目标，并约定如在特定期间内该商业目标未成就，则投资人对目标公司股东享有股权回购、利益补偿等请求权，以充分保护投资人权益，股权回购的约定只要不违反法律、行政法规强制性规定，对其效力应予认定。本案中，弘X合伙要求张某荣履行《增资协议的补充协议》的约定，在四X公司未能在约定时间内上市且净利润、资产收益率、净利润增长率未达到协议约定目标的情况下，对弘X合伙持有的四X公司股权进行回购，并未主张四X公司回购股份，其诉求并无不当。退一步说，投资方与目标公司订立"对赌协议"在不存在法定无效事由的情况下，不仅因"对赌协议"约定股权回购或者金钱补偿而认定"对赌协议"无效，只是投资方在向目标公司主张实际履行时，法院应当审查是否符合我国公司法关于"股东不得抽逃出资"及股份回购的强制性规定，判决是否支持其诉讼请求。因此，张某荣以《增资协议的补充协议》约定了弘 X 合伙有权将持有股权出售给四 X 公司为由，主张协议无效的意见，于法无据，不予支持。

其次，从《解除协议》《解除协议的补充协议》的文本来看，显然《解除协议》系为了满足四 X 公司新三板挂牌要求而签订，弘 X 合伙也明确在《解除协议的补充协议》中要求继续按照《增资协议的补充协议》履行，张某荣亦签字确认。双方当事人为了规避行政法规或相关部门的审核规定，同一天签订了《解除协议》《解除协议的补充协议》，两份协议属于"阴阳合同"。如果当事人违反行政规定或其他管理性规定，应当由当事人承担行政法上的责任，但民事行为方面，应遵从诚实信用原则，以其真实意思表示为准。故弘 X 合伙和张某荣之间的权利义务应以《解除协议的补充协议》约定内容为准，故双方之间的《增资协议的补充协议》仍有效，并未解除。《解除协议的补充协议》并未违反法律、行政法规的强制性规定，张某荣也未举证证明案涉协议损害了国家、第三人的合法利益，《解除协议的补充协议》并不存在法定无效事由。即使存在双方以虚假意思表示不当获取四 X 公司新三板挂牌机会的情形，所指向的也是《解除协议》，而非《解除协议的补充协议》，张某荣主张《解除协议的补充协议》无效的意见，不予支持。

关于争议焦点二。《解除协议的补充协议》未约定只有在四 X 公司放弃新三板上市后才能适用该协议。故弘 X 合伙有权依照《增资协议的补充协议》及《解除协议的补充协议》的约定，要求张某荣回购其所持有的四 X 公司股权。《金 X 增资协议》并未涉及张某荣与弘 X 合伙之间的"对赌协议"，不能以此推定"对赌协议"已经解除。若双方当事人共同向案外人金 X 合伙隐瞒了签订"对赌协议"的事实且导致金 X 合伙遭受损失的，可由金 X 合伙依据《金 X 增资协议》的约定另行主张权利救济，并不影响本案《增资协议的补充协议》的效力。

关于争议焦点三。在协议未确定履行期限的情况下，诉讼时效期间从债权人要求债务人履行义务的宽限期限届满之日起计算。由于《增资协议的补充协议》并未约定弘 X 合伙向张某荣主张股权回购请求权的期限，应视为"对赌协议"设定的商业目标未成就时，弘 X 合伙可随时向张某荣主张履行。双方在签订《解除协议的补充协议》时，张某荣仍承诺《增资协议的补充协议》继续有效，弘 X 合伙陈述其曾在 2017 年、2018 年多次向张某荣主张股权回购，但张某荣均予以拖延，请求其期待四 X 公司的进一步发展。

故张某荣仅以弘 X 合伙陈述 2015 年 9 月 16 日前要求履行《增资协议的补充协议》但并未在 2017 年 9 月 16 日前起诉为由，主张诉讼时效抗辩，不予支持。

关于争议焦点四。弘 X 合伙依据《增资协议的补充协议》，要求作为四 X 公司股东的张某荣回购股权，不违反法律法规的禁止性规定，也不损害四 X 公司的利益，股权受让款，应以投资款 1500 万元为基数，按年利率 15% 计算投资回报。张某荣抗辩弘 X 合伙怠于行使权利造成扩大的利息损失应由弘 X 合伙自己承担，但双方在"对赌协议"中并未限制弘 X 合伙行使回购请求权的期限，故张某荣的抗辩意见不予采纳。根据"对赌协议"的约定，股权受让款于弘 X 合伙提出书面转让要求后十日内以现金支付其中的 70%，剩余 30% 于股权转让协议签订后二十日内以现金支付完毕。现张某荣未收到弘 X 合伙 2019 年 6 月 18 日的书面请求函，则可以弘 X 合伙提起本次诉讼的日期作为弘 X 合伙提出书面请求的时间，投资回报款应计算至请求日止，之后应按逾期付款造成的利息损失计算。逾期付款之日综合案件实际情况确定为 2019 年 9 月 22 日。

实务要点：（1）对赌协议，是投、融资双方在达成增资或并购协议时，通过协议对于未来不确定情况作出预先设计和约定，是资本市场一种广为运用的成熟工具。对赌协议的基本内容一般为投资方认购目标公司股份，目标公司以此获得资金并由目标公司或/及其大股东、实际控制人等承诺一定期限的财务业绩或者完成上市等，以在约定期限届满后承诺目标是否实现为条件来兑现当事人对各自权利与义务所做出的安排。（2）回购条款是对赌协议的核心内容，系投资方为实现保障自身利益所作的方法设计。只要回购未违反法律及行政法规的强制性规定，亦未损害公司、其他股东以及公司债权人的利益，均应当认定为合法有效。即便是与目标公司签署的对赌协议，也不能仅因为设置了回购条款而被认定无效。关键还是要审查回购是否会造成抽逃出资，是否违反资本维持原则且损害债权人利益。（3）对赌协议中的回购不以投资人取得股权为前提，回购只取决于签署协议时设定的回购条件是否达到，不以投资人取得公司股权为前提。在投资人非因自身原因未取得公司股权的情况下，回购的对象是投资人在目标公司中的投资权益，而非股权。

(二) 业绩补偿和股权回购能否同时适用的问题

"业绩补偿""股权回购"是对赌中比较典型的对赌工具。业绩补偿，是指看目标公司能否在某一时点完成特定的财务指标，如果目标公司业绩没有达到约定的标准，融资方需要向投资方支付一定的现金补偿。股权回购，投资时目标企业或原有股东与投资者就目标企业未来发展的特定事项进行约定，当约定条件成就时，投资者有权要求目标企业或原有股东回购投资者所持目标公司股权。

❯❯典型案例

盈X企业与邓某、悠X公司、陈某凡公司增资纠纷

基本案情：悠X公司成立于2010年4月17日，公司股东为南京A有限公司（持股57.78%）、陈某凡（持股20%）、邓某（持股11.11%）、天津XX管理中心（有限合伙）（持股11.11%）。陈某凡一直为悠X公司董事之一。2016年9月19日，陈某凡担任公司经理。2017年11月13日，陈某凡担任公司法定代表人。邓某一直为悠X公司董事之一（董事长），担任公司法定代表人。2017年11月13日，邓某不再担任公司法定代表人。南京A有限公司成立于2010年5月20日，为有限责任公司。公司股东为陈某凡（持股35.85%）、邓某（持股12.35%），公司法定代表人为陈某凡（执行董事兼总经理）。

2013年10月，盈X企业作为增资方与悠X公司的原股东陈某凡、邓某、刘某1、南京A有限公司、天津XX管理中心（有限合伙）、天津XX合伙企业（有限合伙）、上海A中心（有限合伙）、肖某就盈X企业向悠X公司增资事宜，签订了《悠X公司增资协议》（以下简称《增资协议》）。2013年10月，盈X企业与悠X公司、陈某凡、邓某、王某、顾某及案外人南京A有限公司签署了《补充协议》。根据前述协议约定，盈X企业作为投资人向悠X公司投资1000万元，认购悠X公司新增发行的127.5719万股股份。2013年12月3日，盈X企业向悠X公司支付了1000万元增资款，履行了全部增资义务。2014年，盈X企业与悠X公司及悠X公司其他股东陈某凡、邓某、南京A有限公司、同X企业（有限合伙）、苏州B中心（有限合伙）签署了《业绩调整补充协议》。根据《补充协议》第4.2条"回购安排"的相关约

定：悠 X 公司如不能在 2017 年 12 月 31 日前实现首次公开发行股票并上市的，盈 X 企业有权要求悠 X 公司、陈某凡、邓某回购盈 X 企业持有的悠 X 公司全部股份。回购价格按以下两者较高者确定：（1）按照盈 X 企业全部出资额及自实际缴纳出资日起至悠 X 公司、陈某凡、邓某实际支付回购价款之日按年利率 10% 计算的利息。（2）回购时盈 X 企业所持有股份所对应的公司经审计的净资产。如果股份回购无法在约定的时间内完成，悠 X 公司、陈某凡、邓某还需承担按照实际拖欠金额计算的每天千分之一的利息，直至盈 X 企业股份回购完成。根据《补充协议》第 4.1 条"估值基础和业绩承诺及补偿"以及《业绩调整补充协议》的相关约定：如悠 X 公司未能完成 2014 年税后净利润不低于 3030 万元的 90%，盈 X 企业有权按照 2014 年税后净利润 3030 万元的标准要求陈某凡、邓某给予现金补偿；现金补偿额＝投资额×（1－考核当年的实际业绩/考核当年承诺业绩）。

《补充协议》《业绩调整补充协议》中邓某的署名不是其本人亲笔所签。

《补充协议》《业绩调整补充协议》中悠 X 公司以及南京 A 有限公司均是缔约主体之一。签订于 2013 年 10 月的《补充协议》盖有悠 X 公司的原企业名称上海悠某公司的公章印鉴；签订于 2014 年的《业绩调整补充协议》盖有悠 X 公司的公章印鉴。

上海市 XX 人民法院于 2019 年 10 月 8 日作出（2019）沪 0104 破 2X 号民事裁定书，宣告受理债务人悠 X 公司破产清算。

盈 X 企业起诉请求：（1）悠 X 公司、陈某凡、邓某共同向盈 X 企业支付股份回购价款 1000 万元计，自 2013 年 12 月 3 日始按每年 10% 计算至 2018 年 7 月 31 日（按年度复利）为 15 591 979.43 元；（2）悠 X 公司、陈某凡、邓某共同向盈 X 企业支付以股份回购款 15 591 979.43 元为基数，自 2018 年 5 月 14 日起按每日 1‰ 计算至实际支付之日止的利息，暂计至 2018 年 7 月 31 日为 1 231 766.37 元；（3）陈某凡、邓某共同向盈 X 企业支付 2014 年度现金补偿金 3 220 735.73 元。

裁判结果：一、陈某凡、邓某于判决生效之日起十日内共同支付盈 X 企业股权回购价款 1000 万元；二、陈某凡、邓某于判决生效之日起十日内共同支付盈 X 企业以股权回购价款 1000 万元为基数，自 2013 年 12 月 3 日始至实际清偿之日止，按每年 10% 计算的利息；三、驳回盈 X 企业对悠 X 公司的全部诉讼请求。

裁判思路：本案存在的争议焦点是邓某的责任承担问题以及请求业绩补偿的合理性争议。

关于邓某的民事责任承担问题。虽然经司法鉴定，《补充协议》《业绩调整补充协议》中的邓某署名与现邓某的签名笔迹不一致。但需要指出的是，《补充协议》《业绩调整补充协议》形成当时，缔约主体之一的悠X公司的法定代表人是邓某。因此，难言邓某对《补充协议》《业绩调整补充协议》内容不认可。不排除《补充协议》中其署名是代签，协议内容亦是其真实意思表示。故《补充协议》《业绩调整补充协议》的内容可约束邓某。

关于适用业绩补偿的争议。私募股权融资的价格基础是估值，而业绩补偿属于估价调整机制。从《补充协议》《业绩调整补充协议》的内容来看，规定了2014年度目标公司利润不达标，盈X企业可以行使现金补偿或股权补偿，性质属于对赌协议。对赌协议的履行系在盈X企业始终成为目标公司的股东情况下，保证盈X企业出资获得股权货真价实。然而，盈X企业现在选择退出公司、要求悠X公司、陈某凡、邓某回购股权的情形下还要求取得业绩补偿款，没有法律依据和合同约定。

需要强调的是，《九民纪要》对于投资方与目标公司签订的对赌协议的效力以及如何有效履行也有具体规定。现目标公司悠X公司进入破产清算程序，无法完成相应的减资手续（保护公司债权人利益）。因此，悠X公司对于该对赌协议，系履行不能。盈X企业要求悠X公司履行回购义务的请求，不予支持。

关于利息的复利计算，法律法规仅允许金融机构在金融借款合同中约定。涉案《补充协议》关于复利的计算不适用本案当事人，故不予认同。

实务要点：（1）司法实务中对于回购与业绩补偿能否同时适用存有争议。有些法院在判决中同时支持业绩补偿和股权回购。有些法院判决认为虽然业绩补偿和股权回购的约定均合法有效，但二者无法竞合适用。本案例中虽未详细阐述二者能否同时适用，但判决中阐述的观点为因投资人要求股权回购，即无权再要求进行业绩补偿，未支持业绩补偿的诉求。虽然本书中收录此案例，但笔者对此观点持保留态度。（2）笔者认为对赌协议中同时设置股权回购条款和业绩补偿条款并未违反法律的强制性规定，在约定条件触发时二者可以同时适用。首先，二者都是融资方与投资方在签署投资协议时自愿达成的约定，系目标公司、大股东、实际控制人履行业绩承诺的具体方式，是股权投资领域普遍采用的商业条款，目的是平衡交易双方的利益，降低风险，二者并不矛盾。其次，回购条款和业绩补偿条款只要条款本身合法有效，同时适用也不会因此而损害目标公司及债权人的利益。最后，对赌协议中之所以同时设计股权回购条款和业绩补偿条款，是因为二者系针对不同经营行为的不同阶段进行的估值调整，如果二者必须择一适用，则丧失了条款设计的实际意义，也会严重挫伤投资者的积极性。

专题二十三　公司解散纠纷

公司解散是指引起公司人格消灭的法律事实。根据公司解散事由的不同，公司解散可分为公司自行解散、强制解散和司法解散三种形式。自行解散，是指公司基于自身的意思解散公司，如因公司章程规定的营业期限届满或者公司章程规定的其他解散事由出现，或股东会或者股东大会决议解散，或因公司合并或者分立需要解散。强制解散，是指公司依法被吊销营业执照、责令关闭或者被撤销。司法解散是指依据股东的申请，由法院裁判解散公司。

公司解散纠纷，是指公司经营管理发生严重困难，公司继续存续会使股东的利益受到重大损失，通过其他途径不能解决的，持有公司全部股东表决权 10% 以上的股东，可以向法院提起请求解散公司之诉。公司解散纠纷之诉是股东在穷尽公司自治或其他途径，均不能解决公司经营管理中出现的僵局状况时而寻求的一种司法救济机制。

公司僵局，是指在公司内部治理过程中，公司因股东间或公司管理人员之间的利益冲突和矛盾，一切决策和管理机制均陷入瘫痪，股东大会或董事会由于对方的拒绝参加而无法召集，任何一方的提议都不被其他方接受或认可，或者即使能够举行会议，也因各方成员持有不同的见解，而无法通过任何决议的一种状态。

原告：单独或者合计持有公司全部股东表决权百分之十以上的股东。

被告：被告应当是公司。公司的其他股东应当作为第三人。

管辖：公司住所地人民法院。

一、股东出资是否到位不影响原告资格认定

> **典型案例**

孙XX宾与美X公司、第三人管X康公司解散纠纷

基本案情：美X公司设立于2014年1月9日，注册资本500万元，公司章程记载：注册资本500万元，美X斯公司出资255万元，持有51%的股权，管X康出资245万元，持有49%的股权，出资方式为货币，出资时间为2014年1月。

2015年8月26日，管X康、孙X明、花某等人召开会议。会议纪要载明，就美X公司投资合作事宜，经管X康和孙X明两方充分协商，达成如下共识：（1）双方就美X公司持股作出如下安排，由管X康一方持股60%，孙XX宾代持；孙X明一方持股40%，并于2015年8月31日前办理工商变更登记。待美X斯公司新三板挂牌后，管X康协助办理美X斯回购股份，使美X斯最终持股51%，管X康持股49%。管X康承诺在其控股经营美X公司期间，除分摊开办费用之外，美X公司取得正常的经营利润，如出现亏损由管X康承担；（2）孙X明一方应出资的40%的股份款200万元于2015年9月上旬投资至美X公司；公司在管X康控股期间由管X康经营；……

2015年8月26日，美X斯公司与孙XX宾签订《股权转让协议》一份，约定：美X斯公司将其持有的美X公司的股权中的200万元（占标的公司注册资本40%）以200万元的价格转让给孙XX宾；孙XX宾于2015年8月30日前向美X斯公司支付股权转让款；美X斯公司保证所转让的股权是美X斯公司在标的公司的真实出资，是合法拥有的股权，美X斯公司具有完全的处分权。该股权未被人民法院冻结、拍卖，没有设置抵押、质押、担保或存在其他可能影响孙XX宾利益的瑕疵，否则由此引起的所有责任由美X斯公司承担；自协议生效之日起，孙XX宾按其受让标的公司的股权，行使股东权利履行股东义务。同日，美X斯公司与管X康亦签订《股权转让协议》，将其持有的美X公司的股权中的55万元（占标的公司注册资本的11%）以55万元的价格转让给管X康。

之后，美X公司办理了股权工商变更登记，法定代表人由孙X明变更为管X康，股东变更为管X康、孙XX宾，出资比例分别为60%、40%。

2019年9月16日,孙XX宾向美X公司发律师函,函称:(1)委托人孙XX宾系你公司股东,但你公司一直未向委托人披露过公司的经营状况,也未通知委托人参加股东会。你公司有盈利,但从未进行过分红。委托人作为你公司的股东,无法享有股东权益,更令人气愤的是,你公司实际控制人管X康在未召开股东会,也未征得委托人同意的情况下,私自将公司迁址,严重侵犯委托人的权益。(2)为保障委托人的合法权益,现依据公司法的相关规定,委托人要求查阅公司自成立以来所有经营资料(包括但不限于公司资产负债表、损益表、原始会计凭证等,以及你公司对外签署的相关合同等文件)。综上,望你公司在收到本函后10日内,根据公司的盈利按各股东持股比例向股东分红。另请你公司在收到本函后5日内书面告知委托人之代理人查阅上述资料的具体地址、确切时间。若你公司未在上述时间内书面回复,则视为拒绝委托人查阅,届时委托人将通过法律途径向你公司主张权益。

美X公司于2019年9月17日回函称:由于孙XX宾在2015年9月30日前应缴出资而至今未缴导致诉讼,……故限孙XX宾在10天之内将200万元以及逾期付款违约金付到本公司账内,然后公司会考虑你函述的合法请求,否则公司将根据《公司法司法解释三》之规定,有可能会解除孙XX宾的股东资格。即使这样,我们同样会追究美X斯公司抽逃出资的法律责任。我公司奉劝你所在运用法律维护当事人合法权益的时候应考虑到公平正义,绝不能将矛盾进一步激化。

2019年10月25日,孙XX宾再次委托律所向美X公司发告知函,函称:(1)孙XX宾作为你公司的股东,无法享受股东权益,对公司的经营状况一无所知,更令人气愤的是,你公司实际控制人管X康在未召开股东会,也未征得委托人的同意的情况下,私自将公司的资产搬迁,严重侵犯了委托人的权益。公司有盈利,却从未进行过分红。(2)2019年9月16日委托人之代理人向你公司出具律师函,要求享受股东权益,被你公司拒绝。为保障委托人的合法权益,委托人之代理人再次致函你公司,请你公司在收到本函后5日内,书面通知委托人之代理人召开股东会会议,并根据公司的盈利按各股东持股比例向股东分红、向委托人提供公司自成立以来所有经营资料。综上,若你公司再次拒绝委托人的上述请求,届时委托人将通过法律途径申请强制解散公司。该告知函寄至美X公司位于无锡市的地址,邮件查询单显示于

2019年10月26日妥投。

2018年12月13日,美X斯公司将美X公司的财务账册、公司印章等移交给管X康,管X康开始接管美X公司。

公司章程第十条规定:股东会会议由股东按照出资比例行使表决权。第十一条规定:股东会会议分为定期会议和临时会议。召开股东会会议,应当于会议召开十五日以前通知全体股东。定期会议一般在每年12月份定时召开。代表全体股东表决权的董事或者监事提议召开临时会议的,应当召开临时会议。第十二条规定:股东会会议由执行董事召集主持;执行董事不能履行或者不履行召集股东会会议职责的,由监事召集和主持;监事不召集和主持的,代表十分之一以上表决权的股东可以自行召集和主持。

2020年5月15日,孙XX宾向管X康发出于2020年6月1日召开股东会议的通知,管X康于2020年5月20日回复函称:"……本执行董事认为召开股东会日前条件不成熟,希望你正确适用公司法司法解释二之第一条、第二条规定,尽快将抽资补足以便你行使股东权利。"

孙XX宾向法院起诉请求:(1)判令解散美X公司;(2)本案诉讼费用由美X公司承担。

被告美X公司辩称:不同意解散公司。公司不存在《公司法》第一百八十二条规定的经营管理发生严重困难,继续存续也不会使股东利益受到重大损失的情形,且原告之前并未提出过任何异议,不存在解决途径的问题,该案不符合提起解散公司诉讼的条件。2015年8月27日,美X斯公司作为隐名股东,原告作为显名股东持公司40%股权。美X斯公司在公司设立及上述整个变更过程中,存在多次抽逃行为,至今尚未实缴注册资本。美X斯公司至2018年12月13日才将实际的经营管理权移交给本案第三人管X康。

第三人管X康述称:不同意解散公司。孙XX宾没有出资到位,利用股东身份抽逃资金,其没有表决权或者表决资格待定。

裁判结果: 驳回原告孙XX宾的诉讼请求。

裁判思路: 股东请求解散公司属于变更之诉。持有公司全部股东表决权百分之十以上的股东,可以请求人民法院解散公司。孙XX宾持有美X公司百分之十以上股权,依照公司法的相关规定具有提起公司解散之诉的原告主体资格。美X公司抗辩孙XX宾出资未到位不应具有股东表决权。首先,孙

XX宾为公司登记股东，美X公司的公司章程并未对股东表决权作出限制。其次，美X公司亦未通过股东会议的形式对股东表决权作出限制。最后，即使孙XX宾出资不到位的事实成立，但在未经过特定的法定程序前，出资不到位的事实亦不足以否定孙XX宾的股东资格，表决权属于股东权利的内容之一，亦不应予以否定，美X公司的该抗辩主张不能成立。

美X公司并不符合"公司经营管理发生严重困难"的认定标准，主要理由如下：首先，孙XX宾主张美X公司持续4年未召开股东会，孙XX宾作为代表十分之一以上表决权的股东，可以依据公司章程召集和主持股东会，但孙XX宾并未提供任何证据证明其在起诉前曾经提议召开股东会。直至本案诉讼过程中，孙XX宾向管X康发出于2020年6月1日召开股东会议的通知。并且从本案查明的事实来看，另一股东管X康也是直至2018年12月13日才开始接管美X公司，之前美X公司的经营权处于原股东美X斯公司掌控之中。其次，根据美X公司的股权结构，美X公司也不存在"股东表决时无法达到法定或者公司章程规定的比例"的情况，股东间的分歧可以通过行使表决权作出决定。孙XX宾未能提供证据证明美X公司经营管理存在其他严重困难公司继续存续会使股东利益受到重大损失的情形。综上，孙XX宾作为美X公司的股东要求解散美X公司的诉讼请求缺乏相应的事实和法律依据，不予支持。

相关规定

1. 《中华人民共和国公司法》(2023修订)

第二百三十一条 公司经营管理发生严重困难，继续存续会使股东利益受到重大损失，通过其他途径不能解决的，持有公司百分之十以上表决权的股东，可以请求人民法院解散公司。

2. 《最高人民法院关于适用〈中华人民共和国公司法〉若干问题的规定（二）》

第四条 股东提起解散公司诉讼应当以公司为被告。

原告以其他股东为被告一并提起诉讼的，人民法院应当告知原告将其他股东变更为第三人；原告坚持不予变更的，人民法院应当驳回原告对其他股东的起诉。

原告提起解散公司诉讼应当告知其他股东，或者由人民法院通知其参加诉讼。其他股东或者有关利害关系人申请以共同原告或者第三人身份参加诉讼的，人民法院应予准许。

实务要点：（1）《公司法》（2023修订）第二百三十一条规定的是"持有公司全部股东表决权百分之十以上的股东"可以提起诉讼，故是否可以提起诉讼的判断标准是表决权是否超过全部股东表决权的10%以上。股东是否实际出资不是取得表决权的必要条件，故，司法实务中普遍的观点是股东出资是否到位不影响原告资格的认定。在判断是否有资格提起公司解散诉讼时，法院在本案由案件中做形式审查，审查的依据即是工商登记和公司章程对于股东的记载信息。（2）笔者建议，如果公司对于股东的资格有异议，应及时通过提起股东资格确认纠纷之诉解决。公司如果认为股东出资瑕疵或抽逃出资，亦应提起诉讼通过法律途径及时解决。（3）原告自身对于公司僵局的形成是否负有责任，不影响其提起公司解散纠纷之诉的资格。但是，如果该股东系出于维护自身利益故意使公司陷入僵局，则其解散公司的诉求将难以得到法院的支持。

二、公司经营管理发生严重困难的认定

公司经营管理发生困难，可分为对外经营困难和对内管理困难。经营困难，是指公司的生产经营状况发生严重亏损。管理困难，是指公司的股东会、董事会等公司机关处于僵持状态，有关经营决策无法作出，公司日常运作陷入停顿与瘫痪状态。公司是否盈利不是判断公司经营管理发生严重困难的必要条件，而是应当遵循的对公司的股东会、董事会或执行董事及监事的运营现状进行综合分析的规则。公司经营管理发生严重困难并不等同于公司出现重大亏损，更多的是强调公司管理陷入僵局。

（一）是否盈利并不是判断公司"经营管理出现严重困难"的标准

▶ **典型案例**

原告于某、于X恩与被告森X公司、第三人高某、孙X然公司解散纠纷

基本案情： 2015年4月10日，森X公司设立，注册资本金100万元，各股东持股比例为：于X恩持股30%，于某持股20%，高某持股30%，孙X然持股20%。高某为公司法定代表人及执行董事；于某为监事；于X恩为经理。

公司章程规定：股东会议由股东按照出资比例行使表决权，股东也可以出具书面委托书，委托其代理人参加股东会议并行使表决权；股东会会议作出修改公司章程、增加或减少注册资本的决议，以及公司合并、分立、解散或者变更公司形式的决议，必须经代表三分之二以上代表权的股东通过。2019年上半年，于X恩、于某因高某将公司存款转到高某丈夫银行卡致使双方发生矛盾。2019年7月，于X恩和于某向公司邮寄送达了股东知情权申请书，要求查阅、复制公司章程、股东会议记录和年度财务会计报告；查阅会计账簿和会计凭证。因未收到回复致使双方矛盾加剧。2020年7月，于X恩、于某以邮寄、微信、短信形式向公司送达了股东知情权申请书，要求查阅、复制公司章程、股东会议记录和年度财务会计报告；查阅会计账簿和会计凭证。原告于X恩和于某分别于2020年7月2日、7月30日、8月17日通知高某、孙X然在公司召开临时股东会。

2020年7月8日，森X公司、高某向于某、于X恩发送《关于召开2020临时股东会议的通知》，内容如下：鉴于本公司于X恩、于某提议召开临时股东会议，公司股东、执行董事高某召集召开股东会议。鉴于当前全球新冠疫情严重，公司股东孙X然在加拿大，经与其沟通回国时间，确定如下通知内容。（1）会议时间：2020年12月27日；（2）会议地点：公司办公室；（3）会议人员：全体股东；（4）会议内容：选举公司执行董事、监事。

2020年7月16日，于X恩向森X公司、高某发送《关于森X公司暨高某女士召开临时股东会通知的回函》，内容如下：鉴于森X公司股东会长期未召开，导致公司存在大量纠纷无法及时处理，股东权益严重受损。如因全球新冠疫情严重导致股东孙X然无法及时从加拿大回国参加2020年7月25日上午9点在公司召开的2020年临时股东会议，我们可以在当日采取视频会议形式召开本次股东会议。（1）会议时间：2020年7月25日上午9：00。（2）会议地点：公司办公室。（3）会议召开方式：视频会议形式。（4）会议参加人员：公司股东。（5）会议审议事项：罢免公司现任执行董事高某，选举于X恩为公司新任执行董事。之后，森X公司一直未能召开股东会。

另查，被告公司自成立以来尚未召开股东会。

于某、于X恩向法院起诉请求：（1）判令解散被告森X公司；（2）被告森X公司承担本案诉讼费用。

森X公司、高某、孙X然辩称：森X公司不存在持续两年以上无法召开股东会的情形，经营管理未发生严重困难。森X公司成立以来一直处于盈利状态，日常运作并未陷入停顿或瘫痪，不属于公司经营管理发生严重困难的情形。于某、于X恩并未穷尽其他途径维权。

裁判结果： 被告森X公司于本判决生效之日起解散。

裁判思路： 公司解散的前提条件有三：（1）公司经营管理出现严重困难；（2）继续存续会使股东利益受到重大损失；（3）通过其他途径不能解决。对于何为"公司经营管理出现严重困难"，《公司法司法解释二》第一条规定的非常明确，只要具备公司持续两年以上无法召开股东会或者股东大会；股东表决时无法达到法定或者公司章程规定的比例，持续两年以上不能做出有效的股东会或者股东大会决议；公司董事长期冲突，且无法通过股东会或者股东大会解决；经营管理发生其他严重困难，公司继续存续会使股东利益受到重大损失的这四种情形中的任何一种情形，就属于公司经营管理发生严重困难。森X公司的公司章程规定一年召开一次股东会定期会议，自2015年成立伊始至今，森X公司没有召开过股东会是不争的事实，时间已远远超过了两年。2019年年底之前我国并不存在疫情的影响，孙X然也并非2015年以来一直生活在国外，所以，森X公司完全有条件召开股东会。发生新冠疫情后，虽然孙X然回国不是十分便利，法律法规及司法解释并未规定股东会的召开方式仅限于必须所有股东到场面对面的召开，在科技快速发展、资讯技术非常发达的当代，完全可以通过微信等网络技术召开股东会，并且森X公司的公司章程也规定了，股东可以出具书面委托书，委托其代理人参加股东会议并行使表决权，孙X然不在国内并不能构成召开股东会的障碍。至于召开股东会的通知是否送达到孙X然的问题，2020年7月8日森X公司和高某向于某、于X恩发送的《关于召开2020年临时股东会的通知》可以证明，孙X然已经得知了于某、于X恩提议召开临时股东会的事宜。因此，森X公司符合《公司法司法解释二》第一条规定的"公司经营管理出现严重困难"情形。森X公司、高某、孙X然提出森X公司仍在运营并且盈利不属于"公司经营管理出现严重困难"的观点不成立。因为，公司是否运营、是否盈利并不是判断公司是否"经营管理出现严重困难"的标准。判断"公司经营管理是否出现严重困难"，应从公司组织机构的运行状态进行综合分析，公司虽处于盈利状态，但其股东会机制长期失灵，内部管理有严重障碍，已陷入僵局状态，可以认定公司经营管理发生严重困难。高某、孙X然与于某、于X恩产生的矛盾已不可调和，于某、于X恩无法参与公司的经营和决策，于各股东而言，若继续存续将使股东利益受损。于某、于X恩作为森X公司的股东，持股比例占50%，已达到股东提起公司解散之诉的持股要求。法院多次组织调解未果，无法通过股权转让等方法予以解决"公司经营管理出现严重困难"的问题。故司法强制解散公司是权利救济的唯一途径。

实务要点： 公司内部出现治理僵局与公司经营状况并没有必然联系。公司解散纠纷主要是解决公司内部管理困境，股东（大）会或董事会只是公司重大事项的决定机构，股东（大）会或董事会的召集、表决失灵，会导致公司内部管理困难，由此可能会导致公司亏损，但公司在一方股东或经营管理机构主持下继续运行、盈利也是常见现象，但不能因此种情况下公司还在运营、盈利就认为公司未出现管理困难。公司经营亏损也并非公司法意义上的经营严重困难，不是公司解散的充分条件。

（二）内部管理出现严重困难是判断公司陷入僵局的标准之一

内部管理出现严重困难的表现是股东或董事之间冲突不断，失去了互相信任及有效合作的基础，股东会、董事会等管理机构不能正常运转，无法作出有效决议，表决机制失灵。

>> **典型案例**

原告达X公司与被告多X公司、第三人孔某忠公司解散纠纷

基本案情： 多X公司成立于2011年12月6日，注册资本为2000万元。法定代表人是孙某，股东为达X公司（持股65%）及孔某忠（持股35%）。孙某任董事长，孔某忠任董事兼总经理，孙某厚任董事，孙某明和丁某飞任监事。

2013年3月2日多X公司章程载明：公司经营规模为成立后3年内力争开发5—7个抗癌新药，转产后年销售额为6—7亿元人民币。其中第四章"董事会"规定董事会是最高权力机构，决定一切重大事宜，其职权主要如下：决定和批准总经理提出的重要报告（如生产规划、年度营业报告、资金、销售等）；批准年度财务报表、收支预算、年度利润分配方案；通过重要规章制度；决定设立分支机构；修改合营公司章程；讨论决定合营公司停产、终

止或与另一个经济组织合并；决定聘用总经理、总工程师、总会计师、内部审计师等高级职员；决定聘用注册会计师进行合资公司的财务审计；负责合营公司终止和期满时的清算工作；其他应由董事会决定的重大事宜。董事会由三人组成，达X公司委派两人，孔某忠委派一人，董事长由孔某忠委派。董事长和董事每届任期3年，经委派方继续委派可以连任。合营公司的下列重大事项须由出席董事会议的董事一致通过决定：公司章程、合同的修改；注册资本的增加、减少；公司的终止和解散；合营一方或数方转让其合营公司股权；一方或数方将其在合营公司的股权质押给债权人；公司合并或分立；资产抵押；对外投资；为公司股东或实际控制人提供担保或为他人提供担保。其他重大事项，其他事项须出席董事会三分之二以上董事通过方有效。董事会会议每年至少召开一次年会，董事会年会和临时会议应当由各方代表参加且人数达到全体董事人数的三分之二以上方能举行，每名董事享有一票表决权。第六章"经营管理机构"规定公司设经营管理机构负责公司的日常管理工作，经营管理机构设总经理一名，任期为三年，由董事会聘任，总经理对董事会负责，行使以下职权：主持公司的生产经营管理工作，组织实施董事会决议；组织实施公司年度经营计划和投资方案；拟订公司内部管理机构设置方案、基本管理制度；制定具体规章；提请聘任或者解聘财务负责人；决定聘任或者解聘除应由董事会决定聘任或者解聘以外的负责管理人员；董事会授予的其他职权。

2019年7月15日多X公司的章程修正案中将原章程中董事长由孔某忠委派的相关内容修改为：董事长由达X公司委派。多X公司2020年7月2日的章程修正案中将原章程中合营公司的重大事项由出席董事会议的董事一致通过决定修改为由董事会全体董事一致通过决定。达X公司主张目前多X公司的三名董事孙某、孙某厚均为孔某忠委派，当时基于抗癌新药合作的特殊性，达X公司同意由孔某忠委派全部董事。

达X公司主张解散的事由如下：多X公司董事会自2011年12月后连续8年未再召开，权力决策机制长期失灵，属于经营管理严重困难的公司僵局。目前董事会都是孔某忠委派人员，由孔某忠控制，其没有积极履行董事职责，导致多X公司从未有正常经营活动。多X公司股东会最后一次召开时间为2013年3月2日，因孔某忠不配合，股东会长时间未召开，达X公司无法正常行使股东权利，无法通过委派董事加入董事会参与经营管理，多X公司的内部机构已不能正常运转，股东会和董事会已经失灵。多X公司的印章、财务凭证均由孔某忠控制，成立目的至今无法实现，处于事实上的瘫痪状态，如果继续持续下去会造成股东利益损失。目前也无法通过股东会决议的方式解决经营问题，因为多X公司成立的基础是孔某忠声称的抗癌药物组合物的专利，但该专利无法实现商业目的，是孔某忠的骗局，通过多X公司骗取钱财，转移资产，达X公司及达X公司法定代表人与孔某忠之间存在合作纠纷，在知悉抗癌药物的研发是投资骗局后，认为继续维持公司的经营毫无意义。

山东省高级人民法院曾于2019年8月就达X公司法定代表人张某强与孔某忠、孙某厚的合同纠纷案作出判决，查明张某强与孔某忠等就达X公司的股权合作产生纠纷。山东省高级人民法院曾于2019年8月就达X公司与孔某忠等人的纠纷一案作出判决，查明双方就达X公司的印章持有问题产生纠纷，判决认定孔某忠应当返还达X公司的印鉴。山东省济南市中级人民法院于2019年12月就孙X厚、孙某明与达X公司、张某强、孔某忠公司决议效力确认纠纷案作出判决。

本案受理后按照多X公司工商登记地址送达诉讼材料，但未能找到该公司。向孔某忠送达未果，依法进行了公告送达。法院于2021年6月10日上午9点52分后收到孔某忠于同月8日邮寄递交的书面答辩状。法院按照孔某忠邮件所留寄件人电话拨打询问，但该电话号码处于关机状态。法庭要求多X公司三日内就其具体经营情况如公司是否有员工、是否盈利、董事会是否正常召开及公司至今是否仍在工商登记地址进行营业等问题予以答复，而多X公司在指定期限内未予回复。

达X公司称多X公司没有股东会，其决策机构就是董事会，而多X公司自2013年之后就没有召开过董事会。多X公司没有实际经营业务，也没有员工。且达X公司及其法定代表人与多X公司及其股东孔某忠、董事孙某厚存在近16起民事、刑事纠纷，实际上已经形成了公司僵局。

达X公司向法院提出诉讼请求：（1）依法判令解散多X公司；（2）因本案产生的诉讼费用、保全费用等由多X公司承担。

裁判结果：解散多X公司。

裁判思路：多X公司已具备前述法定解散条件：首先，达X公司作为多

X公司的股东之一，持有多X公司65%股权，符合提起公司解散诉讼的股东条件。其次，从多X公司经营状况来看，该公司已搬离工商营业登记地址，下落不明，并被工商行政管理部门列入经营异常名录，且多X公司在法院指定期限内亦未就其具体经营情况予以回复，上述事实表明多X公司已处于经营停顿或歇业状态。再次，根据本案查明的事实，多X公司两股东达X公司与孔某忠之间相互提起了多起民事诉讼，两股东之间的矛盾已经激化且无法自行调和，双方之间已缺乏共同经营的基础，公司经营缺乏人合基础。同时根据多X公司章程的约定，多X公司的重大事项须经董事会全体董事一致通过决定。即使达X公司重新委任董事，由于公司股东长期存在冲突，达X公司亦不可能通过召开董事会来形成有效决议。最后，由于孔某忠知悉本案存在但无正当理由拒不到庭应诉，而达X公司又明确现已无法与孔某忠取得联系，本案纠纷已无法通过其他途径予以解决。综上，多X公司不仅丧失了人合基础，同时业务经营也处于严重困难状态，公司继续存续会使股东利益受到重大损失，并且通过其他途径已不能解决公司僵局，故达X公司作为持有65%股权的股东提出解散多X公司的请求，符合上述法律的规定，予以支持。

相关规定

《最高人民法院关于适用〈中华人民共和国公司法〉若干问题的规定（二）》

第一条 单独或者合计持有公司全部股东表决权百分之十以上的股东，以下列事由之一提起解散公司诉讼，并符合公司法第一百八十二条规定的，人民法院应予受理：

（一）公司持续两年以上无法召开股东会或者股东大会，公司经营管理发生严重困难的；

（二）股东表决时无法达到法定或者公司章程规定的比例，持续两年以上不能做出有效的股东会或者股东大会决议，公司经营管理发生严重困难的；

（三）公司董事长期冲突，且无法通过股东会或者股东大会解决，公司经营管理发生严重困难的；

（四）经营管理发生其他严重困难，公司继续存续会使股东利益受到重大损失的情形。

股东以知情权、利润分配请求权等权益受到损害，或者公司亏损、财产不足以偿还全部债务，以及公司被吊销企业法人营业执照未进行清算等为由，提起解散公司诉讼的，人民法院不予受理。

实务要点： 判断公司经营管理是否发生严重困难，应从公司组织机构的运行状态进行综合分析，重点在于公司经营管理是否存在严重的内部障碍，股东会或董事会是否因矛盾激化而处于僵持状态，当公司陷入僵局，公司内部治理结构完全失灵且无法通过自身解决困境时，应当认定公司经营管理发生严重困难。《公司法司法解释二》第一条规定的四种情形既是公司解散诉讼的立案受理条件，也是判决公司解散的实质审查条件。（1）公司持续两年以上无法召开股东会或者股东大会，公司经营管理发生严重困难的。无法召开股东会，主要指应当召开而未能召开，表现为无人召集或者有人召集后没有股东出席会议。持续两年以上未召开股东会会议是一个客观事实，而无人召集、无人提议召开则属于造成上述事实的原因。但应当注意的是，符合该条只能证明公司经营管理发生严重困难，但如果原告依据章程亦有权提议召集临时股东会而未行使该权利，依然有可能被认为未穷尽其他途径。本案例中，原告于某、于X恩亦是在提起诉讼前提出了召集临时股东会的提议。（2）股东表决时无法达到法定或者公司章程规定的比例，持续两年以上不能做出有效的股东会或者股东大会决议，公司经营管理发生严重困难的。如当两个股东拥有同等投票权利时，公司章程规定股东会决议须经代表 1/2 以上表决权通过（不包括本数）。只要该两名股东的意见存有分歧、互不配合，就无法形成有效表决。在这种情况下即应认定公司经营管理已发生严重困难。但此属于比较极端的情况，实务中，多以未能召开股东会的形式出现。（3）公司董事长期冲突，且无法通过股东会或者股东大会解决，公司经营管理发生严重困难的。如不能按公司章程规定召开董事会，董事会不能良性运转，且无法解决。实务中，也有公司因章程规定"董事会会议作出决议须经出席董事过半数通过方有效"，如果大股东所委派的董事超过半数，当出现矛盾冲突时，导致一方股东无法有效参与公司经营管理，造成公司由某股东单方控制的局面，由于大股东的排挤、压制，少数股东只能袖手旁观，小股东投资公司应享有的权益难以实现。（4）经营管理发生其他严重困难，公司继续存续会使股东利益受到重大损失的情形。该款为兜底性规定，如本案例中所出现的无法联系上公司及其他股东，实质上公司无法再继续经营管理。当公司以"经营管理发生其他严重困难"为由要求解散公司时，这种困难的严重程度应与前三条相当。

三、继续存续会使股东利益受到重大损失

股东的权利包括自益权与共益权。自益权是指股东专为自己利益的目的而行使的权利，如转让股权的权利、公司盈余分配请求权、公司剩余财产分配请求权等，主要表现为财产权。共益权是以公司的利益并兼以自身利益为目的而行使的权利，如在股东（大）会上的表决权，临时股东大会的召开提议权，股东大会召集权、提案权与质询权、任免管理人员请求权、知情权等，其中，最主要的是表决权，系身份性权益。《公司法》（2023修订）第二百三十一条所规定的股东利益涵盖财产性权益和身份性权益，该条文中"股东利益受到重大损失"更重在强调公司内部运营机制失灵、股东权利长期处于无法行使状态，导致股东投资公司的目的无法实现。公司陷入僵局后，部分股东已经无法通过参加股东会会议或提议召开临时股东会会议等形式实现参与公司经营、管理的权利。实务案例中，"继续存续会使股东利益受到重大损失"一般并非案件的审理焦点。

四、通过其他途径不能解决

公司的存续与否不仅仅涉及股东一方的利益，交易对象、职工甚至与公司相关的社会利益都与公司的持续经营情况密切相关。若随意终止公司无疑会对公司股东及公司利益相关者的权益产生不利影响，破坏交易秩序的稳定。解散公司对于公司而言是最具破坏性的结果，如果可能通过公司股东内部转让股权、对外转让股权、减资程序、撤销股东身份等方式解决纠纷，不宜直接以司法手段强制解散公司。

>> **典型案例**

**原告葛某华与被告海X船舶公司、第三人王某清、
吴某、张某公司解散纠纷**

基本案情：2015年8月26日，葛某华与王某清、吴某、张某订立海X船舶公司章程，该章程规定：公司注册资本为3500万元；其中王某清认缴额1505万元、张某认缴额875万元、葛某华认缴额1015万元，吴某认缴额105万元。章程第二十七条规定：公司有下列情况之一，可以解散：（1）公司章

程规定的营业期限届满或者章程规定的其他解散事由出现时；（2）股东会议决议解散；（3）因公司合并或者分立需要解散；（4）公司违反法律、行政法规被依法责令关闭；（5）因不可抗力事件致使公司无法继续经营时；（6）宣告破产。海X船舶公司于2005年5月10日核准开业，薛某为该公司法定代表人、执行董事兼总经理，张某系该公司监事。

2019年12月26日，葛某华提议召开股东会，并由海X船舶公司法定代表人薛某以挂号信邮寄通知的方式通知王某清、吴某、张某于2020年1月14日参加股东会，会议内容为："（1）讨论决定由股东葛某华提出的本公司已经发生的相关股东之间的股权转让行为和程序是否合法；（2）讨论决定股东葛某华所提出的解散本公司的相关事宜。"2020年1月14日，葛某华、薛某、张某到会，其他人未到会。

2015年8月22日，王某清（甲方）与张某（乙方）签订《股权转让协议》一份，约定：乙方同意由佑X公司收购公司持有的海X船业公司全部股份（占海X船业公司注册资本的51%）；收购价格按公司2/3以上表决权股东确认的海X船业公司的资产负债表记载的资产、债务而得出的海X船业公司净资产的51%；如因佑X公司收购公司持有的海X船业公司股权与葛某华发生争议、公司内部葛某华与各转让方之间股权争议、葛某华与公司或与海X船业公司之间纠纷均由乙方负责处理。由此产生的法律责任及损失、费用均由乙方承担；甲方在乙方满足本协议约定的条件后将其拥有的公司工商登记的43%股权以人民币430万元的价格转让给乙方，乙方自愿受让该股权；双方商定乙方不向甲方支付上述股权转让款，甲方同意乙方将上述股权转让款用于解决公司与葛某华之间纠纷、解决海X船业公司与葛某华之间纠纷事宜，乙方表示接受；如乙方未能将款项用于解决公司与葛某华之间纠纷、解决海X船业公司与葛某华之间纠纷事宜，甲方有权要求乙方支付股权转让款；本协议在履行过程中及履行完毕，如发生下列情形之一，甲方有权按照同等价格回购，乙方应无条件服从：因葛某华不同意佑X公司收购公司持有的海X船业公司股权，向人民法院提起撤销之诉或确认无效之诉，致使佑X公司与公司签订的股权转让协议被人民法院终审判决撤销或确认无效。

2015年8月22日，吴某（甲方）与张某（乙方）签订《股权转让协议》一份，约定：甲方在乙方满足本协议约定的条件后将其拥有的公司工商登记的3%股权以人民币30万元的价格转让给乙方，乙方自愿受让该股权。其他条款同王某清与张某同日签订的《股权转让协议》。

2015年8月22日，王某清、吴某各向张某出具授权委托书一份，委托张某代为行使王某清、吴某在海X船舶公司的全部股东权利，并履行各项股东义务；代理涉及海X船舶公司股权纠纷的诉讼；委托期限自委托人签署之日起至委托人的股权经公司登记管理机关变更登记备案之日止。

王某清、吴某提供：（1）臧爱民（甲方）、王荣明（乙方）与张某（丙方）于2015年8月22日签订《股权转让协议》，约定"王某清、葛某华、张某将各自持有的海X船舶公司8%、5.5%、4.5%的股权分别转让给甲方和乙方；甲方实际持有海X船舶公司15%股权，乙方实际持有海X船舶公司3%股权……"（2）甲方王某清、吴某、臧某民、王某明与乙方张某签订《股权转让补充协议》，约定："公司股东葛某华对臧某民持有的15%股权和王某明持有的3%股权存在争议……"（3）海X船舶公司（甲方）与佑X公司（乙方）签订《股权转让协议》，约定："甲方持有海X船业公司51%的股权，经甲方股东会决议（2/3以上表决权的股东）同意将股权全部转让给乙方；甲方2/3以上表决权的股东确认海润船业公司董事长提供的海X船业公司资产负债表记载的资产、债务；甲方将其拥有的海X船业公司51%股权以人民币1000万元的价格转让给乙方，乙方自愿受让该股权；如葛某华对乙方收购甲方持有的海X船业公司股权提出异议，或向人民法院提起撤销之诉或确认无效之诉，致使本协议被人民法院撤销或确认无效，见证方张某自愿承担因上述撤销之诉或确认无效之诉给甲、乙双方及海X船业公司造成的损失……"（4）2015年8月22日，海X船舶公司（甲方）、佑X公司（乙方）、海X船业公司（丙方）共同签订《股权转让补充协议》，约定："乙方向甲方购买其对丙方享有的全部股权，转让款为1000万元；以乙方购买丙方部分资产交付给甲方的方式支付上述股权转让款，即乙方向丙方出资1000万元购买丙方的部分资产交给甲方……"

王某清、吴某、张某及臧某民、王某明等人至今未就股东变更办理相应工商登记。

海X船舶公司、张某共同向法院提交情况说明一份：自2013年起，海X船舶公司股东之间发生矛盾后，由于各方未能妥善解决，致矛盾愈演愈烈。其后直至2015年，经过长达2年多的多起诉讼，各方均遭受巨大损失，为妥善处理矛盾，王某清与张某等股东协商，提出了海X船舶公司与海X船业公司分家各自经营的思路，并明确了股权置换的方案，即海X船舶公司的登记股东王某清、吴某及臧某民（未登记）、王某明（未登记）将其享有的海X船舶公司股权转让给张某，海X船舶公司将其享有的海X船业公司的股权转让给佑X公司。鉴于海X船业公司经营不景气且对外负债，双方一致同意将海X船舶公司持有的海X船业公司的股权作价为1000万元。张某、佑X公司共同委托律师起草了相关协议。在召开海X船舶公司股东会形成决议后，双方签订了股权转让协议。自2015年下半年起，海X船舶公司与海X船业公司完成交接后，各自经营至今，张某与葛某华相处融洽。2017年，由于国家实施长江大保护及省263专项整治，造成海X船舶公司停业至今，现政府令海X船舶公司部分拆迁，张某与葛某华召开了股东会，一致同意委托张某代表公司与政府商谈拆迁补偿事宜。张某作为海X船舶公司股东，签订股权转让协议时固然有个人面对生活压力方面的考虑。客观上，当时对于海X船舶公司持有的海X船业公司股权的转让是恰当的。经慎重考虑，张某及海X船舶公司共同声明：对2015年8月22日张某与王某清、吴某、臧某民、王某明等签订的《股权转让协议》、海X船舶公司与佑X公司签订的《股权转让协议》、海X船舶公司与海X船业公司签订的《资产划分确认书》等均予以认可，不同意海X船舶公司解散。

葛某华向法院起诉请求：判令解散海X船舶公司。

第三人王某清、吴某述称：海X船舶公司并未出现公司僵局，海X船舶公司的决策机制并未失灵。海X船舶公司将其岸线或资产出租，因此其经营仍然处于正常的状态。

裁判结果：驳回葛某华的诉讼请求。

裁判思路：公司解散关乎多方利益主体，关涉市场经济秩序的稳定和安宁。因此，应综合考虑公司的设立目的能否实现、公司运行障碍能否消除等因素。只有公司经营管理出现严重困难，严重损害股东利益，且穷尽其他途径不能解决时，才能解散公司。就本案而言，首先，海X船舶公司尚不存在公司经营管理发生严重困难的情形。判断"公司经营管理是否发生严重困难"，应从公司组织机构的运行状态进行综合分析，如股东会、董事会以及监事会等公司权力机构和管理机构是否无法正常运行，是否对公司事项无法作出有效决议，公司的一切事务是否处于瘫痪状态等。未召开股东会并不等于无法召开股东会,更不等于股东会决议机制失灵。本案中,张某持有登记股东王某清、吴某的授权委托书,海 X 船舶公司仍可以召开股东会并形成有效决议。其次,海 X 船舶公司继续存续并不会使股东利益受到重大损失。公司继续存续是否会使"股东利益受到重大损失"应结合股东利益的救济方式进行综合分析。如果有其他途径对股东的利益予以救济,则不宜通过解散公司的方式进行。葛某华主要因长期未召开股东会等事项而与海 X 船舶公司及其他登记股东产生矛盾。依照公司法的规定,股东认为上述权利受到侵害的,可以提出相应诉请,该诉请不属于公司解散诉讼的受理事由。葛某华主张海 X 船舶公司继续存续会严重损害股东利益,在其尚未采取其他法律措施维护自己权利的情况下,就本案现有证据而言,公司尚未形成僵局,尚不足以证实海 X 船舶公司继续存续会使股东利益受到重大损失。股东纠纷可采取内部解决方式来解决。综上所述,海 X 船舶公司不符合公司法定解散条件,不应予以解散,葛某华的诉讼请求不成立,依法不予支持。

相关规定

《最高人民法院关于适用〈中华人民共和国公司法〉若干问题的规定(二)》

第五条 人民法院审理解散公司诉讼案件,应当注重调解。当事人协商同意由公司或者股东收购股份,或者以减资等方式使公司存续,且不违反法律、行政法规强制性规定的,人民法院应予支持。当事人不能协商一致使公司存续的,人民法院应当及时判决。

经人民法院调解公司收购原告股份的,公司应当自调解书生效之日起六个月内将股份转让或者注销。股份转让或者注销之前,原告不得以公司收购其股份为由对抗公司债权人。

实务要点:公司解散是为了保护小股东的合法利益,公司陷入僵局时小股东无法参与公司决策、管理、分享利润,甚至不能自由转让股份和退出公司,股东投资的目的无法实现。但司法在介入公司解散时应当秉持司法有限干预、企业维持以及相关主体利益平衡等原则。(1)只有在公司经营管理陷入持续性长期僵局,内部治理机制已无法有效运转,通过其他途径仍无法化解且不具备继续经营条件,继续经营将使股东利益受到重大损失,通过其他途径不能解决时,人民法院才可依法判决解散公司。(2)公司解散纠纷处理过程中应注重平衡股东、债权人、公司职工等各方利益。(3)尊重公司自治原则。只要能够通过其他手段（如公司内部协调、股权出让等）解决公司面临的纠纷问题，就不通过司法解散，尽量维持公司的存续。(4)《公司法司法解释二》第五条通过条文规定方式再次强调了法院在审理公司解散纠纷时要更注重调解工作，鼓励公司通过公司内部自治的方式打破股东、董事间的僵局。

专题二十四
清算责任纠纷

清算责任纠纷，是指清算组成员在清算期间，因故意或者重大过失给公司、债权人造成损失，应当承担赔偿责任的纠纷。

公司清算期间，由清算组对内执行清算事务，对外代表公司处理债权债务。

公司解散后必然产生清算程序。公司清算分为自行清算、法院强制清算、破产清算。但公司解散与公司清算是两个不同的程序，二者审判程序不同，无法合并审理。公司解散并不导致公司法人主体直接灭失。清算义务人应在出现公司解散事由后依法成立清算组，组织清算。

原告：被清算公司、股东、债权人。

被告：清算组成员、清算义务人。

管辖：清算责任纠纷本质上属于侵权责任纠纷，应由侵权行为地或被告住所地人民法院管辖。实务中亦有观点认为，本案由纠纷均与公司密切相关，由公司住所地法院审理更为方便。

一、公司股东可以提起清算责任纠纷

>> 典型案例

杨某红与东 X 公司、单某书等清算责任纠纷

基本案情：2005 年 6 月 16 日，华 X 公司成立，注册资本 100 万元，东 X 公司出资 35 万元占注册资本的 35%，杨某红丈夫潘某强出资 17 万元，占注册资本的 17%；单某书、杨某生均出资 9 万元，各占注册资本的 9%；孙某祥、胡某红均出资 4 万元，各占注册资本的 4%；尹某等 10 人各出资 2 万元，

各占注册资本的2%；王某丽等两人出资1万元，占注册资本的1%。

2019年6月14日，华X公司召开股东会，议题是拟关闭注销相关事宜，全体股东讨论并形成如下决议：（1）全体股东一致表决同意关闭注销华X公司。（2）同意由股东方设立清算组。（3）公司债权、债务清理完毕，所有者权益即剩余财产按股东的出资比例分配。（4）全体股东委托王某丽办理公司关闭注销相关事宜。根据以上决议，持赞成意见的股东所代表的股权数为100%，占出席本次股东会的股东所代表的股权总数的100%。潘某强的妻子杨某红及儿子潘某到场参会，潘某及其他股东或股东代表在该股东会决议上签字。同日，清算组成立并确定由东X公司代表牛某心、单某书、王某丽、尚某梅、王某明组成，单某书担任清算组组长，并将上述内容制作成股东会决议附件进行登记备案。清算组成立后即展开清算工作，并于2019年12月5日出具华X公司清算报告，清算后华X公司净资产为127.15万元，按持股比例，潘某强应分得公司净资产17%的份额，即218 540元。同日，华冶公司召开关于注销的股东会会议，并形成决议，在决议中同意清算组提交的清算报告，债权债务已清理完毕，同意注销；公司委托王某丽向公司登记主管机关办理注销登记。除胡某红、潘某强方外，公司其他股东均在该股东会决议上签字。2019年12月27日，王某丽受委托办理华X公司注销手续。杨某红因对清算组成员的确定程序及清算后公司净资产有异议，杨某红及潘某均未在关于注销的股东会决议上签字，也未领取华X公司剩余财产，现该笔剩余财产暂由东X公司保存。其他股东均已按照清算报告确定的比例领取了相应的剩余财产。2021年1月4日，杨某红申请对华X公司的清算报告进行重新审计以确定损失数额，同年3月4日，法院司法技术辅助办公室以不满足鉴定条件为由，出具不予委托通知书，将鉴定材料一并退回。

潘某强与杨某红系夫妻关系，二人生育一子潘某，2020年6月11日，潘某出具书面声明放弃对潘某强在华X公司17%股权的继承权；潘某强的父母均在其去世前已经去世。

杨某红向法院起诉请求：（1）判令东X公司、单某书、王某丽、尚某梅、王某明给付杨某红、华X公司剩余财产218 540元；（2）判令东X公司、单某书、王某丽、尚某梅、王某明赔偿给杨某红造成的损失1万元；（3）本案诉讼费由东X公司、单某书、王某丽、尚某梅、王某明承担。

裁判结果：一、被告东X公司在本判决生效之日起十日内向原告杨某红支付华X公司剩余净资产218 540元；二、驳回原告杨某红的其他诉讼请求。

裁判思路：潘某强系华X公司股东，其享有华X公司17%的股权，依法受法律保护。潘某强死亡后，其第一顺位继承人为妻子杨某红、儿子潘某，潘某已于2020年6月11日出具书面声明放弃对潘某强上述股权的继承，杨某红即为潘某强上述股权的唯一合法继承人。有限责任公司股东资格原则上可以继承，通过公司章程排除或限制股东资格的继承是除外情形，而华X公司章程未对股权继承作出限制性规定，杨某红因此当然成为华X公司股东，且华X公司已经注销，无须再履行股东变更登记手续。华X公司股东除杨某红之外，均已按照清算报告的结果取得相应比例的剩余财产，东X公司亦认可按照清算报告应返还杨某红17%的净资产218 540元，杨某红主张返还该款，于法有据，但应由款项保管人东X公司负责偿还。对于杨某红第二项诉讼请求中主张的其他损失，因不满足鉴定条件，未能进行重新审计鉴定，无法确定清算组成员的清算行为是否违反法律或公司章程给股东造成损失，证据不足，依法应予驳回。

相关规定

1.《中华人民共和国公司法》(2023修订)

第二百三十八条 清算组成员履行清算职责，负有忠实义务和勤勉义务。

清算组成员怠于履行清算职责，给公司造成损失的，应当承担赔偿责任；因故意或者重大过失给债权人造成损失的，应当承担赔偿责任。

2.《最高人民法院关于适用〈中华人民共和国公司法〉若干问题的规定(二)》

第十五条 公司自行清算的，清算方案应当报股东会或者股东大会决议确认；人民法院组织清算的，清算方案应当报人民法院确认。未经确认的清算方案，清算组不得执行。

执行未经确认的清算方案给公司或者债权人造成损失，公司、股东、董事、公司其他利害关系人或者债权人主张清算组成员承担赔偿责任的，人民法院应依法予以支持。

实务要点：(1) 清算过程中，不仅可能损害债权人利益，也可能会损害公司和股东利益，当公司和股东因清算组故意或重大过失遭受损失时，可以提起清算责任纠纷。(2) 股东也可以申请强制清算。因为股东属于法定的清算义务人，但是对于股东特别是小股东来说，可能因为不掌握公司控制权和相关资料，无法自行开展清算，所以应赋予股东申请强制清算的权利，避免因为不履行清算义务而承担责任。（3）清算责任纠纷的被告为清算义务人，当清算义务人为两个或两个以上的主体时，各清算义务人对外承担连带责任，原告可自行选择全部或部分清算义务人作为被告，原告只选择部分清算义务人作为被告提起诉讼时，法院不应依职权追加其他清算义务人。

二、有限责任公司的股东是公司解散后的清算义务人，应依法承担启动公司清算程序的义务

▶▶典型案例

精 X 公司与黄某、唐某涛、王某平清算责任纠纷

基本案情：精 X 公司因货款与恒 X 公司产生争议，诉至法院，2018 年 2 月 28 日法院出具（2018）苏 0213 民初 7XX 号民事调解书：（1）恒 X 公司确认结欠精 X 公司货款 444 184 元。支付方式：恒 X 公司于 2018 年 3 月 30 日前支付 8 万元，2018 年 6 月 30 日前支付 7 万元，2018 年 9 月 30 日前支付 7 万元，2018 年 12 月 30 日前支付 7 万元，2019 年 3 月 30 日前支付 5 万元，2019 年 6 月 30 日前支付 5 万元，2019 年 9 月 30 日前支付 54 184 元；（2）如恒 X 公司有一期未按期足额付款，精 X 公司有权立即就未履行部分及诉讼费一次性申请人民法院强制执行，并有权要求恒 X 公司另行支付违约金 30 000 元；（3）案件受理费减半收取计 4060 元，由恒 X 公司负担，于 2019 年 9 月 30 日前直接支付给精 X 公司。诉讼中，唐某涛、王某平表示，签订上述调解协议后，其已经付款 265 000 元，尚欠货款 179 184 元未付。精 X 公司对于其已付款金额予以认可，另表示除货款 179 184 元外，调解协议约定的违约金 30 000 元及诉讼费 4060 元亦未支付。

恒 X 公司设立于 2010 年 8 月 19 日，系有限责任公司，股东为唐某涛、王某平，于 2019 年 8 月 2 日注销。恒 X 公司 2019 年 7 月 29 日清算报告载明：恒 X 公司自 2019 年 5 月 25 日起停止经营，成立清算组并进入清算程序，清算组由唐某涛、王某平、黄某组成，由唐某涛担任清算组组长。清算情况如下：公司清算组已于成立之日起 10 日内通知债权人，并于 60 日内在《江苏经济报》上公告《公司注销公告》，详见 2019 年 6 月 4 日《江苏经济报》；公

司人员已安置完毕；公司债权债务清理情况：已支付清算费用、职工工资和社会保险费用和法定补偿金，无欠税款，公司所有债务已清算完毕；工资清偿债务后的剩余财产已按股东持股比例分配，并已分配完毕；公司股东对清偿债务情况表示满意。该清算报告由清算组成员唐某涛、王某平、黄某签字。诉讼中，黄某表示其系义信公司员工，并提供劳动合同及工资流水加以证明。

精X公司起诉请求：（1）判令唐某涛、王某平、黄某对（2018）苏0213民初7XX号民事调解书项下恒X公司的付款义务（债务金额为213 244元）承担连带清偿责任；（2）判令唐某涛、王某平、黄某赔偿逾期付款利息（以213 244元为基数，自起诉之日起至实际给付之日止按照LPR的1.5倍计算）承担连带清偿责任。

裁判结果：一、唐某涛、王某平、黄某对（2018）苏0213民初7XX号民事调解书项下精X公司未获清偿部分承担赔偿责任。二、驳回精X公司的其他诉讼请求。

裁判思路：有限责任公司的全体股东是公司解散后的清算义务人，应依法承担启动公司清算程序、组织公司清算的义务。而清算义务人与具体执行公司清算事务、实施清算工作的人员即清算组成员是两个不同的概念。在公司自行清算的情况下，清算组成员可以由公司董事、股东或其他经公司决定的人员担任。本案中，恒X公司应股东会决议解散，从而进行清算，恒X公司的清算报告中明确载明唐某涛、王某平、黄某系清算组成员，黄某也作为清算组成员在恒X公司的清算报告中签字，且其已作为清算组成员实际履职，黄某以其并非股东为由否认其清算组成员身份的意见，不予采信。清算组成员应当忠于职守，依法履行清算义务，当其因故意或者重大过失给公司或者债权人造成损失时，应当承担赔偿责任。公司清算时，清算组应当自成立之日起十日内通知债权人，并将公司解散清算事宜书面通知全体已知债权人，并根据公司规模和营业地域范围在全国或者公司注册登记地省级有影响的报纸上进行公告，清算组未履行通知和公告义务，导致债权人未及时申报债权而未获清偿，清算组成员应当对债权人的损失承担赔偿责任。本案中，恒X公司结欠精X公司的债务经（2018）苏0213民初7XX号民事调解书确认，在恒X公司进行清算前已经发生，恒X公司清算组明知或者应当知道其公司对精X公司负有债务，却未依法将公司解散清算事宜书面通知债权人，虽然恒X公司履行了公告程序，但公告仅是清算中的法定程序之一，对象是未知债权人，对已知债权人并不能替代通知程序，故应当认定清算组成员存在故意或重大过失，唐某涛、王某平、黄某应对（2018）苏0213民初7XX号民事调解书项下精X公司未获清偿部分承担赔偿责任。精X公司另要求唐某涛、王某平、黄某自起诉之日起至实际给付之日止，按照LPR的1.5倍计算的逾期付款利息，无事实和法律依据，不予支持。

相关规定
《中华人民共和国公司法》（2023修订）

第二百三十二条 公司因本法第二百二十九条第一款第一项、第二项、第四项、第五项规定而解散的，应当清算。董事为公司清算义务人，应当在解散事由出现之日起十五日内组成清算组进行清算。

清算组由董事组成，但是公司章程另有规定或者股东会决议另选他人的除外。

清算义务人未及时履行清算义务，给公司或者债权人造成损失的，应当承担赔偿责任。

第二百三十三条 公司依照前条第一款的规定应当清算，逾期不成立清算组进行清算或者成立清算组后不清算的，利害关系人可以申请人民法院指定有关人员组成清算组进行清算。人民法院应当受理该申请，并及时组织清算组进行清算。

公司因本法第二百二十九条第一款第四项的规定而解散的，作出吊销营业执照、责令关闭或者撤销决定的部门或者公司登记机关，可以申请人民法院指定有关人员组成清算组进行清算。

实务要点：（1）清算义务人是基于其与公司之间存在的特定法律关系而在公司解散时对公司负有依法组织清算义务的人，主要包括有限责任公司的股东、股份有限公司的董事和控股股东，主要义务是负责启动清算程序、组织清算和产生清算人。清算组由清算成员即清算人组成，是公司解散后接管公司财产、具体执行公司清算事务的主体。我国清算组成员的产生方式分为法定清算人、议定清算人和指定清算人三种。有限责任公司的清算组由股东组成，股份有限公司的清算组由董事或者股东大会确定的人员组成。清算义务人的义务是法定的，不能解除；清算人的义务是约定或者指定的，可以被解除也可以主动辞去该职务。但是清算义务人和清算人存在人员交叉的情况，清算义务人可以成为清算组成员。(2)有限责任公司的股东是清算义务人,对有限责任公司而言,每位出资人均应当履行清算的法定义务,不存在按比例分担的问题,一旦构成怠于履行清算义务,出资人均应对因此给债权人造成的全部损失承担赔偿责任。但是,实务中股东作为公司成员,在法律上并无保管公司财产、保存账簿的义务。公司财产及账簿往往是由公司董事、高管进行管理、保存。股东在不掌握公司账簿资料的情况下可能无法履行清算义务,《九民纪要》第十四条、第十五条对"怠于履行义务"和举证责任作了详细的阐述。(3)对于股份有限公司尤其是上市公司,由于股东人数众多,且流动性大,要求全部股东作为清算义务人承担公司解散后的组织清算义务,既不现实,也不公平。股份有限公司众多的小股东,他们往往并不参与公司经营管理,不可能侵害债权人的利益,甚至自身利益还可能受到大股东的侵害,让小股东承担清算义务也有失公平。

三、清算责任纠纷中清算组不具备民事诉讼主体资格

>> **典型案例**

毕某华与昌某泰公司清算组、张某轩等清算责任纠纷

基本案情:昌某泰公司于2009年9月2日成立,股东及所占出资比例为:毕某华占12.745%、张某轩占12.745%、宋某信占12.745%、李某英占2.941%、王某治占13.725%。2015年3月16日,昌某泰公司发出临时股东会通知,通知各股东于2015年4月10日召开临时股东会对《投资公司目前困境解决方案》和《公司解散清算》方案进行表决。2015年4月10日,昌某泰公司召开临时股东会,会议由张某轩主持,毕某华、宋某信、李某英、王某治等11名股东参加,代表股权850万元,占总股83.33%,会议中毕某华撤销了所提议案;会议对解散、处置资产、清偿债务议案进行表决,毕某华放弃表决,该议案以占总股权70.59%的股东同意获得通过;会议以记名方式选举成立清算组,清算组成员为张某轩、宋某信、李某英。同日,清算组第一次会议选举张某轩为清算组组长。2015年4月16日清算组在工商机关登记备案。

昌某泰公司清算组成立后召开股东会,决议将公司现有的位于济南市的中润世纪城X号楼1401号、1402号、1403号、301号、302号、303号的房

产分别出售给张某轩、王某治、宋某信、张某、肯X公司，张某轩、李某英、王某治等占70.59%的股东参加会议并在股东会决议上签字同意。

评估公司对上述房产进行了评估，1401号、1402号、1403号房产的评估价格为10 643元/m^2，301号房产评估价格为10 460元/m^2，302、303号房产评估价格为10 460元/m^2。1401号、1402号、1403号房产的成交价10 000元/m^2；301号房产成交价9597.80元/m^2；302号、303号房产成交价分别为200万元、350万元。

毕某华起诉请求：（1）判令昌某泰公司清算组、宋某信、李某英、张某轩赔偿昌某泰公司在其清算过程中因违法处分昌某泰公司资产造成的损失（以评估价为准），约值人民币148万元；（2）诉讼费、鉴定费、评估费等由被告承担。

裁判结果：驳回毕某华的诉讼请求。

裁判思路：关于昌某泰公司清算组承担民事责任主体是否适格的问题。清算组是公司出现解散事由后，为清理公司财产以及债权债务等而成立的临时性机构，在公司清算期间，清算组代表公司从事对外业务，如公司涉诉，清算组在诉讼中的地位是诉讼代表人，清算组不具备承担民事责任的主体资格，毕某华要求昌某泰公司清算组承担民事责任，于法无据。关于昌某泰公司清算组成员张某轩、宋某信、李某英履职期间是否向昌某泰公司承担赔偿责任。2015年4月10日，昌某泰公司临时股东会召开程序、表决内容合法有效，此次股东会达成了两项成果，一是选举产生昌某泰公司清算组。二是表决通过了宋某信的提议方案，即解散昌某泰公司，将昌某泰公司净壳出让或资产出售。其后，昌某泰公司形成股东决议同意将济南市中润世纪城X号楼1401号、1402号、1403号、301号、302号、303号的房产分别出售给张某轩、王某治、宋某信、张某、肯X公司，同时委托评估公司进行了评估，评估价与成交价相差不大，不存在显失公平或侵害昌某泰公司利益的情形，未侵害第三人利益，并且昌某泰公司对出售其房产无异议，故毕某华要求昌某泰公司清算组承担赔偿责任的诉讼请求无事实与法律依据。

相关规定

1.《中华人民共和国公司法》（2023修订）

第二百三十八条 清算组成员履行清算职责，负有忠实义务和勤勉义务。

清算组成员怠于履行清算职责，给公司造成损失的，应当承担赔偿责任；因故意或者重大过失给债权人造成损失的，应当承担赔偿责任。

第二百三十四条 清算组在清算期间行使下列职权：

（一）清理公司财产，分别编制资产负债表和财产清单；

（二）通知、公告债权人；

（三）处理与清算有关的公司未了结的业务；

（四）清缴所欠税款以及清算过程中产生的税款；

（五）清理债权、债务；

（六）分配公司清偿债务后的剩余财产；

（七）代表公司参与民事诉讼活动。

2.《最高人民法院关于适用〈中华人民共和国公司法〉若干问题的规定（二）》

第二十三条第一款 清算组成员从事清算事务时，违反法律、行政法规或者公司章程给公司或者债权人造成损失，公司或者债权人主张其承担赔偿责任的，人民法院应依法予以支持。

实务要点：（1）清算组不具备民事诉讼主体资格，只是代表公司参加诉讼。清算期间，公司存续。公司依法清算结束并办理注销登记前，有关公司的民事诉讼，应当以公司的名义进行。（2）清算过程中，清算组成员因违反法律、行政法规或者公司章程给公司、债权人造成损失的，应由清算组成员承担损害赔偿责任。（3）清算组成员负有忠实义务和勤勉义务：忠于职守，依法履行清算义务；不得利用职权收受贿赂或者其他非法收入；不得侵占公司财产。如果是个别清算组成员所为的违反义务的行为，则应由该清算组成员承担责任，如果是全部清算组成员共同所为的行为，则应由全部清算组成员承担责任，且各清算组成员之间应承担连带责任。（4）清算工作不仅影响公司和股东，也会影响到公司债权人的利益，清算组的忠实、勤勉义务不仅是针对公司和股东的义务，也是针对公司债权人的义务，如果清算组依据公司决议实施了侵害公司债权人利益的行为，不能因此而免责。如果清算组成员因有故意或重大过失导致清算方案给公司或债权人造成了损失，即便该方案经过了股东（大）会或人民法院的确认，也不能因此而免除清算组成员的责任。

四、清算义务人责任的主要形式

《公司法司法解释二》第十八条、第十九条、第二十条规定了清算义务人责任的主要形式：未在法定期限内成立清算组开始清算、怠于履行清算义务；恶意处置公司财产；未经依法清算，以虚假的清算报告骗取公司登记机关办理法人注销登记；未经清算即办理注销登记，导致公司无法进行清算。上述规定中的"无法进行清算"的认定不以必须履行清算程序为前提。

> **典型案例**

珠江XX公司与郭某、第三人圣X王公司清算责任纠纷

基本案情：圣X王公司成立于2005年10月27日，系有限责任公司，公司注册资本为50万元人民币，现股东为郭某（占股权比例为80%）、黄X云（占股权比例为20%）。

珠江XX公司因与圣X王公司买卖合同纠纷案向法院提起诉讼，法院于2015年4月24日作出（2015）穗南法民二初字第X号民事判决：圣X王公司于本判决发生法律效力之日起十日内向珠江XX公司清偿货款97 926元。该判决于2015年5月14日发生法律效力。

因圣X王公司没有履行判决书确定的义务，珠江XX公司向法院申请强制执行。经法院穷尽执行措施，暂未发现圣X王公司有可供执行财产，于2016年12月15日裁定终结本次执行程序。

圣X王公司的登记状态为吊销，未注销。珠江XX公司、黄X云确认圣X王公司于2018年6月16日被吊销营业执照。

珠江XX公司庭后向法院提交《案件履行情况说明》，载明"原告已于2020年12月30日收到被告黄X云代第三人圣X王公司履行案款5万元，申请在本案诉讼请求中直接减去本金5万元"。

原告珠江XX公司起诉请求：（1）被告郭某对（2015）穗南法民二初字第X号民事判决书确定的第三人圣X王公司应当支付给原告珠江XX公司的债务承担连带清偿责任；（2）被告郭某承担本案诉讼费。

裁判结果：一、被告郭某于本判决发生法律效力之日起十日内向原告珠江XX公司连带赔偿（2015）穗南法民二初字第X号民事判决书确定的第三

人圣 X 王公司的债务，包括货款本金 47 926 元；二、驳回原告珠江 XX 公司的其他诉讼请求。

裁判思路：首先，《公司法》（2018 修正）第一百八十条第四项规定："公司因下列原因解散：（四）依法被吊销营业执照、责令关闭或者被撤销。"第一百八十三条规定，"公司因本法第一百八十条第（一）项、第（二）项、第（四）项、第（五）项规定而解散的，应当在解散事由出现之日起十五日内成立清算组，开始清算。有限责任公司的清算组由股东组成，股份有限公司的清算组由董事或者股东大会确定的人员组成……"。清算责任强调清算义务人应组织清算人进行清算，如果清算义务人在法定期限内主动地履行清算义务，积极地组织清算人实施清算行为，则不需要承担清算责任。本案债务人圣 X 王公司系有限责任公司，其清算义务人应为全体股东。在圣 X 王公司被主管部门吊销营业执照后，其清算义务人应当在法定期限 15 日内成立清算组，积极地组织清算人进行清算。郭某和黄 X 云作为清算义务人，并未在法定期限内成立清算组进行清算，应承担相应的责任。

其次，《公司法司法解释二》第十八条第二款规定："有限责任公司的股东、股份有限公司的董事和控股股东因怠于履行义务，导致公司主要财产、账册、重要文件等灭失，无法进行清算，债权人主张其对公司债务承担连带清偿责任的，人民法院应依法予以支持。"庭审中，黄 X 云主张账册资料均由郭某保管，但郭某下落不明，且黄 X 云、郭某均未向本院提交账册资料等清算所需材料。上述法律规定的"无法进行清算"并不以必须履行清算程序为前提，只要珠江 XX 公司能够举证证明因黄 X 云、郭某怠于履行清算义务，导致圣 X 王公司无法进行清算即可。清算义务人之一郭某下落不明，公司完整账册资料亦无从查证，导致无法查明公司资产情况。郭某和黄 X 云对此未能提交初步证据，应承担举证不能的法律后果。因此，本院认定圣 X 王公司无法进行清算。

珠江 XX 公司只要求郭某承担清算责任。郭某未在法定期限内成立清算组进行清算，违反法定清算义务，应对珠江 XX 公司尚欠的 47 926 元承担连带赔偿责任。

相关规定

1. 《中华人民共和国公司法》（2023 修订）

第二百二十九条　公司因下列原因解散：

（一）公司章程规定的营业期限届满或者公司章程规定的其他解散事由出现；

（二）股东会决议解散；

（三）因公司合并或者分立需要解散；

（四）依法被吊销营业执照、责令关闭或者被撤销；

（五）人民法院依照本法第二百三十一条的规定予以解散。

公司出现前款规定的解散事由，应当在十日内将解散事由通过国家企业信用信息公示系统予以公示。

2.《最高人民法院关于适用〈中华人民共和国公司法〉若干问题的规定（二）》

第十八条 有限责任公司的股东、股份有限公司的董事和控股股东未在法定期限内成立清算组开始清算，导致公司财产贬值、流失、毁损或者灭失，债权人主张其在造成损失范围内对公司债务承担赔偿责任的，人民法院应依法予以支持。

有限责任公司的股东、股份有限公司的董事和控股股东因怠于履行义务，导致公司主要财产、账册、重要文件等灭失，无法进行清算，债权人主张其对公司债务承担连带清偿责任的，人民法院应依法予以支持。

上述情形系实际控制人原因造成，债权人主张实际控制人对公司债务承担相应民事责任的，人民法院应依法予以支持。

第十九条 有限责任公司的股东、股份有限公司的董事和控股股东，以及公司的实际控制人在公司解散后，恶意处置公司财产给债权人造成损失，或者未经依法清算，以虚假的清算报告骗取公司登记机关办理法人注销登记，债权人主张其对公司债务承担相应赔偿责任的，人民法院应依法予以支持。

第二十条 公司解散应当在依法清算完毕后，申请办理注销登记。公司未经清算即办理注销登记，导致公司无法进行清算，债权人主张有限责任公司的股东、股份有限公司的董事和控股股东，以及公司的实际控制人对公司债务承担清偿责任的，人民法院应依法予以支持。

公司未经依法清算即办理注销登记，股东或者第三人在公司登记机关办理注销登记时承诺对公司债务承担责任，债权人主张其对公司债务承担相应民事责任的，人民法院应依法予以支持。

实务要点：（1）"无法进行清算"是一种消极的客观事实状态，是指由于清算义务人怠于及时启动清算程序或怠于履行妥善保管公司财产、账册、重要文件等的义务导致公司清算所必需的资料灭失无法清算,并不以强制清算程序作为认定无法进行清算的标准,在债权人向股东提起诉讼时所举证据足以证明股东怠于履行义务导致公司无法清算的情况下,法院亦可认定"无法进行清算"。(2)清算义务人的上述行为,在专题十七损害公司债权人利益责任纠纷中已经作了详细解析,本专题不再重复。(3)清算责任纠纷与损害公司债权人利益责任纠纷都是侵权责任纠纷,二者有一定的交叉,但并不完全一致。清算义务人怠于或不当履行清算义务侵犯公司债权人利益时,公司债权人可以提起损害公司债权人利益责任纠纷之诉,亦可以提起清算责任纠纷之诉。(4)有限责任公司的股东、股份有限公司的董事和控股股东因怠于履行义务,导致公司主要财产、账册、重要文件等灭失,无法进行清算,不仅可能损害公司债权人利益,也可能损害公司其他股东的利益,权益受到侵害的股东也可提起诉讼要求赔偿损失,虽然公司法及相关司法解释都未对此进行明确规定,但笔者认为股东可以提起损害股东利益责任纠纷之诉。

五、清算责任的诉讼时效

清算义务人的清算责任民事责任分为清算责任、清算赔偿责任和清偿责任。[1] 清算责任是清算义务人的法定义务,不属于财产性义务,不适用诉讼时效。清算赔偿责任和清偿责任属于侵权责任,责任承担形式具有财产属性,应适用诉讼时效制度。但对于诉讼时效的起算时间,清算义务人负有举证责任。

---

[1] 姚蔚薇:《公司清算义务人民事责任诉讼时效问题探析》,载《法律适用》2015年第4期。

专题二十五
上市公司收购纠纷

上市公司收购是重大的证券交易活动，很可能导致公司控制权转移、董事会重组、股票价格波动，从而影响上市公司、股东、投资者的利益。所以，法律对上市公司收购设置了严格制度，以确保规范运作。

上市公司收购纠纷，是指购买者在购买上市公司股份以获得其控制权的过程中与被收购者之间发生的纠纷，收购者之间发生的纠纷不属于本案由。上市公司收购包括要约收购和协议收购两种方式。要约收购，是指收购人向被收购公司股东发出的、愿意按照要约条件购买被收购公司股东所持有的股份，从而实现对上市公司的收购。协议收购，是指收购人依照法律、行政法规的规定，以与被收购公司的股东签订协议的方式进行收购的行为。

原告：上市公司的股东（中小股东、异议股东）、上市公司、收购方、债权人或利益相关方。

被告：收购方、上市公司、控股股东、实际控制人、中介机构等。

管辖：因上市公司收购纠纷提起的诉讼，属于合同纠纷，原则上以《民事诉讼法》中管辖的相关规定为基础，但要综合考虑公司所在地等因素来确定管辖法院。

一、上市公司收购是投资者收购上市公司的股份，是一种股权转让行为，且是投资者与投资者之间的股权转让行为

上市公司收购的目的是进行控股或者兼并。股权转让纠纷的案由并未限制必须是收购有限责任公司的股权，故因股份有限公司的股权收购产生的纠纷在司法实务中，多以股权转让纠纷案由进行立案处理。上市公司收购纠纷除了适用《公司法》及《民法典》合同编外，还适用《证券法》《上市公司收购管理办法》和《股票发行与交易管理暂行条例》《最高人民法院关于审

理证券市场虚假陈述侵权民事赔偿案件的若干规定》《股票发行与交易管理暂行条例》等法律法规及司法解释。

相关规定

《中华人民共和国公司法》（2023修订）

第一百三十四条 本法所称上市公司，是指其股票在证券交易所上市交易的股份有限公司。

第一百三十五条 上市公司在一年内购买、出售重大资产或者担保金额超过公司资产总额百分之三十的，应当由股东大会作出决议，并经出席会议的股东所持表决权的三分之二以上通过。

二、并购是指兼并、收购，包括"收购股权，成为控股股东，获得对公司的控制权"的情形

> **典型案例**

蔡X与吉XX、第三人东皋膜公司合同纠纷案

裁判要旨：关于吉XX出售股权的行为是否属于双方签订的《股权转让及收益委托协议书》第三条第四款约定的"被A股上市公司并购"的情形。通常含义的"并购"，是指兼并、收购，包括"收购股权，成为控股股东，获得对公司的控制权"的情形。吉XX将"并购"缩小解释为"兼并""吸收合并"，明显不符合常理。双杰公司是A股上市公司，当双杰公司通过现金收购东皋膜公司股权的方式将持股比例提高到42.97%时，其已作为第一大股东实际控制东皋膜公司，协议约定的东皋膜公司"被A股上市公司并购"的条件已满足。至于双杰公司发布《北京双杰公司关于终止筹划重大资产重组暨股票复牌的公告》，并不能否定东皋膜公司被A股上市公司并购的事实。

相关规定

《上市公司收购管理办法》

第五条 收购人可以通过取得股份的方式成为一个上市公司的控股股东，可以通过投资关系、协议、其他安排的途径成为一个上市公司的实际控制人，也可以同时采取上述方式和途径取得上市公司控制权。

收购人包括投资者及与其一致行动的他人。

三、一致行动人应当合并计算其所持有的股份

投资者计算其所持有的股份，应当包括登记在其名下的股份，也包括登记在其一致行动人名下的股份。

>> **典型案例**

躬盛公司与斐讯公司、慧金公司、顾X平股权转让纠纷

裁判要旨：由于和熙2号与顾X平签订一致行动协议，授权顾X平在对慧金科技股票的决策事务上保持一致，而汇增1号、汇增2号、汇增3号分别与顾X平签订资产管理合同，授权顾X平代表全体委托人进行委托财产的投资管理，都是顾X平的一致行动人，因而，顾X平对外向躬盛公司出让一致行动人名下股份时，事先已基于一致行动协议或资产管理合同的约定，取得了和熙2号、汇增1号、汇增2号和汇增3号的授权。故而，顾X平主张因其无权出让一致行动人名下股份，系争股权转让合同未成立，原审法院不予采纳。

相关规定

《上市公司收购管理办法》

第八十三条 本办法所称一致行动，是指投资者通过协议、其他安排，与其他投资者共同扩大其所能够支配的一个上市公司股份表决权数量的行为或者事实。

在上市公司的收购及相关股份权益变动活动中有一致行动情形的投资者，互为一致行动人。如无相反证据，投资者有下列情形之一的，为一致行动人：

（一）投资者之间有股权控制关系；

（二）投资者受同一主体控制；

（三）投资者的董事、监事或者高级管理人员中的主要成员，同时在另一个投资者担任董事、监事或者高级管理人员；

（四）投资者参股另一投资者，可以对参股公司的重大决策产生重大影响；

（五）银行以外的其他法人、其他组织和自然人为投资者取得相关股份提供融资安排；

（六）投资者之间存在合伙、合作、联营等其他经济利益关系；

（七）持有投资者30%以上股份的自然人，与投资者持有同一上市公司股份；

（八）在投资者任职的董事、监事及高级管理人员，与投资者持有同一上市公司股份；

（九）持有投资者30%以上股份的自然人和在投资者任职的董事、监事及高级管理人员，其父母、配偶、子女及其配偶、配偶的父母、兄弟姐妹及其配偶、配偶的兄弟姐妹及其配偶等亲属，与投资者持有同一上市公司股份；

（十）在上市公司任职的董事、监事、高级管理人员及其前项所述亲属同时持有本公司股份的，或者与其自己或者其前项所述亲属直接或者间接控制的企业同时持有本公司股份；

（十一）上市公司董事、监事、高级管理人员和员工与其所控制或者委托的法人或者其他组织持有本公司股份；

（十二）投资者之间具有其他关联关系。

一致行动人应当合并计算其所持有的股份。投资者计算其所持有的股份，应当包括登记在其名下的股份，也包括登记在其一致行动人名下的股份。

投资者认为其与他人不应被视为一致行动人的，可以向中国证监会提供相反证据。

四、收购人或者收购人的控股股东，利用上市公司收购，损害被收购公司及其股东的合法权益，给被收购公司及其股东造成损失的，依法承担赔偿责任。

▶▶ 典型案例

保千里电子公司与陈X昌、蒋X杰、庄X1、庄X2纠纷

裁判要旨： 经中国证监会查明，庄X及其一致行动人陈X昌、庄X1、蒋X杰在收购中达股份公司过程中，向评估机构提供虚假协议致使保千里电子公司评估值虚增，损害被收购公司中达股份公司及其股东的合法权益；中国证监会依据《证券法》第二百一十四条的规定，分别对庄X1、陈X昌、庄X2、蒋X杰作出行政处罚。庄X1、陈X昌、庄X2、蒋X杰在前述股权收购过程中，系收购人，且互为一致行动人。根据《证券法》第二百一十四条有关"收购人或者收购人的控股股东，利用上市公司收购，损害被收购公司

及其股东的合法权益的……给被收购公司及其股东造成损失的，依法承担赔偿责任……"的规定，庄 X1、陈 X 昌、庄 X2、蒋 X 杰依法应对其前述违法行为向保千里电子公司承担赔偿责任。

相关规定

《上市公司收购管理办法》

第六条 任何人不得利用上市公司的收购损害被收购公司及其股东的合法权益。

有下列情形之一的，不得收购上市公司：

（一）收购人负有数额较大债务，到期未清偿，且处于持续状态；

（二）收购人最近 3 年有重大违法行为或者涉嫌有重大违法行为；

（三）收购人最近 3 年有严重的证券市场失信行为；

（四）收购人为自然人的，存在《公司法》第一百四十六条规定情形；

（五）法律、行政法规规定以及中国证监会认定的不得收购上市公司的其他情形。

五、经营权本身归公司享有并行使，并不会发生转让

>> 典型案例

躬盛公司与斐讯公司、慧金公司、顾 X 平股权转让纠纷

裁判要旨：本案的争议焦点是经营权和股份转让协议书的性质。公司是独立的法人，具备独立的法人人格。公司经营权由公司自身享有并行使，并不能成为法律意义上的转让标的物。本案中，系争协议名为"经营权和股份转让协议书"，实际是顾 X 平将本人及其一致行动人的股份出让给躬盛公司。因股份转让导致慧金公司股东会、董事会等组织机构成员发生变动，但经营权仍归属慧金公司。公司组织机构成员的变化是依附在股份转让之上的，故而系争协议名为"经营权和股份转让协议书"，内容也有所谓"经营权转让"的约定，但转让的标的物只能是顾 X 平及其一致行动人持有的慧金公司 6.66%股份。该协议书的法律属性为股权转让合同。

六、上市公司收购过程中，如因虚假陈述遭受损失，除可依合同要求向对方承担责任外，还可以要求虚假陈述的责任方承担侵权责任

》典型案例

项X英与中德证券公司、昆机公司、沈机公司证券虚假陈述责任纠纷

裁判要旨：证券虚假陈述是指信息披露义务人违反法律规定，在证券发行或者交易过程中，对重大事件作出违背事实真相的虚假记载、误导性陈述，或者在披露信息时发生重大遗漏、不正当披露信息的行为。本案中，昆机公司未披露《股份转让协议》中"3个月自动解除""获得云南各部门支持"条款；沈机公司通过昆机公司披露《简式权益变动报告书》时，未披露《股份转让协议》中"3个月自动解除""获得云南各部门支持"条款以及补充协议；中德证券公司未取得并核查沈机集团和西藏紫光公司正式签署的《股权转让协议》，未发现紫光公司披露的《详式权益变动报告书》信息披露存在重大遗漏，出具的财务顾问核查意见存在重大遗漏。昆机公司、沈机公司、中德证券公司上述违法行为违反了《证券法》《上市公司收购管理办法》之规定，已由中国证券监督管理委员会分别作出中国证监会行政处罚决定书，对昆机公司、沈机公司、中德证券公司信息披露重大遗漏违法行为进行了确认，且该确认内容与2020年3月1日施行的《证券法》中关于认定信息披露重大遗漏行为的相关规定并不冲突，故昆机公司、沈机公司、中德证券公司上述信息披露遗漏行为具备虚假陈述的重大性要件，是重大违法行为。

相关规定

《中华人民共和国证券法》

第七十八条至第八十七条

《最高人民法院关于审理证券市场虚假陈述侵权民事赔偿案件的若干规定》